الوسيط في نظام المرافعات الشرعية
السعودي

الجزء الأول

الخصومة

الوسيط

في

نظام المرافعات الشرعية السعودي

(مع آخر التعديلات مقارناً بمدونة الأحكام القضائية)

(الجزء الأول)

الخصومة

(أحكام الخصومة والنزاع أمام المحاكم - تطور الخصومة - عوارض الخصومة - أحكام الحضور والغياب - أحكام الاختصاص)

الدكتـــور

محمد بن براك الفوزان

الطبعة الأولى

1430 هـ/2009 م

مكتبة
القانون والاقتصاد

الرياض

ح مكتبة القانون والاقتصاد، 1428 هـ

فهرسة مكتبة الملك فهد الوطنية أثناء النشر

الفوزان، محمد بن براك بن عبد المحسن

الوسيط في نظام المرافعات السعودي: دراسة مقارنة./محمد بن براك بن عبد المحسن الفوزان. - الرياض، 1428 هـ

... ص، .. سم

ردمك: 2-661-57-9960

1 - قانون المرافعات - السعودية 2 - القضاء - السعودية

أ. العنوان

ديوي 347،531 1428/2660

رقم الإيداع: 1428/2260

ردمك: 2-661-57 -9960

الطبعة الأولى

1430 هـ - 2009 م

مكتبة القانون والاقتصاد

المملكة العربية السعودية - الرياض - العليا - ص.ب 9996 - الرياض 11423

هاتف: 4623956 - 2791158 - فاكس: 2791154 - جوال: 0505269008

dr.mohd.qanon@hotmail.com

بسم الله الرحمن الرحيم

{لاَ يُكَلِّفُ اللّهُ نَفْساً إِلاَّ وُسْعَهَا لَهَا مَا كَسَبَتْ وَعَلَيْهَا مَا اكْتَسَبَتْ رَبَّنَا لاَ تُؤَاخِذْنَا إِن نَّسِينَا أَوْ أَخْطَأْنَا رَبَّنَا وَلاَ تَحْمِلْ عَلَيْنَا إِصْراً كَمَا حَمَلْتَهُ عَلَى الَّذِينَ مِن قَبْلِنَا رَبَّنَا وَلاَ تُحَمِّلْنَا مَا لاَ طَاقَةَ لَنَا بِهِ وَاعْفُ عَنَّا وَاغْفِرْ لَنَا وَارْحَمْنَا أَنتَ مَوْلاَنَا فَانصُرْنَا عَلَى الْقَوْمِ الْكَافِرِينَ}

البقرة/286

5

الإهداء

لا أستطيع أن أقدّم هذا الكتاب إلاّ إلى مقام الملك المصلح ...

خادم الحرمين الشريفين عبد الله بن عبد العزيز حفظه الله وأدام

عزه.

المؤلف

شكر

هذا وأتوجه بالشكر إلى معالي وزير العدل فضيلة الدكتور/محمد بن عبد الكريم العيسى على تشجيعه لي بالتعجيل بطبع هذا المؤلّف حيث أنه مكث في الادراج طويلاً منذ الانتهاء من اعداده وفسحه من الجهة المختصة وذلك بتاريخ 1428/4/7هـ. فقد أبدى فضيلته رغبته بأن يصدر شرح وتعليق على أحكام نظام المرافعات بالفقه القانوني المعاصر، وهذه الرغبة هي التي حركت أوراق هذا الكتاب وعجلت به إلى المطبعة لأننا اعتمدنا في كثير من المواضع للتفسير والشرح بالفقه القانوني المصري.

ثم أتوجه بالشكر أيضاً إلى الاستاذ ياسر محمود نصار عن إعداده موسوعة دائرة المعارف القانونية في ما حوته من أحكام محكمة النقض المصرية والمتخذة كأساس للتطبيقات القضائية في مؤلّفنا هذا.

المؤلف

أولاً: المقدمة

1 - أهداف البحث:

أ - إلقاء الضوء على الوسائل والطرق التي بمقتضاها يقتض الفرد حقه بشكل حضاري بعيداً عن أسلوب «القوة تنشئ الحق وتحميه» وما يسفر عنها من شيوع الفوضى في المجتمع والرجوع إلى العصور البدائية حيث يقوم هذا البحث على الركيزة الأساسية التي تقوم عليها أهم وسيلتين وهما القاضي وأعماله أو غايته هذا من ناحية وأداته في الوصول إلى هذه الغاية ومن المحكمة حيث إن الغاية التي يسعى من ورائها القاضي من الحماية القضائية وتلك الاخيرة لن تتحقق إلا عن طريق المحكمة فالقاضي والمحكمة هما ركيزتا العمل القضائي وهما غاية نظام المرافعات الشرعية السعودي الذي سوف نقوم بتعليق عليه في السطور التالية.

ب - بيد أنه لا يكفي وجود تلك الركائز أو الوسائل التي تحول وشيوع الفوضى بمناسبة اقتضاء الفرد حقه وهما القاضي وغايته من ناحية والمحكمة من ناحية أخرى بل لا بد من تنظيم لبيان العلاقة بين الركيزتين وإلا سيصبح وجودهما غير فاعلين وينطوي هذا التنظيم على بيان حالات عدم صلاحية القضاء وهو ما يجسد

أهم المبادئ القضائية ألا وهو مبدأ الحياد وهذا الأخير ينظم العلاقة بين القاضي والمتقاضين إما المحكمة فقد عني النظام أيضاً بتنظيم لها من حيث إفراد قواعد الاختصاص الدولي والعالمي والنوعي والمحلي وكل هذه التنظيمات سواء المتعلق منها بالقاضي أم المحكمة سوف تكون محل تعليق في هذا البحث كلاً في موضوعه.

ج - من المستقر عليه إن النزاعات أمام المحاكم في أي بلد ليست ذي طبيعة واحدة وذلك لتنوع الحقوق محل الحماية فمنها الحقوق الشخصية ومنها الحقوق العينية ومنها حقوق الأسرة وهي الأحوال الشخصية ومن ثم كان لزاماً أن تتنوع الإجراءات التي تكفل حماية كل حق، لذلك فان نظام المرافعات الشرعية السعودي قد راعى هذا التنوع في المواد الذي نظمها، حيث نجد قواعد خاصة للاختصاص المحلي لمنازعات الأحوال الشخصية مغايرة تمام للقواعد العامة للاختصاص المحلي التي تحكم المنازعات الأخرى.

د - وحيث أن نظام المرافعات الشرعية السعودي يعد تعبيراً عن أداة المملكة في إنزال الحماية القضائية على الأفراد فلم يكتف «النظام» بتنظيم ركائز تلك الحماية والقاضي «و» المحكمة بل نظم إلى جانب هؤلاء وسائل وفنيات للجوء إليهما فلما كان نظام المرافعات يمنع القضاء الخاص (la justice prive)، فإنه لا يجوز للفرد أن يقضي لنفسه حتى لا يكون خصاً وحكماً في آن واحد، لذلك جاء نظام المرافعات الشرعية بوسيلة يتمسك عن طريقها الفرد بحقه أمام القضاء وهي «الدعوى والطلب القضائي» فهذه الاخيرة أداة الأفراد في الحصول على تلك الحماية لذلك عني النظام في بيان شروط قبولها أمام المحاكم وهو ما حث الباحث للتعليق عليه في هذا الكتاب.

هـ - ولما كان المثول أمام القضاء يحتاج للإلمام بقواعد نظامية فنية قد لا تتوافر عند آحاد الناس مما ينعكس ذلك على ادعاءاتهم أمام القضاء، لذلك لم ينقل نظام المرافعات هذه الجزئية إنما نظم قواعد التمثيل الإجرائي أمام القضاء من حيث شروط هذا التمثيل ومجاله ونطاقه وكيفية إنهاءه وذلك بمناسبة تنظيمه لوكالة المحامى وعمله وعلاقته بموكله وهذا ما عنى الباحث بالتعليق عليه - أيضاً - في هذا البحث.

و - وعلى صعيد أحكام وقرارات القضاة والتي تعد تعبيراً عن الحماية القضائية ولما كانت تلك الأحكام وهذه القرارات صادرة من قضاة ولما كان القضاة بشر ولما كان البشر غير معصوم من الخطأ فكان لابد على تلك المنظومة من عرض لطرق الرجوع على الحكم وقواعده التي تنطوي على وجود محكمة عليا من تلك التي أصدرت الحكم محل المراجعة فنجد محكمة التمييز وما تصدره من تعليمات كان لزاماً على هذا البحث التطرق إليه والتعليق على قواعده.

ز - إن فاعلية الحماية القضائية ليس فقط في إصدار الأحكام من المحاكم بل في تنفيذها حتى لا تعد «حبراً على ورق» لذلك فلقد اشتملت قواعد نظام المرافعات الشرعية إلى قواعد تنفيذ الأحكام وطرق وأنواع وصور الحجز على أموال المدين والعوارض التي تعترى سير الحجز وإشكاليات التنفيذ ومنازعاته، كل هذه المواضيع من أهداف التعليق موضوع هذا الكتاب.

ح - وبجانب النقاط السالف ذكرها فان نظام المرافعات الشرعية عنى بشكل كبير بإرساء قواعد تحكم أهم مرحلة من مراحل النزاع وهي المرحلة التي تنظر المحكمة فيه ادعاءات الخصوم وتناقش أدلتهم وهي ما يعبر عنها بقواعد الخصومة وما تنطوي

عليه من أعمال كالإعلام القضائي الذي يوجهه الشاكي إلى المشكو في حقه وقواعد الحضور والغياب وما يعتري الخصومة من عوارض متمثله في الوقف والانقطاع.

ي - ولعل الخصومة وما بها من إجراءات لا تسير اعتباطاً بل وفقاً لمواعيد معينة يطلق عليها البعض «المواعيد الإجرائية» ولقد اشتمل هدف هذا التعليق على بيان لقواعد تلك المواعيد وتلك الاخيرة تؤدى دوراً هاماً في نظام المرافعات، فالعمل الإجرائي كالإعلام مثلاً له مواعيد محددة حتى يتمكن أو يمكن الخصم من هدنة يحضر ويعد فيها دفاعه.

ك - ومن أهداف البحث أيضاً إلقاء الضوء على منظومة الإثبات وطرق أقامة الدليل أمام القضاء متناولاً فيه محل الإثبات وهى «الواقعة محل الإثبات» والشروط الواجب توافرها فيها ثم تعليق على أدلة الإثبات في المملكة العربية السعودية المستخدمة أمام القضاء من شهادة «يمين»، «إقرار»، «كتابه» .... الخ.

2 - محتويات البحث (موضوعاته):

1 - تعريف نظام المرافعات الشرعية و(مصادره).

2 - فكرة القضاء والوظيفة القضائية والعمل القضائي ووسائل الالتجاء والحصول عليهما وذلك فيما يلي:

أ - فكرة القضاء.

ب - فكرة الدعوى.

ج - شروط الدعوى.

مشروعية الدعوى - المصلحة وما بها من فكرة الضرر الحال والمحتمل - الصفة في الدعوى.

ي - تطبيقات لبعض الدعاوى:

كدعاوى الأدلة.

هـ - قواعد اختيار القضاة وتنظيم علاقتهم بالمتقاضين وما تنطوي عليه تلك القواعد من أهم المبادئ القضائية ألا وهو مبدأ الحياد وقواعد الرد وعدم الصلاحية.

و - قواعد تنظيم وترتيب المحاكم في المملكة أو يتضمن:

1 - قواعد الولاية.

2 - قواعد الاختصاص العالمي.

3 - قواعد الاختصاص النوعي.

4 - قواعد الاختصاص المحلي.

5 - قواعد الاختصاص المحلي في مسائل الأحوال الشخصية.

ز - نظرية الخصومة وتتضمن:

1 - معنى الخصومة وطبيعتها.

2 - قواعد الإعلام القضائي.

3 - جزاء مخالفة القواعد التي تحكم العمل القضائي (البطلان - السقوط - الانعدام).

4 - وقف الخصومة.

5 - انقطاع الخصومة.

6 - قواعد حضور - الخصوم - الخصم - وغيابهم.

7 - الدفوع في الخصومة.

(الدفع بعدم قبول الدعوى - الدفوع الشكلية - الدفوع الموضوعية).

1 - تعديل النطاق الشخصي (الإدخال - التدخل - الإخراج).

2 - تعديل النطاق الموضوعي للخصومة (الطلبات العارضة - دعاوى المدعى عليه).

ح - ثم قواعد الأحكام و القرارات القضائية وطرق إصدارها ومراجعتها:

ط - قواعد التنفيذ الجبري لهذه القرارات:

1 - قواعد الحجز.

2 - مقدمات الحجز.

3 - المحكمة التي تختص بمباشرة إجراءات الحجز.

4 - إشكاليات التنفيذ.

ي - قواعد الإثبات القضائي:

1 - تعريف وماهية الإثبات.

2 - الشروط الواجب توافر في الواقعة محل الإثبات - أدلة الإثبات:

اليمين - الإقرار - الشهادة - الكتابة الرسمية - الكتابة العرفية - قواعد الاستحكام.

3 - الغاية من الاستعانة بأحكام محكمة النقض (المصرية):

ـ نبذة عن وظيفة محكمة النقض وتاريخ نشأتها.

تقوم وظيفة محكمة النقض أساساً على المصلحة العامة وهي لا تهتم إلا بمراقبة صحة تطبيق القانون والإجراءات وإذا كانت محاكم الموضوع دأبها هو وقائع الدعوى فإن محكمة النقض دأبها القانون الذي يجعلها تحاكم

الحكم المطعون فيه أمامها لا الواقع الذي كان محلاً لهذا الحكم فإذا كان الأفراد يستطيعون اللجوء إلى محاكم الموضوع والطعن في الأحكام أمامها على وجه مطلق في عمومه فإنهم لا يستطيعون الطعن في الأحكام أمام محكمة النقض إلا في الأحوال التي يبينها القانون ويوردها حصراً ومن هنا يبرز المعني الحقيقي للقول بان محكمة النقض ليست درجة من درجات التقاضي كما أنها بحكم وظيفتها المختلفة نوعياً عن المحاكم الأخرى ليست طبقة من طبقات المحاكم وإنما محكمة النقض هي محكمة واحدة تشكل قمة التبيان القضائي.

ؤ قبل قيام ووجود محكمة النقض كان هناك محاولات عن طريق محاكم الاستئناف للقيام بدورها وذلك منذ عام 1921 ولكن هذه المحاولات لم تلق حظاً من النجاح ذلك انه لما تضاربت أحكام دوائر محكمة الاستئناف وتعددت المبادئ التي اعتمدتها كل دائرة, ادخل في سنة 1921 نظاماً جديداً هو نظام الدوائر المجتمعة لمحكمة الاستئناف وبمقتضى هذا النظام يجوز لكل دائرة في دوائر المحكمة عند النظر في إحدى القضايا أن تحيلها إلى الدوائر المجتمعة لمحكمة الاستئناف مكونة من عدد فردى من المستشارين لا يقل عن خمسة عشر كلما رأت أن هناك مبدأ قانونياً اعتوره الاضطراب في الأحكام أو التناقض فيه أو التعدد في المذاهب والآراء أو كلما رأت العدول عن مبدأ قانوني تقرر في أحكام سابقة بيد أنه والأمر جوازي للدائرة ولا سبيل لا صحاب الشأن في أن يصلوا إلى هيئة الدوائر المجتمعة إذا ما وضعوا أيديهم على وجه الخطأ في القانون فإن النظام لم يؤت بثمرته وانتهى الأمر بالمشرع إلى أنشاء محكمة النقض في 2 مايو 1931.

ؤ لماذا استند الباحث بأحكام تلك المحكمة أثناء تعليقه على نظام المرافعات الشرعية.

لما كانت محكمة النقض الجهة العليا أو المحكمة التي تعلو قمة البنيان القضائي وتهدف إلى ضمان تطبيق القانون تطبيقاً صحيحاً لذلك كان على

الباحث أن يلقي الضوء على أحكامها لتزويد القارئ بالمبادئ القانونية في الدول الأخرى ليكون على بينه بها لما لها من سمة الوحدوية في الأحكام كما أن إدراج هذه الأخيرة في التعليق يساعد القارئ على التزاوج القانوني بينها وبين قرارات ذات الجهة في المملكة وهى محكمة التمييز.

ﻧ أما الاستعانة بمبادئ مدونه الأحكام السعودية.

فهو يعرض التطبيقات العملية لأحكام وقرارات المحاكم الوطنية في المملكة بمناسبة منازاءت حقيقية واقعية بين الأفراد أو الجهات جسدت تفعيل لإحدى المبادئ أو نقاط عرضت على بساط التعليق لذلك اقترن بها هذا الأخير ليكون قريباً من الواقع بدلاً من الاقتصار على الجانب النظري فقط ولعل القارئ لهذا التعليق يجد أن أحكام تلك المدونة ليست بملحق خاص بها في نهاية التعليق بل وزعت على البنود والمواد النظامية واللائحية التي تحكمها ليحدث الاندماج علماً وعملاً.

ونود أن ننوه أن هذا التعليق على النظام المرافعات الشرعية كان من المفروض أن يتم طباعته قبل هذا التوقيت بكثير إلا أن هناك أسباب بحثية متعلقة بنواح تتعلق بتثقيل المادة العلمية محل هذا التعليق اقتضى التأخير في نشره وهي:

1 - وجود ثمة اقتراحات بتعديلات على بنود ومواد اللائحة التنفيذية للنظام آثرنا أن لا ينشر التعليق بدون التطرق إليها حتى لا يفوت على القارئ ما لحق بمواد اللائحة من تطور ومن ثم يكون التعليق غير ذي فائدة لعدم سريانه مع الواقع الحالي لبنود اللائحة.

2 - تزويد القارئ بأحكام وقرارات المحاكم في المملكة عن طريق مدونه الأحكام.

3 - تزويد القارئ بأحكام محكمة النقض المصرية وهو ما يعد إلمام وتوسع بالفقه المقارن.

الباب الأول

أحكام عامة

المـادة الأولى

تطبق المحاكم على القضايا المعروضة أمامها أحكام الشريعة الإسلامية؛ وفقاً لما دل عليه الكتاب والسنة، وما يصدره ولي الأمر من أنظمة لا تتعارض مع الكتاب والسنة، وتتقيد في إجراءات نظرها بما ورد في هذا النظام.

1/1 - يعمل بالأنظمة، والقرارات، والتعليمات السارية التي لا تتعارض مع هذا النظام.

1/ 2 - اللغة العربية هي اللغة الرسمية للمحاكم، وغيرها من اللغات يترجم إليها.

1/ 3 - تطبق الأحكام الواردة في هذا النظام على الدعاوى الجزائية فيما لم يرد له حكم في نظام الإجراءات الجزائية، وفيما لا يتعارض مع طبيعتها.

ماهية المرافعات:

تعني مجموعة القواعد النظامية التي يجب على المتقاضين مراعاتها للحصول[1] على حقوقهم أو لحمايتها، وكذا الإجراءات التي ينبغي على المحاكم مراعاتها عند إقامة العدل بين المتقاضين.

وبذلك ينصرف نظام المرافعات الشرعية إلى مرافعات ما دون المرافعات الواجبة الاتباع أمام المحاكمات الجزائية، إن الأخيرة يطلق عليها قواعد أصول الإجراءات الجزائية.

موضوع نظام المرافعات:

نظام المرافعات يبين كيفية التقاضي أمام المحاكم على اختلاف درجاتها وأنواعها، أي يبين كيفية عرض الدعوى على المحكمة وكيفية الدفاع[2] وطرق إثبات الحقوق الموضوعية. ذلك أن نظام المرافعات كونه نظاماً إجرائياً ينفذ

---

(1) عبد الحميد أبو هيف. المرافعات المدنية والتجارية، ط 1915: 26.

(2) عبد الحميد أبو هيف. المرجع السابق: 28.

من خلاله النظام الموضوعي عند الحكم في الدعوى[1] وبها يتم التوصل إلى أحقية المحق على الشيء المتنازع فيه وبها يحفظ الحق على صاحبه من اعتداء المعتدين.

ضرورة نظام المرافعات:

لا يكفي أن يحدد النظام حقوق وواجبات كل فرد قِبَل الآخرين أو قبل الدولة فإن ذلك يبقى غير ذي أثر بل يجب أن يبين النظام السبيل الذي يصل به الفرد إلى إجبار غيره على احترام تلك الحقوق، ولما كان في ترك كل فرد في إجبار غيره على احترام حقوقه بقوته واقتداره الشخصي تقويض لأركان الدولة والأمن في البلاد ولما كان القضاة أفراداً كباقي أفراد الأمة تتباين طريقتهم في الحكم فكان لا بد من ضمان لحقوق الناس أن يلتزم القاضي نهجها في حكمه كما يلتزم بها المتقاضون بالرجوع إليها إذا أرادوا الانتفاع من عدل القاضي، فقد وضع نظام المرافعات وحدد طريقاً لكل إجراء وبين الشروط التي يجب توافرها فيه حتى ينتج أثره النظامي كما بينت الجزاء المترتب على مخالفة الإجراء وعدم اكتمال شروطه بوصمه بالبطلان وما يترتب على ذلك من آثار إجرائية فقط أو آثار إجرائية ذات أثر موضوعي وتبدو مظاهر ضرورة نظام المرافعات لحسن سير العدالة في العديد من الأوجه تطلب المنظم:

أولاً: تبليغ يرسل إلى المدعى عليه يبين فيه ما يطلبه منه المدعي وأسانيد في ذلك (المادة الرابعة عشرة).

ثانياً: أجل يعطى للمدعى عليه لتحضير دفاعه (المادة الثانية والستون).

ثالثاً: تمكين الخصم من الاطلاع على مستندات خصمه (المادة الثانية والستون).

(1) عبد المنعم الشرقاوي. عبد الباسط جميعي، شرح قانون المرافعات الجديد، دار الفكر العربي، القاهرة: 6.

رابعاً: كتابة الحكم الصادر في الدعوى (المادة الثانية والستون بعد المائة).

خامساً: إعلان المحكوم عليه قبل تنفيذ الحكم (المادة السابعة والستون بعد المائة).

سادساً: التنفيذ الجبري على من لم يقم بتنفيذ الحكم اختيارياً (المادة السادسة والتسعون بعد المائة).

سابعاً: إجراءات ضرورتها تظهر من خلال تنظيمها للعمل القضائي والعدل من حسن إدارة وضبط الجلسة (المادة التاسعة والستون).

ثامناً: طرق إثبات الخصم لما يدعيه (المادة السابعة والتسعون).

- ولقد استقر مجلس القضاء الأعلى[1] على هذه الغايات في القرار الصادر منه والمتضمن:

الحمد لله وحده والصلاة والسلام على من لا نبي بعده محمد وعلى آله وصحبه وبعد:

فقد اطلع مجلس القضاء الأعلى بهيئته الدائمة على المعاملة المرفقة ببرقية المقام السامي ذات الرقم 4/ب/1068 في 1419/7/16هـ عطفاً على كتاب سمو وزير الداخلية رقم 29802/17 في 1419/5/2هـ بخصوص

---

(1)   لقد تغير من خلال التنظيمات القضائية الجديدة، دور ونظام ومسمى: مجلس القضاء الأعلى إلى المجلس الأعلى للقضاء وبالتالي تغيرت مهامه من قضائية إلى تنظيمية وادارية. أنظر: محمد بن براك الفوزان. التنظيم القضائي الجديد في المملكة العربية السعودية، مكتبة القانون والاقتصاد الرياض، 1430 هـ - 2009م، وكذلك الجرائد السعودية، يوم الأحد، بتاريخ 20 صفر 1430 هـ - 15 فبراير 2009م.

نزاع .... و .... على قطعة أرض تقع على امتداد شارع الأمير ماجد من الغرب في محافظة جدة يدعي .... تملكها بموجب صك مبايعة برقم 972 في 1399/10/22هـ صادر من كتابة عدل ويدعى .... تملكها بالصك رقم 450 في 1403/110/27هـ بالبيع من بلدية جدة وفي كتاب وزارة الداخلية أن الصكين يشملان موضع النزاع.

ورأى سموه عرض القضية على مجلس القضاء الأعلى فصدر الأمر السامي البرقي المنوه عنه أعلاه بذلك.

ونظراً لأن كل دعوى تفتقر إلى تحرير وجواب المدعى عليه وتمحيص لأسباب تملك كل مدعٍ لما يدعيه وهذا إنما يكون في مرافعة قضائية تسمع فيها دعوى المدعي وجواب المدعى عليه وتمحص حجج الطرفين وتنظر في سلامة ما يقدم من ذلك من عدمه وما تضمنته وجهات نظر اللجان التي أشارت إليها الداخلية إلى كل نزاع إنما يثبت فيه عن طريق التقاضي وبعد انتهاء القضية من المحكمة يعامل من لم يقنع بمقتضى التعليمات، والله الموفق وصلى الله على نبينا محمد وآله وصحبه وسلم.

مجلس القضاء الأعلى بهيئتة الدائمة

عضو عضو عضو عضو

محمد بن الأمير محمد بن سليمان البدر عبد الله بن رشيد غنيم المبارك

رئيس المجلس

صالح بن محمد اللحيدان [1]

(1) مدونة الأحكام القضائية. القرار رقم 401/5، بتاريخ 14/7/1420هـ، عقار، ص19، ص20، الإصدار الأول، عام 2007 - 1428هـ، المملكة العربية السعودية.

غاية نظام المرافعات:

ترمي[1] قواعد نظام المرافعات إلى إيصال الحق لصاحبه عند النزاع، وأن التقاضي قاصر على أحوال النزاع في الحقوق، ففي هذه الأحوال يطلب من القضاء أن يقرر الحق وأن يرده لصاحبه والقواعد التي تتبع أمام القضاء للوصول إلى تلك الغاية هي قواعد المرافعات، إذ بموجبه يتم تأمين الطرق الفعالة لرد الحقوق إلى أصحابها جبراً على المدينين عند عدم الوفاء بها، وبذلك يتمكن صاحب الحق من استرداد حقه أمام القضاء ولذلك كلما ضبطت وأتقنت قواعد نظام المرافعات كلما استتب السلام في البلاد واضطر الناس إلى تأدية ما عليهم من الواجبات، ذلك لأنها إذا لم تؤد طوعاً فستودى كرهاً إذ بعد أن يحصل الخصم على الحكم المقرر لحقه تبيح له قواعد المرافعات أن يلجأ إلى السلطة العامة لإجبار مدينه على القيام بما حكم عليه به إذا هو لم ينفذ الحكم طوعاً، وتبدو أهمية نظام المرافعات في تحريك السلطة العامة لمصلحة الفرد ومساعدته للوصول إلى حقوقه ضد من يمانع في أدائها.

ونظام المرافعات أحد الضمانات التي نظمها المنظم لحفظ حقوق المتقاضين إذ غير كاف أن يقول النظام للمتقاضين: هذا هو القاضي الذي سيحكم في نزاعكم اذهبوا إليه ليقض بينكم، بل يجب أن يكفل النظام من الضمانات ما يلزم لحسن سير العدالة، وذلك من خلال كفالة حرية الدفاع الكامل أمام قاضي نزيه ومتعلم، وكذا تسبيب الأحكام، وألا يقضي إلا بما يثبت أمامه بالطرق النظامية الشرعية ومواجهة كل خصم بأدلة خصمه ومناقشة دفاع ودفوع كل خصم، وتمكين كل خصم من المتقاضين الوقت الكافي ليحضروا دفاعهم وليقدموا مستنداتهم، كما يمنح النظام القاضي الوقت الكافي ليتمكن من فحص الدعاوى التي تعرض عليه حتى يحكم فيها حكماً سديداً. كل تلك الضمانات تحمي المتقاضي من خصمه ومن تحكم القاضي، إذ أن كشف الحقائق ليس من السهل تحقيقها إلا من خلال قواعد نظام المرافعات السديدة التي تدنوا بإحتمال الخطأ والزلل والرفع بهما إلى الحد الأدنى.

---

(1) عبد الحميد أبو هيف. المرجع السابق:31 فقرة 8.

يتضح مما سبق أنه بمعونة المحاكم واتباع نظام المرافعات تتمكن السلطة العامة من إيصال الحقوق لأصحابها فتتوافر الحماية للأشخاص ولأموالهم من الاعتداء من المواطنين فيما بينهم أو في مواجهة الدولة.

الأثر المباشر في سريان القاعدة النظامية لنظام المرافعات الشرعية هو أن الأصل في الأنظمة سريانها بأثر مباشر[1] وفوري من وقت نفاذها[2] وهو لا ينطبق على المراكز النظامية التي نشأت في ظله فقط بل يمتد إلى المراكز النظامية التي نشأت في ظل النظام القديم ولكنها لم تستكمل بنيانها النظامي إلا في ظل نظام المرافعات الشرعية.

والعبرة في نفاذ النظام ليس فحسب بالنشر في الجريدة الرسمية وتحديد ميعاد لنفاذه فقط بل لا بد من اقتران النشر بالتوزيع على نحو يوفر افتراض علم الكافة به وعلى من يدعي عدم حصول هذا التوزيع عبء إثبات إدعائه، والمقصود بالنشر ليس مجرد إدراج النظام بالجريدة الرسمية أي طبعه فيها ولكن توزيعه بعد ذلك اعتباراً بأن التوزيع هو الذي يبيح للجمهور[3] فرصة معرفة النظام ومن ثم يسوغ القول بافتراض علمهم به ومن هنا يتوافر مبدأ عدم جواز الاعتذار بالجهل بالنظام[4] استناداً للتوزيع، وليس قرينة العلم بالنشر.

ذاتية الدعوى:

اختلف الشرّاح في تحديد المقصود بالدعوى إذ انطلق كل مجتهد في

---

(1)   عبد المنعم عبد العظيم جيره. مبادئ المرافعات، طبعة 1975 : 27.

(2)   توفيق حسن فرج. المدخل للعلوم القانونية، الدار الجامعية بيروت، طبعة 1993: 352.

(3)   محمد كمال عبد العزيز. تقنين المرافعات المصري, طبعة 1995: 125. إلا أن من الفقه من يرى أن قرينة النشر وحدها - تكفي على علم الجميع بالنظام والإذعان له، ومن ثم لا مجال للقول أو الإدعاء أو الاعتذار بالجهل بالقانون، راجع كمثال: محمد وجدي عبد اصمد. الاعتذار بالجهل بالقانون، دراسة تأصيلية مقارنة، القاهرة، 1988م.

(4)   توفيق حسن فرج. المرجع السابق: 297. ونحن نرى أن عبء الاثبات قاطع بالنشر، بينما اذا استند على التوزيع فإنه يحتاج إلى اثبات وعبء الاثبات في هذه الحالة قد يرتد على النظام نفسه بحجة عدم تعطية الجميع بالتوزيع.

تحديد ماهية الدعوى انطلاقاً من مفهومه الشخصي لفكرة الدعوى.

فأحياناً تعني المطالبة أمام القضاء، وأحياناً يقصد بلفظ الدعوى الادعاء[1] وقد يعني بها الحق في حكم بمضمون معين لصالح المدعي، وقد تستعمل للدلالة على مجموعة الإجراءات أمام القضاء.

على أننا نرى تعريف الدعوى:

هي الوسيلة التي منحها المنظم لصاحب الحق في اللجوء إلى القضاء للحصول على تقرير حق القضائية لحقه، أي تتحول الحماية من نظامية إلى قضائية وعبر عنها القاضي في حكمه وبذلك تتحقق الصلة بين الدعوى والحق الموضوعي وبذلك تتبع الدعوى الحق الموضوعي وجوداً وعدماً، وترتبط الدعوى بمشروعية الحق[2].

الشريعة الإسلامية:

استمد المنظم من قواعد الشريعة الإسلامية في مجملها المصدر الأساسي في نظام المرافعات أمام القضاء وفقاً لكتاب الله وسنة خير خلق الله نبينا محمد صلى الله عليه وسلم وما يصدره ولي الأمر من أنظمة وتعليمات لا تتعارض مع الشريعة الإسلامية وعليه يلتزم القاضي وأطراف الخصومة بهذا الترتيب في الترافع ويشهد لهذا الترتيب حديث معاذ[3] رضي الله عنه : «فقد سأله رسول الله صلى الله عليه وسلم عندما أراد إرساله إلى اليمن ليعلم أهله، ويقضي بينهم قاله له: كيف تقضي إذا عرض عليك قضاء؟ قال: أقضي بما في كتاب الله، قال: إن لم يكن في كتاب الله؟ قال: فبسنة رسول الله، قال: فإن لم يكن في سنة رسول الله ؟ قال اجتهد رأيي ولا آلو» قال معاذ: فضرب رسول الله صلى الله عليه وسلم صدره بيده ثم قال: الحمد لله الذي وفق رسول الله لما يرضيه ورسوله.

---

(1)   فتحي والي. الوسيط في قانون القضاء المدني، مطبعة جامعة القاهرة، طبعة 2001: 45.

(2)   عبد الحميد أبو هيف. المرجع السابق: 316.

(3)   أحمد محمود الشافعي. أصول الفقه الإسلامي، الدار الجامعية , ط،2000: 32.

نظام المرافعات هو النظام الأساسي في الأنظمة الإجرائية فيما خلت من تنظيمه بحكم أسبقية نظام المرافعات فقد تضمن العديد من القواعد التي ترقى إلى مصاف المبادئ الأساسية التي تحكم العمل القضائي أو ما يمكن أن يطلق عليه القواعد العامة للنظام الإجرائي في الدولة وبذلك ينحصر تطبيقه في حالة ما خلت الأنظمة الأخرى من تنظيم ويكون المبدأ في حالة اتخاذ نظام المرافعات كقاعدة للأنظمة الإجرائية هو صلاحية القاعدة الإجرائية للانتقال فإذا كانت قاعدة نظام المرافعات خاصة به ولا يمكن أن تتجاوزها فلا يمكن الأخذ بها لتنافرها مع مبادئ النظام الإجرائي الآخر فدور نظام المرافعات هو سد النقص الإجرائي في الأنظمة الأخرى فيما لا يتعارض معها، وعلى ذلك ينبغي مراعاة أنه إذا ورد إحالة في أي نظام إجرائي على نظام المرافعات فإنه لا يطبق منه إلا في قواعده العامة[1] التي لا تتعارض مع الطبيعة الخاصة لهذا النظام، أما إذا ورد في نظام إجرائي إحالة إلى نظام المرافعات في نص مادة فتطبق المادة أياً كان موضع المادة ولو لم تكن من قواعده العامة.

المحاكـم:

فيحال في تحديد المقصود بالمحاكم إلى نظام القضاء وهو ما عنت بتحديد ترتيبه في الفصل الأول من الباب الثاني إذ هو المعول عليه في تحديد جهات القضاء وأي تعديل يطرأ في النظام المنوه عنه سواء بإلغاء أو بإنشاء جهات لها سلطات القضاء يلتزم بتطبيق نظام المرافعات الشرعية ما لم يتم تحديد نظام إجرائي بنص خاص يقيد ما ورد في نظام المرافعات فيكون هو الأولى بالتطبيق حيث الخاص يقيد العام أما ما خلا من تنظيمه فيكون نظام المرافعات هو الجدير بالتطبيق باعتباره أحد الأنظمة الإجرائية الأقدم في النشأة بالمقارنة بالأنظمة الأخرى ما لم يكن هناك تعارض. ويخضع تقدير التعارض للقاضي باعتباره مجتهداً وقاضياً للفصل بين الناس بالحق.

(1) أحمد ماهر زغلول. أصول وقواعد المرافعات، دار النهضة العربية, القاهرة: 21.

المادة الثانية

تسري أحكام هذا النظام على: الدعاوى التي لم يفصل فيها، والإجراءات التي لم تتم قبل نفاذه، ويستثنى من ذلك ما يأتي:

أ - المواد المعدلة للاختصاص بالنسبة للدعاوى المرفوعة قبل نفاذ هذا النظام.

ب - المواد المعدلة للمواعيد بالنسبة للميعاد الذي بدأ قبل نفاذ هذا النظام.

ج - النصوص المنشئة أو الملغية لطرق الاعتراض بموجب هذا النظام بالنسبة للأحكام النهائية التي صدرت قبل نفاذ هذا النظام.

1/2 - الدعاوى التي لم يفصل فيها هي: التي نظرت ولم يصدر فيها حكم من ناظرها.

2/2 - المواد المعدلة للاختصاص هما: المادتان (31، 37) من هذا النظام.

3/2 - النصوص المعدلة للمواعيد هي: المواد (22، 40، 41، 235) من هذا النظام.

4/2 - النصوص المنشئة لطرق الاعتراض هي: المواد الخاصة بالتماس إعادة النظر من المادة (192 - 195).

5/2 - النص الملغي لطرق الاعتراض هو: المادة (175) من هذا النظام. والخاصة بالاعتراض على الأحكام التي تصدر قبل الفصل في الدعوى، ولا تنتهي بها الخصومة.

العبرة في سريان نظام المرافعات على الدعاوى التي لم يتم الفصل فيها بحكم منهي للخصومة أما الأحكام التمهيدية التي تصدر قبل الفصل في الدعاوى فيطبق عليها نظام المرافعات استناداً للأثر المباشر لنفاذ

الأنظمة، وعلى هذا فالعبرة في النفاذ المباشر يتحدد عما إذا صدر حكم منهي للخصومة أو اقفال باب المرافعة فلا يسري نظام المرافعات أما إذا أعيدت للمرافعة طبق نظام المرافعات بأثر مباشر وفوري، يضاف إلى حالة ما إذا حجزت الدعوى للحكم مع التصريح بالمذكرات وتقديم المستندات فلا يكون باب المرافعة مقفلاً فالمرافعة قد تكون شفوية أو كتابية وعليه يطبق نظام المرافعات بأثر مباشر.

وهذا ما عبرت عنه محكمة النقض المصرية في حكمها[1].

ولا يعد مقفولاً في حالة الترخيص للخصوم بتقديم مذكرات في فترة حجز الدعوى لحكم إلا بانتهاء الأجل الذي حددته المحكمة لتقديم المذكرات فيه.

(جلسة 1966/2/24 مجموعة القواعد القانونية بند 17: 467).

ويتم تحديد تمام الإجراءات من عدمه وفق النظام الذي أنشأت فيه إذ هو المعول عليه في هذا التحديد، فإذا لم يتم تحديده خضع لنظام المرافعات من حيث الصحة والبطلان[2] كأثر مباشر لنفاذ النظام.

الاستثناء الأول الخاص بالاختصاص النوعي والمحلي على الأثر المباشر لنفاذ نظام المرافعات، فلقد أورد النظام استثناءات في نطاق مبدأ الأثر المباشر رعاية لمصالح إرتآها المنظم جديرة بالاستثناء فاستثنى الدعاوى الخاصة بالمواد (31، 37) الاختصاص النوعي والمحلي في سريان نظام المرافعات بشأنها طالما رفعت الدعوى قبل نفاذ النظام.

الاستثناء الثاني الخاص بالمواعيد من خلال المواد (22، 40، 41، 235) من النظام.

فإذا بدأ العمل بالنظام الجديد في وقت كان الميعاد قد بدأ فعلاً قبل

---

(1)   محمد كمال عبد العزيز. المرجع السابق: 79.

(2)   المرجع السابق: 83.

نفاذ نظام المرافعات ظل الميعاد محكوماً بالنظام الذي نشأ فيه ولا يعتد بأي تغيير [1] يرد في نظام المرافعات سواء بالإطالة أم التقصير وهذا تطبيق لمبدأ عدم رجعية الأنظمة بأثر رجعي.

الاستثناء الثالث الخاص بطرق الاعتراض (الطعن) سواء بالإنشاء أم الإلغاء واستكمالاً للاستثناءات التي أوردها النظام في سريان نظام المرافعات بأثر مباشر بأن أخضع الأحكام التي صدرت قبل نفاذ نظام المرافعات للأنظمة التي صدرت في ظلها من حيث طرق الاعتراض فالعبرة هنا بواقعة صدور الحكم وحدها دون غيرها، فالعبرة هي بوقت صدور الحكم أي النطق به دون النظر لوقت الإعلام أو رفع الاعتراض. أما الإجراءات التي تتخذ بعد نفاذ نظام المرافعات فيطبق عليها [2] باعتبار أن الإجراء نشأ في ظل نظام المرافعات فيخضع له من حيث الصحة والبطلان.

المادة الثالثة

كل إجراء من إجراءات المرافعات تم صحيحاً في ظل نظام معمول به يبقى صحيحاً ، ما لم ينص على غير ذلك في هذا النظام.

الأثر الرجعي لنظام المرافعات الشرعية:

الأصل في الإجراءات أنها تخضع من حيث الصحة والبطلان للنظام الذي نشأت في ظله [3] فلو صدر الإجراء صحيحاً ثم صدر نظام لاحق ووصمه بالبطلان فإنه يظل صحيحاً وبالعكس لو صدر باطلاً واعتبره النظام الجديد صحيحاً فإنه يظل باطلاً استناداً لأن نشأته باطلة وهذا وفقاً للقواعد العامة أما وإن نص النظام على غير ذلك بأن نص النظام على إبطال إجراء تم في ظل النظام السابق على نظام المرافعات فإنه يعتبر إعمالاً لمبدأ الأثر الرجعي لنفاذ الأنظمة.

(1)   فتحي والي. المرجع السابق: 15.

(2)   المرجع السابق: 22.

(3)   عبد المنعم عبد العظيم جيرة. المرجع السابق: 23.

المـــادة الرابعـــة

لا يقبل أي طلب أو دفع لا تكون لصاحبه فيه مصلحة قائمة مشروعة، ومع ذلك تكفي المصلحة المحتملة إذا كان الغرض من الطلب الاحتياط لدفع ضرر محدق، أو الاستيثاق لحق يخشى زوال دليله عند النزاع فيه. وإذا ظهر للقاضي أن الدعوى صورية كان عليه رفضها، وله الحكم على المدعى بنكال.

1/4 - يقصد بالمصلحة: كل ما فيه جلب نفع أو دفع ضرر.

2/4 - يستظهر القاضي الطلب إن لم يحرره طالبه، ويرد ما لا مصلحة فيه، سواء أكان الطلب أصلياً أم عارضاً.

3/4 - يقصد بالضرر المحدق: أن الاعتداء على الحق لم يقع، غير أن هناك قرائن معتبرة تدل على قرب وقوعه.

4/4 - يقبل الطلب بالاستيثاق لحق يخشى زوال دليله عند النزاع من غير حضور الخصم الآخر، إذا كان يتعذر حضوره. ومن ذلك: طلب المعاينة لإثبات الحالة كما في المادة (116) من هذا النظام[1].

---

(1) وثمة تعديلاً وارداً على هذا البند ليكون كالآتي: (يقبل الطلب بالاستيثاق لحق يخشى زوال دليله عند النزاع من غير حضور الخصم الآخر إذا كان يتعذر حضوره ومن ذلك: طلب المعاينة لإثبات الحالة كما في المادة (116) من هذا النظام أو إثبات شهادة يخشى فواتها) والتعديل الوارد على هذا البند من اللائحة تعديلاً بالإضافة حيث أضاف صورة جديدة وتطبيق آخر لطلب الاستيثاق هو إثبات الشهادة التي يخشى من فواتها نظراً لمرض الشاهد بمرض عضال وفي نفس الوقت تعد شهادته ناتجه فاصلة في النزاع ولا يعد التعديل هذا سوى تطبيق للغاية من طلب الاستيثاق للدليل الذي يخشى زواله فالشهادة إحدى صور الأدلة الواردة في هذا البند، حيث جاءت إرادة المنظم لتبرز أحد النماذج العلمية لهذه التطبيقات بعد تنظيم القاعدة العامة لطلب الاستيثاق ومن ثم لا يقتصر نطاق إعماله على الشهادة فقط وإنما على كل دليل ناتج في نزاع ويخشى زوال معالمه أي لا يمكن الانتظار حتى يتم تقديمه في النزاع ذاته فيكون قد ضاعت معالمه وأهم مظهر من مظاهر ضياع معالم دليل هو وفاة شاهد لذلك جاء هذا التعديل ولهذا الدليل على وجه الخصوص.

5/4 - إذا ثبت لناظر القضية أن دعوى المدعي كيدية، حكم برد الدعوى، وله الحكم بتعزير المدعي بما يردعه.

6/4 - إذا ثبت لناظر القضية أن الدعوى صورية، حكم برد الدعوى، وله الحكم بالتعزير.

7/4 - يكون الحكم برد الدعوى والتعزير - في القضايا الكيدية والصورية - في ضبط القضية نفسها، ويخضع لتعليمات «التمييز».

8/4 - يقرر التعزير في القضايا الكيدية، والصورية حاكم القضية، أو خلفه بعد الحكم برد الدعوى، واكتسابه القطعية.

المصلحــة:

يذهب الرأي السائد في الفقه المصري أن المصلحة هي الشرط الوحيد لقبول الدعوى، وهذا ما عبر عنه النظام (لصاحبه فيه مصلحة قائمة مشروعة) [1] ذلك أن الدعوى ترفع بواسطة الطلب والمصلحة المشترطة سواء أكانت في الطلب أو في الدفع مصلحة شخصية ومباشرة وفي هذا تقول محكمة النقض المصرية في حكمها.

«تقدير قيام المصلحة أو انتفائها بخصائصها المقررة في فقه القانون (النظام) وهي اتصالها بشخص صاحبها اتصالاً مباشراً، وقيامها قياماً حالياً، واستنادها إلى القانون يقتضي من المحكمة اتصالاً بموضوع الدعوى متمثلاً في عنصر أو أكثر من عناصرها الثلاثة وهي الخصوم والمحل والسبب من أجل ذلك فإن المقرر في قضاء هذه المحكمة أن من شأن الحكم بعدم قبول الدعوى تستنفذ به المحكمة التي أصدرته ولايتها في الفصل في موضوع الدعوى مما ينتقل معه الحق في الفصل فيها من جديد إلى محكمة الاستئناف (محكمة الطعن) في حالة الطعن في الحكم لديها».

---

(1) محمد حامد فهمي. قانون المرافعات، ط 1940: 358 فقرة 333.

(طعن 152 لسنة 41 قضائية جلسة 1980/4/26)

وتنقض المصلحة - ومن ثم لا تقبل الدعوى - إذا أقر المعترض الذي سبق إقراره بالحكم فلا مصلحة له إذن بالاعتراض عليه ومن ذلك:

فقد اطلع مجلس القضاء الأعلى بهيئته الدائمة على الأوراق الواردة إليه بخطاب سمو نائب رئيس مجلس الوزراء رقم 4/ب/10353 في 1420/7/1هـ المتعلقة بقضية .... مع ....

وبدراستها بعد ورود المعاملة الأساسية من المحكمة الكبرى بالرياض برقم 1/20/36716 في 1420/7/18هـ وجدت أنها تشتمل على صورة الصك رقم 5/57 في 1420/3/5هـ الصادر من الشيخ عبد الله السليمان المتضمن دعوى .... بالوكالة عن .... ضد .... قائلاً إن موكلي اقترض من المدعى عليه مبلغاً قدره تسعة وأربعون مليوناً وستمائة وستة وعشرون ألفاً وثمانمائة وستون ريالاً وذلك لأجل إكمال قيمة الأرض التي اشتراها موكلي من ورثة ...... بمبلغ ثلاثة وسبعين مليوناً وخمسمائة وتسعة وعشرين ألفاً ومائتين وثمانين ريالاً وقد تعهد موكلي على أن يعيد للمدعى عليه المبلغ بعد ستة أشهر بفائدة خمسة ملايين أو يعيده إليه بفائدة عشرة ملايين إذا تأخر إلى سنة وقد وافق المدعى عليه على ذلك بشرط أن يفرغ موكلي الأرض بعد شرائه لها كضمان للقرض.

واستعد المدعى عليه بإفراغ الأرض لموكلي فور تسديد القرض وفعلاً أفرغت الأرض باسم موكلي من ورثة .... وفي نفس اليوم والمجلس أفرغت من اسم موكلي إلى اسم المدعى عليه وذكر أن ثمنها مبلغ القرض وعندما طلب موكلي من المدعى عليه استلام مبلغ القرض وإفراغ الأرض له تنكر المدعى عليه.

لذا أطلب: - إلزام المدعي عليه باستلام مبلغ القرض وإفراغ الأرض علماً بأن الأرض تقع في .... على طريق الخرج: الرياض.

وقد أجاب المدعى عليه بقوله الصحيح: أنني اشتريت من المدعي أصالة الأرض المشار إليها وكان الثمن تسعة وأربعين مليوناً وستمائة وستة وعشرين ألفاً وثمانمائة وستين ريالاً سلمتها بموجب شيكين مصدقين ولا صحة لما ذكره وكيل المدعي سوى ذلك من القرض وفوائده.

وبعد سماع الدعوى والإجابة وبعد سماع شهادة عدد من الشهود الذين أحضرهم المدعي وكالة وما جاء في قرار هيئة النظر أن الأرض تساوي أكثر من سبعين مليون ريال وقت الإفراغ وشهادة شاهد المدعى عليه الذي أحضره يشهد له فشهد أن المدعى عليه قال للمدعي بعد الإفراغ يا .... إذا أردت أرضك بعد ستة أشهر تدفع لي خمسة وخمسين مليون ريال وإذا أردتها بعد سنة تدفع ستين مليون ريال.

ولقول المدعى عليه حنا على ما حنا عليه وهذه مبهمات عن اتفاق سرى لا يرغب نشره وحيث شرع اليمين في جانب أقوى المتداعيين فقد طلب فضيلته من المدعي اليمين على صحة ما ادعاه فاستعد بها ثم حلفها فحكم فضيلته بأن الأرض المذكورة لا زالت ملكاً للمدعي وأن الإفراغ عليها صوريّ وحكم على المدعي عليه بتسليم الأرض وفهم المدعي عليه بأن له في ذمة المدعي المبلغ الذي سلمه له وقدره تسعة وأربعون مليوناً وستمائة وستة وعشرون ألفاً وثمانمائة وستون ريالاً بلا زيادة ولا نقصان وفي آخر الضبط أن فضيلة القاضي وعظ الطرفين ونصحهما باجتناب الربا.

وأنه بعرض الحكم أقتنع به المدعى عليه وبعد الحكم رفع ...... شكوى للمقام السامي طلب دراسة القضية من قبل مجلس القضاء الأعلى فصدر الأمر السامي المنوه عنه في صدر هذا القرار.

وبتأمل جميع ما تقدم ولأن القاضي ذكر في حكمه قناعة المحكوم عليه بالحكم ولأن ...... جاء في كتابة اعتراف منه بالتوقيع على الحكم بالقناعة والتوقيع في الضبط صريح ونظراً لوجود القناعة وهو عاقل فاهم فإنه وإن لم تكن الشهادة في كامل الصراحة إلا أن قناعة مثله كافية.

لذا فإن مجلس القضاء الأعلى بهيئته الدائمة يقرر أنه لم يظهر له ما يعترض به على هذا الحكم، والله الموفق وصلى الله على نبينا محمد وعلى آله وصحبه وسلم.

مجلس القضاء الأعلى بهيئتة الدائمة

عضو عضو عضو عضو

محمد بن الأمير محمد بن سليمان البدر عبد الله بن رشيد غنيم المبارك

رئيس المجلس

صالح بن محمد اللحيدان

«مدونة الأحكام القضائية. رقم القرار 6/482،بتاريخ 1420/8/29هـ، قرض، الإصدار الأول، الرياض، عام2007: 29: 32»

ويختلف تعريف المصلحة على ضوء المعيار الذي من خلاله يتم تحديد التعريف[1] إذا نظر إليها من خلال الغاية من رفع الدعوى عما إذ نظر إليها من خلال الباعث على رفعها، فإذا نظر إليها من خلال الغاية من رفع الدعوى، فإنها تكون الحاجة إلى حماية النظام لأنها ترتبط بالاعتداء على الحق أو التهديد بالاعتداء عليه، أما إذا نظر إليها من خلال الباعث أو الدافع إلى رفع الدعوى فإنها تكون المنفعة التي يجنيها المدعي من جراء الحكم له بطلباته ومن هنا جرى جانب من الفقه في تعريف المصلحة إلى الجمع بين المعيارين فعرفها بأنها الحاجة إلى حماية النظام للحق المعتدى عليه أو المهدد بالاعتداء، أو المنفعة التي يحصل عليها المدعي من تحقق هذه الحماية.

ولا تقتصر ضرورة توافر شرط المصلحة على الدعوى فقط بل تشمل الدفع سواء أكان الدفع شكلياً أم موضوعياً ويمتد لطرق الاعتراض في ضرورة توافرها، أي أنها شرط ابتداء واستمرار.

---

(1) عبد المنعم الشرقاوي. نظرية المصلحة في الدعوى، رسالة دكتوراه، ط 1947: 56.

وهذا ما أكدته المحكمة الدستورية العليا المصرية في حكمها [1]:

إن قضاء هذه المحكمة قد جرى على أن توافر شرط المصلحة في الدعوى عند رفعها، ثم تخلفها قبل أن تصدر حكمها فيه مؤداه زوال هذه المصلحة وذلك أياً كانت طبيعة المسألة الدستورية التي تدعو المحكمة الدستورية لتقول كلمتها في شانها الحكم الصادر بجلسة 1993/5/15 في الدعوى رقم 7 لسنة 8 قضائية.

شــروط المصلحــة:

أن تتوافر قاعدة نظامية[2] تحمي المصلحة التي يتمسك بها الخصم بحمايتها أي أن يستند صاحب الإجراء (الطلب، الدفع) إلى حق أو مركز نظامي فيكون الغرض من الدعوى حماية هذا الحق بتقريره عند النزاع فيه أو رفع العدوان عليه أو تعويض ما لحق به من ضرر من جراء ذلك فإذا لم يتوافر للمدعي ذلك الحق أو المركز النظامي لم تكن دعواه مقبولة.

وفي ذلك تقول محكمة النقض المصرية :

والمقرر في قضاء محكمة النقض أن شرط قبول الخصومة أمام القضاء قيام نزاع بين أطرافها على الحق المدعى به........ بأن المصلحة التي يقرها القانون (النظام) ومفاد ذلك أن مجرد توافر مصلحة للمدعي في الحصول على منفعة مادية أو أدبية لا يكفي لقبول دعواه ما دامت المصلحة لا تستند إلى حق له يحميه القانون.

(طعن رقم 8 لسنة 50 قضائية جلسة 1981/12/17)

الحق في الإجراء (الدعوى) لا ينشأ إلا بالاعتداء على الحق أو المركز النظامي فإذا كان الاعتداء الذي يتمسك به المدعي لم يحدث فإنه لا تكون للمدعي مصلحة في سماع دعواه وهذا ما أكدته محكمة النقض المصرية أن

---

(1) عز الدين الدناصوري، حامد عكاز. التعليق على قانون المرافعات، ط 1998: 44.

(2) أحمد السيد صاوي. الوسيط في شرح قانون المرافعات المدنية والتجارية، دار النهضة العربية، القاهرة، طبعة 1990: 166 فقرة 100.

الدعوى وسيلة لحماية حق أو مركز قانوني للمدعي ذاته فيشترط أن يستند فيها المدعي إلى حماية حق أو مركز قانوني ذاتي ولا تعدو أن تكون وسيلة لحماية حق أو مركز قانوني للمدعى ذاته.

(طعن رقم 864 لسنة 53 قضائية جلسة 1987/1/4)

إذا انقضت الدعوى بأسباب انقضائها في حالة الحكم الحائز لحجية الأمر المقضي أو انقضاء الدعوى بالتقادم أو نزول صاحب الدعوى عن حقه في الدعوى فلا يكون للمدعي مصلحة في الإجراء وبالتالي لا يصدر حكم لصالحه لانتفاء المصلحة المتطلبة كأساس للحكم في الدعوى أو الدفع باعتبارها شرط ابتداء واستمرار.

المصلحة المحتملة:

يجوز التقاضي عن ضرر لم يقع وعن حق لم يبح للمرء استعماله، ذلك لأن من حق الشخص العمل لدفع ضرر محدث أو الاستيثاق لحق يخشى [1] زوال دليله إذا كان ذلك ممكناً ولحماية حقه بتقريره قبل أن يحصل النزاع بشأنه في المستقبل.

وهذا ما ذهبت إليه محكمة النقض في حكمها.

المصلحة المحتملة التي تكفي لقبول الدعوى لا تتوافر كتصريح ..... إلا إذا كان الغرض من الطلب أحد أمرين (الأول) الاحتياط لدفع ضرر محدق، (الثاني) الاستيثاق لحق يخشى زوال دليله عند النزاع فيه، وإذا كان القانون (النظام) لا يحدد الدعاوى التي يجوز رفعها وإنما يشترط لقبول الدعوى أن تكون لصاحبها مصلحة قائمة يقرها القانون وتكفي المصلحة المحتملة إذا كان الغرض من الطلب الاحتياط لرفع ضرر محدق أو الاستيثاق لحق يخشى زوال دليله عند النزاع فيه، والبين أن المصلحة لا تهدف إلى حماية الحق واقتضائه فحسب وإنما قد يقصد بها مجرد استيثاق المدعي لحقه بحيث لا يلزم أن

---

(1)   أمينة النمر. قانون المرافعات، طبعة 1992: 244.

يكون له حق ثابت وقع عليه العدوان حتى تقبل دعواه بل يكفي حتى تكون دعواه جديرة بالعرض أمام القضاء أن يكون ادعاؤه مما يحميه القانون وتعود عليه الفائدة من رفع الدعوى.

(طعن 1253 لسنة 47 قضائية جلسة 1982/5/27)

وقد قضت محكمة النقض (المصرية) في حكمها:

المصلحة شرط لقبول الدعوى. ماهيتها. كفاية المصلحة المحتملة.

نقض 1989/1/15 طعن 132 لسنة 56 قضائية

إذا كانت المصلحة في الدعوى لا تهدف إلى حماية الحق واقتضائه فحسب بل قد يقصد بها مجرد استيثاق المدعي لحقه بحيث لا يلزم أن يثبت الحق له حتى تقبل دعواه بل يكفي أن تكون له شبهة حق حتى تكون دعواه جديرة بالعرض أمام القضاء.

نقض 1969/6/17 السنة العشرون. مكتب فني: 970

مناط المصلحة الحقة سواء أكانت قائمة أو محتملة إنما هو كون الحكم المطعون فيه قد أضر بالطاعن حين قضى برفض طلباته كلها أو قضى له ببعضها دون البعض الآخر فلا يكون مصلحة للطاعن فيما يكون قد صدر به الحكم وفق طلباته أو محققاً لمقصوده منها. وإذا كان الحكم المطعون فيه قد صدر محققاً لمقصود الطاعنين مما ينتفي معه مصلحتهما في الطعن ويتعين من أجل ذلك القضاء بعدم جواز الطعن.

نقض 1980/12/23 طعن 989 لسنة 46 قضائية

على أن توافر المصلحة هي الفائدة أو المنفعة الشخصية المباشرة التي يحميها القانون سواء كانت حالة أو محتملة من الحكم للمدعي بطلباته شرط لقبول دعواه. ولما كان الطعن بالنقض (التمييز) لا يخرج على هذا الأصل وكان الطلب الأساسي الذي يتقدم به الطاعن لمحكمة النقض هو نقض الحكم

المطعون فيه فإن الحكم المطعون فيه بأن يتوافر للطاعن من نقض الحكم مصلحة.

نقض 1989/5/10 مجموعة المكتب الفني السنة 40 ج2: 249

تمسك الطاعنة في دفاعها أمام محكمة الموضوع بأن المطعون ضده عند شرائه للأرض محل العقد المؤرخ 1986/7/5 موضوع التداعي كان مسخراً عنها إذ اشتراها من مالها الخاص الذي ادخرته طوال فترة إعارتها للسعودية وأودعته حسابه الخاص ببنك... ودللت على ذلك بما قدمته من مستندات وكان هذا الدفاع يعتبر دفاعاً جوهرياً قد يتغير به - لو صح - وجه الرأي في الدعوى وإذ رفض الحكم المطعون فيه هذا الدفاع المؤيد بالمستندات على ما أورده في مدوناته من أن الطاعنة لا مصلحة لها في طلباتها في التدخل في الدعوى لأنها ليست طرفاً في العقد وهو ما لا يواجه هذا الدفاع ولا يصلح أن يكون رداً عليه فإنه يكون معيباً بالقصور المبطل.

نقض 1994/12/21 طعن رقم 64 لسنة 60 قضائية

قاعدة المصلحة في الدعوى. تطبيقها حال رفعها وعند الاستئناف (أحد طرق الاعتراض على الأحكام) الحكم الصادر فيها. مناطها. كون الحكم المستأنف قد أضر بالمستأنف حين قضى برفض طلباته كلها أو بعضها أو أن يكون محكوماً عليه بشيء لخصمه أياً كان مركزه في الدعوى سواء أكان مدعياً أو مدعى عليه.

نقض 1998/1/11 طعن رقم 4800 لسنة 61 قضائية

بعد ما أوردته المادة الثانية والسبعون من النظام في الدفع بعدم القبول لانعدام الصفة يتضح أهمية التعرض بجلاء للصفة نظراً لارتباطها بالمصلحة وتعني الصفة أن يكون مباشر الإجراء أو الدفع و صاحب الحق[1] أو المركز

---

(1) أحمد هندي. قانون المرافعات المدنية والتجارية، دار الجامعة الجديدة، طبعة 1995: 487 فقرة 157.

النظامي محل النزاع وكذلك المدعى عليه بأن يكون هو صاحب المركز النظامي[1] للمعتدي على الحق المدعى به فيجب أن ترفع الدعوى من ذي صفة وعلى ذي صفة ويحدد الصفة في الإجراء القانوني الموضوعي الذي يحكم الحق أو المركز النظامي موضوع الدعوى إذ يجب التطابق بين صاحب الحق ورافع الدعوى كما يجب التطابق بين المعتدي على هذا الحق وبين المدعى عليه.

والأصل أن يكون طالب الإجراء هو صاحب الحق المدعى به إلا إذا خول النظام غيره مباشرة الدعوى.

وقد قضت محكمة النقض (المصرية) في حكمها:

الدعوى هي حق الالتجاء إلى القضاء لحماية الحق أو المركز القانوني المدعى به، ومن ثم يلزم لقبولها توافر الصفة الموضوعية لطرفي هذا الحق، بأن ترفع ممن يدعي استحقاقه لهذه الحماية وضد من يراد الاحتجاج عليه بها.

طعن 864 لسنة 53 قضائية جلسة 1987/1/4

وقضت بأن:

الدعوى هي حق الالتجاء إلى القضاء لحماية الحق أو المركز القانوني المدعى به ومن ثم فإنه يلزم توافر الصفة الموضوعية لطرفي هذا الحق بأن ترفع الدعوى ممن يدعي استحقاقه لهذه الحماية وضد من يراد الاحتجاج عليه بها ومن ثم فإن الحكم بعدم قبول الدعوى لرفضها من غير ذي صفة تأسيساً على عدم أحقية المدعي في الاحتماء بهذه الدعوى يكون قضاءاً فاصلاً في نزاع موضوعي حول ذلك الحق ومتى حاز قوة الأمر المقضي كانت له حجية مانعة للطرفين من معاودة طرح ذات النزاع لذات السبب ضد نفس الخصوم.

طعن 244 لسنة 50 قضائية جلسة 1984/3/29

---

(1) محمد حامد فهمي. المرجع السابق: 367 فقرة 338.

أما إذا لم تتوافر الصفة ابتداء وتوافرت أثناء مباشرة الإجراء أو رفع الدعوى أو إبداء الدفع وهذا ما أكدته محكمة النقض في حكمها إذا لم يكن للمدعي صفة في رفعها إلا أنه متى اكتسب المدعي هذه الصفة أثناء نظر الدعوى مراعيا المواعيد والإجراءات المنصوص عليها في القانون فإن العيب الذي شاب صفته عند رفعها يكون قد زال وتصبح الخصومة بعد زوال العيب منتجة لآثارها منذ بدايتها ولا تكون للمدعى عليه مصلحة في التمسك بهذا الدفع.

طعن 429 لسنة 55 قضائية جلسة 1991/3/28

والجدير بالذكر أنه إذا أقام المدعي دعواه على غير ذي صفة وقضت المحكمة بعدم قبولها بسبب ذلك بناء على دفع المدعى عليه فإن الحجية تنحصر في هذا النطاق أي تلك الخصومة دون أن تتعداها إلى خصومات أخرى كما لو قام المدعي برفعه دعواه أو مباشرة الإجراء ضد صاحب الصفة الحقيقي على أن اتجاه الرأي الراجح في الفقه هو اشتراط توافر الصفة والمصلحة قبل قفل باب المرافعة إذ بذلك تصحح الإجراءات ولو لم تتوافر ابتداء.

وهذا ما عبرت عنه أحكام محكمة النقض المصرية في حكمها:

اكتساب المدعي الصفة في رفع الدعوى أثناء نظرها بمراعاة المواعيد والإجراءات المنصوص عليها في القانون. أثره، زوال العيب. مؤداه انتفاء مصلحة المدعي عليه في التمسك بالدفع بعدم القبول. تغيير سند صفة المدعى أمام محكمة الاستئناف (محكمة الطعن) عنه أمام محكمة أول درجة لا أثر له.

طعن 108 لسنة 51 قضائية جلسة 1988/4/27

يشترط لقبول الطعن من الطاعن أن يكون طرفاً في الخصومة التي صدر فيها الحكم بشخصه أو بمن ينوب عنه، وكانت العبرة في توافر هذه

الصفة بحقيقة الواقع، ولا يعتبر الشخص طرفاً في الخصومة بتمثيل الغير له إلا إذا كان هذا التمثيل مقطوعاً به فإن انتحل صفة النيابة أو أضفاها الحكم على شخص بلا مبرر فهذا غير كاف لاعتباره طرفاً في الخصومة التي صدر فيها الحكم بما يحق له الطعن فيه، ويكون ذلك جائزاً من صاحب الصفة الحقيقية.

نقض 1978/12/20 سنة 29 العدد الثاني: 1983

توجيه الدعوى لشخص واحد بصفتين، جائز. اختصام الشركة المطعون ضدها بصفتها وكيلة عن ملاك السفينة إلى جانب صفتها كوكيل عن ربان السفينة. ترك الخصومة لملاك السفينة. القضاء بانتهاء الدعوى استناداً إلى ذلك خطأ في القانون ومخالفة للثابت في الأوراق.

نقض 188 لسنة 50 قضائية جلسة 1985/1/14

تمثيل الدولة منوط بالوزير في الشئون المتعلقة بوزارته ما لم يسلبه القانون هذه الصفة.

نقض 880 لسنة 55 قضائية جلسة 1988/6/30.

على الطاعن في الحكم أن يلتزم بمراقبة ما يطرأ على خصومه من تغيير في الصفة أو الحالة.

نقض 1545 لسنة 52 قضائية جلسة 1986/2/5

النظر على الوقف يخول لصاحبه سلطة وضع يده على الأعيان الموقوفة وحفظها وإدارتها واستغلالها وتوزيع غلاتها على مستحقيها كما يخوله الحق في التعاقد نيابة عنه وتمثيله فيما يدعي له وعليه.

نقض 193 لسنة 48 قضائية جلسة 1983/2/22

من المقرر - وعلى ما جرى به قضاء هذه المحكمة - أنه متى كان للشركة شخصية اعتبارية مستقلة عن شخصية من يمثلها قانوناً (نظاماً) وكانت هي

المقصودة بذاتها بالخصومة فلا تتأثر بما يطرأ على شخصية هذا الممثل من تغيير. لما كان ذلك وكان الثابت بالتوكيل الذي بموجبه باشر المحامي رفع الطعن بالنقض (التمييز) أنه صادر من المستشار القانوني للشركة الطاعنة استناداً إلى التوكيل الصادر له من رئيس مجلس إدارة الشركة آنذاك متضمناً تفويضه في تمثيل الشركة أمام القضاء والإذن له في توكيل المحامين في الطعن بالنقض وكان هذا التوكيل قد صدر صحيحاً ممن يمثل الشركة قانوناً وقت صدوره فإن تغيير رئيس مجلس الإدارة في مرحلة لاحقة لصدور التوكيل لا ينال من شخصية الشركة، ولا يؤثر على استمرار الوكالة الصادرة ومن ثم لا يوجب إصدار توكيل آخر من رئيس مجلس الإدارة الجديد للتقرير بالطعن (الاعتراض).

نقض 27 لسنة 51 قضائية جلسة 1981/12/26

أهمية توافر الصفة إلى جانب المصلحة فإذا انتفت الصفة عن أحد أطراف الخصومة كان الجزاء عدم القبول (المادة الثانية والسبعون) ولو توافرت المصلحة.

نقض 390 لسنة 34 قضائية جلسة 1982/6/21

التعدد الإجباري للخصوم:

لا تتوافر الصفة في الدعوى في حالة التعدد الإجباري في أطراف الخصومة إلا باختصامهم جميعهم ذلك أن الصفة سواء في طرفها الإيجابي المتمثل في المدعين أو الطرف السلبي المدعى عليهم لابد من اختصامهم جميعا وإلا لم تتوافر الصفة في شكلها المتطلب نظاما، ولكن إذا رفعت من طرفها الإيجابي غير مكتمل فيكون الجزاء عدم القبول لرفعها من غير كامل ذي صفة وأما إذا رفعت على طرفها السلبي غير مكتمل فيكون الجزاء عدم القبول لرفعها على غير كامل ذي صفة.

طعن 2840 لسنة 50 قضائية جلسة 1990/6/20

والأوجه النظامية التي يتحقق في شأنها التعدد الإجباري هي الأوجه النظامية الموضوعية متعدد الأطراف كالدعوى بين الشركاء المتعددين في شركة، وعليه يتم تحديد الاختصام الإجباري على ضوء النظام الموضوعي إذ هو المعول عليه في تحديد التعدد من عدمه.

التمثيل النظامي:

إنما يعبر عن الصفة الإجرائية وهي تختلف عن الصفة في الدعوى كالولاية، الوصاية، تمثيل الشخص المعنوي إذ يكون في الصورة السابقة القاصر والشخص الاعتباري هو الأصلي الذي يتعين أن تتوافر له الصفة في الدعوى فإنه يكون صاحب الحق أو المركز النظامي محل النزاع أما الولي والوصي وممثل الشخص الاعتباري فلا شأن له شخصياً بذلك الحق أو المركز النظامي والدعوى ليست دعواه وإنما هو ينوب عن الأصيل صاحب الصفة في الدعوى ويترتب على ذلك أن تخلف الصفة في الدعوى ويرتب جزاء عدم القبول أما فيما يتعلق بصحة التمثيل النظامي وتخلفه يرتب البطلان لعدم صحة العمل الإجرائي، وعليه يصح التمسك به بالبطلان في عدم صحة التمثيل النظامي في أي حالة تكون عليها الدعوى استناداً لبطلان العمل الإجرائي.

وهذا ما ذهبت إليه أحكام محكمة النقض المصرية في حكمها:

«بطلان الإجراءات المبنية على انعدام صفة أحد الخصوم في الدعوى».

طعن 666 سنة 45 قضائية جلسة 1979/1/10

من المقرر في قضاء محكمة النقض أن الوزير هو الذي يمثل الدولة في الشئون المتعلقة بوزارته. ولما كان ذلك وكان من المقرر أن الشخص لا يعتبر طرفاً في خصومة بتمثيل غيره له إلا أن يكون هذا التمثيل مقطوعا به.

طعن 724 لسنة 49 قضائية جلسة 1985/1/10

وقضت محكمة النقض في حكمها:

تمثيل الدولة في التقاضي هو فرع من النيابة القانونية عنها ويتعين في بيان مداها ونطاقها أن يرجع إلى مصدرها وهو القانون (النظام) وإذا كانت لائحة مجلس الشعب تقضي بأن رئيس المجلس هو الذي يمثله ويتكلم باسمه ومن ثم فهو صاحب الصفة دون غيره في تمثيل المجلس ولجانه بما في ذلك رئيس اللجنة التشريعية.

طعن 3249 لسنة 58 قضائية جلسة 1990/2/28

ومن المقرر في قضاء هذه المحكمة أن تمثيل الدولة في التقاضي هو فرع من النيابة القانونية عنها وهي نيابة المرد في تعيين مداها وبيان حدودها إنما يكون بالرجوع إلى مصدرها وهو القانون والأصل أن الوزير هو الذي يمثل الدولة في الشئون المتعلقة بوزارته وذلك تطبيقاً للأصول العامة باعتباره المتولي الإشراف على شئون وزارته المسئول عنها والذي يقوم بتنفيذ السياسة العامة للحكومة فيها إلا إذا أسند القانون صفة النيابة فيما يتعلق بشئون هيئة أو وحدة إدارية معينة إلى غير الوزير فيكون له عندئذ هذه الصفة بالمدى والحدود التي رسمها القانون.

طعن 2110 لسنة 51 قضائية جلسة 1985/3/17

وقضت في حكمها:

بأن وزير العدل هو صاحب الصفة في أي خصومة تتعلق بأي شأن من شئون وزارته ومن ثم يكون اختصام رئيس مجلس القضاء الأعلى ومساعد وزير العدل لشئون التفتيش القضائي في الطلبات المقدمة من رجال القضاء غير مقبول.

طعن 133 لسنة 56 قضائية جلسة 1988/10/25

الأصل في صحة انعقاد الخصومة أن يكون طرفاها أهلاً للتقاضي وإلا

قام مقامهم من يمثلهم قانوناً ومن واجب الخصم أن يراقب ما يطرأ على خصمه من وفاة أو تغيير في الصفة أو الحالة حتى تأخذ الخصومة مجراها القانوني الصحيح. وإذا كان الثابت من بيانات الحكم المطعون فيه أن الطاعنة علمت علماً يقيناً بقصر بعض خصومها وصفة من يمثلهم قانوناً ولم تتخذ أي إجراء لتصحيح الوضع في الدعوى بتوجيهها إلى هؤلاء القصر في شخص الوصي عليهم فإنهم يكونون غير ممثلين في هذه الخصومة تمثيلاً صحيحاً.

طعن 252 لسنة 28 قضائية جلسة 1963/6/19

ورقة الإعلان (التبليغ) لا تنتج أثرها بالنسبة للمعلن إليه إلا بالصفة المحددة بالورقة وتوجيه إجراءات التنفيذ العقاري للوصية باعتبارها نائبة عن القاصر رغم بلوغه سن الرشد وأثره في عدم اعتباره خصماً في تلك الإجراءات.

نقض 1980/1/17 طعن رقم 545 لسنة 48 قضائية

توافر صفة الخصوم في الدعوى. للمحكمة أن تستعين بخبير لتحقيق الوقائع المادية المتعلقة بها والتي يشق عليه الوصول إليها والتي تستخلص منها مدى توافر الصفة في الدعوى.

نقض 1979/12/12 طعن رقم 5 لسنة 49 قضائية

المنشأة الفردية لا تتمتع بالشخصية المعنوية. توقيع الطاعن على سند دون أن يقر فيه بأي صفة. القضاء بإلزامه شخصياً بقيمته صحيح.

نقض 1976/4/5 سنة 27: 852

نيابة الولي عن القاصر هي نيابة قانونية، ويتعين عليه حتى ينصرف أثر العمل الذي يقوم به إلى القاصر أن يكون هذا العمل في حدود نيابته أما إذا جاوز الولي هذه الحدود فإنه يفقد صفة النيابة ولا ينتج العمل الذي قام به أثره بالنسبة إلى القاصر ولا يجوز الرجوع على هذا الأخير إلا بقدر

المنفعة التي عادت عليه بسببها.

نقض 1977/1/31 سنة 28 ص 310

تمثيل الدولة في التقاضي. ماهيته. نيابة قانونية عنها تعيين مداها وحدودها. مرده القانون، الأصل أن الوزير هو الذي يمثل الدولة في الشئون المتعلقة بوزارته. الاستثناء إسناد القانون صفة النيابة القانونية إلى غير الوزير فيكون صاحب الصفة بالمدى وفي الحدود التي بينها القانون.

نقض 1990/5/13 طعن رقم 2613 لسنة 56 قضائية

بطلان التوكيل لصدوره من شخص ليس له صفة وقت صدوره أثره. عدم قبول الطعن لرفعه من غير ذي صفة.

نقض 1977/3/24 طعن رقم 969 لسنة 60 قضائية.

اكتساب المدعي الصفة في رفع الدعوى أثناء سيرها. أثره، زوال العيب الذي شاب صفته عند رفعها.

نقض 1991/3/28 طعن 429 لسنة 55 قضائية

رئيس الجمهورية صاحب الصفة في تمثيل الدولة في دعاوى التعويض عن وقائع التعذيب والاعتداء على الحقوق والحريات العامة وتمثيل الوزير للدولة في الشئون المتعلقة بوزارته. لا يسلب صفة رئيس الجمهورية في تمثيل الدولة.

نقض 1992/7/28 طعن رقم 288 لسنة 58 قضائية

الصفة في الدعوى وعلى ما جرى به قضاء هذه المحكمة شرط لازم وضروري لقبولها والاستمرار في موضوعها فإذا انعدمت فإنها تكون غير مقبولة ويمتنع على المحاكم الاستمرار في نظرها والتصدي لها وفحص موضوعها وإصدار حكم فيها بالقبول أو بالرفض بما لازمه أن ترفع الدعوى ممن وعلى من له صفة فيها.

نقض 1995/3/8 طعن رقم 6832 لسنة 63 قضائية

الصفة في الدعوى شرط لازم لقبولها والاستمرار في موضوعها لازمة أن ترفع الدعوى على ممن وعلى من له صفة فيها.

نقض 1995/3/8 طعن رقم 6832 لسنة 63 قضائية

وإذا تبين للقاضي أن المدعي الذي يتخذ إجراءاً، يبدي طلباً أو دفاعاً بسوء نية لا يقضي بالغرامة إلا عند إصدار الحكم الفاصل في الموضوع والمقصود بسوء النية هو أن يكون المدعي عالما أنه لا حق له فيه وإنما قصد بإبدائه الإضرار بالخصم الآخر وقضت محكمة النقض في أحكامها:

«حق الالتجاء إلى القضاء هو من الحقوق العامة التي تثبت للكافة إلا أنه لا يسوغ لمن يباشر هذا الحق الانحراف به عما وضع له واستعماله استعمالاً كيدياً ابتغاء مضارة الغير».

نقض 1959/10/15 مجموعة المكتب الفنية السنة العاشرة ص 574

لا يسأل من يلج أبواب القضاء تمسكاً أو ذوداً عن حق يدعيه لنفسه إلا إذا ثبت انحرافه عن الحق المباح إلى الكيد في الخصومة والعنت مع وضوح الحق ابتغاء الإضرار بالخصم وإذ كان الحكم المطعون فيه قد اقتصر في نسبة الخطأ إلى الطاعن إلى ما لا يكفي لإثبات انحرافه عن الحق المكفول في التقاضي والدفاع إلى الكيد والعنت واللدد في الخصومة فإنه يكون فضلاً عما شابه من القصور قد أخطأ في تطبيق القانون.

نقض 1977/3/28 طعن رقم 438 لسنة 43 قضائية

لئن كان الدفاع في الدعوى حقاً للخصم إلا أن استعماله مقيد بأن يكون بالقدر اللازم لاقتضاء حقوقه التي يدعيها والذود عنها فإذا هو انحرف استعماله عما شرع له هذا الحق أو تجاوزه بنسبة أمور شائنة لغيره ماسة باعتباره وكرامته كان ذلك خطأ منه يوجب مسئوليته عما ينشأ عنه من ضرر ولو كانت هذه الأمور صحيحة ما دام الدفاع في الدعوى لا يقتضي نسبتها

إليه وكان الحكم المطعون فيه قد خلص إلى أن الطاعن تجاوز حق الدفاع في الدعوى وهو ما يتوافر به ركن الخطأ الموجب للمسئولية التي لا يدرؤها في هذا الخصوص إثبات صحة ما نسبه الطاعن إلى المطعون ضده الأول مجاوزاً به حق الدفاع.

نقض 1983/3/24 طعن رقم 461 لسنة 48 قضائية

حق التقاضي أو الدفاع من الحقوق المباحة. مؤدى ذلك. عدم مسئولية من يلج أبواب القضاء تمسكاً بحق أو ذوداً عنه إلا إذا ثبت إساءة استعمال هذا الحق باللدد في الخصومة والتمادي في الإنكار وبالتفاني فيه أو بالتحايل به ابتغاء مضارة خصمه.

نقض 1997/5/10 طعن رقم 3908 لسنة 61 قضائية

تقدير التعسف والغلو في استعمال المتقاضي لحقه. استقلال محكمة الموضوع به متى أقامت قضاءها على أسباب سائغة أصلها ثابت في الأوراق.

نقض 1997/5/10 طعن رقم 3908 لسنة 61 قضائية

مساءلة خصم عن الأضرار الناشئة عن استعمال حق التقاضي. وجوب إيراد الحكم العناصر الواقعية والظروف التي يصح استخلاص نية الإنحراف والكيد منها استخلاصاً سائغاً.

نقض 1997/6/29 طعن رقم 11865 لسنة 65 قضائية

ونوصي بحذف عبارة (أن الدعوى الصورية) ذلك أن الصورية خاصة بنظرية العقود وهي من الصعب بمكان باستعارتها من نظرية العقود إلى نظام المرافعات خاصة أنه جد الاختلاف ما بين نظرية العقود والخصومة والاستعاضة عنها (بالكيدية) إذ الكيدية أعم وأشمل في منح ناظر القضية من الاستيثاق من توافرها من عدمه.

50

المادة الخامسة

تقبل الدعوى من ثلاثة - على الأقل - من المواطنين في كل ما فيه مصلحة عامة، إذا لم يكن في البلد جهة رسمية مسؤولة عن تلك المصلحة.

1/5 - المصلحة العامة هي: ما يتعلق بمنفعة البلد.

2/5 - يراعى في قبول الدعوى في المصالح العامة أن يتقدم بها ثلاثة من المواطنين من أعيان البلد.

3/5 - إذا كان بلد المحكمة يتبع في اختصاصه بلداً آخر يوجد فيه جهة رسمية لها الاختصاص، فلا تسمع الدعوى إلا من جهتها.

يلاحظ أن معظم التشريعات تجيز لغير ذي المصلحة الشخصية[1] من الأفراد رفع الأمر إلى القضاء في المسائل التي تكون متعلقة بصالح المجتمع على أن النظام قيد هذا الحق من خلال القيد الشخصي.

والمتمثل في رفع الدعوى إلى القضاء من ثلاثة من أعيان البلد في حالة عدم وجود جهة رسمية تتبعها البلد فلو رفعت من دون الأعيان فتكون الدعوى قد رفعت من غير ذي صفة ويترتب جزاء عدم القبول.

القيد الموضوعي:

والمتمثل في الأمور المتعلقة بالصالح العام فما خرج عن المصلحة العامة أصبحت الدعوى غير مقبولة تأسيساً على انتفاء المصلحة العامة.

وقد حكمت بذلك الدائرة الجنائية بمحكمة النقض والإبرام المصرية فقالت: أن من المبادئ المتفق عليها أن المصلحة أساس الدعوى فإذا انعدمت فلا دعوى وعليه فإن النيابة العامة والمحكوم عليه والمدعي المدني (المتضرر من الجريمة) لا يقبل من أيهم الطعن بطريق النقض ما لم يكن له مصلحة حقيقية

---

(1)   محمد حامد فهمي. المرجع السابق: 368 فقرة 339.

في نقض الحكم المطعون فيه. غير أن هذه القاعدة على إطلاقها لا تسري على النيابة العامة فإن لها مركزا خاصاً تمثل فيه المصالح العامة ولذلك كان لها أن تطعن بطريق النقض في الأحكام وإن لم يكن لها - كسلطة اتهام - مصلحة خاصة في الطعن بل كانت المصلحة هي للمحكوم عليهم من المتهمين.

نقض 19 يونيه سنة 1933 مجموعة القواعد القانونية

المـادة السادسـة

يكون الإجراء باطلاً إذا نص النظام على بطلانه، أو شابه عيب تخلف بسببه الغرض من الإجراء ولا يحكم بالبطلان - رغم النص عليه - إذا ثبت تحقق الغاية من الإجراء.

1/6 - الذي يقدر تحقق الغاية من الإجراء، هو ناظر القضية.

تعريـف البطـلان:

تعددت التعريفات في خصوص البطلان فقيل: «العيب الذي يصيب التصرف فيحرمه من آثاره التي كان يجب إنتاجها وفقاً لطبيعته أو موضوعه»[1].

وقيل بأنه: «عدم الصحة أو عدم النفاذ الذي يلحق تصرفاً لمخالفته لأمر أو نهي القانون».

كما قيل بأنه: «تكييف قانوني لعمل يخالف نموذجه القانوني مخالفة تؤدي إلى عدم إنتاج الآثار التي يرتبها عليه القانون لو كان كاملاً».

وهي كلها تعريفات تجمع بين طياتها عنصرين أساسيين ينطوي عليهما جزاء البطلان:

---

(1) فتحي والي, أحمد ماهر زغلول. نظرية البطلان في قانون المرافعات، الطبعة الثانية: 8 هامش 2.

أولهما: أن يشوب الإجراء عيب يتمثل في عدم مطابقته للنموذج النظامي.

ثانيهما: عدم إنتاج الإجراء لآثاره النظامية بسبب هذا العيب.

البطلان بنص والبطلان الجوهري:

أخذ النظام بنظريتي البطلان بنص والبطلان الجوهري وذلك من خلال النص عليهما وتتجلى مظاهر المزج بين النظرتين من خلال تقرير مبدأ النص على البطلان (البطلان النظامي)، وفي حالة عدم النص عليه إذا شاب الإجراء عيب تخلفت الغاية منه (البطلان الجوهري).

البطلان بنص:

وهو المتخذ كأساس في الأنظمة التي أخذت بمبدأ النص على البطلان سواء صراحة[1] بلفظ البطلان أو النص عليه دلالة بأن يكون النص بصيغة النهي أو النفي دون صيغة الأمر، ومتى تحقق لدى القاضي من وقوع المخالفة الموجبة لإيقاعه وعدم تحقق الغاية من الإجراء وجب عليه الحكم ببطلان الإجراء. ولا يحق للخصم التمسك بالبطلان إذا تحققت الغاية منه نظراً لانتفاء المصلحة في تقرير البطلان واعتبر ما يصدر من قبله إساءة استعمال الحق.

وهو ما نص عليه النظام في المواد 8، 11، 13.

البطلان الجوهري:

يشترط للقضاء بالبطلان في غير حالات النص عليه صراحة أو دلالة توافر شرطين أولهما بأن تكون المخالفة جوهرية بنقص جوهري في الإجراء وثانيهما أن يكون العيب من شأنه أن يفقد الإجراء إحدى صفاته الخاصة

(1) نبيل إسماعيل عمر. أصول المحاكمات المدنية، الدار الجامعية، بيروت، طبعة 1996: 430.

به والمميزة له بحيث لا يتحقق الغرض المقصود منه على الوجه الذي يريده النظام وبحيث تفوت على الخصم مصلحته التي يقصد القانون إلى صيانتها وحمايتها بما أوجبه وحصلت المخالفة له ولا حاجة بعد أن يثبت فوات تلك المصلحة على صاحبها إلى إقامة الدليل على وقوع أي ضرر خاص.

نطاق إعمال البطلان:

الإجراء هو مجال إعمال نظرية البطلان كجزاء مقرر للإجراء المخالف والمقصود بالإجراء هو العمل النظامي الذي يكون جزءاً من الخصومة ويترتب عليه آثار إجرائية، والإجراءات في الخصومة متنوعة منها ما يقوم به القاضي مثل الحكم، ومنها ما يقوم بها الخصوم مثل الطلبات على اختلاف أنواعها سواء كانت أصلية أو عارضة والدفوع وتبليغ الأوراق ومنها ما يقوم به الغير كشهادة الشهود أو عمل الخبير.

شروط الإجراء:

أولاً: أن يكون عملاً نظامياً أي عملاً تترتب عليه آثاراً نظامية فلا يعتبر عملاً إجرائياً الأعمال التي تعتبر مقدمة للقيام بأعمال نظامية ولكنها ليست كذلك كقيام القاضي بدراسة القضية.

ثانياً: أن يرتب عليه النظام أثراً إجرائياً مباشراً والأثر الإجرائي المباشر هو الذي يؤثر في بدء الخصومة أو سيرها أو تعديلها أو إنهائها فإذا كان العمل مما لا يرتب مثل هذا الأثر مباشرة لم يكن عملاً إجرائياً ولو كان في ذاته عملاً نظامياً كقرار القاضي نظر القضية آخر الجلسة كما لا يعتبر عملاً إجرائياً العمل الذي يؤثر في الخصومة بطريق غير مباشر كالنزول عن الدعوى فهو وإن ترتب عليه انقضاء الخصومة وهو أثر إجرائي إلا أن هذا الأثر لا يرتب مباشرة على عمل النزول عن الدعوى إذ أن هذا النزول لا يؤدي مباشرة إلا إلى أثر موضوعي هو ترك الدعوى ثم يؤدي هذا الترك بدوره إلى إنقضاء الخصومة.

ثالثاً: أن يكون العمل النظامي جزءاً من الخصومة التي يراد اعتباره عملاً إجرائياً بالنسبة إليها فلا يشترط أن يتم أمام القاضي فقبول الحكم من المحكوم عليه يعتبر عملاً إجرائياً رغم وقوعه خارج مجلس القضاء لأنه عمل نظامي يرتب عليه النظام أثراً مباشراً في الخصومة وهو يعتبر جزءاً منها ما دام ميعاد الاعتراض مفتوحاً.

عناصر الإجراء:

يشترط في الإجراء كعمل نظامي توافر عناصر شكلية وعناصر موضوعية.

أولاً: العناصر الشكلية:

الأصل في العمل الإجرائي أنه عمل شكلي بمعنى أن النظام يستلزم لصحته أن يكون في شكل معين يحدده وبالتالي فإنه لا يعتد به متى لم يفرغ في هذا الشكل ومن هنا وجب التمييز بين الشكل والإجراء إذ أن الشكل ليس إلا بعض عناصر العمل الإجرائي أي شرطاً من شروط صحته فالعناصر الشكلية بهذه المثابة هي مجموعة العناصر الخارجية اللازمة لإفراغ النشاط الإجرائي في داخلها، وبه يتحقق المظهر الخارجي للعمل الإجرائي، والشكل في العمل الإجرائي قد يكون عنصراً من عناصر وقد يكون ظرفاً يجب وجوده خارج العمل لكي ينتج العمل آثاره النظامية والشكل كعنصر للعمل وجوب أن تتضمن الورقة بيانات معينة والشكل كظرف للعمل قد يتصل بمكان العمل كوجوب أن يتم الحجز في مكان المنقولات المحجوزة وكما يتصل بزمان العمل قد يكون زمناً مجرداً بغير نظر إلى واقعة سابقة أو لاحقة كوجوب أن يتم التبليغ بين شروق الشمس وحتى الغروب.

ومما تقدم يتضح أن الشكل ليس هو الإجراء، ذلك أن الإجراء أو العمل الإجرائي هو عمل نظامي يجب أن تتوافر شروط معينة من بينها الشكل الذي يحدده النظام، وعليه فإن العمل الإجرائي لابد له من استيفاء عناصره الشكلية وإلا وصم بالبطلان.

ثانياً: العناصر الموضوعية:

وهي تمثل في شخص القائم به وإرادة العمل والمحل:

بالنسبة إلى الشخص القائم بالعمل فقد يكون القاضي أو معاونيه وقد يكون أطراف الخصومة، فبالنسبة للقاضي أن يكون صالحاً لصدور العمل النظامي منه وهو خلوه من أسباب الرد وعدم الصلاحية وإن كان أحد الخصوم وجب أن تتوافر لديه أهلية الإجرائية (الاختصام)، ثم يجب أن تتوافر لديه الصفة الإجرائية وهي تتوافر متى كان النظام خوله سلطة القيام به فالمحكوم عليه له صفة إجرائية في الاعتراض على الحكم.

والإرادة تتمثل في إرادة العمل الإجرائي دون النظر إلى آثاره، فالآثار يحددها النظام دون تدخل إرادي فيها، وبالنسبة إلى محل العمل الإجرائي فإنه الشئ الذي يرد عليه هذا العمل ويشترط في المحل أن يكون موجوداً ومعيناً وممكناً.

موجب البطلان:

إذا نص النظام على موجب البطلان في حالة مخالفة إرادة المنظم وجب تطبيقه إلا إذا كانت الغاية قد تحققت وجب استبعاد البطلان كجزاء إجرائي وهذا ما عبر عنه النظام من خلال المواد 8، 11، 13 من النظام ولا يكون أمام الخصم الذي يتمسك بموجب البطلان سوى إثبات ما يدعيه وأن يتوافر له المصلحة في الدفع بالبطلان كما أضاف النظام إلى جانب البطلان النظامي البطلان الجوهري وهو يتحقق في حالة تخلف الغرض من الإجراء وهو ما يستفاد من خلال عبارات النهي والنفي، وينظر القاضي إلى الغرض الموضوعي من الإجراء وإلى تحققه أو عدم تحققه في كل قضية على حده بالنسبة إلى البطلان المنصوص عليه إذ يكفي خصم من قام بالإجراء أن يثبت تعيب شكل العمل الإجرائي فإن فعل افترض تخلف الغاية من الإجراء ويعني هذا قيام قرينة نظامية لصالحه على تخلف الغاية من الإجراء ومن ثم قام

56

موجب البطلان، على أن هذه القرينة تقبل إثبات العكس وذلك من خلال تصحيح البطلان بتحقق الغاية، إذ يجوز لمن قام بالإجراء أن يثبت أن الغاية من الإجراء قد تحققت رغم تعيبه فيمتنع الحكم بالبطلان.

أما بالنسبة للبطلان غير المنصوص عليه، فإنه لا يكفي لمن يتمسك بقيام موجب البطلان أن يثبت تعيب الإجراء، بل عليه أن يضاف إلى ذلك أمرين أولهما: تخلف الغرض من الإجراء وثانيهما: قيام صلة سببية بين العيب الذي أثبت أنه شاب العمل وبين تخلف الغرض منه، ويرتبط هذا بأن لا يكون النظام قد حدد جزاء آخر للعيب فإذا كان المنظم قد حدد للمخالفة جزاء آخر لم تخضع المخالفة لجزاء البطلان وأحكامه إذ يكون النظام بذلك قد أخرج العيب من دائرة تنظيم البطلان.

أما المقصود بالغاية من الإجراء وهو الشكل الذي تطلبه المنظم في الإجراء والذي بموجبه يقوم موجب البطلان فإن ذلك يؤدي بفاعلية النظام حين يشترط قيداً شكلياً دون أن ينص على البطلان كجزاء لتخلفه، ذلك أنه إذا كانت الغاية من الإجراء أن تتخلف في الغالب مع تخلف الغاية من الشكل إلا أنه من الممكن استقلال كل منها عن الآخر بحيث يتصور تخلف الغاية من الشكل مع تحقق الغاية من الإجراء فإذا طلب الاكتفاء بتقرير البطلان عند تخلف الغاية من الإجراء، فإن هذا يعطل مجالاً كبيراً لإهداره الكثير من الأشكال التي تطلبها النظام وفي هذا إهدار لمقصود النظام من أهمية الأشكال.

ما أشارت إليه المادة الرابعة عشر:

يجب أن يشتمل التبليغ على ما يأتي:

و - توقيع المحضر على كل من الأصل والصورة.

فلا يكفي لعدم الحكم بالبطلان مجرد إثبات تحقق الغاية من الإجراء بل يجب إثبات تحقق الغاية من الشكل فما قررته المادة (14) فقرة (و) من

توقيع المحضر على الأصل والصور فإذا خلا التبليغ من توقيع المحضر كان باطلاً ولو وصل إلى المعلن إليه وتسلمه, ذلك أن الغرض من التوقيع هو التثبت من أن التبليغ قد تم على يد موظف مختص بإجرائه.

تصحيح البطلان:

من المفترض أن تصحيح الإجراء المهدد بالبطلان سواء أكان نظامي عن طريق تحقق الغاية من الشكل أم بطلان جوهري بتحقق الغرض منه حتى يتم تجنيب الإجراء التقرير ببطلانه إذ يكتفي ممن يتمسك بالبطلان غير المنصوص عليه بأن يثبت أن عيباً قد لحق شكل العمل الإجرائي وأن الغرض من الإجراء الذي يقصده النظام من تقرير هذا الشكل لا يتحقق بقيام هذا العيب فإن فعل قام موجب البطلان وهو ما يسمح لمن قام بالعمل الإجرائي المعيب أن يثبت أن الشكل وإن لحقه عيب إلا أنه رغم ذلك قد تحقق في خصوص الواقعة المعروضة فإن فعل قام سبب التصحيح فامتنع الحكم بالبطلان.

وهذا ما عبرت عنه أحكام محكمة النقض المصرية:

يكون الإجراء باطلاً إذا نص القانون صراحة على بطلانه أو إذا شابه عيب لم تتحقق بسببه الغاية من الإجراء ولا يحكم بالبطلان رغم النص عليه إذا ثبت تحقق الغاية من الإجراء يدل أن المشرع قرر التفرقة بين حالة البطلان الذي يقرره القانون بعبارة صريحة منه وحالة عدم النص عليه فإذا نص القانون (النظام) على وجوب اتباع شكل معين أو أوجب أن تتضمن الورقة بياناً معيناً وقرر البطلان صراحة الإجراء على عدم احترامه فإن الإجراء يكون باطلاً وليس على من تقرر الشكل لمصلحته من الخصوم إلا أن يثبت تحقيق غاية معينة في الخصومة، فالقانون عندما يتطلب شكلاً معيناً أو بياناً معيناً قائماً يرمي إلى تحقيق غاية يحققها توافر هذا الشكل أو البيان فإن من بين التمسك بالشكليات القضاء بالبطلان ومؤدى ذلك أن ربط شكل الإجراء بالغاية منه إنما يستهدف جعل الشكل أداة نافعة في الخصومة

وليس مجرد قالب، كالشكليات التي كانت تعرفها بعض القوانين القديمة.هذا إلى أن الشكل ليس هو الإجراء، ذلك أن الإجراء أو العمل الإجرائي هو عمل قانوني يجب أن تتوافر فيها شروط معينة من بينها الشكل الذي يحدده القانون وترتيباً على ما تقدم فإنه إذا أوجب القانون توافر الشكل أو بيان في الإجراء فإن مناط الحكم بالبطلان هو التفطن إلى مراد المشرع (المنظم) هذه البيانات وما يستهدفه من تحقيق غاية معينة.

طعن 1980/5/10م نقض م - 31 - ص 1325

كما قضت بأنه:

لئن كان الشكل أو البيان وسيلة لتحقيق غاية معينة في الخصومة وكان لا يقضي بالبطلان ولو كان منصوصاً عليه إذا ثبت المتمسك ضده به تحقق الغاية .... إلا أن التعرف على الغاية من الشكل أو البيان وتحديد ماهية هذه الغاية مسألة قانونية يتعين على محكمة الموضوع التزام حكم القانون بشأنها فإذا أجنحت عنها إلى غاية أخرى وانتهت في حكمها إلى ثبوت تحقق الغاية ورتبت على ذلك رفض القضاء بالبطلان لتحقق الغاية فإن حكمها يكون قد أخطأ في تطبيق القانون.

1983/4/10 طعن 1728 لسنة 49 قضائية - م نقض م33 ص 921

كما قضت:

أن المشرع قدر أن الشكل ليس سوى وسيلة لتحقيق غاية معينة من توافر هذا الشكل أو البيان فإذا ثبت تحقق الغاية رغم تخلف الشكل أو البيان فإنه من التمسك بالشكليات القضاء بالبطلان.

1986/2/20 طعن 1184 سنة 52 قضائية - م نقض م - 37 الجزء الأول - ص 246

ويزول البطلان إذا نزل عنه من شرع لمصلحته صراحةً أو ضمناً وذلك

فيما عدا الحالات التي يتعلق فيها البطلان بالنظام العام مفادة أن المشرع قدر أن الشكل ليس سوى وسيلة لتحقيق غاية معينة فالقانون عندما يتطلب شكلاً معيناً فإنما يرمي إلى تحقيق غاية يحققها توافر هذا الشكل أو البيان وإذا ثبت تحقق الغاية رغم تخلف هذا الشكل أو البيان فإن من التمسك بالشكليات القضاء بالبطلان كما رأى المشرع أن يجيز لمن شرع البطلان لمصلحته أن ينزل عنه صراحةً أو ضمناً إلا إذا تعلق بالنظام العام.

1977/3/1 طعن 569 لسنة 43 قضائية - م نقض م - 28 ص 705

يعني تصحيح البطلان زوال أثره عن العمل الإجرائي ويتم ذلك بأثر رجعي من وقت حصول الإجراء لا من وقت قيام سبب التصحيح ولا يكون لأحد التمسك بالعيب ولا يكون للقاضي أن يقضي بالبطلان ويتم تصحيح البطلان بتحقيق الغاية.

1953/3/25 - م نقض م - 4 - 607

لا يجوز لمن صح إعلانهم من الخصوم التمسك ببطلان إعلان غيرهم ولو كان الموضوع غير قابل للتجزئة إذ أن إفادتهم من هذا البطلان مرهونة بثبوته بالطريق القانوني وهو ما يستلزم أن يتمسك به من تعيب إعلانه وأن تقضي به المحكمة.

1977-/1/12 م نقض م - 28 ص 224

إن الحق في التمسك ببطلان إعلان أوراق المحضرين يقتصر على من شرع البطلان لمصلحته فلا يكون لغيره التمسك به ولا يجوز لمن صح إعلانهم من الخصوم التمسك ببطلان إعلان غيرهم إلا أنه إذا كان الموضوع غير قابل للتجزئة فإن لمن صح إعلانهم من الخصوم الإفادة من هذا البطلان إذا تمسك به من تعيب إعلانه وقضت به المحكمة.

1981/5/16 طعن 6380 لسنة 47 قضائية

القضاء بالبطلان في حالة عدم النص عليه، مناطه أن يشوب الإجراء عيب لم تتحقق بسببه الغاية من الإجراء.

نقض 1986/2/19 طعن رقم 1474 لسنة 52 قضائية

أوراق المحضرين. وجوب اشتمالها على بيانات معينة ومنها تاريخ حصول الإعلان.

نقض 1987/11/29 طعن رقم 1898 لسنة 51 قضائية

النص في المادة............. أنه لا يجوز للمحكمة أثناء المداولة أن تسمع أحد الخصوم أو وكيله إلا بحضور خصومه أو أن تقبل أوراقاً من أحد الخصوم دون اطلاع الخصم الآخر عليها وإلا كان العمل باطلاً.

والنص .... ولا يحكم بالبطلان رغم النص عليه إذا ثبت تحقق الغاية من الإجراء يدل على أن الشارع رأى حماية لحق الدفاع منع المحاكم من الاستماع أثناء المداولة لأحد الخصوم أو وكيله في غيبة خصمه ومن قبول مستندات أو مذكرات من أحدهم دون اطلاع الخصم الآخر عليها ورتب على مخالفة ذلك البطلان وإذا ثبت تحقق الغاية التي قصد الشارع إلى تحقيقها من خلال الواقعة المعروضة رغم تخلف هذا الشكل أو البيان فإن من التمسك بالشكليات القضاء بالبطلان فإذا كان الثابت من الصورة الرسمية لمحضر جلسة 1976/10/28 المودعة من الطاعنة أن طرفي الخصومة حضرا بتلك الجلسة وقدم كل منهما مذكرة بدفاعه سلمت صورتها للآخر وتضمنت مذكرة المطعون ضده الإشارة إلى فحوى الشهادة الرسمية الصادرة من هيئة............. بعدم وجود مستحقات على المطعون ضده قبل الهيئة والتي قدمها بتاريخ 1976/10/25 والمعلاة تحت رقم 15 دوسيه وكان مفاد ذلك أن الطاعنة قد أحيطت علماً بإيداع هذا المستند وأتيحت لها فرصة الرد على ما جاء بمذكرة المطعون ضده في خصوصه وذلك بتصريح من المحكمة بتقديم المذكرات خلال أسبوع من حجز الدعوى للحكم لجلسة

1976/11/30 وقد كان في مكنة الطاعنة أن تتقدم بما قد يعن لها من دفاع وبذلك تحققت الغاية التي قصدها الشارع باطلاع الخصم على ما يقدمه خصمه من دفاع فلا بطلان.

نقض 1981/1/26 طعن رقم 160 لسنة 47 قضائية

الدفع ببطلان إعلان صحيفة الطعن بالنقض ثبوت علم المطعون ضده وتقديمه مذكرة بدفاعه في الميعاد القانوني. أثره. عدم قبول الدفع علة ذلك تحقق الغاية من الإجراء.

نقض 1983/12/8 طعن رقم 597 لسنة 49 قضائية

عدم جواز قبول أوراق أو مذكرات من أحد الخصوم دون اطلاع الخصم الآخر عليها تقديم المطعون ضده مذكرة في فترة حجز القضية للحكم لم تتضمن دفاعاً جديداً. النص على الحكم بالبطلان لعدم الاطلاع عليها لا أساس له.

نقض 1971/10/26 سنة 22 ص 844

عدم جواز قبول مذكرات أو أوراق مقدمة من أحد الخصوم دون اطلاع الخصم الآخر عليها.

تقديم المطعون ضده مذكرة في فترة حجز القضية للحكم تضمنت دفاعاً جديداً. قبول الحكم لهذه المذكرة دون اطلاع الطاعنين عليها أو إعلانهم بها. أثره. بطلان الحكم.

نقض 1971/11/30 سنة 22 ص 946

لما كان الثابت أن المطعون ضده قدم مذكرة بدفاعه في الميعاد القانوني ولم يبين وجه مصلحته في التمسك بالبطلان الذي يدعيه في ورقة إعلان (التبليغ) صحيفة الطعن فإن الغاية من الإعلان تكون قد تحققت وتنتفي معه المصلحة في الدفع بالبطلان.

نقض 1981/1/13 طعن رقم 646 لسنة 47 قضائية

إذا تبين من أصل ورقة إعلان صحيفة الطعن أنه ورد بها اسم المحضر الذي باشر الإعلان والمحكمة التي يتبعها وبذلك تحقق ما قصدت إليه المادة.............. من بيان اسم المحضر والمحكمة التي يعمل بها في ورقة الإعلان ومن ثم فإن الدفع بالبطلان لخلو الصورة المعلنة من هذا البيان يكون على غير أساس.

نقض 1976/3/16 سنة 27 ص 665

وحيث أن هذا النعي في شقه الأول مردود بأن النص في المادة .... على أنه يكون الإجراء باطلاً إذا نص القانون صراحة على بطلانه أو إذا شابه عيب لم تتحقق بسببه الغاية من الإجراء ولا يحكم بالبطلان رغم النص عليه إذا ثبت تحقق الغاية من الإجراء يدل أن المشرع قرر التفرقة بين حالة البطلان الذي يقرره القانون بعبارة صريحة منه وعدم النص عليه فإذا نص القانون على وجوب اتباع شكل معين أوجب أن تتضمن الورقة بياناً معيناً وقرر البطلان صراحة جزاء على عدم احترامه فإن الإجراء يكون باطلاً وليس على من تقرر الشكل لمصلحته من الخصوم إلا أن يثبت تحقق العيب ويتمسك بالبطلان وأن الشكل ليس إلا لتحقيق غاية معينة في الخصومة فالقانون عندما يتطلب شكلاً معيناً أو بياناً معيناً فإنما يرمي إلى تحقيق غاية يحققها توافر هذا الشكل أو البيان وإذا ثبت تحقق الغاية رغم تخلف هذا الشكل أو البيان فإن من بين التمسك بالشكليات القضاء بالبطلان ومؤدى ذلك أن ربط شكل الإجراء بالغاية منه إنما يستهدف جعل الشكل أداة نافعة في الخصومة وليس مجرد قالب كالشكليات التي كانت تعرفها بعض القوانين القديمة.

هذا إلى أن الشكل ليس هو الإجراء ذلك أن الإجراء أو العمل الإجرائي هو عمل قانوني يجب أن تتوافر فيه شروط معينة من بينها الشكل الذي يحدده القانون وترتيباً على ما تقدم فإنه إذا أوجب القانون توافر للشكل أو بيان في الإجراء فإن مناط الحكم بالبطلان هو التفطن إلى مراد المشرع من

هذه البيانات وما يستهدفه من تحقيق غاية معينة ولما كانت المادة..... من قانون الإثبات وإن نصت على أن يشتمل التحقيق على البيانات الآتية يوم التحقيق ومكان وساعة بدئه وانتهائه إلا أنها لم ترتب البطلان جزاء على عدم إثبات إحدى هذه البيانات وكان إغفالها لا يؤدي إلى تخلف غاية معينة إذ هي لا تعدو أن تكون في حقيقتها بيانات تنظيمية (إرشادية) فإن خلو محضر التحقيق الذي أجرته المحكمة منها لا يرتب البطلان هذا فضلاً عن أن البين من الاطلاع على محضر التحقيق أنه أثبت تاريخ إجرائه وانتهائه وهو ذات التاريخ بإحالة الدعوى إلى المرافعة بعد الانتهاء من سماع الشاهدين اللذين حضرا في الوقت المحدد لإجرائه ومن ثم فإن التمسك بالبطلان يكون في غير محله هذا إلى أن النعي في شقه الثاني مردود بأن الثابت من صدر محضر التحقيق أنه أثبت به حضور كل من المحامي والموكل عن المستأنف والمستأنف عليه ولما كانت المحكمة قد أحالت الدعوى على التحقيق وحددت لإجرائه تاريخاً محدداً وفيه أحضر المطعون عليه شاهديه وطلب الطاعن أجلاً لإحضار شهوده ولم تستجب المحكمة وكان من المقرر أن المحكمة غير ملزمة بمد ميعاد التحقيق أو تأجيله إلى تاريخ لاحق وأن الأمر متروك لمطلق تقديرها فإنه لا جناح عليها في عدم استجابتها لما طلبه الطاعن لأن ذلك يفيد عدم قبولها عذره في عدم إعلانه شهود في الميعاد الذي كان محدداً للتحقيق لما كان ذلك فإن ما أثاره الطاعن في شأنه ما شاب إجراءات التحقيق يكون على غير سند من الواقع والقانون ويكون النعي على الحكم المطعون فيه بهذا السبب غير سديد.

نقض 1980/5/10 سنة 31 الجزء الثاني ص 1325

رفع الدعوى تمامه بإيداع صحيفتها قلم الكتاب انعقاد الخصومة شرطه إعلان المدعى عليه أو من في حكمه إعلاناً صحيحاً بصحيفة الدعوى في تحقق الغاية منه بالعالم اليقيني أو تنازله الصريح أو الضمني عن حقه في الإعلان البطلان الناشئ عن عيب في الإعلان نسبي عدم جواز التمسك

إلا لمن تقرر لمصلحته زواله بتحقق المقصود منه.

نقض 1997/5/14 طعن رقم 1574 لسنة 60 قضائية

علم المطعون ضدهم بالطعن وتقديمهم مذكرة بالرد على أسباب الطعن في الميعاد القانوني تمسكهم ببطلان إعلان صحيفة الطعن غير منتج.

نقض 1997/2/26 طعن رقم 1732 لسنة 59 قضائية

إن البطلان لا يجوز أن يتمسك به من تسبب فيه ويستوي أن يكون من تسبب في البطلان هو الخصم نفسه أو شخص آخر يعمل باسمه كما أنه لا يشترط أن يكون قد صدر من الخصم غش أو خطأ بل تكفي مجرد الواقعة التي تؤكد نسبة البطلان إلى الخصم أو من يعمل باسمه وكان البين من الأوراق أن المطعون ضدهما أوضحا في صحيفة افتتاح الدعوى الابتدائية المرفوعة منهما ضد الهيئة الطاعنة وفي ورقة إعادة الإعلان الخاصة بهذه الدعوى أنهما يقيمان بشارع .... ولما وجهت الهيئة إليهما الإعلان بصحيفة الاستئناف على هذا العنوان أثبت المحضر المكلف بإجرائه أنهما غير مقيمين به بل أن محل إقامتهما كائن...... فوجهت إليهما الإعلان بتلك الصحيفة في هذا العنوان الأخير لكن المحضر أثبت فيه أنه لم يستدل عليهما ولا يوجد أي موطن به كما أن الهيئة الطاعنة استعانت بضابط الشرطة المختص للتحري عن محل إقامة المطعون ضدهما فأخطرها بذات بيانات المحضر الواردة في الإعلانين المشار إليهما مما أدى إلى إعلان المطعون ضدهما بصحيفة الاستئناف - المودعة قلم الكتاب بتاريخ 5 أغسطس سنة 1971 - في مواجهة النيابة العامة يوم 30 من سبتمبر سنة 1971 فدفع المطعون ضدهما باعتبار الاستئناف كأن لم يكن لعدم إعلانهما بصحيفته إعلاناً صحيحاً خلال ثلاثة أشهر من تاريخ إيداعها قلم الكتاب بمقولة أن محل إقامتها بمصنع البساتين لتصدير الأثاث التي تلتزم الهيئة بإعلانهما فيه بتلك الصحيفة لما كان ذلك وكان الحكم المطعون فيه قد قضى بقبول ذلك الدفع واعتبار الاستئناف كأن

لم يكن تأسيسا على بطلان إعلان المطعون ضدهما في مواجهة النيابة العامة بغير الرد على دفاع الهيئة الطاعنة أبدته أمام المحكمة الاستئنافية بعدم أحقيتها في التمسك بهذا البطلان ..... حالة أنه دفع جوهري قد يتغير به وجه الرأي في الاستئناف فإن الحكم يكون مشوبا بالقصور في التسبيب.

نقض 1980/5/31 سنة 31 الجزء الثاني ص 1619

البطلان المترتب على إعلان الاستئناف في غير موطن المستأنف عليه هو بطلان نسبي مقرر لمصلحته فليس لغيره - من المستأنف عليهم - أن يتمسك به متى كان موضوع الدعوى التي صدر فيها الحكم المستأنف مما يقبل التجزئة.

نقض 1967/1/5 سنة 18 ص 92

بيان المدعي موطنه الأصلي بصحيفة افتتاح الدعوى وإعادة إعلانها بثبوت أنه لا يقيم فيه عند إعلانه بصحيفة الاستئناف القضاء ببطلان إعلانه بالصحيفة في النيابة. إغفال الحكم الرد على دفاع المستأنف بأن المستأنف عليه هو الذي تسبب في هذا البطلان قصور.

نقض 1980/5/31 طعن رقم 842 لسنة 45 قضائية

المقرر في قضاء هذه المحكمة أن النزول الضمني عن الحق المسقط له يجب أن يكون بقول أو عمل أو إجراء دال بذاته على ترك الحق دلالة لا تحتمل الشك وهو ما لا يتحقق في مجرد تأخير دفع المدين ببطلان إجراءات البيع والمزاد وسكوته عليه وعدم اعتراضه زهاء ما يقرب من سبع سنين.

نقض 1983/11/20 طعن رقم 1747 لسنة 51 قضائية

حضور الخصم الذي يسقط الحق في التمسك ببطلان الصحيفة لعيب في الإعلان هو الذي يتم بناء على إعلان (تبليغ) الورقة بذاتها. مجرد الحضور في الزمان والمكان المعينين في الورقة قرينة على أن الحضور تم بناء

على الورقة وعلى المتمسك ببطلانها إثبات العكس.

نقض 1978/3/16 طعن رقم 351 لسنة 44 قضائية

متى تم النزول عن البطلان صراحةً أو ضمناً فإنه يقع باتاً فلا يجوز العدول عنه أو التحلل من آثاره.

نقض 1977/3/16 طعن رقم 517 لسنة 43 قضائية

تصحيح الإجراء الباطل وجوب إتمامه في ذات مرحلة التقاضي التي اتخذ فيها هذا الإجراء.

نقض 1976/2/2 سنة 27 ص 356

تصحيح المدعى للدعوى بإدخال صاحب الصفة الحقيقي فيها لا أثر له إلا إذا تم خلال الميعاد المحدد لرفع الدعوى.

نقض 1980/2/12 طعن رقم 352 لسنة 46 قضائية

صحيفة افتتاح الدعوى هي الأساس الذي تقوم عليه كل إجراءاتها فإذا حكم ببطلان فإنه ينبني على ذلك إلغاء جميع الإجراءات اللاحقة لها وزوال جميع الآثار التي ترتبت على رفعها.

نقض 1973/5/15 سنة 24 ص 748

من الجائز أن يتحول الإجراء الباطل إلى إجراء صحيح إذا كانت العناصر الباقية غير المعيبة يتوافر بموجبها إجراء آخر صحيح.

نقض 1969/12/2 سنة 20 ص 1248

العبرة في تكييف الإجراء هو بحقيقة وضعه القانوني واستيفائه للأوضاع والشروط التي يحددها القانون لا بما يسبغه عليه الخصوم أو قلم الكتاب من أوصاف وإذن فمتى كان الثابت بالأوراق أنه بعد أن شطبت دعوى الشركة المطعون ضدها في 1965/11/23 أعلنت للطاعنين في 1968/1/9

بصحيفة استوفيت جميع الشروط والبيانات اللازمة لصحيفة افتتاح الدعوى وأدت عنها الرسم المستحق على الدعوى الجديدة فلا تثريب على المحكمة إن هي أنزلت عليها الوصف القانوني الصحيح باعتبارها دعوى جديدة ولا يؤثر على ذلك أن يكون قلم الكتاب قيد قيدها بالجدول بذات رقم الدعوى المشطوبة أو برقم جديد.

نقض 1975/12/22 سنة 26 ص 1646

المـادة السابعـة

يجب أن يحضر مع القاضي - في الجلسات وفي جميع إجراءات الدعوى - كاتب يحرر المحضر ويوقعه مع القاضي، وإذا تعذر حضور الكاتب فللقاضي تولي الإجراء وتحرير المحضر.

1/7 - يقصد بالمحضر هنا: ضبط الدعوى، وكل ما يتعلق بها من محاضر.

2/7 - يرجع في تقدير تعذر حضور الكاتب إلى القاضي.

للقضاة أعوان يسهلون لهم القيام بمهمتهم ومنهم الكتبة وهم موظفون بالمحاكم يعين[1] منهم في كل محكمة العدد الكافي لخدمتها وعلى رأسهم الكاتب الأول وتنحصر وظيفتهم حسبما أوضحه نظام تركيز مسئوليات القضاء الشرعي:

المادة 108 - ضبط جميع الدعاوى والمرافعات والإقرارات والإنهاءات وما ماثلها من كل ما ينظر لدى المحاكم من ابتداء المعاملة حتى انتهائها وجميع ما يترتب على ذلك من تنظيم صك وغير ذلك.

المــادة 109 - حفظ أوراق المعاملات التي تحال إليه وترتيبها والعناية بها والإجابة عما تلزم الإجابة عليه.

---

(1)   فتحي والي. المرجع السابق: 221.

المـادة 110 - رصد الدعاوى والإنهاءات وما شاكلها في الضبط بخط واضح ولا يجوز له أن يمسح أو يحك فيها فيما يضبطه ولا أن يحرر شيئاً بين الأسطر وإذا دعت الضرورة إلى شيء من ذلك فيشطب عليه بصورة يمكن معها قراءة ما شطب عليه وأخذ توقيع من كانت الإفادة منسوبة إليه على ذلك.

المـادة 111 - تلاوة دعوى المدعي على المدعى عليه بحضور الحاكم والطرفين ورصد جواب المدعى عليه وتلاوته ورصد كل ما تدعو الحاجة إليه من طلب بينة أو شهادة شهود أو حكم من كل ما هو من متعلقات المرافعة.

المـادة 112 - أخذ توقيع المترافعين وشهودهما وكل من تصدر منه إفادات رصدت بالضبط وكذلك أخذ توقيع الحاكم على ذلك في الضبط وإذا كان من يراد أخذ توقيعه أمياً فيؤخذ ختمه في محل توقيعه وإن لم يكن له ختم فيوضع إبهامه بدلاً من الختم ويشهد على ذلك شاهدان.

المـادة 113 - أخذ التوقيع بالصفة المشروحة في المادة (112) أعلاه على كل خرجة وهامش ممن ينسب إليه ذلك مع توقيع الحاكم على ذلك.

المـادة 114 - عدم تلقين أحد الخصوم أو التعبير عنه فيما لا تفيده عبارته أو تغيير أقواله ويجب أن يكون سلوكه مع الشهود كذلك وإذا دعت الحاجة إلى معرفة شيء من الشهود أو الخصوم أو غيرهم يكون ذلك كتابياً في الضبط تحت توقيع الحاكم.

المـادة 115 - عدم أخذ إفادة المترافعين أو الشهود بالضبط عند غياب الحاكم.

المـادة 116 - الإسراع في تنظيم الصك من الضبط بعد انتهاء المعاملة وعرضه على الحاكم لإحالته إلى المسجل بواسطة رئيس الكتاب على أن يكون تنظيم الصك طبق القواعد العربية مختصراً اختصاراً غير مخل وأن يكون الصك خالياً من المسح والحك وما شاكل ذلك.

المـادة 117 - تسلم المستندات التي يقضي سير المرافعة والاستناد عليها والتحقق من كونها خالية من شبهة التزوير وإذا لاحظ ذلك عرضه على الحاكم الشرعي وأخذ خلاصتها أو إدراجها عيناً حسبما تقتضيه المرافعة بعد أمر الحاكم بذلك.

المـادة 118 - الشرح على الصكوك التي أصبح مفعولها ملغياً لصدور صك من المحكمة مكتسب للقطعية أو غير قابل للتمييز بما تضمنته المعاملة الأخيرة بعد أمر الحاكم له ذلك وأخذ توقيعه على الشرح وأمره بإحالته للشرح على هامش سجل الصكوك الملغاة بذلك.

المـادة 119 - المبادرة بأخبار مقيد الأوراق بكل دعوى تضبط لديه في يومها وتقديم كل المعلومات عنها حسبما يقتضيه دفتر الدعاوى الحقوقية والجنائية.

المـادة 120 - الذهاب مع الحاكم لضبط الخصومات من تحليف مخدرة أو سماع شهادة على عين المشهود به وإجراء معاملة استحكام أو غير ذلك.

المـادة 121 - تحرير أوراق جلب الخصوم وتقديمها لرئيس الكتاب لختمها بختم قلم المحكمة وإيداعها إلى المحضر المختص بذلك وعند عودتها يقوم بحفظها لديه وهو المسئول عنها.

المـادة 122 - القيام بتحرير الكشوف الشهرية من دفتر الدعاوى الحقوقية والجنائية.

المـادة 123 - إذا كان في المحكمة حاكمان فأكثر فعلى كاتب الضبط نسخ صور الأوامر المبلغة إلى المحكمة لتبقى لدى القاضي كمجموعة من الأوامر لديه للرجوع إليها.

المـادة 124 - عمل فهرست للضبوط ورصد كل قضية في الفهرست أولاً فأول وإن تأخر عن ذلك يجازى.

المـادة 125 - القيام بكل ما يعهد به إليه رئيس الكتاب.

إلا أن ما نص عليه النظام (وإذا تعذر حضور ..... الخ) نرى ضرورة إلغاء تلك الفقرة تأسيساً على أن عمل القاضي عمل فني دقيق يحتاج إلى أن يقوم بعمله بدقة مع الخصوم نظراً لما يحتاج إليه هذا العمل من تركيز على نواحي فنية في العمل القضائي وترك العمل المادي (الكتابة) إلى الكاتب وفي حالة تعذر حضوره يتم ندب كاتب آخر ليقوم بعمل زميله.

وقضت أحكام محكمة النقض (المصرية) بقولها:

.... يدل على أن المشرع أوجب أن يكون محضر التحقيق الذي يباشر من القاضي موقعاً منه وإلا كان باطلاً لأن هذا المحضر باعتباره وثيقة رسمية لا يعدو أن يكون من محاضر جلسات (محضر الضبط) المحكمة وهو بهذه المثابة لا تكتمل له صفته الرسمية إلا بتوقيع القاضي ويترتب على ذلك أن الحكم الذي يصدر استناداً إلى محضر تحقيق لم يوقع من القاضي الذي باشره يكون مبنياً على إجراء باطل وهو بطلان من النظام العام يجوز التمسك به في أية حالة تكون عليها الدعوى ولو لأول مرة أمام محكمة النقض بل لهذه المحكمة أن تثيره من تلقاء نفسها.

نقض 1985/1/30 طعن 1637 سنة 54 قضائية - م نقض م - 36 - 176

وعلى ما جرى قضاء هذه المحكمة - ذكر اسم القاضي المنتدب للتحقيق والكاتب واكتفت بتوقيع كل منهما على هذا المحضر وإذا حرر محضر التحقيق على أوراق منفصلة اشتملت الأخيرة منها على جزء من التحقيق وإذا حرر محضر التحقيق على أوراق منفصلة اشتملت الأخير منها على جزء من التحقيق واتصل بها القرار الصادر بإحالة الدعوى إلى المرافعة ثم توقع عليها من القاضي المنتدب للتحقيق والكاتب فإن التوقيع على هذه الورقة يعتبر توقيعاً على محضر التحقيق والقرار مما يتحقق به غرض الشارع فيما

استعرضه من توقيع القاضي المنتدب للتحقيق والكاتب على محضر التحقيق ولا يكون هذا المحضر باطلاً.

نقض 1985/11/20 طعن 495 سنة 52 قضائية - م - 36 - 1022

محضر الجلسة يعتبر وثيقة رسمية وفق.......... وما أثبت فيه حجة على الطاعنة فلا يجوز للطاعنة أن تنكر ما جاء به إلا بالطعن عليه بالتزوير.

نقض 1977/4/20 طعن رقم 15 لسنة 43 قضائية

ما ينص به الطاعن من البطلان لأن رئيس الدائرة لم يوقع على محضر جلسة 1965/11/29 فإنه مردود بأن القانون لم ينص على البطلان جزاء لعدم التوقيع ولم يبين الطاعن وجه مصلحته في التمسك به ومن ثم يكون النعي في كل ما تضمنه على غير أساس.

نقض 1970/4/30 سنة 21 ص 763

المـــادة الثامنـــة

لا يجوز للمحضرين ولا للكتبة وغيرهم - من أعوان القضاة - أن يباشروا عملاً يدخل في حدود وظائفهم، في الدعاوى الخاصة بهم، أو بأزواجهم، أو بأقاربهم، أو أصهارهم، حتى الدرجة الرابعة، وإلا كان هذا العمل باطلاً.

1/8 - الأقارب حتى الدرجة الرابعة هم:

الدرجة الأولى: الآباء، والأمهات، والأجداد، والجدات وإن علوا.

الدرجة الثانية: الأولاد، وأولادهم وإن نزلوا.

الدرجة الثالثة: الأخوة والأخوات الأشقاء، أو لأب، أو لأم، وأولادهم.

الدرجة الرابعة: الأعمام والعمات، وأولادهم، والأخوال، والخالات وأولادهم.

2/8 - تطبق هذه الدرجات الأربع على أقارب الزوجة وهم الأصهار.

3/8 - أعوان القضاة هم: الكتبة والمحضرون، والمترجمون، والخبراء، ومأمورا بيوت المال، ونحوهم.

شمل الحظر الوارد في المادة أعوان القضاة وهم الكتبة والمحضرون والخبراء ومأمورا بيوت المال إلا أن النظام عندما نص على (ونحوهم) جعل النص يمتد من حيث نطاق الحظر إلى طائفة وهي إن كانت محددة إلا أنها قابلة للتحديد ومنها المبيض، المسجل، كاتب السجل، مأمور الإخبارات، المحضر.

ويشمل الحظر على المحظور عليه القيام بأي عمل يدخل في نطاق اختصاصاته الوظيفية سواء أكانت بطريق النيابة النظامية (الولي، الوصي) أم الاتفاقية أم القيام بأعمال الوكيل، وعندما نص النظام على الحظر أراد أن يبعد بذلك شبهة التعارض بين المصلحة الشخصية للمحظور عليه وبين مصلحة الخصم الآخر وما يؤدي ذلك إلى التأثير على سير العدالة وفقد الثقة العامة في منبر العدالة.

وفي ذلك قضت محكمة النقض (المصرية):

لما كان الثابت من محاضر جلسات الدعوى أمام المحاكم الابتدائية أنه بعد أن قرر كاتب الجلسة أن ابن عم المدعي - المطعون ضده - وافق الحاضر عن الطاعن الثاني على حضور هذا الكاتب بالجلسة كما قرر الحاضر مع الطاعن الثالث عدم اعتراضه على ذلك وكذلك فإنه لم يثبت أن باقي الطاعنين الذين قدموا مذكرة بدفاعهم في الدعوى لما كان ما تقدم فإن الطاعنين يكونون قد نزلوا عن حقهم في التمسك ببطلان إجراءات نظر الدعوى أمام المحكمة الابتدائية لهذا السبب مما لا يجيز لهم العودة إلى التمسك به في الاستئناف.

نقض 1974/4/9 طعن رقم 121 لسنة 39 قضائية

المـادة التاسعـة

تحسب المدد والمواعيد المنصوص عليها في هذا النظام حسب تقويم أم القرى، ويعتبر غروب شمس كل يوم نهايته.

1/9 - يراعى - في الحالات التي تستوجب الإشارة فيها إلى التاريخ الميلادي - أن يكتب التاريخ الهجري أولاً، ثم يشار إلى ما يوافقه من التاريخ الميلادي، مع ذكر اسم اليوم بجانب تاريخه بحسب تقويم أم القرى.

2/9 - يرجع في تقدير وقت شروق الشمس، وغروبها في كل مدينة إلى تقويم أم القرى، ويراعى فوارق التوقيت بين البلدان.

حدد النظام من خلال ما أوضحته اللائحة التنفيذية في كيفية حساب المدد والمواعيد محددة بداية ونهاية الميعاد من خلال الإشارة إلى شروق الشمس وغروبها حسب تقويم أم القرى ولهذا التحديد أهمية بمكان خاصة ما سيأتي بيانه إن شاء الله في معرض كيفية الإعلان وتنفيذ الأحكام وحساب مواعيد طرق الاعتراض ومواعيد الحضور أمام القضاء، وترجع أهمية المواعيد أنها ترتبط بقاعدة البطلان فيما لو تم الإعلان في غير الميعاد المخصص للإعلانات وكذا تنفيذ الأحكام، وما يترتب عليه من سقوط الحق في الاعتراض على الأحكام المبينة بالنظام، وترجع أهمية المدد والمواعيد إلى أهمية استقرار المراكز النظامية في المجتمع وعدم وقوعها تحت طائلة أمزجة الأفراد في عدم مباشرة الإجراءات إلا فيما يحلو لهم من أوقات، ويضاف إلى ذلك أن المواعيد تسري على الناس كافة ولو كان منهم قاصراً أو محجوراً عليه.

المـادة العاشـرة

يقصد بمحل الإقامة في تطبيق أحكام هذا النظام المكان الذي يقطنه الشخص على وجه الاعتياد وبالنسبة للبدو الرحل، يعد محل إقامة الشخص، المكان الذي يقطنه عند إقامة الدعوى، وبالنسبة للموقوفين والسجناء، يعد محل إقامة الشخص، المكان الموقوف أو المسجون فيه. ويجوز لأي شخص أن

يختار محل إقامة خاصاً يتلقى فيه الإخطارات والتبليغات التي توجه إليه بشأن مواضيع، أو معاملات معينة بالإضافة إلى محل إقامته العام.

1/10 - يلزم السجين أو الموقوف الاستمرار في حضور جلسات القضايا المقامة عليه في المحكمة التي تنظرها أثناء سجنه، أو إيقافه والتي تم ضبط الدعوى فيها حتى تنتهي هذه القضايا، ولو بعد خروجه من السجن، أو الإيقاف، بخلاف القضايا المقامة عليه بعد خروجه من السجن، فنظرها في محكمة البلد التي يقيم فيها على وجه الاعتياد، إلا ما استثني في باب الاختصاص.

2/10 - إذا كان المدعى عليه ناقص الأهلية، أو ناظر وقف فالعبرة بمحل إقامه وليه، ومحل إقامة ناظر الوقف.

3/10 - إذا كان المدعى عليه وكيلاً شرعياً ، فالعبرة بمحل إقامة الأصيل.

وضع النظام أسس تحديد إقامة المدعى عليه من خلال ثلاث آليات حددها. ونظراً لأهمية هذا التحديد إذ من خلاله يتم تحديد المحكمة المختصة بالفصل في المنازعة، ومن ثم تحديد الأماكن التي يكون معها التبليغ نظامياً فوضع القاعدة النظامية بأن يكون التبليغ في محل الإقامة وإذا تعدد محل الإقامة فأي تبليغ يتم في أحدهم يتحقق به غاية التبليغ في العلم، مثال: لو فرض أن الشخص متزوج أكثر من امرأة، وأما إذا كان الشخص موقوفاً أو مسجوناً فيعتبر محل الإقامة الاعتباري في فترة الإيقاف أو السجن فيتم التبليغ في تلك الأماكن.

على أن ما ذكرته المادة من أن يتخذ محل إقامة خاص وما يمكن تسميته بالموطن المختار أي المكان الذي يختاره الشخص لإبلاغه أو إخطاره بشأن معاملات معينة قيام الشخص باختيار مكتب المحامي لوصول الإخطارات أو

التبليغات عليه في خصوص معاملة معينة. على أن التبليغ في محل الإقامة الخاصة لا يلغي محل إقامته العام فلو تم الإبلاغ فيها فيكون التبليغ صحيحاً إذا تم الإبلاغ فيه واتصل بعلمه التبليغ.

وقضت محكمة النقض المصرية):

جواز اتخاذ أكثر من موطن. صحة إعلانه بتوجيهه في أيهم، تقدير وجود الموطن وبيان تفرده وتعدده من سلطة قاضي الموضوع

نقض 1989/4/6 طعن رقم 2003 لسنة 53 قضائية

عدم بيان المدعي لموطنه الأصلي في صحيفة الدعوى. أثره. جواز إعلانه بالطعن في الحكم في موطنه المختار. ترتيب الأثر متى كان بيان الموطن ناقصاً لا يمكن معه التعرف عليه.

نقض 1985/11/19 طعن رقم 1056 لسنة 51 قضائية

المادة الحادية عشرة

لا يجوز نقل أي قضية رفعت بطريقة صحيحة لمحكمة مختصة إلى محكمة أو جهة أخرى قبل الحكم فيها.

1/11 - تدخل الدعوى في ولاية القاضي بإحالتها إليه، فلا يجوز إحالتها إلى جهة أخرى، ولا يملك أحد سحبها، إلا بعد الحكم فيها.

2/11 - إذا كانت القضية منظورة فيجب بقاء المعاملة بعينها عند ناظرها، حتى انتهائها بالحكم.

3/11 - إذا لزم الأمر الكتابة بشأن إجراء، أو استفسار في موضوعها،

فيكون ذلك بخطاب من القاضي، وعليه أن يرفق معه صورة ما يحتاج إليه من أوراق المعاملة [1].

4/11 - عند الحاجة للاطلاع على أصل المعاملة من قبل أي جهة مختصة، فلها أن تندب من يطلع عليها في مكتب القاضي بإذن من القاضي، وتحت إشرافه.

5/11 - إذا رفعت القضية للقاضي، أو أحيلت إليه، وهو غير مختص بها، فيعيدها إلى الجهة المختصة [2].

---

(1) ورد تعديلاً على هذا البند من اللائحة على النحو التالي ذكره: (إذا لزم الأمر الكتابة بشأن إجراء أو استفتاء في موضوع المعاملة فيكون ذلك بخطاب من القاضي، وعليه أن يرفق معه صورة ما يحتاج إليه من أوراق المعاملة ما لم يقتض الأمر إرسال كامل المعاملة) والتعديل الوارد هو تعديلاً بالإضافة وينطوي على جواز إرسال كامل المعاملة بأوراقها ومستنداتها إلى الجهة مقدمة طلب الإستفسار ومن ثم فبناء على هذه الإضافة يكون الحال على فرضين: الأول: إما أن ترسل الصورة التي تحتاجها الجهة مقدمة طلب التفسير والثاني: (وهو موضوع التعديل) أن ترسل كل أوراق المعاملة إذا اقتضى الأمر ذلك.
- نقد التعديل: كان الأوفق على البند المعدل أن ينص على إرسال صورة ضوئية لكامل المعاملة بدلاً من النص على إرسال كامل المعاملة الوارد في التعديل حتى لا يتعطل الفصل في النزاع. هذا من ناحية ومن ناحية أخرى لماذا لم يبين التعديل الحالات التي تقتضي إرسال كامل أوراق المعاملة بدلاً من النص عليها مطلقة بهذه الصورة ؟

(2) وهناك تعديلاً على هذا البند أيضاً على النحو التالي: (إذا رفعت القضية للقاضي أو أحيلت إليه وهو غير مختص بها فيعيدها إلى الجهة المختصة التي رفعتها وفي حال عدم قناعة صاحب العلاقة على إعادة القضية فيلتزم الحكم فيها بما يظهر للقاضي ومعاملة من لم يقنع بتعليمات التمييز).
- المسألة المستحدثة في التعديل الوارد على هذا البند من اللائحة:
- استحداث رخصة لصاحب القضية تجاه القاضي في حالة إعادة القضية إلى الجهة المختصة إذا رفعت إليه أو أحيلت إليه وهو غير مختص.
إذا لم يقنع صاحب العلاقة بإعادة القضية إلى الجهة المختصة فلقد رتبت هذه المادة أثراً جديداً هو إلزام القاضي بالحكم في القضية التي رفعت أو أحيلت إليه ورأى أنه غير مختص بنظرها ولا يتبقى لصاحب العلاقة إذا لم يقنع بهذا الحكم إلا اللجوء لمحكمة التمييز (الاستئناف تالياً) بناء على تعليمات هذه الأخيرة.

77

6/11 - في جميع الأحوال التي تستدعي إحالة المعاملة- قبل الحكم فيها- يكتفى في ذلك بخطاب من ناظر القضية.

7/11 - كل دعوى نشأت عن حكم في قضية سابقة، فينظرها مصدر الحكم السابق، إذا كان على رأس العمل في المحكمة نفسها، وكانت مشمولة بولايته.

وذلك كالحكم بصرف النظر لتوجه الدعوى على من بيده العين، أو الحكم ببطلان عقد، أو تصحيحه، أو انتفائه، أو ثبوته، أو مطالبة المحامي بأجرته.

ماهيـة طلـب الإحالـة:

ويقصد به الطلب[1] المقدم من الخصم بمنع المحكمة من الفصل في الدعوى وإحالتها إلى محكمة غير المحكمة المطروح أمامها النزاع ويحدث هذا في حالة ما إذا كان النزاع المطروح أمام المحكمة وللمحكمة الأخرى ارتباط يجعل من الأفضل الجمع بينهما حتى لا يتم التعارض في الأحكام.

صـور طلـب الإحالـة:

وتتحقق تلك الصورة حال قيام المدعي برفع دعويين أمام أكثر من محكمة مستنداً لذات السبب وبين ذات الخصوم وقد يكون في طلب أحد الخصوم ذلك تفادي تعدد الأحكام واحتمالية التعارض بينها نظراً لصدورها من أكثر من محكمة.

(1) تجدر الإشارة إلى أهمية التمييز بين إبداء الإحالة في صورة طلب أو دفع، ففي حالة الإبداء في صورة دفع فلابد من اتباع نص المادة (73) من صدور حكم للفصل في الدفع سواء أكان على استقلال أم من خلال ضمه إلى موضوع الدعوى والحكم فيهما معاً وذلك عكس طلب الإحالة لا يستلزم صدوره في شكل حكم اكتفاءاً بصدوره على هيئة قرار تصدره المحكمة ناظرة الدعوى. وذلك وفق ما أوضحته اللائحة التنفيذية للمادة (6/11) في جميع الأحوال التي تستدعي إحالة المعاملة - قبل الحكم فيها - يكتفي في ذلك بخطاب من ناظر القضية» وبالتالي عدم قابليته للاعتراض عليه لكونه لا يتمتع بوصف الحكم.

شروط طلب الإحالة:

يشترط لقبول طلب الإحالة كون الدعويان متفقتان في الخصوم والسبب والموضوع.

1 - وحـدة الخصـوم:

ويقصد بها اتحاد الخصوم في كلا الدعويين بصفاتهم النظامية لا الطبيعية كرئيس مجلس إدارة الشركة الذي يرفع دعوى التعويض أمام محكمة ويرفع دعوى أخرى عن نفسه فهنا لا يتحقق اتحاد الصفات وإن كان يمكن طلب الإحالة للارتباط.

2 - وحـدة السبـب:

ويعني بها الأساس النظامي الذي يستند إليه في كلا الدعويين. وكون الاتفاق يتحقق في حالة ما إذا كان هناك دعويان بإخلاء المستأجر من الوحدة السكنية استناداً لعقد الإيجار فهنا يتحقق وحدة السبب والمتمثل في السند النظامي.

3 - وحـدة الموضـوع:

ويقصد بها أن يكون موضوع أحدهما هو ذات موضوع الثانية، ولكن لا يلزم أن تكون القيمة التي يطلبها المدعي في إحدى الدعويين هي ذات القيمة التي يطلبها في الدعوى الأخرى إلا أنه يشترط أن يكون موضوع الدعويان واحداً.

4 - أن تكون الدعويان مرفوعتين وقائمتين أمام محكمتين مختلفتين:

فيجب أن يكون النزاع قائماً أمام المحكمتين فلا محل للتمسك بالطلب لقيام ذات النزاع أمام دائرتين من دوائر المحكمة الواحدة، وذلك لأن اختلاف الدوائر لا يعني اختلاف المحكمة.

وترتيباً على كون الدعويين قائمتين عند طلب الإحالة أنه يمتنع التمسك

بالطلب إذا كان أحد الدعويين قد تم ترك الخصومة فيها أو انقضت بأي سبب من أسباب انقضاء الدعوى.

ثانياً: طلب الإحالة للارتباط:

يرتبط طلب الإحالة للارتباط إلى وجود صلة بين الدعويين وإن لم يحدد الفقه ما المقصود بتلك الصلة تاركين الأمر إلى اجتهادات القضاء من خلال ما يعرض عليهم من دعاوى، والارتباط هو أقل تطابقاً من الحالة الأولى بالنسبة للخصوم والسبب والموضوع، وهذا يعني وجود علاقة مؤثرة بين الدعويين بحيث تتأثر كل منهما بالأخرى بحيث لو تركت كل دعوى منفردة عن الأخرى لأدى إلى ظهور التعارض بين الأحكام بحيث يتعذر تنفيذ أحدهما مما يقتضي الأمر كذلك بأن تفصل فيهما محكمة واحدة.

مثال: رفع المدعي دعواه ببطلان عقد البيع المؤرخ 1425/7/14هـ وبينما المدعى عليه في تلك الدعوى قد رفع دعوى أخرى أمام محكمة أخرى بطلب تنفيذ هذا العقد فهنا من مصلحة العدالة توحيد نظر الدعويان أمام محكمة واحدة. الرجوع للكاتب في هذا المثال.

<h1 align="center">المــادة الثانية عشــرة</h1>

يتم التبليغ بوساطة المحضرين، بناء على أمر القاضي، أو طلب الخصم، أو إدارة المحكمة، ويقوم الخصوم أو وكلاؤهم بمتابعة الإجراءات، وتقديم أوراقها للمحضرين لتبليغها؛ ويجوز التبليغ بواسطة صاحب الدعوى، إذا طلب ذلك.

المحضرون موظفون بالمحاكم مهمتهم حسبما أوضح نظام تركيز مسئوليات القضاء الشرعي في نصوصه كالآتي:

المادة 171 - جلب الخصوم وإحضار كل من ترغب المحكمة في إحضاره.

المادة 172 - القيام بإبلاغ أوراق الجلوب إلى الخصوم وأخذ توقيعهم

على تبليغهم ذلك وإعادة الجلب إلى المحكمة موقعاً من المجلوب وإذا أفاد المحضر بأنه لم يعثر على الشخص المراد جلبه فلابد للمحكمة من التحقق عن إفادته هذه ويعتبر الشخص المجلوب لم يصله التبليغ ولا يسوغ للمحضر ترك ورقة الجلب عند أحد لا يبلغ الجلب للمجلوب.

المادة 173 - الذهاب في الخصومات صحبة الحاكم أو الكاتب عند الحاجة مستصحباً دفتر الضبط وأوراق المعاملة وكل ما يلزم في الخصوص ويقوم بنقل ذلك وحفظه إلى رجوعه إلى المحكمة.

المادة 174 - القيام بإحضار وجلب من تريد المحكمة إحضاره.

المادة 175 - القيام بالمحافظة على النظام عند مراجعات أرباب المصالح وإدخالهم على القضاة عند الحاجة والطلب.

المادة 176 - القيام بما يلزم من حجز التركات وما ماثلها وعقد بيعها والذهاب بصحبة المأمور المختص لذلك وإجابة طلب المأمور فيما يأمره به مما هو عائد لحجز التركة أو بيعها عندما تدعو الحاجة لذلك.

ويتضح أن أوراق التبليغ التي يقوم بها المحضرين تتسم بسمات أساسية[1] أولها: أنها أوراق شكلية, ثانياً: أوراق رسمية, وثالثاً: أنها تحرر باللغة العربية ورابعاً: أنها تحرر من أصل وصورة وخامساً: أنها تتضمن البيانات التي نصت عليها المادة الرابعة عشرة.

أولاً: الشكل كأساس للوجود:

اشترط المنظم في أوراق التبليغ شكلاً[2] ينبغي مراعاته وفقاً للأسس النظامية المعمول بها من اشتراط شكل معين يترجم في صورة الكتابة كأساس للوجود فيجب أن تشتمل أوراق التبليغ على البيانات الواردة في المادة (14)

---

(1) محمد كمال عبد العزيز. المرجع السابق: 118.

(2) أحمد أبو الوفا. نظرية الدفوع في قانون المرافعات، ط8، سنة 1988: 341.

مرفقاً بها صحيفة الدعوى، وترجع أهمية الكتابة حتى يتمكن من فحص الدعوى ومستنداتها وتأسيس الحكم على أساس مستندي لا أقوال مرسلة، وعليه فالدعوى المكتوبة هي الأساس لدخولها حوزة المحكمة وفق ما جاء في المادة التاسعة والثلاثون: «ترفع الدعوى إلى المحكمة من المدعي بصحيفة تودع لدى المحكمة».

ثانياً: أوراق رسميـة:

ورقة التبليغ بالحضور هي ورقة رسمية[1]، وعلى المحضر أن يثبت ما تم على يده، وفق الأوضاع النظامية. ذلك أن أي تغيير فيما تم يعد تزويراً في محرر رسمي، ومن موظف مختص، وأثناء عمله، وبسببه، إذ يترتب على هذا التغيير جعل واقعة غير صحيحة في صورة واقعة صحيحة ينخدع بها الناس (الخصوم)، مما يؤدي إلى إفقاد الثقة العامة في صحة المحررات الرسمية، وعليه فلا تهدر حجية ورقة التبليغ فيما أثبته[2] المحضر إلا من خلال الطعن عليها بالتزوير، وثبوت التزوير، حتى يمكن إهدار حجيتها في الإثبات وما يترتب على ذلك من آثاره انتقال المحضر إلى محل إقامة المعلن إليه ورفضه التسلم، وقيام المحضر وفقاً لحكم المادة الخامسة عشر بإثبات ذلك وبتسليم صورة من التبليغ إلى عمدة الحي أو قسم الشرطة............. الخ وعليه فلا يجوز إهدار الانتقال ورفض الاستلام إلا من خلال الطعن بالتزوير وإثبات عكس ما تم.

ثالثاً: أنها تحـرر باللغـة العربيـة:

يتضح بجلاء عما أوضحته اللائحة التنفيذية أن جميع أعمال المحاكم تكون باللغة العربية وغيرها من اللغات يترجم إليها. وبذلك يكون النظام قد

---

(1)   فتحي والي. المرجع السابق: 368، أحمد السيد صاوي. المرجع السابق: 396.

(2)   عاشور السيد مبروك. نظرات في طرق تسليم الإعلان، مكتبة الجلاء الجديد، طبعة 1988: 18 فقرة 10.

حدد أن أعمال المحاكم كلها تكون باللغة العربية سواء أكان بطريق الأصالة أم الترجمة.

رابعاً: أنها تحرر من أصل وصورة:

يشترط أن تكون الصورة متطابقة مع الأصل، إذ تعتبر حجة على المعلن إليه بقدر تطابقها مع الأصل. فإذا شاب الصورة نقص أو خطأ فلا يحتج بها على المعلن إليه. إذ لا يمكن أن يحتج على المدعى عليه بصورة تبليغ لم تكتمل بياناته، أو وجد فيها خطأ. فيتعين أن تكون البيانات كاملة دون نقص أو خطأ يؤثر على الغاية من التبليغ، على أنه إذا وقع تناقض بين الصورة والأصل فالعبرة بالنسبة للمدعى عليه بالصورة، إذ هي التي اتصل علمه بها لا بالأصل وعليه إبراز التناقض دون حاجة إلى الطعن بالتزوير، على أنه إذا تعدد المعلن إليهم وورد خطأ في صورة أحدهم دون الآخرين فله الحق في التمسك بالبطلان دون الآخرين، إذ المصلحة تتوافر له في إبداء الدفع.

خامساً: تضمن بيانات معينة:

وهو ما أشارت إليه المادة الرابعة من البيانات لذا نحيل بشأن ما ورد بها.

وقضت محكمة النقض المصرية:

محضر الإعلان من المحررات الرسمية التي أسبغ القانون الحجية المطلقة على ما دون بها من أمور باشرها محررها في حدود مهمته ما لم يتبين تزويرها ولا تقبل المجادلة في صحة ما أثبته المحضر في أصل الإعلان ما لم يطعن على هذه البيانات بالتزوير.

1982/10/31 طعن 2337 سنة 51 قضائية

وقضت بأن من المقرر أن ما يثبته المحضر بورقة الإعلان من إجراءات قام بها بنفسه أو وقعت تحت بصره تكتسب صفة الرسمية فلا يجوز إثبات

عكسها إلا بالطعن عليها بالتزوير وإذا كان المطعون عليه قد اكتفى في إثبات عدم تسليم صورة صحيفة الاستئناف (أحد طرق الطعن في الأحكام) إلى جهة الإدارة بما دون على الإخطار الوارد عليه من بيانات نسبت إلى شخص قيل بأنه موظف بالقسم تدل على عدم وصول الصورة إلى الإدارة على خلاف ما أثبته المحضر من حصوله ولم يتخذ المطعون ضده طريق الطعن بالتزوير على إعلان صحيفة الاستئناف فإن هذا الادعاء لا يكفي بذاته للنيل من صحة حجية الإجراءات التي أثبت المحضر في أصل الإعلان قيامه بها.

1978/3/20 طعن 496 لسنة 44 قضائية- م نقض م - 29 - ص 816

وبأن ما يثبته المحضر في أصل ورقة الإعلان من خطوات اتبعها لا يسوغ الطعن فيه إلا بطريق الادعاء بالتزوير ومن ثم لا يقبل من الطاعن المجادلة في صحة ما أثبته المحضر في أصل إعلان صحيفة الاستئناف من أنه وجه خطاباً مسجلاً للطاعن يخطره فيه بتسليم صورة الصحيفة لجهة الإدارة لغلق محله طالما لم يسلك سبيل الادعاء بالتزوير.

1978/5/29 طعن 946 لسنة 46 قضائية - م نقض م - 29 - ص 1359

وقضت بأن: «محضر إعلان أوراق المحضرين وعلى ما جرى قضاء هذه المحكمة - من المحررات الرسمية التي أسبغ القانون الحجية المطلقة على ما دون بها من أمور باشرها محررها في حدود مهمته ما لم يتبين تزويرها».

1987/1/1 طعن 878 سنة 54 قضائية - م نقض م - 38 - ص 60

ورتبت على ذلك أنه ما دام لم يسلك صاحب الشأن طريق الإدعاء بالتزوير الذي رسمه القانون وعلى ما جرى به قضاء هذه المحكمة فإن للمعلن إليه أن يتمسك ببطلان الصورة المعلنة ولو خلا أصلها من أسباب البطلان باعتبار أن الصورة بالنسبة إليه تقوم مقام الأصل 1983/4/28 في الطعن 395 لسنة 52 قضائية - م نقض م - 34 - ص 1089.

وقضت إغفال البيان الخاص بتوقيع المحضر على صورة الإعلان يعدم ذاتيتها كورقة رسمية فيكون البطلان الناشئ عنه متعلقا بالنظام العام فلا يسقط بالحضور ولا بالنزول عنه وإنما يكون للخصم أن يحضر بالجلسة ويتمسك به.

1977/12/7 - م نقض م - 28 - ص 1759

كل خطأ في الاسم ليس من شأنه التجهيل لا يبطل الإعلان.

1963/6/20 - م نقض م - 14 - ص 878

أوراق المحضرين. وجوب اشتمالها على بيانات معينة ومنها تاريخ حصول الإعلان......... خلو صورة إعلان صحيفة دعوى الشفعة من تاريخ إعلانها لا بطلان طالما تحققت الغاية من الإجراء.

نقض 1987/1/29 طعن رقم 1898 لسنة 51 قضائية

لزوم ورود اسم المحضر والمحكمة التي يعمل بها في أصل ورقة الإعلان واشتمال أصل الإعلان وصورته على توقيعه........ عدم وضوح توقيعه على الصورة لا بطلان طالما أن الطاعن لم يدع أن من قام بالإعلان ليس من المحضرين.

نقض 1989/3/9 طعن رقم 142 لسنة 56 قضائية

إغفال المحضر إثبات وقت الإعلان. لا بطلان طالما أنه لم يدع حصوله في ساعة لا يجوز إجراؤه فيها.

نقض 1989/7/30 طعن رقم 983 لسنة 53 قضائية

خلو صورة الصحيفة المعلنة من البيانات الخاصة باسم المحضر الذي باشر الإعلان وباسم المستلم وما إذا كان هو المراد إعلانه أو غيره وصلته بمن سلمت إليه الصورة وتاريخ ساعة حصوله. لا بطلان طالما وردت تلك البيانات بأصل الصحيفة.

نقض 1989/6/22 طعن رقم 766 لسنة 53 قضائية

الأصل في أوراق المحضرين أنها متى تم إعلانها قانوناً لا تنتج أثرها إلا بالنسبة لذات الشخص الذي وجهت إليه وبالصفة الصحيحة المحددة في ورقة الإعلان ولا ينسحب هذا الأثر إلى غيره من الأشخاص أياً كانت علاقاتهم به. لما كان ذلك وكانت المطعون ضدها الثالثة لم يشملها أصلاً قرار الوصاية الصادرة في 1957/12/4 لوالدتها المطعون ضدها السابعة المقدمة صورته الرسمية لبلوغها سن الرشد قبل صدوره إذ هي من مواليد 1936/10/31 فمن ثم يكون توجيه إجراءات التنفيذ العقاري في سنة 1961 إلى والداتها المطعون ضدها السابعة بزعم أنها وصية عليها غير ذي أثر قانوني بالنسبة لها بغض النظر عن المساكنة أو صلة القربى بينهما.

نقض 1980/1/17 سنة 31 الجزء الأول ص 197

بطلان ورقة التكليف بالحضور لعيب في الإعلان. بطلان نسبي مقرر لمصلحة من شرع له. عدم جواز استناد المحكمة عند قضائها ببطلان الإعلان إلى وجه لم يتمسك به الخصم.

نقض 1978/5/9 طعن رقم 263 لسنة 45 قضائية

بطلان أوراق التكليف بالحضور لعيب في الإعلان وجوب التمسك به أمام محكمة الموضوع أو في صحيفة المعارضة أو الاستئناف وإلا سقط الحق فيه.

نقض 1978/11/10 طعن رقم 18 لسنة 47 قضائية أحوال شخصية

المقرر بقضاء النقض أنه لا يترتب البطلان إذا أخلت صورة الصحيفة المعلنة من البيانات الخاصة باسم المحضر الذي يباشر الإعلان والمحكمة التي يتبعها وتاريخ حصول الإعلان وساعته وسائر البيانات الأخرى غير الجوهرية ما دام لم يبين من أصل ورقة إعلان الصحيفة ورود هذه البيانات فيها ولما كان سبب النعي منصباً على أن صورة الصحيفة - دون أصلها - هي التي

خلت من البيانات السالف الإشارة إليها فإن النعي على الإعلان بالبطلان - بفرض خلو صورته من تلك البيانات يكون في غير محله.

نقض 1983/3/29 طعن رقم 1371 لسنة 48 قضائية

إجراءات الإعلان التي يقوم بها المحضر بنفسه أو وقعت تحت بصره اكتسابها صفة الرسمية. عدم جواز إثبات عكسها إلا بطريق الطعن بالتزوير.

نقض 1992/6/25 طعن رقم 488 لسنة 58 قضائية

أوراق المحضرين. وجوب اشتمالها على بيانات جوهرية ومنها اسم المحضر الذي باشر الإعلان وتوقيعه على كل من الأصل والصورة. مخالفة ذلك. أثره. البطلان للمعلن إليه التمسك ببطلان الصورة المعلنة ولو خلا أصلها من أسباب البطلان التمسك بذلك أمام محكمة النقض. شرطه. التخلف عن الحضور أمام محكمة الموضوع وعدم تقديم مذكرة بدفاعه.

نقض 1996/6/26 طعن رقم 1826 لسنة 61 قضائية

المـادة الثالثة عشـرة

لا يجوز إجراء أي تبليغ أو تنفيذ في محل الإقامة قبل شروق الشمس، ولا بعد غروبها، ولا في أيام العطل الرسمية، إلا في حالات الضرورة، وبإذن كتابي من القاضي.

1/13 - إذا تم التبليغ في الأوقات الممنوعة، وحضر المدعى عليه في الموعد المحدد فالتبليغ صحيح؛ لتحقق الغاية؛ وفق المادة (6).

2/13 - يقصد بالعطل الرسمية: يوما الخميس والجمعة من كل أسبوع، وعطلتا العيدين، وما يقرره ولي الأمر عطلة لعموم الموظفين.

3/13 - تقدير الضرورة - المشار إليها في هذه المادة - من اختصاص ناظر القضية.

حدد النظام بداية ونهاية مواعيد التبليغ والتنفيذ بالنسبة للمحضرين أثناء قيامهم بواجباتهم الوظيفية المحددة نظاماً. وتم التحديد بشروق الشمس وغروبها، وتجدر الإشارة إلى ما أوضحته اللائحة التنفيذية بالتجاوز عن تقرير البطلان في حالة تحقق الغاية من الإجراء وحضور المدعى عليه فيكون حضوره بمثابة تصحيح للإجراء الذي كان مهدداً بالبطلان، وترجع علة تحديد مواعيد التبليغ والتنفيذ حتى لا يفاجأ المعلن إليهم أو المنفذ ضدهم من دخول المحضرين في أوقات الراحة ولا سيما الليل.

العطل الرسمية:

حددت اللائحة التنفيذية العطل الرسمية بيومي الخميس والجمعة من كل أسبوع، عطلتا العيدين وما يقرره ولي الأمر، وبذلك ما يحدده ولي الأمر هو المعول عليه في الأجازات. ولا يعتد بالإجازات الخاصة بالمدعى عليه فلو فرض أن إجازة المدعى عليه يوم الاثنين فهذا لا يمنع المحضر من الانتقال وإثبات الحالة بالغلق والإعلان وفق النظام. ذلك أن تلك الإجازة لم يقررها ولي الأمر.

الاستثناء:

أباح النظام الاستثناء مما ذكر عند حالة الضرورة على أن تقدر الضرورة بضرورتها، وهي تخضع في تقديرها إلى القاضي فهو الأمين على حقوق الناس ومصالحهم، وبالتالي على حرمات الأشخاص.

كما يستفاد من النص ضرورة صدور الإذن كتابةً. وهذا يعني ضمناً أن يقوم المحضر أو طالب الإعلان أو التنفيذ بكتابة مذكرة يوضح مبررات استثناءه من القاعدة العامة المقررة، ويقدر القاضي مدى جواز الاستثناء من عدمه، مع ملاحظة أن الإذن يصدر كتابةً، ولم يبين النص ولائحته عما إذا كان القرار مسبب، ومدى قابليته لطرق الاعتراض من عدمه.

المـادة الرابعـة عشـرة

يجب أن يكون التبليغ من نسختين متطابقتين، إحداهما أصل، والأخرى صورة، وإذا تعدد من وجه إليهم تعين تعدد الصور بقدر عددهم.

ويجب أن يشتمل التبليغ على ما يأتي:

أ - موضوع التبليغ، وتاريخه باليوم، والشهر، والسنة، والساعة التي تم فيها.

ب - الاسم الكامل لطالب التبليغ، ومهنته أو وظيفته، ومحل إقامته، والاسم الكامل لمن يمثله، ومهنته أو وظيفته، ومحل إقامته.

ج - الاسم الكامل لمن وجه إليه التبليغ، ومهنته أو وظيفته، ومحل إقامته فإن لم يكن محل إقامته معلوماً وقت التبليغ، فآخر محل إقامة كان له.

د - اسم المحضر والمحكمة التي يعمل لديها.

هـ - اسم من سلمت إليه صورة ورقة التبليغ، وصفته، وتوقيعه على أصلها، أو إثبات امتناعه وسببه.

و - توقيع المحضر على كل من الأصل والصورة.

1/14 - إعداد التبليغ يكون من قبل مكتب المواعيد في المحكمة.

2/14 - يجب - قدر الإمكان - اشتمال ورقة التبليغ على ما جاء في الفقرة (ب، ج).

3/14 - ترفق بصورة ورقة التبليغ صورة من صحيفة الدعوى وفق المادتين (39/20).

4/14 - يكفي ذكر صفة من يمثل الجهة الحكومية في حال التبليغ والإخطار.

5/14 - يقصد بمحل الإقامة في الفقرتين (ب، ج) محل الإقامة المعتاد، أو: المختار الذي يتلقى فيه الإخطارات والتبليغات وفق ما نصت عليه المادة (10).

6/14 - على من يتولى التبليغ أن يذكر الاسم الثلاثي لمن سلمت له صورة التبليغ وصفته وذلك في أصل التبليغ.

7/14 - إذا كان المستلم للتبليغ لا يقرأ ولا يكتب وجب إيضاح ذلك في أصل التبليغ وأخذ بصمة إبهام المستلم على أصل ورقة التبليغ.

التعليق:

يتضح بجلاء أن خطاب النص موجه إلى مكتب المواعيد في المحكمة ونرى الاكتفاء بكتابة نموذج مطبوع مسبقاً مع ملء الفراغات في خانات البيانات فيكتب كالآتي:

أنه في يوم الموافق سنة 1427 هـ الساعة ......

بناء على طلب/ .... والمقيم ....

ومهنته/ وظيفته .... وموطنه المختار مكتب الأستاذ/ .... المحامي والكائن مكتبه ....

أنا .... محضر محكمة .... قد انتقلت إلى الأستاذ/ .... والمقيم (محل الإقامة المعتاد - الموطن المختار) ومهنته/ وظيفته ....

وأعلنته بالآتي:

1 - الاكتفاء بعبارة (بما هو مرفق طيه). ذلك أن عريضة الدعوى ترفق بورقة التبليغ، وهي شارحة وكافية لكافة عناصر الدعوى، فيتم الاكتفاء بالإحالة إلى العبارة.

2 - أو الاكتفاء بذكر ملخص لموضوع الدعوى.

أما فيما يخص المحضر من توقيعه على الأصل والصورة فالغاية تتحقق في أي مكان يستفاد منه توقيعه على التبليغ في الأصل والصورة.

على أن ما أوردناه هو على سبيل الاسترشاد فلا يشترط ذلك الترتيب ولكن الجوهر هو في ذكر البيانات.

أما شخص المستلم فيتم توقيعه على الأصل سواء أكان بالإمضاء أم ببصمة الإبهام إن كان لا يستطيع التوقيع كتابة، بعد بيان ذلك في أصل ورقة التبليغ مع إثبات الامتناع وأسبابه إن وجدت في حالة رفضه استلام التبليغ أو التوقيع.

المـادة الخامسـة عشـرة

يسلم المحضر صورة التبليغ من وجهت إليه في محل إقامته أو عمله إن وجد، وإلا فيسلمها إلى من يوجد في محل إقامته من الساكنين معه من أهله، وأقاربه، وأصهاره، أو من يوجد ممن يعمل في خدمته. فإذا لم يوجد منهم أحد، أو امتنع من وجد عن التسلم: فيسلم الصورة حسب الأحوال إلى عمدة الحي، أو قسم الشرطة، أو رئيس المركز، أو شيخ القبيلة، الذين يقع محل إقامة الموجه إليه التبليغ في نطاق اختصاصهم حسب الترتيب السابق. وعلى المحضر أن يبين ذلك في حينه بالتفصيل في أصل التبليغ.

وعلى المحضر خلال أربع وعشرين ساعة من تسليم الصورة للجهة الإدارية أن يرسل إلى الموجه إليه التبليغ في محل إقامته أو عمله خطاباً - مسجلاً مع إشعار بالتسلم - يخبره فيه أن الصورة سلمت إلى الجهة الإدارية.

1/15 - يقوم الوكيل مقام الأصيل في استلام التبليغ.

2/15 - يكون تسليم صورة التبليغ للبالغ العاقل.

3/15 - من تسلم صورة ورقة التبليغ ورفض التوقيع على أصلها فهو في حكم من رفض تسلمها.

4/15 - لا تسري الآثار المترتبة على التبليغ - داخل المملكة - إلا إذا بعث مكتب المحضرين أصل ورقة التبليغ إلى القاضي موقعاً عليه بالتبليغ.

5/15 - تقوم الجهات المذكورة في هذه المادة بإفادة المحكمة - خلال ثلاثة أيام - بما اتخذته من إجراء حيال صورة التبليغ المسلم لها من المحضر.

6/15 - إذا صادف اليوم التالي لتسليم صورة التبليغ للجهة الإدارية عطلة رسمية امتد الميعاد إلى أول يوم عمل يلي هذه العطلة.

العبرة في تحديد محل[1] الإقامة هو بالإقامة المعتادة المستقرة داخل الدولة. ذلك أن الإقامة المؤقتة لا تتمتع بصفة الاعتياد والاستقرار. كما أنه إذا كان محل الإقامة هو المعول عليه في انعقاد اختصاص المحكمة فمن الأولى أن يكون الإعلان عن طريق محضري المحكمة التابع لها محل إقامة المدعى عليه، إلا ما استثني بنص. أما إذا تم مخالفة ذلك وحضر المدعى عليه فإنه لا يجوز له التمسك بالبطلان لتحقق الغاية من الإجراء بحضوره.

إجراءات التبليـغ:

في اليوم الذي يطلب فيه من المحضر أن يقوم بالتبليغ، عليه أن ينتقل إلى الشخص المراد تبليغه، وعلى المحضر أن يقوم بشخصه بالعمل المكلف به ما لم يوجد مانع نظامي يمنعه من ذلك. فعليه الانتقال إلى محل إقامة المدعى عليه أو مكان عمله، إثبات تاريخ الانتقال وساعته، تسليم الصورة إلى المعلن إليه في محل إقامته أو مكان عمله سواء لشخصه أم من يحل محله في

---

(1)   عبد الحميد أبو هيف. المرافعات المدنية والتجارية المرجع السابق: 490 هامش 2.

حالة عدم تواجده، توقيع مستلم التبليغ على الأصل أو أخذ بصمة إبهامه إذا كان أمياً. وفي حالة رفضه إثبات امتناعه عن التوقيع على الأصل أو رفض الاستلام[1].

القبـول الاختيـاري للتبليـغ:

وهو يتحقق في حالة قيام المحضر بالانتقال وتسليم الصورة لشخص المعلن إليه أو من يقوم مقامه سواء أكان في محل إقامته أم مكان عمله، وهو يتحقق من خلال قبول المعلن إليه أو من يقوم مقامه باستلام التبليغ والتوقيع على الأصل بالاستلام، وهو يتميز بسرعة إنهاء الإجراءات وهي الغاية التي أرادها المنظم من النص.

القبـول الإجبـاري للتبليـغ:

وهو يتحقق في حالة ما إذا فشل القبول الاختياري للتبليغ بالنسبة لشخص المعلن إليه أو من يحل محله سواء أكان في محل إقامته أم مكان عمله. فهذا التبليغ يتم رغماً عن المبلغ إليه، وذلك من خلال قيام المحضر بتسليم التبليغ إلى عمدة الحي أو قسم الشرطة أو رئيس المركز أو شيخ القبيلة بذات الترتيب، فعليه يتم تحديد وقت التبليغ من لحظة تسليمه إلى ممن سبقهم ذكرهم، ورغم أن النص على إرسال خطاب بالبريد مصحوب بعلم الوصول لإخبار المعلن إليه بأنه تم تسليم صورة التبليغ في الجهة الإدارية المسلم فيها صورة التبليغ.

ونرى الاستعاضة بذلك بإرفاق صورة التبليغ المرفق بها صحيفة الدعوى إلى المعلن إليه حتى يتحقق في حقه العلم بمضمون الدعوى.

وتجدر الإشارة إلى أهمية إرسال الخطاب إذا تسليم التبليغ للجهة الإدارية ليس ضماناً لصحة إجراء التبليغ إذا لم يكمل بإرسال الخطاب المصحوب بعلم الوصول والعلم بالتبليغ فإن ذلك ينقسم إلى درجات، فهناك

---

(1)   أحمد السيد صاوي. المرجع السابق: 410 فقرة 318.

العلم اليقيني، المفترض، الحكمي.

العلـم اليقينـي:

يتوافر العلم اليقيني بأن يكون الإبلاغ قد تم لشخص المعلن إليه[1].

العلـم المفتـرض:

وهو العلم الذي يتوافر في حالة الإبلاغ لمن يقوم مقام شخص المعلن إليه سواء أكان في محل إقامته (أهله، أقاربه، أصهاره) أو محل عمله ممن يقومون في خدمته.

العلـم الحكمـي:

وهو الذي يتوافر في الحالة التي يتم تسليم التبليغ في مواجهة الجهة الإدارية وتجدر الإشارة إلى أن العلم المفترض والحكمي هو استثناء بالنسبة للعلم اليقيني فلا بد حتى يتم الأخذ به مراعاة الضمانات النظامية والمتمثلة في حالة تسليم التبليغ في الجهة الإدارية من إرسال الخطاب المصحوب بعلم الوصول، عليه إذا لم يقم المحضر بإرسال الخطاب فلا يترتب البطلان. ذلك ما أوضحته اللائحة التنفيذية في الفقرة الخامسة بعبارة: «بما اتخذته من إجراء حيال صورة التبليغ المسلم لها من المحضر» يدل على أنه في حالة إغفال المحضر للخطاب، فالجهات مكلفة بتقديم ما تم عمله حيال التبليغ.

وقضت أحكام محكمة النقض المصرية:

«على أنه في حالة امتناع شخص المعلن إليه عن الاستلام يجب على المحضر تسليم الصورة إلى جهة الإدارة وإلا كان باطلاً».

1951/11/15 - م نقض م - 2 - ص 65

وقضت النص في المادة .... على أن : الموطن هو المكان الذي

---

(1) المرجع السابق: 410 فقرة 317.

يقيم فيه الشخص عادة .... يدل على أن المشرع اعتد بالتصوير الواقعي للموطن - وعلى ما جاء بالمذكرة الإيضاحية - استجابة للحاجات العملية واتساقاً مع المبادئ المقررة في الشريعة الإسلامية التي أفصحت عنها المادة............ فلم يفرق بين الموطن وبين محل الإقامة العادي وجعل المعول عليه في تعيينه الإقامة المستقرة بمعنى أنه يشترط في الموطن أن يقيم فيه الشخص وأن تكون إقامته بصفة مستقرة وعلى وجه يتحقق فيه شرط الاعتياد ولو لم تكن مستمرة تتخللها فترة غيبة متقاربة أو متباعدة.

1981/6/4 - م نقض م - 32 - ص 1698

وقضت: «تحديد المكان الذي يقيم فيه الشخص عادة إقامة فعلية على نحو من الاستقرار أي تقدير قيام توافر عنصر الاستقرار في الإقامة مع نية الاستيطان هو من أمور الواقع التي تخضع لسلطة قاضي الموضوع باعتبارها مسألة تقديرية لا معقب عليه فيها لمحكمة النقض متى كان استخلاصه سائغاً وله مأخذه من الأوراق».

1966/5/26 - م نقض م - 17 - ص 1271

تسليم صورة الإعلان إلى الأزواج والأقارب والأصهار شريطة إقامتهم مع المعلن إليه في المكان الذي تم فيه الإعلان.

نقض 1982/12/5 طعن رقم 812 لسنة 48 قضائية

تسليم صورة الإعلان إلى الأزواج والأقارب والأصهار. شريطة. إقامتهم مع المعلن إليه في المكان الذي تم فيه الإعلان.

منزل العائلة. اعتباره موطناً للمراد إعلانه. شريطة إقامته فيه على وجه الاعتياد والاستقرار.

نقض 1982/12/5 طعن رقم 812 لسنة 48 قضائية

إغفال المحضر ذكر صفة مستلم الإعلان في موطن المطلوب إعلانه في حالة عدم وجود أثره بطلان الإعلان.

نقض 1983/12/29 طعن رقم 323 لسنة 50 قضائية

نصت المادة .... على أن الموطن هو المكان الذي يقيم فيه الشخص عادة فقد دلت على أن المشرع لم يفرق بين الموطن ومحل الإقامة العادي وجعل المعول عليه في تعيينه الإقامة المستقرة بمعنى أنه يشترط في الموطن أن يقيم فيه الشخص وأن تكون إقامته بصفة مستمرة وعلى وجه يتحقق فيه الاعتياد ولو لم تكن مستمرة تتخللها فترات غيبة متقاربة أو متباعدة وأن تقدير عنصر الاستقرار ونية الاستيطان اللازم توافرهما في الموطن من الأمور الواقعية التي يستقل بتقديرها قاضي الموضوع.

نقض 1979/12/13 سنة 30 العدد الثالث ص 261

الموطن الأصلي طبقاً للرأي السائد في فقه الشريعة الإسلامية هو وعلى ما جرى به قضاء محكمة النقض موطن الشخص في بلدته أو في بلدة أخرى اتخذها داراً توطن فيها مع أهله وولده وليس في قصده الارتحال عنها وأن هذا الموطن يحتمل التعدد ولا ينتقص بموطن السكن. وهو ما استلهمه المشرع حين نص في المادة .... على أن محل الإقامة هو البلد الذي يقطنه الشخص على وجه يعتبر مقيماً فيه عادة ولا أثر للتغيب عنه فترات.

نقض 1977/6/1 سنة 28 ص 232

مؤدى نص المادة .... وعلى ما جرى به قضاء هذه المحكمة - يدل على أن الأصل في إعلان أوراق المحضرين أن تسلم الأوراق المراد إعلانها للشخص نفسه أو في موطنه فإذا لم يوجد المحضر الشخص المراد إعلانه في موطنه جاز تسليم الأوراق إلى أحد أقاربه أو أصهاره بشرط أن يكون مقيماً معه، فإذا أغفل المحضر إثبات أنه من أقارب أو أصهار المطلوب إعلانه

المقيمين معه فإنه يترتب على ذلك بطلان الإعلان .... لما كان ذلك وكان يبين من الصورة الرسمية لأصل صحيفة الاستئناف التي قدمها الطاعن أن المحضر أثبت فيها انتقاله إلى محل إقامة الطاعن ولم يجده لإعلانه بها فأعلنه بصورتها مخاطباً مع ابن عمه .... دون أن يثبت أنه مقيم مع الطاعن وكان يبين من الصورة الرسمية لمحاضر جلسات الاستئناف أن الطاعن لم يمثل فيها أمام المحكمة ولم يقدم خلالها مذكرة بدفاعه إلى أن صدر الحكم المطعون فيه، فإن هذا الحكم يكون معيباً بالبطلان لصدوره بناء على إجراءات باطلة.

نقض 1980/1/28 سنة 31 الجزء الأول ص 324

وحيث أن النص .... على أن يكون إعلان الحكم لشخص المحكوم عليه أو في موطنه الأصلي وفي الفقرة الثانية من .... على أن: «يجوز أن يكون للشخص في وقت واحد أكثر من موطن» وفي المادة .... من ذات القانون على أن: «يعتبر المكان الذي يباشر فيه الشخص تجارة أو حرفة موطناً بالنسبة إلى إدارة الأعمال المتعلقة بهذه التجارة أو الحرفة» يدل على أن المشرع وإن خرج في النص الأول على القواعد المقررة للإعلان المنصوص عليها في المواد .... من قانون المرافعات وذلك إذا كانت ورقة الإعلان تحمل حكماً مما يبدأ ميعاد الطعن فيه من تاريخ إعلانه ضماناً لوصوله إلى علم من وجه إليه ولما تتسم به مواعيد الطعن من أهمية بين إجراءات التقاضي إلا أن مؤدي المادتين .... المشار إليهما أنه إذا كان المعلن إليه تاجراً أو حرفياً وكانت الخصومة في الدعوى تتناول أعمالاً تتعلق بهذه الحرفة أو تلك التجارة فإنه يجوز اعتبار المحل الذي تزاول فيه هذه أو تلك موطناً للتاجر أو الحرفي بجانب موطنه الأصلي يصح إعلانه فيه بكافة الأوراق المتعلقة بهذه الخصومة وذلك للمحكمة التي أفصح عنها المشرع من أن قاعدة تعدد الموطن تعتد بالأمر الواقع وتستجيب

لحاجة المتعاملين ولا تعتبر الإقامة الفعلية عنصراً لازماً في موطن الأعمال الذي يظل قائماً ما بقي النشاط التجاري أو الحرفي مستمراً وله مظهره الواقعي الذي يدل عليه والذي تستخلصه محكمة الموضوع من أوراق الدعوى وظروفها وإن أغلق المحل التجاري لا يفيد بذاته إنهاء النشاط التجاري فيه. لما كان ذلك وكان البين من مدونات الحكم المطعون فيه أنه أقام قضاءه على سند من بطلان إعلان المحكوم ضده بصحيفة الدعوى أمام محكمة أول درجة وبالحكم الصادر فيها لإجرائه بالعين المؤجرة وليس بمحل إقامته وذلك دون أن يناقش ما تمسك به الطاعن من أن المطعون ضده إنما يزاول حرفته «تجارة» بهذه العين والتي يدور النزاع في الدعوى حول التزامه بسداد أجرتها وهو مما يدخل في أعمال إدارتها باعتبار أن العين التي يقوم فيها النشاط التجاري أو الحرفي تعد عنصراً جوهرياً في هذا النشاط وهو دفاع جوهري يتغير به - لو صح - وجه الرأي في الدعوى فإنه يكون قد أخطأ في التطبيق وتحجب بذلك عن بحث مدى استمرار النشاط الحرفي للمطعون ضده قائماً بالعين المشار إليها وقت الإعلان ومظاهره مما يعيبه أيضاً بقصور التسبيب ويستوجب نقضه.

نقض 1989/1/8 طعن رقم 1190 لسنة 52 قضائية

إعلان الشخص في موطنه مخاطباً مع وكيله صحيح في القانون.

نقض 1983/1/16 الطعن رقم 881 لسنة 51 قضائية

يبطل الإعلان إذا ثبت أن المعلن قد وجهه بطريقة تنطوي على غش رغم استيفائها ظاهرياً بأوامر القانون حتى لا يصل إلى علم المعلن إليه لإخفاء الخصومة عنه والحيلولة دون مثوله في الدعوى وإبداء دفاعه فيها أو ليفوت عليه المواعيد.

نقض 1998/2/8 طعن رقم 1889 لسنة 67ق

المادة السادسة عشرة

على مراكز الشرطة وعمد الأحياء أن يساعدوا محضر المحكمة على أداء مهمته في حدود الاختصاص.

1/16 - شيوخ القبائل ومعرفوها في حكم عمد الأحياء.

تحدثنا في المادة (12) من النظام عن المحضرين وطبيعة عملهم وأشرنا للمواد من 171: 176 من نظام تركيز مسئوليات القضاء الشرعي والخاص بالمحضرين والقاسم المشترك في المواد السالفة يتمثل في طبيعة عمل المحضر من القيام بالجلب وإحضار كل من ترغب المحكمة في إحضاره، والقيام بما يلزم من حجز التركات......... الخ يتضح بجلاء أهمية تقديم الدعم الكامل من مراكز الشرطة وعمد الأحياء إلى المحضرين في سبيل إتمام مهامهم الوظيفية المنوطة بهم.

المادة السابعة عشرة

يكون التبليغ نظامياً متى سلم إلى شخص من وجه إليه، ولو في غير محل إقامته أو عمله.

التبليغ للشخص نفسه هو أضمن[1] طريقة في إيصال التبليغ له، فإن وجده المحضر سلمه صورة التبليغ، ويكون ذلك في أي مكان يجده فيه، إلا أن ذلك يرتبط في الالتزام بقواعد اللياقة وحسن الآداب. فلا يصح التبليغ للشخص في دور العبادة أو في حفلة اجتماعية، مؤتمر علمي، ندوة ثقافية أو تواجد عند الأصدقاء لم يرد المعلن إليه الخروج له لمقابلته، فلا يحق للمحضر عندئذ إثبات حالة برفض الاستلام أو الدخول عنوة في بيت الغير أو القيام بالتبليغ بالمخالفة لحكم المادة (13).

غير أن التبليغ لشخص المعلن إليه لا يتيسر في غالب الأحوال، ذلك أنه

(1) أحمد أبو الوفا. المرجع السابق: 470 فقرة 234.

يتطلب معرفة المحضر بشخص المعلن إليه، وعلى المحضر استكمال الإجراءات الخاصة بالتبليغ من توقيع المعلن إليه على الأصل، ويفضل ذكر رقم الهوية في أصل التبليغ حتى يضفي نوع من الطمأنينة بالنسبة للقاضي، بإن المعلن إليه هو بذاته الذي تسلم التبليغ. ولا مانع من تطبيق حكم المادة (15) في حالة ما إذا رفض الشخص الاستلام للاتفاق في العلة هو تحقق الرفض، ذلك أن النظام منظومة واحدة يكمل بعضه بعض بحيث تتناغم نصوصه في منظومة واحدة.

وقد ذهبت أحكام محكمة النقض (المصرية) للآتي:

المحضر غير مكلف بالتحقق من صفة مستلم الإعلان. شرطه. أن يكون الشخص قد خوطب بموطن المعلن إليه.

نقض 1978/1/14 الطعن رقم 270 لسنة 42 قضائية

المــادة الثامنــة عشــرة

يكون تسليم صورة التبليغ على النحو الآتي:

أ - ما يتعلق بالأجهزة الحكومية إلى رؤسائها أو من ينوب عنهم.

ب - ما يتعلق بالأشخاص ذوي الشخصية المعنوية العامة إلى مديريها أو من يقوم مقامهم أو من يمثلهم.

ج - ما يتعلق بالشركات والجمعيات والمؤسسات الخاصة إلى مديريها أو من يقوم مقامهم أو من يمثلهم.

د - ما يتعلق بالشركات والمؤسسات الأجنبية التي لها فرع أو وكيل في المملكة إلى مدير الفرع أو من ينوب عنه أو الوكيل أو من ينوب عنه.

هـ - ما يتعلق برجال القوات المسلحة ومن في حكمهم إلى المرجع المباشر إلى من وجه إليه التبليغ.

و - ما يتعلق بالبحارة وعمال السفن إلى الربان.

ز - ما يتعلق بالمحجوز عليه إلى الأوصياء أو الأولياء حسب الأحوال.

ح - ما يتعلق بالمسجونين أو الموقوفين إلى المدير في السجن أو محل التوقيف.

ط - ما يتعلق بمن ليس له محل إقامة معروف أو محل إقامة مختار في المملكة إلى وزارة الداخلية بالطرق الإدارية المتبعة لإعلانه بالطريقة المناسبة.

1/18 - المقصود بالتبليغ في الفقرات (أ، ب، ج، د) ما إذا كانت الدعوى فيه ضد الجهات المذكورة في تلك الفقرات، أما التبليغ ضد الأفراد العاملين في تلك الجهات الأربع، فيكون وفق ما جاء في المادة (15).

2/18 - في حكم رجال القوات المسلحة جميع العسكريين.

3/18 - للقاضي - عند الاقتضاء بعد استيفاء ما جاء في الفقرة (ط) من هذه المادة - أن يعلن عن طلب الموجه إليه التبليغ في إحدى الصحف المحلية التي يراها محققة للمقصود.

4/18 - التبليغ الذي يكون عن طريق وزارة الداخلية الوارد في الفقرة (ط) يكون بكتابة المحكمة إلى إمارة المنطقة، أو المحافظة، أو المركز الذي تكون فيه المحكمة.

التبليغ للأجهزة الحكومية يتم في مقرات رؤسائها أو من ينوب عنهم، وهم الأشخاص الذين حددهم النظام لاستلام صورة التبليغ. وهنا لا نتعرض لمسألة التمثيل[1] أمام القضاء، وإنما لشخص مستلم التبليغ، وعليه يحق للرئيس أن ينوب عنه موظف يخصص لاستلام أوراق التبليغ، مع مراعاة الأنظمة واللوائح الخاصة بشأن الإنابة والتفويض للأجهزة الحكومية، ومما

---

(1)   فتحي والي. المرجع السابق : 388.

تجدر الإشارة إليه أن المحضر لا يقوم بالتسليم في الإمارة إلا في حالة رفض الاستلام ممن ألزمه النظام بالاستلام، وينبغي عليه أن يثبت سبب الرفض إن وجد، ولا يشترط في التبليغ ذكر أسماء الأشخاص، ذلك لأن أماكن الأجهزة الحكومية محددة ومعلومة الأماكن ولأن الاختصام يتم بالصفة لا بالشخص ذلك لأن الأشخاص يتغيرون بينما الصفة ثابتة، فمنصب وزير الداخلية موجود، وإن تغير الأشخاص الذين تقلدوا هذا المنصب. ويسري ما سبق على الفقرتين (ب، جـ، د) .

يتضح بجلاء ضرورة الالتزام في تسليم أوراق التبليغ لمن ورد ذكرهم في الفقرات السابقة والتوقيع على أصل التبليغ، وفي حالة ما إذا تم التبليغ لغيرهم فيكون الإعلان باطلاً لعدم استيفائه لشروط النظامية في كيفية تسليم التبليغ، إلا أنه إذا حضر الممثل النظامي عن الجهة المراد تبليغها فتكون الغاية قد تحققت من التبليغ، يصحح الإجراء الذي كان مهدداً بالبطلان وفقا لحكم المادة (6) من النظام.

أما فيما يتعلق برجال القوات المسلحة:

فيتسع ليشمل أفراد القوات المسلحة بكافة أفرعها وأشخاصها سواء أكانوا من العسكريين أم المدنيين سواء بصفة دائمة أم مؤقتة، ويتم التسليم للمرجع المباشر الموجهة إليه التبليغ ويجوز لمباشر المباشر تسلم التبليغ ذلك أن من يملك الأكبر يملك الأصغر إلا أنه يشترط لتحققه:

أولاً: يكون الموجه إليه التبليغ فرد من أفراد القوات المسلحة وقت التبليغ.

ثانياً: أن يكون طالب التبليغ عالماً علماً يقيناً بصفة الموجه إليه وقت الإعلان بكونه من العسكريين.

أما فيما يتعلق بالبحارة وعمال السفن إلى الربان:

والمقصود بالسفن هي السفن التجارية إذ السفن الحربية تخضع لحكم

الفقرة(هـ) ويخضع لحكم الفقرة أفراد وأطقم السفينة الذين يعملون [1] عليها وليس المقصود العاملين في الشركة البحرية التابعة لها السفينة.

تسـليم تبليـغ:

المحجور عليه في مواجهة الأوصياء أو الأولياء حسب الأحوال. قد يرجع سبب الحجر على الشخص لإصابته بعارض[2] من عوارض الأهلية (المجنون - السفيه - المعتوه - ذو الغفلة) وهو في نظر النظام لا يعتد بإرادته. لأن إرادته إما أن تكون معدومة أو ناقصة. إلا أنه حتى يثبت الحجر يشترط أن يكون ثابتاً بحكم قضائي، لأن الأحكام القضائية هي عنوان الحقيقة، ويترتب على عدم الاعتداد بإرادة المحجوز عليه أن تسليم التبليغ يكون في مواجهة الوصي أو الولي حسب الأحوال. والولي يتسلم التبليغ عما هم في ولايته، وعليه إذا تسلم المحجور عليه الصغير التبليغ فلا يعتد بهذا التسليم وما يترتب عليه من آثار، ذلك أن الغرض من التسليم هو الإعلام بمضمون التبليغ والدعوة للحضور أمام القضاء فإذا كان التسليم غير نظامي وقع باطلاً وما ترتب على ذلك من آثار وفقاً لقاعدة ما بني على باطل فهو باطل، إلا أنه يجوز تصحيح البطلان إذا حضر من له الصفة في الحضور مع مراعاة الإجراءات الخاصة بالمواعيد، وهو ما أشارت إليه المادة (2/15) من اللائحة التنفيذية: «يكون تسليم صورة التبليغ للبالغ العاقل».

المسجونون أو الموقوفيون إلى المدير في السجن أو محل التوقيف:

يتم تسليم المدير في السجن أو في محل التوقف بالتبليغ الموجهه إلى المسجون أو الموقوف، إلا أن ذلك يشترط فقط في حالة أن يكون الشخص وقت التبليغ مسجوناً أو موقوفاً، وأن يكون طالب التبليغ عالماً علماً يقيناً بأن الشخص المراد تبليغه مسجوناً أو موقوفاً.

---

(1) عاشور السيد مبروك. المرجع السابق: 248 فقرة 169.

(2) عبد الرزاق السنهوري. الموجز في النظرية العامة للالتزامات في القانون المدني: 87 فقرة 69.

التبليـغ لـوزارة الداخليـة:

يشترط لتسليم التبليغ في وزارة الداخلية أن يكون الشخص المراد إبلاغه ليس له محل إقامة أو مختار في الدولة بالمفهوم النظامي[1] في الدولة. على أن ما أوضحته اللائحة التنفيذية بالإعلان في إحدى الصحف المحلية التي يراها محققة للمقصود وإن كنا نرى أنه يحق للقاضي بصفته المسئول عن إحقاق الحق وإقامة العدالة من تكليف وزارة الداخلية بعمل التحريات اللازمة عن الشخص المراد إبلاغه بعد اطلاعه على إجابة المحضر في أصل التبليغ بعدم تواجد محل إقامة للشخص المراد تبليغه أو محل مختار، وبعد عمل التحريات اللازمة وعدم الاستطاعة في التوصل إلى محل إقامة أو مختار يتم التبليغ في مواجهة الوزارة ووفق ما أوضحته المادة (4/18) من اللائحة التنفيذية.

أما إذا كان للشخص محل إقامة في الدولة وتركه فيتم التبليغ[2] عليه باعتباره آخر محل إقامة له، ولا ينطبق عليه حكم الفقرة السابقة طالما لم يبادر بإخطار خصمه بتغيير محل إقامته، ولا يحق له التمسك ببطلان الإعلان إن كان ذلك البطلان راجعاً إليه، ووفقاً لقاعدة لا يجوز للشخص أن يتمسك بالبطلان إذا كان سبب البطلان راجعاً إليه.

وقد ذهبت أحكام محكمة النقض تسليم صورة الإعلان إلى من يقوم مقام رئيس مجلس الإدارة أو المدير في مركز إدارة الشركة التجارية. توجيه خطاب مسجل للمعلن إليه غير لازم.

نقض 1982/11/16 طعن رقم 2041 لسنة 50 قضائية

الإعلانات الموجهة إلى الشركات التجارية والمدنية والجمعيات وسائر الأشخاص الاعتبارية تمامها بإجراءات خاصة. امتناع المراد إعلانه أو من

---

(1) عبد الحميد أبو هيف. المرجع السابق: 494 فقرة 683.

(2) فتحي والي. المرجع السابق: 375.

ينوب عنه عن التوقيع على ورقة الإعلان بالاستلام أو عن استلام الصورة. أثره. وجوب إثبات المحضر ذلك في الأصل والصورة وتسليم الصورة للنيابة العامة.

نقض 1986/5/26 طعن رقم 2278 لسنة 55 قضائية

تسليم صورة الإعـلان فيما يتعلق بالشركات الأجنبية التي لها فرع أو وكيل في الجمهورية إلى هذا الفرع أو الوكيل. المقصود بالوكيل كل من يكون نائباً عن الشركة في مصر نيابة قانونية عامة. لا محل لقصر حكم النص على الوكيل التجاري لا يغير كون الوكيل العام عن الشركة الأجنبية محامياً لها.

نقض 1985/4/8 طعن رقم 1161 لسنة 49 قضائية

المادة التاسعة عشرة

في جميع الحالات المنصوص عليها في المادة السابقة، إذا امتنع المراد تبليغه، أو من ينوب عنه من تسلم الصورة، أو من التوقيع على أصلها بالتسلم فعلى المحضر أن يثبت ذلك في الأصل والصورة، ويسلم الصورة للإمارة التي يقع في دائرة اختصاصها محل إقامة الموجه إليه التبليغ، أو الجهة التي تعينها الإمارة.

1/19 - المقصود بالإمارة: إمارة المنطقة، أو المحافظة، أو المركز.

2/19 - لا تسري الآثار المترتبة على تبليغ الجهات المذكورة في هذه المادة إلا إذا بعث مكتب المحضرين أصل ورقة التبليغ إلى القاضي موقعاً عليه بالتبليغ.

3/19 - تقوم الإمارة أو الجهة التي تعينها بإبلاغ المحكمة - خلال ثلاثة أيام - بما تتخذه من إجراء حيال صورة التبليغ المسلم لها من المحضر.

عالجت هذه المادة فرضية الامتناع عن التسلم أو التوقيع على الأصل من خلال منهج تنظيمي يتبعه المحضر عند تحقق الفرضين السابقين بالإثبات

على الأصل والصورة، وبتوجهه إلى الإمارة لتتولى هي عبر ما أوضحته اللائحة التنفيذية بإبلاغ المحكمة عما اتخذته من إجراء حيال صورة التبليغ التي تسلمته من المحضر، ولم ينص النظام كما الشأن في تبليغ الأفراد بإرسال خطاب مسجل بعلم الوصول، بل اكتفى النظام بإثبات سبب الرفض في الأصل والصورة وتسليم الصورة للإمارة.

المادة العشرون

إذا كان محل إقامة الموجه إليه التبليغ في بلد أجنبي فترسل صورة التبليغ إلى وزارة الخارجية لتوصيلها بالطرق الدبلوماسية، ويكتفى بالرد الذي يفيد وصول الصورة إلى الموجه إليه التبليغ.

1/20 - ترسل المحكمة صورة التبليغ إلى وزارة الخارجية عن طريق إمارة المنطقة.

2/20 - يلزم المدعي أن يقدم صحيفة الدعوى مطبوعة، ونسخة عنها مترجمة إلى لغة المدعى عليه إذا كان لا يتكلم العربية.

3/20 - تختم صورة صحيفة الدعوى، وصورة التبليغ بخاتم المحكمة.

يفترض في التبليغ الذي يتم تسليم صورته لوزارة الخارجية - سواء كان الشخص سعودياً أم غير ذلك - بكونه ليس له محل إقامة أو مختار في الدولة، وعليه يتم تسليم التبليغ لوزارة الخارجية التي تعهد بدورها إلى تسليم صورة التبليغ إلى البعثة الدبلوماسية في المملكة للشخص المراد إبلاغه في تلك الدولة أو عن طريق سفارة المملكة إذا لم تتوافر بعثة دبلوماسية للشخص المراد إبلاغه في المملكة، كما أن النظام لم يعول على تاريخ تسليم صورة التبليغ لوزارة الخارجية لإتمام التبليغ، وإنما اشترط وصول الرد الذي يفيد وصول الصورة للمدعى عليه، ذلك أن دور وزارة الخارجية استكمال لدور المحضر في القيام بالتبليغ، وبذلك يكون تاريخ انعقاد الخصومة ما بين

المدعي والمدعى عليه من تاريخ وصول التبليغ للمدعى عليه.

ويشار إلى ما أوضحته اللائحة التنفيذية من قيام المدعي بترجمة صحيفة الدعوى إلى لغة المدعى عليه إذا كان لا يتكلم اللغة العربية، ونحن نضيف إلى أن الترجمة تكون معتمدة حتى يتحقق التطابق اللغوي بين صحيفة الدعوى والنسخة المترجمة إليها ليطمئن فؤاد القاضي من أن مضمون صحيفة الدعوى قد وصل إلى المدعى عليه كما هي في أصلها باللغة العربية.

المادة الحادية والعشرون

إذا كان محل التبليغ داخل المملكة خارج نطاق اختصاص المحكمة، فترسل الأوراق المراد تبليغها من رئيس هذه المحكمة، أو قاضيها إلى رئيس، أو قاضي المحكمة التي يقع التبليغ في نطاق اختصاصها.

1/21 - يراعى في تحديد الموعد مدة ذهاب أوراق التبليغ ورجوعها.

2/21 - تبلغ المحكمة المرسل لها الأوراق المراد تبليغها، وتعيد الأوراق مزودة بالنتيجة للمحكمة التي أرسلتها.

أناط النظام تبليغ الأوراق القضائية بالمحكمة الداخل في اختصاصها النزاع والمعروض عليها وفقاً للأنظمة، إلا أن ما اشترطته المادة يعتبر بمثابة إنابة في تبليغ الأوراق القضائية بين المحاكم، صادرة من المحكمة الراسلة إلى المرسل لها، وعلى ما أوضحته اللائحة التنفيذية من تحديد المحكمة الراسلة الوقت لذهاب وإعادة الأوراق المراد إبلاغها للشخص المراد إبلاغه.

المادة الثانية والعشرون

تضاف مدة ستين يوما إلى المواعيد المنصوص عليها نظاماً لمن يكون محل إقامته خارج المملكة.

1/22 - المواعيد المنصوص عليها نظاماً في هذه المادة: ما جاء في المواد (40، 84، 235) من هذا النظام، وللقاضي الزيادة على ذلك عند الحاجة.

ميعاد المسافة:

ويقصد به في موضعنا المسافة[1] ما بين موطن المطلوب منه اتخاذ الإجراء بكون محل إقامته خارج المملكة، ومقر المحكمة المطلوب فيها مباشرة الإجراء.

وعبر ما أوضحته اللائحة التنفيذية في المواد (40، 84، 235).

المادة 40: ميعاد الحضور أمام المحكمة[2] العامة............الخ.

المادة 84: ... فإن سير الخصومة ينقطع بوفاة أحد الخصوم.....الخ.

المادة 235: ميعاد الحضور في الدعاوى المستعجلة......... الخ.

وعليه فإن ميعاد المسافة يضاف إلى الميعاد المنصوص عليه في المواد السابقة ليصبح الميعاد الأصلي، وميعاد المسافة وحدة متكاملة مكونين ميعاداً واحداً لمباشرة الإجراء المطلوب أدائه، بحيث إذا كان الميعاد الأصلي في الإجراء محدداً بالشهر أو الأسبوع أو اليوم أو الساعة أضيف إليه ميعاد المسافة بإنتهاء المدة المحددة السابق ذكره، فإذا كان الميعاد ينتهي في شهر شعبان فإن ميعاد المسافة الستين يوماً يبدأ من أول رمضان، ويترتب على ذلك إذا كان النظام أباح للقاضي نقص الميعاد الأصلي وفق ضوابط مثال ما نصت المادة (40) من نقص الميعاد إلى ساعة بشرط أن يحصل التبليغ للخصم نفسه، فإن ميعاد المسافة لا يخضع لتقدير القاضي ذلك بأن ميعاد المسافة إنما شرع لمصلحة خاصة بالخصم في الحضور أمام القضاء تنفيذاً لمبدأ المواجهة بين الخصوم كأساس من أسس المحاكمات العادلة، وما يترتب على عدم مراعاة ميعاد المسافة هو بطلان الإعلان إلا إذا حضر الخصم لمواجهة التبليغ فحضوره يصحح الإجراء الذي كان مهدداً بالبطلان، وإذا ما روعي

---

(1)   أحمد أبو الوفا. المرجع السابق: 392 فقرة 210.

(2)   محمد حامد فهمي. مذكرات في المرافعات المدنية والتجارية، الجزء الثاني، مكتبة عبد الله وهبة، 1948: 99 فقرة 72.

ميعاد المسافة ولم يباشر الإجراء المطلوب إجرائه ترتب على ذلك سقوط الحق في مباشرة الإجراء لعدم مباشرته في الوقت المحدد له، وتتعدد مواعيد المسافة بتعدد الإجراءات المتطلبة لإضافة ميعاد المسافة.

كما في حالة التبليغ لمن هو خارج المملكة، ثم يحدث انقطاع سير الخصومة.

ويلاحظ أن الميعاد الأصلي للإجراء والمضاف عليه ميعاد المسافة إذا صادفه آخر يوم فيه عطلة امتد لأول يوم يليه عمل.

وقد ذهبت أحكام محكمة النقض المصرية:

ميعاد المسافة، وجوب إضافته للميعاد الأصلي دون فاصل بينهما ولو صادف آخر الميعاد الأصلي يوم عطلة. مد ميعاد الاستئناف إلى ما بعد العطلة ثم إضافة ميعاد المسافة بعد ذلك، خطأ في القانون.

نقض 1976/6/17 سنة 27 ص 1377

وجوب إضافة ميعاد للمسافة بين موطن المستأنف ومقر محكمة الاستئناف إلى ميعاد الاستئناف الأصلي.

نقض 1992/6/3 طعن رقم 4031 لسنة 61 قضائية

وجوب إضافة ميعاد مسافة إلى الميعاد المحدد للطعن بين موطن الطاعن وبين مقر المحكمة التي يودع قلم كتابها صحيفة الطعن (الاعتراض) اعتبار ميعاد المسافة زيادة على أصل الميعاد. أثره. اتصاله به مباشرة بحيث يكونان ميعاداً واحداً متواصل الأيام.

نقض 1996/3/3 طعن رقم 1311 لسنة 57 قضائية

ميعاد المسافة وجوب إضافته لميعاد الاستئناف. مجموعهما يكون ميعاداً واحداً هو ميعاد الطعن.

نقض 1996/6/12 طعن 1902 لسنة 61 قضائية

وجوب إضافة ميعاد المسافة إلى ميعاد الطعن بين موطن الطاعن وبين مقر المحكمة التي تودع بقلم كتابها صحيفة الطعن...... التزام المحكمة بمراعاة إضافته وإعماله من تلقاء نفسها.

نقض 1997/4/27 طعن رقم 629 لسنة 64 قضائية

إذا كان الميعاد معيناً في القانون للحضور أو لمباشرة إجراء ما فإنه يضاف إلى الميعاد الأصلي ميعاد مسافة بين المكان الذي يجب انتقال الشخص- أو ممثله- منه والمكان الذي يجب عليه الحضور فيه أو القيام بعمل إجرائي ما خلال هذا الميعاد.

نقض 1980/5/19 طعن رقم 844 لسنة 46 قضائية

المادة الثالثة والعشرون

إذا كان الميعاد مقدراً بالأيام، أو بالشهور، أو بالسنين فلا يحسب منه يوم الإعلان، أو اليوم الذي حدث فيه الأمر المعتبر في نظر النظام مجرياً للميعاد، وينقضي الميعاد بانقضاء اليوم الأخير منه إذا كان يجب أن يحصل فيه الإجراء.

أما إذا كان الميعاد مما يجب انقضاؤه قبل الإجراء فلا يجوز حصول الإجراء إلا بعد انقضاء اليوم الأخير من الميعاد.

وإذا كان الميعاد مقدراً بالساعات كان حساب الساعة التي يبدأ فيها، والساعة التي ينقضي فيها على الوجه المتقدم. وإذا صادف آخر الميعاد عطلة رسمية امتد إلى أول يوم عمل بعدها.

1/23 - المواعيد نوعان:

أ - ما يجب أن ينقضي فيه الميعاد قبل الإجراء؛ مثل مواعيد الحضور.

ب - ما يجب أن يتم الإجراء خلال الميعاد، مثل مواعيد تمييز الأحكام، وإيداع المدعى عليه مذكرة دفاعه.

2/23 - إذا وافق الميعاد عطلة رسمية في أوله أو وسطه: فإنها تحسب من الميعاد.

3/23 - يبدأ ميعاد الاعتراض على الحكم من تاريخ تسليم إعلام الحكم للمحكوم عليه؛ وفق المادة (176).

يرتبط الإجراء في مباشرته بالميعاد الذي يحدده له النظام أو القضاء حتى يرتب آثاره النظامية، وترتيباً على ذلك فمن الضروري تحديد الميعاد وأنواعه.

ماهية الميعاد:

هو الوقت المحدد لمباشرة الإجراء في فترة زمنية معينة، تلك الفترة قد تحدد بالساعة، اليوم، الشهر، السنة.

أنواع الميعاد:

المواعيد على نوعين أولهما الميعاد الناقص وثانيهما الميعاد الكامل.

الميعاد النظامي (الناقص) [1]:

وهو الوقت الذي يحدده النظام بتقدير جزافي لمباشرة الإجراء وهو على صورتين. صورة بالتحديد الإيجابي - صورة بالتحديد السلبي.

التحديد الإيجابي:

وهو ما أوضحته المادة 178 من النظام بنصها.

---

(1) عبد الباسط جميعي، محمد محمود إبراهيم. مبادئ المرافعات, طبعة 1978, دار الفكر العربي: 574.

مدة الاعتراض بطلب التمييز ثلاثون يوماً .... إلخ.

وما يطلق عليه الفقه بالميعاد الناقص أي الميعاد الذي ينبغي أن يتم مباشرة الإجراء في خلاله، أي أن الخصم مباشر الإجراء لا يستفيد باليوم الأخير منه إذ لا بد من مباشرة الإجراء قبل انتهاء اليوم الأخير من المدة وإلا ترتب على ذلك سقوط الحق في الاعتراض لفوات الميعاد المنصوص عليه نظاماً.

التحديد السلبي:

وهو ما ذهبت إليه المادة 224 من النظام بنصها:

«بإخطار المحجوز عليه وإمهاله مدة عشرة أيام من تاريخ الإخطار» والفترة المحددة هي فترة حظر لمباشرة الإجراء المتمثل في البيع قبل انقضاء تلك الفترة، وإلا تعرض الإجراء لجزاء البطلان وفقاً لحكم المادة (6) في البطلان الجوهري، والفترة المحددة من النظام هو ما يمكن أن يطلق نظاماً بالميعاد الكامل أي لابد من اكتمال العشرة أيام الميعاد القضائي(الميعاد الكامل)[1].

وهو ما أشارت إليه المادة 46 من النظام بنصها.

إذا عينت المحكمة جلسة لشخصين متداعيين:

فالميعاد القضائي هو الوقت الذي يحدده القاضي بمناسبة عرض الدعوى عليه، وهذا يعني أن القاضي هو الذي يهيمن على إصداره، فعندما يصدر قراره بتأجيل الدعوى فلا يمكن لأحد من الخصوم القيام بأي عمل في الدعوى قبل أو بعد الوقت المحدد ذلك، لأن قبول القاضي لأي إجراء سواء قبل أم بعد هو إخلال بحق الخصم الآخر الذي يتم الإجراء في غيبته وبإخلال بحق المواجهة كأحد المبادئ المسيطرة على عمل القضاء وبإخلال

---

(1)   عبد الباسط جميعي، محمد محمود إبراهيم. المرجع السابق: 573.

بحق الدفاع كون الإجراءات تتم لحساب خصم واحد دون الآخر.

والميعاد القضائي ما يمكن تحديده بكونه ميعاد كامل الذي يتم الإجراء في اليوم المحدد له.

كيفية احتساب المواعيد:

تقدر المواعيد بالساعات، الأيام، الشهور، السنين والقاعدة في احتساب المواعيد بكونها ترتبط بمباشرة الإجراء من عدمه عدم احتساب اليوم[1] الذي تم فيه الإجراء.

فالمادة 176:

يبدأ ميعاد الاعتراض على الحكم من تاريخ تسليم إعلام الحكم للمحكوم عليه.........الخ فإذا تم الإعلام يوم السبت الموافق 1425/7/16هـ فيبدأ سريان المدة من يوم الأحد الموافق 1425/7/17هـ أي اليوم التالي لتاريخ الإعلام.

أما إذا كان الميعاد محدد بالشهر فينظر إلى الشهر كوحدة واحدة دون النظر إلى عدد الأيام فإذا تم التقدير على الشهر فإذا وتم الإجراء يوم 1425/8/1هـ فإنه ينتهي في اليوم المقابل له في الشهر الذي يليه 1425/9/1هـ وهو ما يسري على السنة، إذا كان التقدير يتم على أساس السنة، فيتم حساب السنة. فإنه يتم حساب التاريخ في اليوم الذي حدث الإجراء باليوم المماثل في السنة المستقبلية فإذا كان الإجراء يوم 1425/10/1هـ فإنه ينتهي 1426/10/1هـ كون الميعاد محدد بسنة.

وقد ذهبت أحكام محكمة النقض المصرية إلى أن:

القاعدة العامة في حساب المواعيد طبقا لنص المادة......... من قانون المرافعات أنه إذا عين القانون لحصول الإجراء ميعاداً مقدراً بالأيام أو

---

(1)   أمينة النمر. قانون المرافعات، المرجع السابق: 403.

الشهور أو بالسنين فلا يحسب منه يوم حدوث الأمر المعتد في نظر القانون مجرياً للميعاد ولا ينقضي الميعاد إلا بانقضاء اليوم الأخير منه.

نقض 1983/2/22 طعن رقم 193 لسنة 48 قضائية

عدم احتساب يوم صدور الحكم ضمن ميعاد الاستئناف.

نقض 1998/2/2 طعن رقم 2798 لسنة 60 قضائية

مؤدى نص المادة.......... من قانون المرافعات أنه إذا عين القانون لحصول الإجراء ميعاداً محدداً بالشهور فإن هذا الميعاد يبدأ من اليوم التالي للتاريخ الذي يعتبره القانون مجرياً له، وينقضي بانقضاء اليوم المقابل لهذا التاريخ من الشهر الذي ينتهي فيه الميعاد دون نظر إلى عدد الأيام في كل شهر، وكان البين من الأوراق أن تسجيل البيع المشفوع فيه تم بتاريخ 1982/2/3 مما مؤداه أن ميعاد الأربعة شهور المقررة بنص المـادة.......... من القانون المدني لسقوط الحق في الأخذ في الشفعة إن لم يتم إعلان الرغبة خلاله - يبدأ من اليوم التالي لتاريخ التسجيل وينتهي بإنتهاء يوم 1982/6/3 - الذي لم يكن عطلة رسمية - فإن حصول الإعلان الثاني للرغبة في الأخذ بالشفعة بتاريخ 1982/6/15 يكون قد تم بعد الميعاد.

نقض 1990/5/22 طعن رقم 1088 لسنة 58 قضائية

الباب الثاني

الإختصاص

الفصـــــل الأول
الاختصاص الدولي

المادة الرابعة والعشرون

تختص محاكم المملكة بنظر الدعاوى التي ترفع على السعودي؛ ولو لم يكن له محل إقامة عام أو مختار في المملكة، فيما عدا الدعاوى العينية المتعلقة بعقار واقع خارج المملكة.

1/24 - يتحقق القاضي من جنسية المدعى عليه.

2/24 - على المدعي أن يوضح عنوان المدعى عليه؛ وفق المادة (39).

3/24 - يتم إبلاغ المدعى عليه السعودي إذا كان خارج المملكة بوساطة جهة الاختصاص، وفق المادة (20) مع مراعاة المواعيد ومدة التبليغ حسب اجتهاد ناظر القضية بحيث لا تقل المدة عما ورد في المادتين(22، 40).

4/24 - إذا كان المدعى عليه السعودي خارج المملكة غير معروف العنوان لدى المدعي فتكتب المحكمة إلى وزارة الداخلية عن طريق إمارة المنطقة للتحري عنه، ومن ثم الكتابة لوزارة الخارجية لإعلانه بالطرق المناسبة.

5/24 - يقصد بالدعاوى العينية المتعلقة بالعقار: كل دعوى تقام على واضع اليد على عقار ينازعه المدعي في ملكيته، أو في حق متصل به؛ مثل:

117

حق الانتفاع، أو الارتفاق، أو الوقف، أو الرهن، ومنه: دعوى الضرر من العقار ذاته، أو الساكنين فيه.

الاختصاص هو الجزء الذي يتحدد في الولاية كمناط للفصل في القضايا التي تعرض على القاضي وفق المعايير المحددة للاختصاص، ومنها محل إقامة المدعى عليه (الاختصاص المحلي)، جنسية المدعى عليه (الاختصاص الدولي)، نوع محدد من القضايا (الاختصاص النوعي).

وهو ما يجعلنا نتعرض للولاية وهي تنعقد لرجال القضاء كافة بمجرد التعيين وحلف اليمين والإلحاق بإحدى المحاكم، حينئذ ينعقد الاختصاص بالفصل في القضايا التي تنظر أمامها، وبذلك يكون النظام جعل انعقاد الاختصاص بالفصل في القضايا التي يكون المدعى عليه سعودياً باستثناء القضايا العينية الخاصة بالعقارات بكونها خارج حدود إقليم الدولة من الخضوع لولاية القضاء. ذلك أن الولاية ترتبط بالإقليمية التي تربط ما بين المنازعة وولاية القاضي للفصل من عدمه، وتجدر الإشارة أن الجنسية هي المعول عليها لانعقاد الاختصاص دون الاعتداد بمحل الإقامة أو المختار ذلك أن الجنسية ترتبط بالشخص ولو لم يكن متواجداً على أرض الدولة المنتمي إليها بجنسيته.

ووفقاً للاختصاص الدولي ينعقد الاختصاص للمحاكم الوطنية سواء كان محل المنازعة نشأ في داخل الدولة أم خارجها وسواء كان المدعى عليه شخصاً طبيعياً أم اعتبارياً دون النظر إلى جنسية[1] المؤسسين بالنسبة للشخص الاعتباري إذا كان هو المدعى عليه.

أما الدعاوى العينية العقارية فيراجع بشأنها ما ورد في متن المادة (32) وقد ذهبت أحكام محكمة النقض المصرية:

تختص المحاكم المصرية بالدعاوى التي ترفع على الشخص الاعتباري

---

(1)   محمد حامد فهمي. المرجع السابق: 92 فقرة 95.

118

الذي تثبت له جنسيته المصرية دون نظر إلى جنسية المؤسسين أو الأعضاء أو الشركاء وذلك بتقدير أن للشخص الاعتباري شخصية قانونية مستقلة وجنسية مستقلة.

نقض 1950/4/20 طعن 163 سنة 18 قضائية

المادة الخامسة والعشرون

تختص محاكم المملكة بنظر الدعاوى التي ترفع على غير السعودي الذي له محل إقامة عام أو مختار في المملكة؛ فيما عدا الدعاوى العينية المتعلقة بعقار خارج المملكة.

1/25 - تسمع الدعوى على غير السعودي سواء أكان المدعى مسلماً، أم غير مسلم.

2/25 - إذا صدر أثناء نظر القضية من المدعى عليه ما يوجب ترحيله عن البلاد، فلناظر القضية تحديد المدة الكافية لإكمال نظر القضية، مع مراعاة المبادرة إلى إنجازها.

كون أن الدولة هي المسئولة عن إقامة العدالة وحسن سير القضاء في الدولة من خلال تكوين جهات القضاء بأنواعه ودرجاته وبتحديد ولاية القضاء لتحقيق أغراض عامة لمراعاة اعتبارات سياسية (سيادة الدولة على أراضيها) جعلت من اختصاص القضاء الوطني الفصل في المنازعات التي تنشأ على أراضيها، كون المدعى عليه له محل إقامة أو مختار بالدولة أي اتخذت من موطن المدعى عليه ولو أنه اجنبياً كمناط لانعقاد الاختصاص المحلي وفقاً لحكم المادة (34) وهو أحد المعايير المتخذة في تحديد الاختصاص.

ونرى أنه إذا كان الاختصاص الدولي يشير إلى مبدأ السيادة للدولة على رعايا وهم خارج الوطن، فإن الاختصاص المحلي إنما يعبر عن سيادة الدولة على الإقليم من كون المدعى عليه له محل إقامة أو مختار فيطبق القاضي الوطني نظامه الوطني ذلك كون الممارسة مقيدة بقيد الاختصاص المحلي للقاضي.

وتجدر الإشارة إلى ما أوردته الفقرة الثانية من اللائحة التنفيذية ما يستفاد منه الجمع بين عنصرين متميزين وهما: استعجال الإجراءات وتحقيق العدالة. ذلك أن مبررات الاستعجال وهي جد اختلاف القضايا المستعجلة في كون الاستعجال يتحقق في القضايا الموضوعية التي ترفع إلى المحاكم المختصة بها لتقضي في أصل النزاع بالإجراءات العادية وإنما أوجب النظام الإسراع في الحكم فيها مراعاة لاعتبارات خاصة[1] (الترحيل).

إما إذا كانت القضية المرفوعة مستعجلة بطبيعتها فهي دالة بذاتها على سرعة الفصل فيها بالمقارنة بالقضايا الموضوعية.

وقد ذهبت محكمة النقض (المصرية) في حكمها:

متى كان المدعى عليه مقيماً في بلد المحكمة الأجنبية ولو لم تدم إقامته فيها إلا زمناً يسيراً فإنها تكون مختصة بنظر الدعوى طبقاً للقانون الدولي الخاص ما دام المدعى عليه لم ينكر أنه استلم صحيفة الدعوى وهو في ذلك البلد ولم يدع بوقوع بطلان في الإجراءات أو غش.

المادة السادسة والعشرون

تختص محاكم المملكة بنظر الدعاوى التي ترفع على غير السعودي الذي ليس له محل إقامة عام أو مختار في المملكة في الأحوال الآتية:

أ - إذا كانت الدعوى متعلقة بمال موجود في المملكة، أو بالتزام تعتبر المملكة محل نشوئه أو تنفيذه.

ب - إذا كانت الدعوى متعلقة بإفلاس أشهر في المملكة.

ج - إذا كانت الدعوى على أكثر من واحد، وكان لأحدهم محل إقامة في المملكة.

(1) المرجع السابق: 159.

1/26 - يقصد بمحل نشوء الالتزام: كونه قد أبرم داخل المملكة؛ سواء: أكان هذا الالتزام من طرفين، أم أكثر؛ حقيقيين؛ أو اعتباريين، أم كان من طرف واحد كالجعالة، وغيرها؛ وسواء: أكان الالتزام بإرادة؛ كالبيع، أم بدون إرادة، كضمان المتلف.

2/26 - يقصد بمحل تنفيذ الالتزام: أن يتم الاتفاق في العقد على تنفيذه - كلياً أو جزئياً - في المملكة؛ ولو كان محل إنشائه خارج المملكة.

3/26 - على ناظر القضية أن يتحقق من وجود المال في المملكة بالطرق الشرعية؛ حسب نوع المال ومستنداته؛ سواء: أكانت هذه المستندات مقدمة من المدعي أم من جهة الاختصاص.

المدعى عليه. أجنبي. ليس له محل إقامة مختار.

انعقاد الاختصاص:

ينعقد الاختصاص للمحاكم الوطنية كون المال موجوداً بالدولة أياً كان طبيعة المال سواء أكان عقاراً أم منقولاً، فالعبرة هي بالتواجد، شرط التواجد يفترض كون المال مما يتوافر له مبررات الحماية من النظام، ويعتبر اختصاص المحاكم الوطنية بالفصل أن يكون الأقدر على توفير الحماية القضائية، ومظهر من مظاهر السيادة الوطنية. فلا يمكن أن يتواجد المال على أرض الدولة ويأتي نظام وقضاء أجنبي لإسباغ الحماية النظامية والقضائية، إذ يعتبر ذلك إهداراً للقضاء الوطني وسيادة الدولة على أراضيها.

بالالتزام تعتبر المملكة محل نشوئه أو تنفيذه:

ويقصد نشوء الالتزام السبب النظامي الذي أنشأ الالتزام[1]. فالتزام البائع بتسليم المبيع مصدره العقد، والتزام المتسبب في ضرر بتعويض المضرور مصدره العمل غير المشروع، التزام الزوج بالانفاق على زوجته مصدره الشرع وما ذهبت

(1) عبد الرزاق أحمد السنهوري. الوسيط، نظرية الالتزام: 119 فقرة 21.

إليه اللائحة التنفيذية من كون الالتزام قد أبرم داخل المملكة يفترض بما لا يدع مجالاً للشك تحقق صفة المشروعية في أركانه وشروطه وكون الالتزام تحققت له صفة المشروعية وتم الاتفاق عليه بإراديتين أو أكثر كعقد البيع أو عقد الشركة أو كون الالتزام مصدره في المسئولية التقصيرية (ضمان المتلف) وهي تقوم على الإخلال بالتزام نظامي لا يتغير، ألا وهو الالتزام بعدم الإضرار بالغير.

فالبائع الذي يتعرض للمشترى في المبيع هو إنما يخل بالتزام عقدي في عدم التعرض للمشتري في المبيع فهنا تكون المسئولية عقدية، بينما المسئولية تكون تقصيرية في حالة ما إذا تعرض الغير للمالك في ملكيته فهنا تقوم المسئولية التقصيرية.

وبناء على ما أوضحته اللائحة التنفيذية فالاختصاص ينعقد للمحاكم سواء أكان الالتزام عقدي أم تقصيري وسواء لشخص طبيعي أم اعتباري.

التنفيذ: جعل النظام من تنفيذ الالتزام سبباً في اختصاص القضاء ولكن ما أوردته اللائحة التنفيذية من لفظ العقد يتسع ليشمل كافة العقود طالما توافرت لهم صفة المشروعية. فتنفيذ العقد هو مناط انعقاد الاختصاص من عدمه. فالتنفيذ الكلي أو الجزئي للعقد يستويان في نظر النظام، ومناط تحديد درجة التنفيذ يحددها القاضي، بوصفه من يحدد ما إذا تم الاتفاق على تنفيذ العقد من عدمه في الدولة.

إذا كانت الدعوى متعلقة بإفلاس أشهر في المملكة.

وهو يتعلق بسبق صدور حكم إشهار إفلاس من المحاكم الوطنية يعقبه ظهور دعاوى أخرى، فيختص القضاء الوطني بالفصل في تلك الدعاوى نظراً لما يرتبه إشهار الإفلاس من آثار في حق المفلس وأمواله، تكون معه المحاكم الوطنية هي الأولى والاقدر على الفصل فيما ينشأ من دعاوى بعد ذلك متعلقة بالإفلاس.

وإذا كانت الدعوى على أكثر من واحد، وكان لأحدهم محل إقامة في

المملكة تفترض تلك الفقرة وجود صحيفة أو أكثر مرفوعة من مدعي، سواء أكان شخصاً طبيعياً أو اعتبارياً ضد أكثر من مدعى عليه إلا أن هذا التعدد ينبغي أن يكون حقيقياً لا صورياً. وأن يتوافر الارتباط بين الطلبات ضد المدعى عليهم سواء أكانت في صحيفة دعوى واحدة أو أكثر، وإن اشترط في كون الطلبات المقدمة ضد المدعى عليهم مرتبطة، لا كون الدعوى رفعت ضد مدعى عليه من أجل جلب[1] مدعى عليهم آخرين لا تختص المحكمة وفقاً لقواعد الاختصاص بنظرها. وتقدير صحة الدفع بعدم الاختصاص يخضع لتقدير المحكمة في ضوء الوقائع المطروحة أمامها، والعبرة في تحديد الخصم حقيقي أم صوري هو كون الطلبات مقدمة ضد الخصم، أما إذا كانت الطلبات ضد أحد الخصوم ليصدر في مواجهته فلا يعتبر خصماً حقيقياً.

ويشترط لتطبيق تلك الفقرة كما يربالمستشار/ عز الدين الدناصوري[2]:

أولاً: أن يكون التعدد حقيقياً لا صورياً.

ثانيا: أن ترفع الدعوى أمام محكمة موطن أحدهم، لا أمام محكمة مختصة تطبيقاً لقاعدة أخرى كما لو كانت مختصة بموجب اتفاق بين أحدهم وبين المدعي.

ثالثاً: أن تكون المحكمة موطن المدعى عليه فإن كانت المحكمة المختصة هي محكمة موقع العقار فلا مجال لتطبيق تلك الفقرة.

رابعاً: أن يكون بين الطلبات الموجهة إلى المدعى عليهم ارتباط يبرر جمع الطلبات في دعوى واحدة.

وقد ذهبت محكمة النقض في أحكامها.

---

(1) فتحي والي. المرجع السابق: 269.

(2) عز الدين الدناصوري وحامد عكاز. المرجع السابق: 644.

وتقدير الدين والمحكمة التي تختص بدعوى ثبوت الدين وصحة الحجز هي المحكمة التي يتبعها المدين المحجوز عليه، أو التي يقع موطنه في دائرتها باعتبار أنه هو وحده الخصم الحقيقي في الدعوى ولو اختصم معه المحجوز لديه، وذلك نفيا لشبهة اختصاص المحكمة التي يتبعها المحجوز لديه أو اشتراكها مع محكمة المحجوز عليه في الاختصاص المحلي.

نقض 1973/3/20 سنة 24 ص 445

وهناك حكم لمحكمة النقض وهو محل نظر:

المقرر في قضاء هذه المحكمة أنه متى كان النص عاماً مطلقاً فلا محل لتخصيصه أو تقييده استهداء بقصد المشرع منه لما في ذلك من استحداث لحكم مغاير لم يأت به النص عن طريق التأويل. ولما كان النص في .... على أن: «وإذا تعدد المدعى عليهم كان الاختصاص للمحكمة التي يقع في دائرتها موطن أحدهم» وقد ورد في عبارة عامة مطلقة بحيث يتسع لكافة المدعى عليهم المتعددين في الخصومة تعدداً حقيقياً، والمقصود بهم هؤلاء الذين وجهت إليهم طلبات في الدعوى لا أولئك الذين اختصموا ليصدر الحكم في مواجهتهم أو لمجرد المثول فيها، ومن ثم يجوز للمدعي طبقاً لهذا النص رفع الدعوى على المدعى عليهم المتعددين تعدداً حقيقياً على اختلاف مراكزهم القانونية فيها أمام المحكمة التي يقع في دائرتها موطن أحدهم سواء كان مسئولاً بصفة أصلية أو ضامناً دون قيد أو تخصيص ولا محل للقول بقصر تطبيق حكمه على فئة المدعى عليهم المتساويين في المراكز القانونية في الدعوى دون سواهم أو تغليب موطن المسئول الأصلي على موطن الضامن له عند تحديد المحكمة المختصة محلياً لما ينطوي على ذلك القول من تقييد لمطلق النص وتخصيص لعمومه بغير مخصص وهو ما لا يجوز.

نقض 1989/2/23 طعن رقم 1697 لسنة 55 قضائية

المادة السابعة والعشرون

تختص محاكم المملكة بالنظر في الدعوى المقامة على المسلم غير السعودي الذي ليس له محل إقامة عام أو مختار في المملكة، وذلك في الأحوال الآتية:

أ - إذا كانت الدعوى معارضة في عقد زواج يراد إبرامه في المملكة.

ب - إذا كانت الدعوى بطلب الطلاق، أو فسخ عقد الزواج؛ وكانت مرفوعة من الزوجة السعودية، أو التي فقدت جنسيتها بسبب الزواج؛ متى كانت أي منهما مقيمة في المملكة، أو كانت الدعوى مرفوعة من الزوجة غير السعودية المقيمة في المملكة على زوجها الذي كان له محل إقامة فيها متى كان الزوج قد هجر زوجته وجعل محل إقامته في الخارج، أو كان قد أبعد من أراضي المملكة.

ج - إذا كانت الدعوى بطلب نفقة؛ وكان المطلوب له النفقة مقيماً في المملكة.

د - إذا كانت الدعوى بشأن نسب صغير في المملكة، أو كانت متعلقة بمسألة من مسائل الولاية على النفس أو المال؛ متى كان للقاصر أو المطلوب الحجر عليه محل إقامة في المملكة.

هـ - إذا كانت الدعوى متعلقة بمسألة من مسائل الأحوال الشخصية الأخرى؛ وكان المدعي سعودياً، أو كان غير سعودى مقيماً في المملكة، وذلك إذا لم يكن للمدعى عليه محل إقامة معروف في الخارج.

1/27 - في جميع الأحوال الواردة في هذه المادة عدا الفقرة (هـ) يتم إبلاغ المدعى عليه المقيم خارج المملكة بصورة من صحيفة الدعوى مطبوعة ومختومة بخاتم المحكمة، ويحدد في التبليغ وقت نظرها، وترسل صورة التبليغ ومعها صورة صحيفة الدعوى من المحكمة إلى وزارة الخارجية عبر إمارة المنطقة.

2/27 - يحدد للمدعى عليه المقيم خارج المملكة مدة لا تقل عن المدة المنصوص عليها في المادتين(22، 40) للحضور أو توكيل من يراه.

3/27 - إذا كان المدعى عليه غير السعودي ممنوعاً من دخول المملكة: فله التوكيل حسب التعليمات.

4/27 - يكون نظر الدعوى في الأحوال المذكورة في هذه المادة في بلد المدعي.

5/27 - يقصد بمسائل الأحوال الشخصية الأخرى الواردة في الفقرة (هـ) ما كان مثل: المواريث، والوصايا، والحضانة.

6/27 - الدعوى المذكورة في الفقرة (هـ) تنظر غيابياً ضد المدعى عليه؛ لتعذر تبليغه وتسري على الحكم تعليمات التمييز.

معارضة. محل إقامة المدعي.

معارضة في عقد زواج يراد إبرامه في المملكة.

تتحقق تلك الصورة في حالة قيام سبب بالمعنى الشرعي يمنع إبرام عقد الزواج في المملكة فلا سبيل لوقف إتمام عقد الزواج سواء اللجوء إلى القضاء الوطني، بكونه النظام والقاضي الذي تخضع له واقعة الدعوى هو الأجدر على الفصل في الدعوى، ذلك بغطاء من السيادة القضائية التي تنبع من سيادة الدولة على أراضيها؛ فلا يتصور تطبيق نظام أجنبي وبمعرفة قاضي أجنبي على أراضي المملكة.

محل إقامة:

اعتد النظام بمحل إقامة المدعية ذلك خروجاً عن القاعدة العامة في اختصاص محكمة محل إقامة المدعى عليه المادة (34) لكون أن المدعى عليه ليس له محل إقامة أو مختار في المملكة وبالتالي تكون المحاكم الوطنية

الخاصة بمحل إقامة المدعية وفقاً لقواعد الاختصاص الأخرى هي المنوط بها الفصل في الدعاوى المتعلقة بالأحوال الشخصية متي تحقق للقاضي توافر الإقامة في المملكة، واعتداد النظام بالإقامة كأساس في انعقاد الاختصاص دون الجنسية يجعل من النص الاتساع بحيث يتم استفادة من كان له محل إقامة دون الاعتداد بالجنسية إذ الأخيرة تضيق من فرص تطبيق النص، وعندما أضاف (الزوجة غير السعودية) ففي صيانة من النظام لمن أقامت في المملكة ولسبب ما اختياري (هجر) أو إجباري (الإبعاد) تكفل النظام برعاية مصالحها رغم ذلك، وبإضافة النظام طلب النفقة يتسع ليشمل كل من تجب على المدعى عليه الالتزام بالانفاق سواء بالنسبة للأصول أم الفروع أم الزوجة وبأنواعها الشرعية طالما كان المطلوب له النفقة مقيماً في المملكة أياً كان جنسيته.

وأما فيما يتعلق بشأن نسب الصغير، فتفرض من تلك القاعدة وجود الصغير في المملكة وبتوافر محل الإقامة إليه وهو ما يسري في شأن الولاية على النفس أو المال، طالما توافر شرط الإقامة سواء للقاصر أم المطلوب الحجر عليه، وعليه فمفهوم الأحوال الشخصية يتسع ليشمل قضايا الولاية على المال والنفس، أما بشأن ما ورد في كون محل إقامة المدعى عليه غير معروف بالخارج فيطبق بشأنه ما ورد في المادة 4/24 من اللائحة التنفيذية للاتفاق في العلة بالنسبة للنصين.

وقد ذهبت أحكام محكمة النقض المصرية:

اختصاص المحاكم المصرية في الدعاوى التي ترفع على الأجنبي الذي ليس له موطن أو محل إقامة في مصر. شرطه. أن يكون لأحد المدعى عليهم موطن أو محل إقامة فيها.

نقض 1991/4/28 الطعن رقم 641 لسنة 60 قضائية

لما كانت المادة........ الذي يحكم واقعات الدعوى تنص بأن تختص المحاكم المصرية بالدعاوى التي ترفع من الأجنبي الذي ليس له موطن أو سكن في مصر.

إذا كان لأحد المختصمين موطن أو سكن في مصر، وكان يبين من الأوراق أن للطاعن الثاني المختصم مع الطاعن الأول موطناً في مصر فإن المحاكم المصرية تكون مختصة بالدعوى مما يكون النعي بهذا السبب قائماً على غير أساس.

نقض 1982/2/22 طعن رقم 408 لسنة 45 قضائية

لما كانت المادة .... بالقانون......... الذي رفعت الدعوى في ظله- تنص على اختصاص المحاكم المصرية بالدعاوى التي ترفع على الأجنبي الذي ليس له موطن أو مسكن في مصر إذا كانت الدعاوى تتعلق بمنقول أو عقار موجود في مصر أو كانت ناشئة عن عقد أبرم أو نفذ أو كان واجباً تنفيذه في مصر أو كانت الدعوى ناشئة عن واقعة حدثت فيها وكان البنك الطاعن قد عزز الاعتماد المستندي الذي فتح لصالح الشركة المطعون ضدها الأولى وأخطرها بذلك عن طريق مراسله المحدد في خطاب الاعتماد والذي فوضه دون غيره في القيام بكل ما يتعلق بالاعتماد وهو بنك مصر فرع بور سعيد (الطعون ضده الثالث) فإن هذا البنك الأخير يعتبر الموطن المختار المعين لتنفيذ لكل ما يتعلق به بما في ذلك إجراءات التنفيذ كما يكون القانون المصري هو الواجب التطبيق على النزاع المعروض باعتباره قانون محل التنفيذ الذي يحكم العقد كله ويكون صحيحاً إعلان الطاعن بالحجز في موطن هذا المراسل باعتباره موطناً مختاراً لما كان ذلك وكان الحكم المطعون فيه قد التزم هذا النظر فإن النعي عليه بهذه الأسباب الثلاثة يكون على غير أساس.

نقض 1984/2/27 - مجموعة المكتب الفني - سنة 35 ص 551

المادة الثامنة والعشرون

فيما عدا الدعاوى العينية المتعلقة بعقار خارج المملكة تختص محاكم المملكة بالحكم في الدعوى إذا قبل المتداعيان ولايتها؛ ولو لم تكن داخلة في اختصاصها.

1/28 - تشمل هذه المادة المتداعيين المسلمين وغير المسلمين.

الاختصاص العالمي:

بعد أن انتهينا في المواد السابقة من تحديد مناط ولاية واختصاص القضاء الوطني. ننتقل إلى مرحلة الاختصاص العالمي للقضاء الوطني كأساس للفصل في المنازعات التي يقبل فيها أطراف التداعي - مع ملاحظة عدم توافر الشروط الخاصة بتطبيق المواد السابقة على الدعوى المنظورة أمام القضاء - في اللجوء إلى قضاء المملكة للفصل في النزاع المثار، على أنه ينبغي مراعاة الشروط الأساسية لقبول الدعوى فلابد من أن يكون موضوعها مشروعاً حتى يمكن عرض الدعوى أمام القضاء الوطني.

وتجدر الإشارة أن القاضي الوطني سيطبق الأنظمة السعودية لا القوانين التي ينتمي إليها أطراف التداعي، ذلك لأن التعرض إلى مسألة تطبيق قوانين أطراف التداعي يجعلنا نتعرض إلى مسألة تنازع تطبيق القوانين وهو ليس مجال دراستنا وإن كان يخضع هذا الفرع في بلدان عربية إلى ما يسمى القانون الدولي الخاص.

ويرجع تطبيق الأنظمة السعودية على الدعوى المطروحة على القضاء الوطني إلى المادة الأولى «تطبق المحاكم على القضايا المعروضة أمامها أحكام الشريعة الإسلامية .....الخ» وبالتالي تخضع المنازعة وأطراف الخصومة للنظام والقضاء الوطني دون القوانين الأخرى، ويسري عليه ما يطبقه القضاء بشأن الدعوى وفق ما يتفق مع تلك الخصومة من خصوصية تقدر بقدرها.

المادة التاسعة والعشرون

تختص محاكم المملكة باتخاذ التدابير التحفظية والوقتية التي تنفذ في المملكة؛ ولو كانت غير مختصة بالدعوى الأصلية.

1/29 - يقصد بالتدابير التحفظية: الإجراءات التي تتخذ من أجل حماية مال أو حق، مثل ما جاء في المواد (208 - 216).

2/29 - التدابير الوقتية هي: الإجراءات التي يتخذها القاضي للنظر في الحالات المستعجلة بصورة وقتية، حتى يصدر الحكم في الدعوى الأصلية. مثل ما جاء في المواد (234 - 245).

3/29 - يشترط لتنفيذ تلك التدابير: ألا تكون الدعوى الأصلية مخالفة للشريعة الإسلامية وفقاً للمادة (1).

4/29 - يتقدم اتخاذ التدابير التحفظية والوقتية طلب من المحكمة التي تنظر الدعوى الأصلية أو طلب من أحد طرفي النزاع بعد ثبوت ما يدل على قيام الدعوى الأصلية.

5/29 - جميع الوثائق الواردة من خارج المملكة يلزم تصديقها من وزارتي الخارجية والعدل وتترجم إلى اللغة العربية.

1 - تتعدد صور الحماية القضائية والتي من بينها الحماية القضائية المستعجلة - الحماية القضائية المستعجلة مناط التنظيم من المادة سالفة الذكر.

من بين صور الحماية القضائية الحماية المستعجلة أو الوقتية وهى تصدر بهدف حماية المراكز القانونية من خطر معين هو «التأخير». التأخير الذى يعترى إجراءات صدور القرارات من المحاكم، فهناك من المراكز لا تحتمل الإنتظار وطول أمد التقاضي بإجراءاته العادية المعروفة حيث تتعرض لضرر من طول الوقت.

لذلك إبتكر الفقه ومن بعده النظام فكرة الإستعجال لمواجهة خطر التأخير المتمثل في تحقيق وتمحيص طلبات الخصوم وما ينطوي عليه من بطء وتعقد الأمر الذي تضار معه مصالح الخصوم بأضرار قد يتعذر تداركها أو تلافيها فقد يتعذر تنفيذ قرار المحكمة بسبب هلاك المال محل المنازعة.

2 - مفترضات الحماية القضائية المستعجلة الواردة بنص المادة التاسعة والعشرون:

أ - المحكمة المختصة بإصدار الحماية القضائية المستعجلة: نوعان من المحاكم

أولاً: المحكمة المختصة بنظر الدعوى الأصلية: (الإختصاص التبعي للمحكمة):

تختص المحكمة التي تنظر الدعوى الأصلية بإصدار بعض صور الحماية القضائية المستعجلة وهي التدابير التحفظية والوقتية اللازمة لحفظ وصيانة الحق موضوع الدعوى الأصلية مؤقتاً لحين الفصل في هذه الأخيرة

وهذا الإختصاص مستفاد من نص المادة التاسعة والعشرون ذاتها حينما نصت «.. ولو كانت غير مختصة بالدعوى الأصلية» فإذا كانت المحكمة أناط لها النظام رخصة إصدار مثل هذه التدابير وهي غير مختصة بنظر الدعوى الأصلية فمن باب أولى أن تصدرها وهى مختصة.

وبالنظر إلى طبيعة هذا الإختصاص يعد إختصاصاً تبعياً للمحكمة بجانب إختصاصها الأصيل بنظر الدعوى الأصلية، لذا وصف إختصاصها بإصدار مثل هذه التدابير بأنه تبعي.

والمحكمة في هذه الحالة تكون أجدر وأقرب لإصدار مثل هذه التدابير لما لها من علاقة وثيقة بالحق موضوع الحماية لأنها هي المختصة بالفصل فيه على وجه ملائم لحماية هذا الحق.

موقف المشرع المصرى من هذا الإختصاص:

نصت المادة 124 من قانون المرافعات المدنية والتجارية رقم 13 لسنة 1968 (1) فى الفقرة (4) [1].

للمدعى أن يقدم من الطلبات العارضة:

3 - طلب الأمر بإجراء تحفظي أو وقتي:

ومن المعروف أن الطلب العارض هو ما يقدم من طلبات جديدة أثناء سير الخصومة [2] لذلك فإن المشرع المصرى إعترف للمحكمة التي تنظر الدعوى الأصلية النظر في الطلبات التي يقدمها المدعي والمتعلقة - بجانبي الطلب الأصلي المتعلق بالحق محل الدعوى الأصلية - بطلب الامر بإجراء تحفظى أو وقتي لذا سمي هذا الطلب بالطلب العارض لانه أمر عرض على الطلبات الأصلية.

ثانياً: المحكمة المختصة أصليا وعلى وجه الإنفراد بإصدار الحماية القضائية المستعجلة: «الإختصاص الأصيل»:

في مصر خول المشرع بناء على نص المادة 45 من قانون المرافعات لمحكمة الأمور المستعجلة الفصل فى تلك المسائل وإصدار هذه التدابير وذلك عندما نص على «يندب في مقر المحكمة الإبتدائية قاضي من قضاتها ليحكم بصفة مؤقتة ومع عدم المساس بالحق فى المسائل المستعجلة التى يخشى عليها من فوات الوقت».

لقد أنشأ المشرع في مصر محكمة للأمور المستعجلة وعهد اليها بالإختصاص بنظر الطلبات المستعجلة التي ترفع بالطريق الأصلي من أصحاب الشأن يطلبون فيها إتخاذ تدابير مستعجلة وقتية لحماية الحق او المال محل

---

(1) الجريدة الرسمية المصرية. العدد19 الصادر فى9 مايو 1968.

(2) وجدى راغب فهمى. مبادئ القضاء المدني «قانون المرافعات» ط2، دار الثقافة الجامعية، 1999، القاهرة: 491.

المنازعة الموضوعية والمختصة بنظرة محكمة الموضوع.

ب - ماهية حالة الإستعجال والمقصود بالتدابير المستعجلة وإجراءات صدورها وشروط تنفيذها:

أولاً: ماهية حالة الإستعجال عموماً:

قد يستغرق القضاء وقتاً طويلاً لإصدار قراره في المنازعة التي ينظرها. ونتيجة لهذا البطء قد تضار معه مصالح الخصوم بسبب التأخير أضرار قد يتعذر تداركها أو تلافيها حتى اذا ما صدر قرار المحكمة قد يتعذر تنفيذها بسبب هلاك المال محل النزاع أو إخفاء المال من قبل الدائن، ومن هنا تجسدت فكرة الحماية المستعجلة في منع حدوث هذه الأضرار للمصالح التي يحتمل أن يحميها القضاء فيما بعد، وذلك بطريق إتخاذ بعض التدابير الوقتية والسريعة مثل وضع المال تحت الحراسة.

فهناك حالة لإستعجال تبيح إتخاذ مثل هذه التدابير لحماية الحق المهدد بالخطر حماية وقتية لحين الحصول على الحماية الموضوعية, فيتم معالجة خطر التأخير بإجراءات سهلة مبسطة تضمن الوصول إلى تلك الحماية.

ثانياً: ماهية التدابير المستعجلة:

تتحقق الحماية الوقتية عن طريق اتخاذ تدابير تحفظية أو وقتية وهذه التدابير هي التي تمثل مضمون القضاء الوقتي.

1 - التدابير التحفظية:

وهي الوسائل التي تهدف إلى المحافظة على الحماية الكاملة للحق أو المركز القانوني وبعبارة أخرى تلك التي تحافظ على الإمكانية العملية لتنفيذ الحق وتحقيقه في المستقبل. فالمصلحة في إتخاذ هذه الوسائل تتمثل في الخوف من إحتمال عدم إمكان تنفيذ الحق عند الحصول على الحماية الموضوعية؛ ومثالها دعاوى سماع الشاهد وإثبات الحالة، فذلك لا يؤدي إلى

اشباع مصلحة فورية لطالب الحماية كتلك التي تؤديها التدابير الوقتية.

2 - التدابير الوقتية:

وهى تلك التى يطلق عليها التدابير المعجلة وهي التي تؤدي الى اشباع فوري لمصلحة الطالب لا يتسنى اشباعها بالطرق العادية بسبب الوقت الذى تستغرقه فهي تهدف إلى حماية الحق حماية وقتية ثم يتم تحقيقها كاملة بعد ذلك، ولذلك قيل بأن الحماية الوقتية تحل مؤقتا محل الحماية القضائية التنفيذية، ومن هذه التدابير فرض نفقة مؤقتة للزوجة لحين الفصل فى دعواها بالنفقة.

ثالثاً: إجراءات صدورها:

تختلف إجراءات إستصدار مثل هذه التدابير وفقاً لنوع المحكمة المختصة فإذا كانت المحكمة التي تنظر الدعوى الأصلية يتم تقديم طلب إليها يسمى بالطلب العارض يتضمن الإذن بإتخاذ إجراء وقتي أو تحفظي.

وإذا قدم إلى المحكمة المختصة أصليا بنظر الطلبات المستعجلة فيتم اللجوء إليها بهذا الطلب بالإجراءات المنصوص عليها فى نظام المرافعات وهى الاجراءات العادية لرفع الدعوى أو بأمر على عريضة مضاف إليها ما يقدمه الطالب من مستندات ينطوي على أنه رفع دعوى أصلية بالحق المطلوب حمايته فى محكمة أخرى. (المادة 4/29 من اللائحة التنفيذية).

رابعاً: شروط تنفيذ هذه التدابير:

حتى يتمكن طالب الحماية المستعجلة من تنفيذ ما تم إصداره لصالحه من تدابير وقتية أو تحفظية لا بد توافر الشروط الآتية:

أن تكون إطار تنفيذها داخل المملكة.

أن تكون الدعوى الاصلية وهي دعوى الحق المطلوب حمايته غير مخالفة

لقواعد الشريعة الاسلامية فلا يجوز إصدار تدابير للحفاظ على مال مصدره «الربا».

أن يصدر بها قرار من المحكمة التى تنظر الدعوى الاصلية او المحكمة المختصة أصليا بهذه المسائل.

المادة الثلاثون

اختصاص محاكم المملكة يستتبع الاختصاص بنظر المسائل الأولية والطلبات العارضة على الدعوى الأصلية، وكذا نظر كل طلب يرتبط بهذه الدعوى ويقتضي حسن سير العدالة أن ينظر معها.

1/30 - يقصد بالمسائل الأولية: الأمور التي يتوقف الفصل في الدعوى على البت فيها مثل: البت في الاختصاص، والأهلية، والصفة، وحصر الورثة قبل السير في الدعوى.

2/30 - يقصد بالطلبات العارضة: كل طلب يحصل بعد السير في الخصومة مما يبديه أحد الطرفين أو غيرهما - إدخالاً أو تدخلاً أثناء نظر الدعوى - وله ارتباط بالدعوى الأصلية فينظر معها وفق المواد (75-80).

3/30 - يقصد بالطلب المرتبط بالدعوى: كل طلب له ارتباط وثيق بالدعوى الأصلية. مثل: دعوى المطالبة بأجرة العمل إذا ارتبط بها طلب فسخ عقد العمل، وكذا: طلب التعويض عند الإخلال بتنفيذ العقد يرتبط به طلب الفسخ.

الطلب الأصلي:

عندما يلجأ الشخص إلى القضاء طالباً الحماية النظامية لحقه الذي اعتُدي عليه ويفصح عن ذلك بواسطة الطلب - وهو ما يرد بصحيفة الدعوى[1] ويطلق عليه بالطلبات الأصلية - وبهذا الطلب تتقيد حدود القاضي في النظر

(1) أحمد هندي. المرجع السابق: 578 فقرة 292.

بهذا الطلب دون أن يتعدى ذلك إلى خارج الطلب أو أطراف الخصومة. فلا يجوز للقاضي أن ينظر أو يفصل في غير ما قدم له من طلبات ولا يحكم في غير ما طلب منه، والطلب هو المفترض الجوهري والاساس لاستمرار القاضي نظر الدعوى، فلو أن حقوق (الخصم) تنازل عنه انقضت الدعوى في هذا الطلب دون فصل في موضوعها.

المسائل الأولية:

حسبما أوضحته اللائحة التنفيذية الأمور التي يتوقف الفصل في الدعوى على البت فيها، وهي يمكن أن توجه في صورة دفع.

صورة دفع في حالة ما إذا طعن المدعى عليه بالتزوير على المحرر الذي قدمه المدعي فهنا الطعن بالتزوير مسألة أولية بالنسبة للفصل في موضوع المحرر.

ما نصت عليه المادة (1/84) انقطاع سير الخصومة بسبب وفاة أحد الخصوم، بفقد الأهلية فهنا تحديد الورثة، من يمثل الخصم عند فقد أهليته من ولي أو وصي مسألة أولية قبل الفصل في موضوع الدعوى.

الطلب العارض:

عبرت اللائحة التنفيذية عن تحديد الوقت الذي يتم فيه إبداء الطلب العارض «بعد السير في الخصومة» وهذا يعني أنه يجوز إبداءه حتى قبل إقفال باب المرافعة، ومنح أطراف الخصومة في إبداءه سواء أكان بصحيفة أو شفاهة.

وتجدر الإشارة أن الطلب المرتبط يندرج تحت الطلبات العارضة. ذلك أنه يشترط في الطلب العارض ارتباطه بالطلب الأصلي، فلو لم يحدث الارتباط فيرفع به دعوى مستقلة، وعلى هذا يتم عرض الطلب العارض وهو متمتع بصفة الارتباط بالطلب الأصلي.

الطلبات العارضة من المدعي:

(1) قد يتضمن الطلب العارض تصحيح للطلب الأصلي أو تعديل موضوعه لظروف ظهرت بعد رفع الدعوى. فإذا رفعت دعوى وقف الأعمال الجديدة وفقاً للمادة (234/د) فله (بعد تمام الأعمال وحصول التعرض) أن يطلب منع التعرض له في حيازته ولمن رفع دعوى منع التعرض أن يطلب استرداد الحيازة، ويكون لمن رفع دعوى بطلب ملكية عين أن يطلب فسخه .

(2) ما يكون مكملاً للطلب الأصلي أو مترتباً عليه أو متصلاً به بصلة لا تقبل التجزئة، فطلب إزالة البناء إضافة لطلب تسلم أرض أقيم عليها البناء أو متصلاً بالطلب الأصلي اتصالاً لا يقبل التجزئة مثل طلب تقرير صحة عقد إيجار إضافة للمطالبة الأصلية بإلزام المستأجر بدفع الأجرة المستحقة.

(3) ما يتضمن إضافة أو تغييراً في سبب الدعوى مع بقاء موضوع الطلب الأصلي على حاله إذا كان موضوع الدعوى (ملكية) وكان السبب المؤسس عليه موضوع الدعوى عقد البيع فيحق للمدعي أن يغير من سبب الدعوى من البيع إلى الميراث مع استمراره في موضوع الدعوى وهو الملكية دون الاضطرار إلى رفع دعوى جديدة ولا سيما إلى أن السياسة القضائية تتجه إلى تيسير وتبسيط الإجراءات.

(4) ما تأذن المحكمة بتقديمه مما يكون مرتبطاً بالطلب الأصلي وفقاً لحكم المادة (79) فقرة (هـ) وبذلك يكون النظام قيد فيما خلا من الحالات السابق ذكرها فإذا كان النظام قد سمح بإبداء الطلبات العارضة في ضوء ما سبق إيضاحه وبكون صحيفة الدعوى تحتوي على أكثر من الطلب، وإن كانت لا تستند إلى سبب واحد إلا أن هناك صلة تربط بين تلك الطلبات، فقيد فيما خلا هذا بإذن المحكمة به.

(5) طلب الأمر بإجراء تحفظي أو وقتي:

ما نصت عليه المادة (213): «إذا كانت الدعوى بالحق مرفوعة أمام

المحكمة المختصة فتقدم دعوى الحجز إلى المحكمة نفسها لتتولى البت فيها» طلب الحجز التحفظي تابعاً لدعوى المؤجر بالمطالبة بالقيمة الإيجارية.

وبناء على ما تقدم يقدم الطلب العارض - طلب الحجز التحفظي سواء أكان في صحيفة الدعوى أو شفاهة في محضر الضبط - التابع للطلب الموضوعي الأصلي أن يفصل فيه على وجه الاستعجال وقبل الفصل في الموضوع نظراً لطبيعة الطلب العارض لكونه مستعجلاً.

الطلبات العارضة من المدعى عليه:

القضاء يحقق فرصاً متكافئة للإدعاء والدفاع، فعندما يعرض المدعي دعواه أمام وفق ما أوضحناه فإن موقف المدعى عليه هو الدفاع من أجل الوصول إلى رفض دعوى المدعي متخذاً من النظام مسلكاً له في مواجهة المدعي بالدفاع وتوجيهه الدفوع (سمي هذا العمل دفاعاً). أما إذا أضيف إلى دور المدعى عليه توجيه طلب للحكم به ضد المدعي سمي هذا من جانبه بدعوى المدعى عليه وهو ما نصت عليه المادة (80) فقرة (ب) إذا رفع المدعى بإلزام المدعى عليه بمبلغ استناداً إلى دين، ثم قدم المدعى عليه ما يفيد سداد الدين وطلب التعويض عما أصابه من ضرر فهنا يكون طلب التعويض أبدي بطريق الطلب العارض.

حالات إبداء الطلب العارض من جانب المدعى عليه:

حسبما نصت عليه المادة (80)

للمدعى عليه أن يقدم من الطلبات العارضة ما يأتي:

(أ) طلب المقاصة القضائية.

(ب) طلب الحكم له بتعويض عن ضرر لحقه من الدعوى الأصلية أو من إجراء فيها.

(ج) أي طلب يترتب على إجابته ألا يحكم للمدعي بطلباته كلها أو

بعضها، أو أن يحكم له بها مقيدة بقيد لمصلحة المدعى عليه.

(د) أي طلب يكون متصلاً بالدعوى الأصلية اتصالاً لا يقبل التجزئة.

(هـ) ما تأذن المحكمة بتقديمه مما يكون مرتبطاً بالدعوى الأصلية. للإيضاح يراجع بشأن ما ورد بالمادة في موضعها.

وقد ذهبت أحكام محكمة النقض المصرية:

إذا كانت المحكمة قد قررت أن للمشتري عند تأخر البائع في التسليم الخيار بين طلب التنفيذ العيني أو طلب فسخ البيع مع التضمينات في الحالتين كما أن له لو رفع دعواه بطلب التسليم أن يعدل عنه إلى طلب الفسخ وليس في رفع الدعوى بأي من هذين الطلبين نزولاً عن الطلب الآخر فإن هذا الذي قررته المحكمة هو صحيح في القانون.

نقض 1952/12/25 المكتب الفني السنة الرابعة ص 233

طلب إخلاء العين المؤجرة استناداً إلى إخلال المستأجر بالتزامه بالوفاء بالأجرة ينسحب ضمناً إلى طلب الفسخ للتلازم بينهما.

نقض 1963/6/20 المكتب الفني السنة الرابعة عشرة ص 896

لا حرج على المدعي أن يجمع في دعوى واحدة بين طلبين يقوم أحدهما على الآخر ويعتبر نتيجة لازمة له وإذن فإذا كان مبني الدفع بعدم قبول الدعوى المرفوعة من البائعين وفاء براءة ذمتهم من دين الرهن واستهلاكه مع فسخ عقد الرهن أنه كان يتعين عليهم أن يرفعوا أولاً دعوى يطلبون فيه الحكم أصلياً بتقرير ماهية العقد واعتباره رهناً حيازياً لا بيعاً وفائياً وكان الحكم إذ قضي برفض هذا الدفع وقد أقام قضاءه على أن للبائعين الخيار بين تقرير ماهية العقد بصفة أصلية في دعوى مستقلة أو بتقرير هذه الماهية تبعاً في الدعوى المرفوعة ببراءة ذمتهم من دين الرهن واستهلاكه وفسخ عقد الرهن إذ هم لا يستطيعون الوصول إلى هذه النتائج إلا بعد أن تفصل المحكمة

صراحة وضمناً في ماهية العقد أولاً ثم تعطف إلى أثاره بعد ذلك وإذا كان الحكم قد أقام قضاءه على ذلك كان النعي عليه أنه أخطأ في تطبيق القانون على غير أساس.

نقض 1950/11/23 المكتب الفني السنة الثانية ص 93

دعوى المشتري بطلب رد الثمن لإخلال البائع بالتزامه بنقل الملكية. أثره. اعتبار طلب فسخ العقد مطروحاً ضمناً.

نقض 1979/12/11 طعن رقم 1005 لسنة 46 قضائية

مطالبة العامل بأجره قبل انقضاء سنة من تاريخ انتهاء العقد. عدم سقوط دعواه بالتقادم. لا يغير من ذلك تعديل طلباته بإضافة ما استجد له من حقوق أخرى.

نقض 1978/11/26 طعن رقم 322 لسنة 42 قضائية

لا تثريب على المدعي إن هو جمع في دعوى واحدة بين طلبين يقوم أحدهما على الآخر ويعتبر نتيجة لازمة له. ولما كانت الدعوى بطلب استرداد ما دفع زائداً عن الأجرة القانونية مترتبة على طلب التخفيض فإنه يجوز رفعها مستقلة بدعوى مبتدأ أو بالتبع لدعوى تخفيض الأجرة. كما يصح رفعها بعد انتهاء العلاقة الإيجارية.

نقض 1977/4/6 الطعن 555 لسنة 43 قضائية

لما كان التمسك بالدفوع القانونية يصح إذا توافرت شرائطها في أية حالة تكون عليها الدعوى وكان دين الأجرة عن المدة من - حتى - قد حدد بوجه نهائي بالحكم الصادر في - فإنه كان يتعين على محكمة الموضوع إذا ما ثبت أن المطعون عليه لم يف بالأجرة أن توقع المقاصة القانونية وهو ما يصح التمسك به لأول مرة في مرحلة الاستئناف.

نقض 1977/4/6 الطعن رقم 555 لسنة 43 قضائية

تقدير وجود الارتباط بين الطلبات العارضة المقدمة في الدعوى والطلبات الأصلية من سلطة محكمة الموضوع. شرطه. أن يكون ما خلصت إليه في خصوصه سائغاً.

نقض 1984/4/3 طعن رقم 686 لسنة 50 قضائية

ثبوت تعديل الطاعنة طلباتها إلى مبلغ معين أثناء سير الخصومة قضاء الحكم المطعون فيه بالمبلغ الوارد في صحيفة الدعوى على سند من أن طلبات الطاعنة كانت مقصورة عليه مخالفة للثابت في الأوراق.

نقض 1985/3/25 طعن رقم 1681 لسنة 50 قضائية

تعديل الطلبات. ماهيته وكيفية إبدائه للمدعي الجمع في دعواه بين طلبين يقوم أحدهما على الآخر ويعتبر نتيجة لازمة له.

نقض 1983/5/31 طعن رقم 2189 لسنة 52 قضائية

اختلاف الطلب العارض عن الطلب الأصلي موضوعاً وسبباً. عدم جواز إبدائه من المدعي في صورة طلب عارض عدا ما تأذن به المحكمة مما يكون مرتبطاً بالطلب الأصلي. تقدير توافر الارتباط من سلطة محكمة الموضوع. مؤدى ذلك جواز تعديل المدعي طلبه من صحة ونفاذ عقد البيع إلى طلب تثبيت ملكيته للقدر المبيع بناء على إذن المحكمة.

نقض 1988/12/25 طعن رقم 1309 لسنة 56 قضائية

طلب المدعى عليه رفض الدعوى استناداً إلى انفساخ العقد إعمالاً للشرط الفاسخ الصريح. دفع موضوعي في الدعوى وليس طلباً عارضاً.

نقض 1982/5/23 طعن رقم 1423 لسنة 48 قضائية

تقدير وجود الارتباط بين الطلبات العارضة المقدمة في الدعوى والطلبات الأصلية من سلطة محكمة الموضوع. شرطه. أن يكون ما خلصت إليه في خصومه سائغاً.

نقض 1988/4/30 طعن رقم 686 لسنة 50 قضائية

المقاصة القضائية باعتبارها طلبا عارضاً من المدعى عليه. عدم جواز بحث المحكمة لها والفصل فيها من تلقاء نفسها.

نقض 1978/1/25 طعن رقم 754 لسنة 40 قضائية

قبول الطلب العارض. شرطه. قيام الخصومة الأصلية

نقض 1985/12/17 طعن رقم 235 لسنة 55 قضائية

المقاصة القضائية لا تكون إلا بدعوى أصلية أو في صورة طلب عارض رداً على دعوى الخصم وإبدائه لأول مرة أمام محكمة الاستئناف غير مقبول.

نقض 1984/4/12 طعن رقم 1153 لسنة 50 قضائية

الفصـــل الثانـــي

الاختصــاص النوعــي

المادة الحادية والثلاثون

من غير إخلال بما يقضي به نظام ديوان المظالم[1]، وبما للمحاكم العامة من اختصاص في نظر الدعوى العقارية، تختص المحاكم الجزئية بالحكم في الدعاوى الآتية:

أ - دعوى منع التعرض للحيازة ودعوى استردادها.

ب - الدعاوى التي لا تزيد قيمتها على عشرة آلاف ريال، وتحدد اللائحة التنفيذية كيفية تقدير قيمة الدعوى.

---

(1) وتنص المادة الخامسة والعشرون من نظام القضاء الصادر بقرار من مجلس الوزراء رقم (303)وتاريخ 1428/9/19هـ على «دون إخلال بما يقضي به نظام ديوان المظالم، تختص المحاكم بالفصل في جميع القضايا، ومن قواعد اختصاص المحاكم المبنية في نظام المرافعات الشرعية ونظام الإجراءات الجزائية». وهذه المواد تحدد ولاية جهتي القضاء في المحكمة بصورة معينة وهي إعتبار المحاكم العامة صاحبة الولاية العامة فلا تحتاج لنص خاص لتقرير إختصاصها أما ديوان المظالم. فإختصاصه رهين نص خاص يخرج الدعوى من إختصاص الولاية العامة للمحاكم، ومن ثم فإذا خلا نظام ديوان المظالم من نص صريح يعقد الدعوى لمحاكمة، فتختص المحاكم العامة بها بإعتبارها صاحبة الولاية العامة للقضاء في البلاد.

ج - الدعوى المتعلقة بعقد إيجار لا تزيد الأجرة فيه على ألف ريال في الشهر بشرط ألا تتضمن المطالبة بما يزيد على عشرة آلاف ريال.

د - الدعوى المتعلقة بعقد عمل لا تزيد الأجرة أو الراتب فيه على ألف ريال في الشهر بشرط ألا تتضمن المطالبة بما يزيد على عشرة آلاف ريال.

ويجوز عند الاقتضاء تعديل المبالغ المذكورة في الفقرات (ب، جـ، د) من هذه المادة، وذلك بقرار من مجلس القضاء الأعلى بهيئته العامة بناء على اقتراح من وزير العدل.

1/31 - يقصد بالحيازة في هذه المادة: ما تحت اليد من غير العقار الذي يتصرف فيه بالاستعمال بحكم الإجارة، أو العارية، أو ينصرف فيه بالنقل من ملكه إلى ملك غيره، سواء أكان بالبيع أم الهبة، أم الوقف.

2/31 - دعوى منع التعرض للحيازة هي من قبيل منع الضرر، ويقصد بها: طلب المدعي (واضع اليد) كف المدعى عليه عن مضايقته فيما تحت يده.

3/31 - يشترط لسماع دعوى منع التعرض للحيازة: أن يكون المدعي واضعاً يده - حقيقة - على المحوز، ولو لم يكن مالكاً له، كالمستأجر، والمستعير، والأمين.

4/31 - دعوى استرداد الحيازة هي: طلب من كانت العين بيده - وأخذت منه بغير حق، كغضب وحيلة - إعادة حيازتها إليه، حتى صدور حكم في الموضوع بشأن المستحق لها.

5/31 - يشترط لسماع دعوى استرداد الحيازة: ثبوت حيازة العين من المدعي قبل قيام سبب الدعوى، ولو بغير الملك؛ كحيازة المستأجر ونحوه.

6/31 - دعوى منع التعرض للحيازة، ودعوى استردادها المتعلقة بالمنقول إذا رفعت بدعوى مستقلة قبل رفع الدعوى الأصلية في الموضوع

تختص بنظرها المحكمة الجزئية وفق المادة (31).

أما إذا رفعت هذه الدعوى مع الدعوى الأصلية، أو بعد رفعها كطلب عارض فتنظرها المحكمة المختصة بنظر الدعوى الأصلية في الموضوع وفق المادة (233).

7/31 - تسقط دعوى استرداد الحيازة بإقامة المدعي دعوى إثبات الحق في أصل الملك، ولو في أثنائها.

8/31 - النظر في دعوى منع التعرض للحيازة، ودعوى استردادها له صفة الاستعجال وفق المادة (234).

9/31 - يشمل الاختصاص الوارد في الفقرة (ب): الدعاوى في الأموال (النقد)، وفي الأعيان غير العقار، وفي أقيام المنافع من العقار وغيره.

10/31 - يرجع في تقدير قيمة الدعوى (قيمة المدعى به) إلى طلب المدعي فإن لم يمكن فيتم التقدير من قبل اثنين من أهل الخبرة.

11/31 - المبالغ المنصوص عليها في الفقرات (ب، ج، د) من هذه المادة عدلت (بقرار مجلس القضاء الأعلى رقم 20 وتاريخ 1422/6/23 هـ المعمم برقم 13/ت/1825 وتاريخ 1422/7/14هـ) إلى مبلغ عشرين ألف ريال فما دون.

12/31 - المعتد به هو نصاب الدعوى، فإذا تعدد الخصوم - مدعون أو مدعى عليهم - وكان الحق متحداً في السبب، أو الموضوع، كالشركاء في مال، أو إرث، وساغ جمعهم في دعوى واحدة فالمعتد به هو مجموع المبلغ المدعى به دون الالتفات إلى نصيب كل فرد منهم. وإذا طالب كل شريك بحقه منفرداً دون شركائه وساغ ذلك فالمعتد به نصيبه وكذا لو كان الشريك مطلوباً (مدعى عليه).

13/31 - دعاوى الضرر من المنتفعين بالعقار سواء أكانوا عزابا أم

غيرهم، من اختصاص المحاكم الجزئية وتسمع في مواجهة المستأجر، إلا إذا كان العقار مشتملاً على عدة وحدات سكنية مؤجرة على عزاب، فتكون الدعوى على المالك لمنعه من تأجير العزاب، أما دعاوى الضرر من العقار نفسه، ومن ذلك منع إنشاء قصر للأفراح، أو محطة للوقود أو نحوهما، فمن اختصاص المحاكم العامة.

14/31 - النظر في دعوى منع التعرض للحيازة ودعوى استردادها المتعلقة بالعقار من اختصاص المحاكم العامة وفق الفقرة (أ) من المادة (32).

الولاية. الاختصاص النوعي. الحيازة. دعوى منع التعرض. دعوى استرداد الحيازة الاختصاص القيمي. أحكام محكمة النقض.

إن ولاية الفصل في القضايا تختص بها المحاكم، وعلى هذا التحديد لا تعرض كافة القضايا على محكمة واحدة، فمن أجل هذا ظهرت أهمية تعدد المحاكم، وتحديد القضايا التي تختص بها كل محكمة دون الأخرى، وفي ضوء ما سبق ظهر أحد معايير الاختصاص وهو ما يطلق عليه الاختصاص النوعي.

الاختصاص النوعي:

يقصد به توزيع ولاية القضاء بين طبقتي المحاكم، قضاء ديوان المظالم من ناحية والمحاكم الجزئية والعامة من جهة أخرى.

وبالتالي يكون ما قرره النظام في خصوص ولاية المحاكم الجزئية ذات ولاية محددة في مواجهة ديوان المظالم، والمحاكم العامة فيما ورد بالمادة (31) من اختصاصات محددة نوعياً (أي نوعية[1] تلك الدعاوى الواردة على سبيل الحصر).

---

(1) السيد تمام. الوجيز في قانون المرافعات : 282 فقرة 147.

الحيـازة:

وفق ما أوضحته اللائحة التنفيذية «ما تحت اليد» وهو يعني وضع مادي نتيجة سيطرة فعلية للشخص على الشيء سواء أكان بالنفس (المالك) عن طريق التصرف فيه بالنقل من ملكه إلى ملك غيره، أم أكان بالبيع أم الهبة، أم الوقف، لحساب الغير كحيازة المستأجر، المستعير، الأمين.

دعـوى منـع التعـرض:

أوضحت اللائحة التنفيذية أنه إذا رفعت الدعوى بطريق الطلب الأصلي قبل رفع الدعوى الأصلية أو معها، أو بطريق الطلب العارض اختصت المحاكم الجزئية أما دون ذلك تختص به المحاكم العامة.

ودعوى منع التعرض هي من دعاوى الحيازة، والتي يقصد بها منع الاعتداء الواقع على الحائز أياً كان سبب حيازته - الملكية، الإجارة - والمتمثل ذلك الاعتداء في اعتداء مادي أو نظامي[1] وهو ما أوضحته اللائحة التنفيذية بأن دعوى منع التعرض من «قبيل منع الضرر» أي ما يمكن أن نطلق عليه من قبيل الخطر أي ضرر في دور التكوين لم يكتمل بعد حتى يتحول إلى ضرر فعلي حسبما ورد في اللائحة التنفيذية بلفظ «مضايقته».

بيد أن اللائحة التنفيذية أشارت إلى ما تحت اليد من غير العقار الذي يتصرف فيه بالاستعمال بحكم الإجارة أو العارية، أو يتصرف فيه بالنقل من ملكه إلى ملك غيره سواء أكان بالبيع أم الهبة أم العارية.

وبهذا تكون اللائحة قد تطلبت ضرورة توافر الحيازة بعنصريها المادي والمعنوي.

والعنصر المادي. والمتمثل في وضع اليد بصفة هادئة ودائمة ومستقرة وظاهرة.

---

(1)   أحمد خليل. قانون المرافعات المدنية والتجارية، دار الجامعة الجديدة، طبعة 1996: 254.

والعنصر المعنوي المتمثل في نية الحائز المستمدة من الحق أياً كان مصدر هذا الحق، سواء أكان للمالك بطريق الملكية أم لحساب الغير المستأجر، المستعير، الأمين.

وعلى ذلك يحق للمستأجر رفع دعوى منع التعرض فيما يتعرض له تعرضاً مادي أو نظامي حتى لو صدر من المؤجر (المالك).

أهميـة حمايـة الحيـازة:

(1) ترجع أهمية الحيازة إلى أنها تعبر عن مركز واقعي وليس نظامي، وإن كانت تستحق الحماية لكونها تعبر في الغالب على أن الحائز هو المالك، وقصد من تلك الحماية توفير قدر من الحماية ذات صفة استعجال م (8/31) رغم أن الدعوى لا تتعرض لمراكز نظامية وإنما لمراكز واقعية، ذلك لأن التعرض للمراكز النظامية هو مجال المحاكم العامة فقد يتعذر على الشخص إثبات ملكيته في مواجهة المغتصب سريعاً، فلذلك تم اللجوء إلى الدعاوى ذات طابع الاستعجال والتي يتلمس فيها القاضي الحقيقة من خلال ظاهر الأوراق دون الخوض في دقائق الموضوع. إذ الحيازة تعني حماية مؤقتة سريعة للمركز الواقعي ولمن يريد الخوض في أصل الحق (الملكية) أن يرفع دعوى موضوعية بذلك.

(2) اتخذت اللائحة التنفيذية من الحيازة المادية دليلاً على توافر الحيازة النظامية دون التعرض لأصل الحق فمن ثبت له أن حيازته المادية هادئة مستقرة وظاهرة وواضحة ومستمرة افترض أنه الحائز النظامي حتى يثبت من ينازعه أنه هو الحائز النظامي.

(3) توافر صفة الاستعجال حسبما أوضحته اللائحة التنفيذية م(8/31) وهذا يبرر طبيعة الدعوى بكونها تنظر بصفة الاستعجال ومن ظاهر الأوراق، فهي وإن كانت تحمي مركز واقعي وليس مركز نظامي فقد يصدر حكم من القضاء بإثبات صاحب الحق في أصل الملك والحيازة فيكون هو الأجدر بالتنفيذ نظراً لتعرضه لأصل الحق.

شـروط دعاوى الحيـازة:

أولاً: طالـب الحيـازة (المدعي):

لا يشترط في طالب الحيازة أن يكون حائزاً للمحوز وقد أوضحنا أن الحيازة المتطلبة هي الحيازة المادية، أي السيطرة الفعلية على المحوز أو الاستعمال، ويقصد بالحيازة المادية أن يستعمل الشخص المحوز الذي يضع يده عليه فيما خصص له ولا يشترط في الحائز أن يكون واضعاً يده على المحوز بنية تملكه أو ظاهراً عليه بمظهر المالك كأساس لسماع الدعوى، أي لا يشترط توافر نية تملك المحوز لديه ولا أن يتعامل معه الغير باعتباره مالكاً له المادة (3/31).

وكذلك يحق لكل حائز عرضي أن يرفع دعاوى الحيازة، منع التعرض، استرداد الحيازة، كالمستأجر والمستعير والأمين.

ولا تقبل دعوى الحيازة ممن يحوز لحساب آخر ويتبع بتعليماته ويأتمر بأوامره إذ ليس له على المحوز سلطة مستقلة بل هو تابع للحائز، فدعوى الحيازة يجب أن يرفعها الحائز الحقيقي فالعامل الذي يعمل لدى المالك للمحوز لا يستطيع رفع دعوى الحيازة لأنه يباشر الحيازة باسم ولحساب المالك.

شـروط الحيـازة:

يشترط أن تكون الحيازة متمثلة في وضع اليد، أي ألا تكون الحيازة التي يطلب حمايتها بدعاوى الحيازة مجرد عمل يقبل على سبيل التسامح، وهي الأعمال التي يتسامح فيها الجار المعتدل، فهي وإن كانت تحمل اعتداء على حق ملكيته إلا أنه اعتداء ليس من الجسامة بحيث يعتبر اغتصاباً، فتلك الأعمال لا تكسب مرتكبها حقاً أو حماية نظامية.

فالحيازة التي يحميها النظام هي السيطرة الفعلية[1] على الشيء واستغلاله وفق رغبة الحائز ومصلحته والانتفاع به دون اللجوء إلى إذن من شخص آخر. أما أعمال التسامح فهي ليست محلاً للحماية النظامية.

ويضاف إلى ما سبق كون الحيازة هادئة فيشترط فيها ألا يكون ما تحت اليد قد تحصل عليه نتيجة عنف أو إكراه أو الاستيلاء بقوة، فهنا لا يتحقق معنى الهدوء أو سلامة الحيازة من حيث السبب المشروع المبرر لحمايتها نظاماً، كما ينبغي أن تكون الحيازة ظاهرة، بمعنى أن يكون الانتفاع بالمحوز بصورة يستطيع أن يراها كل من يحتج في وجهه بالحيازة بحيث يتمكن الحائز من منع التعرض للمحوز أو استرداد، وأهمية الظهور تكمن في أن النظام يحمي الوضع الظاهر باعتباره أنه هو الوضع النظامي الذي يرمي النظام إلى المحافظة عليه.

ثانياً: المدعى عليه في دعاوى الحيازة:

ترفع دعاوى الحيازة (منع التعرض - استرداد الحيازة) على المسئول عن فعل الغصب أو العرض، وقد يتسع لفظ «مضايقته» حسبما أوردته اللائحة التنفيذية وهو لفظ يتسم بالشخصية لا الموضوعية ذلك أن تقدير المضايقة يخضع لمن وجهت إليه ونوصي بتعديل اللفظ إلى: «كف المدعى عليه عن التعرض المادي أو النظامي [2] فيما تحت يده» والتعرض المادي يشمل كافة الأفعال المادية المؤيدة لحدوث اعتداء أما التعرض النظامي فتحدث بادعاء المتعرض على الحائز في خصومة أو خارجها بإجراءات رسمية تدل على المنازعة النظامية في حيازته.

ثالثاً: الاعتداء على الحيازة:

يشترط لرفع دعوى منع التعرض صدور تعرض بالفعل للحائز، والتعرض

---

(1) نبيل إسماعيل. المرجع السابق: 206.

(2) عبد الرزاق أحمد السنهوري. الوسيط، مج 9: 931 فقرة 330.

حسبما أشارت إليه اللائحة التنفيذية الذي يصلح أساساً لرفع الدعوى هو المضايقة الصادرة من صاحب التعرض، وعلى هذا يكتفى في التعرض الموجه إلى الحائز كونه تعرضاً في الحيازة سواء أكان مادياً أو نظامياً دون اشتراط نية المالك لدى الحائز الذي يحميه النظام، ويكفي لتحقق التعرض إنكار حق الحائز في حيازته المادية أو القيام بفعل يفقده الحيازة المادية للمحوز، ولا يشترط توافر الضرر للحائز لأن العبرة بالمنازعة في الحيازة.

دعوى استرداد الحيازة:

حسبما أشارت إليه اللائحة التنفيذية بكونها طلب من كانت العين بيده وأخذت منه بغير حق - كغضب وحيلة - إعادة حيازتها إليه حتى صدور حكم في الموضوع بشأن المستحق لها يتضح وبجلاء أن الدعوى تبدأ من لحظة أخذ الحيازة، وقد يكون الأخذ كلياً أو جزئياً، ويفسر هذا بالحرمان الكلي أو الجزئي من الانتفاع فيما أعد له المحوز. وقد عبرت اللائحة التنفيذية بوسائل الأخذ الغضب والحيلة وهما على سبيل المثال. فالوسائل متعددة وإن اتفقت في كونها مؤدية إلى نتيجة واحدة وهي الحرمان أياً كان درجته، إلا أنه من الملاحظ أن المفردات التي استخدمتها اللائحة التنفيذية من بيان الغضب وهو غالباً ما يأتي بأعمال العنف والإكراه، والحيلة وهي غالباً ما تكون خارج الأعمال المادية.

الحكم في دعاوى الحيازة:

ففي دعوى منع التعرض إذا كان التعرض بإجراء نظامي فيكون الحكم بمجرد التقرير بالحيازة للمدعي، وإذا كان التعرض بفعل مادي فتحكم المحكمة بإزالة هذا الفعل المادي الذي يعتبر إجراؤه تعرضا لحيازته وإعادة الحال إلى ما كان عليه قبل حصول التعرض. وإذا كان الاعتداء باغتصاب الحيازة حكمت المحكمة بردها إلى الحائز.

وفي دعوى استرداد الحيازة تحكم المحكمة دائماً برد الحيازة إلى مستحقيها.

عدم جواز الجمع بين دعوى الحيازة ودعوى المطالبة بأصل الحق:

حسبما أوضحته اللائحة التنفيذ في المادتين (6/31، 7).

منع مدعي الحيازة من المطالبة أصل الحق.

تنص المادة 6/31 من اللائحة التنفيذية.

دعوى منع التعرض للحيازة، ودعوى استردادها المتعلقة بالمنقول إذا رفعت بدعوى مستقلة قبل رفع الدعوى الأصلية في الموضوع تختص بنظرها المحكمة الجزئية وفق المادة (31) أما إذا رفعت هذه الدعوى مع الدعوى الأصلية أو بعد رفعها كطلب عارض فتنظر المحكمة المختصة بنظر الدعوى الأصلية في الموضوع وفق المادة (233).

المادة 7/31 - تسقط دعوى استرداد الحيازة بإقامة المدعي دعوى إثبات الحق في أصل الملك، ولو في أثنائها.

مما سبق يتضح بجلاء عدم اللجوء إلى دعوى أصل الحق قبل أو أثناء رفع دعوى الحيازة وإلا اعتبر ذلك مفاده تنازله عن دعوى الحيازة.

منع المدعى عليه في دعوى الحيازة من التعرض لأصل الحق:

لا يقبل من المدعى عليه أثناء نظر دعاوى الحيازة التعرض لأصل الحق في معرض دفاعه، ذلك لأن المدعى عليه قد يكون صاحب أصل الحق ولكن الحيازة ليست له ولكنها للحائز. فالحيازة تتعلق بمركز واقعي وليس نظامي فالإدعاء والدفاع يدور حول محور هذا الارتكاز فإذا خرج المدعي عن هذا الأساس سقط حقه طلب الحماية للحيازة، وإن خرج المدعى عليه في دفاعه عن هذا قوبل بالرفض.

إشكالية: قد يلجأ المدعى عليه في دعاوى الحيازة للجوء إلى رفض دعوى بأصل الحق بعد رفع دعوى الحيازة عليه رغبة منه في انتزاع اختصاص المحكمة الجزئية.

152

هنا يتوافر مبررات الحكم بعدم قبول الدعوى، وذلك تحت غطاء المادة (72) في نصها «أو لأي سبب» متى تحقق رفع دعوى الحيازة وفق المادة (39) قبل رفع دعوى أصل الحق. فإذا أراد المدعى عليه في دعوى الحيازة أن يرفع دعوى بالحق فعليه أن ينتظر إلى حين الفصل في دعوى الحيازة. فإذا قضي له بالحيازة استغني بذلك الحكم عن رفع دعوى الحق، ويكون على من خسر دعوى الحيازة أن يرفع دعوى الحق. أما إذا حكم عليه في دعوى الحيازة فعليه أن ينفذ الحكم الصادر بالكف عن الاعتداء على الحيازة أو بتسليم الحيازة إلى المدعي ثم بعد ذلك يرفع دعوى الحق على المحكوم له بالحيازة (الذي كان مدعياً في دعوى الحيازة) فإذا أراد رفع دعوى الحق دون انتظار الفصل في دعوى الحيازة، فعليه أن يسلم بأن الحيازة هي للمدعي في دعوى الحيازة ويكف عن تعرضه له (إذا كان قد أنكرها عليه) وأن يتخلى بالفعل عن الحيازة لمدعيها إذا كان قد اغتصبها منه.

ويكون المدعى عليه في دعوى أصل الحق أن يرفع دعوى الحيازة أمام المحكمة الجزئية سواء وقع الاعتداء قبل أم أثناء أم بعد رفع دعوى أصل الحق عليه، وذلك لأنه لم يصدر منه ما يعتبر تنازلاً عن رفع هذه الدعوى.

أو اللجوء إلى المادة (80) بإبداء الطلب العارض أمام محكمة المنظور أمامها الطلب الأصلي.

حظر تعرض الحكم في دعاوى الحيازة لأصل الحق:

نتعرض في هذه الحالة إلى مرحلة المرافعة ومرحلة الحكم في دعاوى الحيازة فلا يجوز في مرحلة المرافعة وما تحتويه من إجراءات التعرض لأصل الحق لإثبات الملكية، وينصب الإثبات على واقعة الحيازة وهي تثبت بكافة قواعد الإثبات بوصفها تعبر عن مركز واقعي، على القاضي التحقق من توافر شروط الحيازة وإن كان هذا لا يمنع القاضي من الاستئناس بمستندات أصل الحق للتعرف على توافر شروط الحيازة من عدمه. وعليه ينبغي أن يكون دور المدعي في دعاوى الحيازة إثبات شروط الحيازة التي أسلفناها وإن قدم

مستندات ملكية فعليه أن تقدم للاستئناس بها، وأن تذكر بهذا اللفظ في عريضة الدعوى، ولا يلتفت إلى ما يقوم به المدعى عليه من التعرض لأصل الحق وعليه التقيد بطبيعة الدعوى وذلك بنفي توافر شروط الحيازة.

الحكم في الحيازة:

لا يجوز للقاضي أن يجمع بين دعوى الحيازة ودعوى الحق في الحكم الذي يصدره فاصلاً في الحيازة، وعلى أن يتجنب إسناد حكمه في الحيازة إلى الحكم في الحق، فيمتنع عليه إسناد أسبابه أو منطوقه في التعرض لأصل الحق، ولكن يستطيع في معرض عرض الأسباب الاستئناس بأصل الحق، ولكن المنطوق يمتنع عليه التعرض لأصل الحق سواء أكان صريحاً أم ضمنياً، وتجدر الإشارة إلى أن هناك فرق بين الاستئناس وتأسيس الحكم بالكامل على أصل الحق، فالاستئناس يتحقق من خلال التعرض فقط لأصل الحق في بعض الأسباب دون أن يصل إلى منطوق الحكم.

الاختصاص القيمي:

اتبع النظام معيار قيمة الدعوى كأساس لتوزيع الاختصاص بين المحاكم الجزئية والمحاكم العامة فتختص المحكمة الجزئية حسبما أشارت إليه اللائحة التنفيذية، إذا كان قيمة المدعى به مبلغ عشرين ألف ريال فما دون، فإن تعذر تقدير قيمة الدعوى فيتم التقدير من قبل اثنين من أهل الخبرة، فالعبرة في تحديد قيمة الدعوى بما يطلبه المدعي أو المدعون، فالسبب النظامي المنشئ للحق المطالب له إن كان واحدا كان الطلب واحداً ولو تعددت موضوعاته، والسبب النظامي هو الواقعة التي يستمد فيها الحق في الطلب فهو مصدر الحق سواء أكان هو العقد، الميراث، الشركة. فما أوردته المادة في شأن عقد العمل فإذا كانت الطلبات تستند إلى هذا العقد جمعت هذه الطلبات واعتبرت قيمة الدعوى بقيمة مجموعة الطلبات، فإذا كانت دعوى العامل المطالبة بالأجر المتأخر قبل رب العمل لأكثر من شهر فتقدر قيمة الدعوى بمجموع الشهور المتأخرة المطالب بها.

وقد ذهبت أحكام محكمة النقض (المصرية) إلى:

التعرض الذي يصلح أساساً لرفع دعوى اليد هو الإجراء الموجه إلى واضع اليد على أساس حق يتعارض مع حق واضع اليد.

جلسة 1932/10/27 طعن رقم 22 سنة 2 قضائية

وضع اليد واقعة مادية. العبرة فيه هي بما يثبت قيامه فعلاً. فإذا كان الواقع يخالف ما هو ثابت من الأوراق فيجب الأخذ بهذا الواقع طرح ما هو غير حاصل، وإذن فعلى المحكمة إذا هي أحالت دعوى منع التعرض على التحقيق وكلفت المدعي فيها إثبات وضع يده الذي ينكره عليه خصمه ولو كان بيده محضر تسليم رسمي في تاريخ سابق.

جلسة 1950/6/15 طعن رقم 119 لسنة 18 قضائية

إن القانون يحمي وضع اليد من كل تعرض له يستوي في ذلك أن يكون التعرض اعتداء محضاً من المتعرض.

جلسة 1946/11/12 طعن رقم 35 لسنة 15 قضائية

المقرر في قضاء هذه المحكمة أنه لا يجوز للمدعي أن يجمع بين دعوى الحيازة ودعوى أصل الحق، يستوي في ذلك أن يطالب في دعوى الحيازة ذاتها بموضوع الحق أو أن يرفع دعوى الحيازة مستقلة وذلك لاعتبارات قدرها المشرع هي استكمال حماية الحيازة لذاتها مجردة عن أصل الحق وأساس هذه القاعدة أن المطالبة بالحق من جانب مدعي الحيازة تتضمن نزولاً منه عن دعوى الحيازة لأن هذا المدعي حينما حصل له التعرض في حيازته كان أمامه طريقان لدفع التعرض، طريق دعوى الحيازة - وهو طريق سهل - وطريق دعوى الحق - وهو طريق صعب - فاختار الطريق الصعب لحماية الحيازة - وهو المطالبة بأصل الحق - يعد من جانب الحائز نزولاً ضمنياً عن مباشرة الطريق السهل الذي حاباه به المشرع وهو طريق رفع دعوى الحيازة.

جلسة 1984/5/13 طعن رقم 1576 لسنة 50 قضائية

الأحكام الصادرة في دعاوى الحيازة لا حجية لها في دعوى المطالبة بالحق لاختلاف الموضوع والسبب.

جلسة 1989/6/28 طعن رقم 1718 لسنة 52 قضائية

التعرض الذي يصلح أساساً لرفع دعوى الحيازة. ماهيته. عدم جواز رفع دعوى منع التعرض بقصد تنفيذ عقد بين الطرفين أو التحلل منه مؤداه. وجوب الاستناد إلى دعوى العقد.

جلسة 1991/11/19 طعن رقم 2471 لسنة 55 قضائية

الحكم الصادر في دعوى منع التعرض. لا حجية له في دعوى الملك ما يقرره الحكم بشأن توافر أركان الحيازة لا يقيد المحكمة عند الفصل في أصل الحق وغير مانع للخصوم من مناقشة الملكية في دعوى تالية.

جلسة 1992/5/26 طعن رقم 603 لسنة 56 قضائية

لا تثريب على المحكمة أثناء نظر دعوى منع التعرض أن تعتبرها دعوى استرداد حيازة وتحكم فيها على هذا الأساس متى تبينت توافر شروطها ذلك أنه لا تنافر ولا تعارض بين الدعويين لأن أساسهما واحد هو الحيازة المادية بشروطها القانونية والغرض منها واحد هو حماية تلك الحيازة من الاعتداء عليها.

جلسة 1954/12/16 طعن رقم 224 لسنة 21 قضائية

الغصب. مقصوده. تجرد وضع اليد من الاستناد إلى سند قانوني يبرر يد الحائز.

نقض 1997/5/21 طعن رقم 475 لسنة 61 قضائية

دعوى استرداد الحيازة. قيامها على الاعتداء غير المشروع. شروط قبولها أن يكون لرافعها حيازة مادية حالية ومتصلة اتصالاً فعلياً قائماً حال

وقوع الغصب وأن تكون هذه الحيازة هادئة وظاهرة. الحكم في دعوى استرداد الحيازة. وجوب تناول شروط قيامها والوقائع التي تكشف عن توافر .

جلسة 1996/12/29 طعن رقم 8070 لسنة 63 قضائية

دعوى استرداد الحيازة. قيامها على رد الاعتداء غير المشروع مؤدى ذلك. التحقق من استيفاء الحيازة بشروطها القانونية.

جلسة 1993/3/18 طعن رقم 1460 لسنة 61 قضائية

وضع اليد يجوز الاستدلال عليه من تحقيق قضائي أو إداري

جلسة 1984/11/21 طعن رقم 776 لسنة 50 قضائية

للحائز على الشيوع أن يحمي حيازته بدعوى الحيازة ضد المعترض له فيها سواء كان هذا المعترض شريكاً معه أو تلقى الحيازة عن هذا الشريك.

جلسة 1984/6/21 طعن رقم 1222 لسنة 50 قضائية

الحكم في دعوى استرداد الحيازة يجب أن يعرض للشروط اللازمة لقيامها وأن يبين بما فيه الكفاية الوقائع التي تكشف عن مدى توافرها.... لما كان ذلك وكان الحكم المطعون فيه قد أقام قضاءه - على نحو ما ورد بمدوناته على مجرد قوله أن الطاعنة لم يكن لها حيازة مستوفاة للشروط المقررة ورتب على ذلك قضاءه بعدم قبول الادعاء بالتزوير ورفض الدعوى دون أن يدلل على ما استخلصه من عدم توافر شروط الحيازة أو يبين سنده في ذلك أو ماهية الشروط التي افتقدتها الحيازة المطلوب استردادها فإنه يكون معيباً بالقصور.

جلسة 1984/3/13 طعن رقم 1318 لسنة 50 قضائية

إن دعوى استرداد الحيازة إنما شرعت لحماية الحائز من أعمال الغصب، ومن ثم كان قبولها هنا رهناً بأن يكون لرافعها حيازة مادية حالية. ومعنى كونها مادية أن تكون يد الحائز متصلة بالعقار اتصالاً فعلياً يجعل العقار تحت تصرفه المباشر ومعنى كونها حالية أن يكون هذا الاتصال قائماً

في حال وقوع الغضب.

جلسة 1947/6/5 الطعن رقم 70 لسنة 16 قضائية

لا يعيب الحكم أن تكون المحكمة إذ اعتبرت دعوى منع التعرض دعوى استرداد حيازة قد قضت في منطوقها بمنع التعرض وبتسليم العين للمحكوم له إذ أن ما قضي به يتفق مع ما يصح أن يطلب ويقضي به في مثل هذه الدعوى ولا يتعارض مع اعتبارها دعوى استرداد الحيازة.

جلسة 1954/12/16 طعن رقم 234 لسنة 21 قضائية

المادة الثانية والثلاثون

من غير إخلال بما يقضي به ديوان المظالم[1]، تختص المحاكم العامة بجميع الدعاوى الخارجة عن اختصاص المحاكم الجزئية، ولها على وجه الخصوص النظر في الأمور الآتية:

أ - جميع الدعاوى العينية المتعلقة بالعقار.

ب - إصدار حجج الاستحكام، وإثبات الوقف، وسماع الإقرار به، وإثبات الزواج، والوصية، والطلاق، والخلع، والنسب، والوفاة، وحصر الورثة.

ج - إقامة الأوصياء، والأولياء، والنظار، والإذن لهم في التصرفات التي تستوجب إذن القاضي، وعزلهم عند الاقتضاء.

د - فرض النفقة وإسقاطها.

هـ - تزويج من لا ولي لها من النساء.

و - الحجز على السفهاء والمفلسين.

_____

(1)   ولقد قضى نظام ديوان المظالم الصادر بموجب قرار مجلس الوزراء رقم (303) بتاريخ 1428/9/19هـ حيث حدد الباب الأول وبالتحديد المواد من الحادية عشرة حتى المواد الخامسة عشرة منه.

158

1/32 - يراعى في إثبات الزواج موافقة وزارة الداخلية فيما يحتاج إلى ذلك مما صدرت به التعليمات.

2/32 - الإثبات للوصية هنا بعد موت الموصي؛ أما تسجيل الوصايا حال حياة الموصي فمن اختصاص كاتب العدل.

3/32 - يجوز إثبات الوصايا والأوقاف في بلد الموصي والموقف، أو في بلد العقار.

4/32 - يراعى لإثبات الخلع: اقترانه بإقرار المخالع بقبض عوض المخالعة، أو حضور الزوجة، أو وليها للمصادقة على قدر العوض وكيفية السداد[1].

---

(1) ولقد قرر القضاء السعودي الحكم بثبوت مخالفة الزوج لزوجته على المهر وما دفعه من ذهب لاتفاقهما على ذلك: الحمد لله وحده وبعد:
ففي يوم الاثنين 1425/7/21هـ لدي أنا إبراهيم ين صالح الخضيري القاضي بالمحكمة العامة بالرياض حضرت .... فلسطينية الجنسية حاملة الجواز رقم ...... والمعرف بها من قبل أبيها...... حامل الجواز رقم .... وادعت على الحاضر معها ...... أردني الجنسية حامل الجواز رقم ..... قائلة في تحرير دعواها عليه إنه زوجي وقد تزوجني بالعقد رقم 21 مجلد 1/54 في 1424/5/6هـ الصادر من محكمة الضمان والأنكحة ولم يدخل بي بعد وأنا لا أريده وذلك بسبب غشه وخداعه وذلك أنه عقيم ولا ينجب إضافة إلى أنه كثير السب والشتم أطلب طلاقي منه وأسأله الجواب.
وأجاب المدعى عليه على دعوى المدعيه بقوله إن ما ذكرته من أنني زوجها بالعقد والتاريخ المذكورين فصحيح، وما ذكرته من أنني لم أدخل بها حتى الآن فأيضاً صحيح وأما غير ذلك فلا أساس له من الصحة وأنا لا أمانع من فراقها بشرط أن ترد لي كامل ما أخذته مني.
وبعد مداولة بين الطرفين اتفقا على أن يخالع الزوج زوجته مقابل أن ترد المهر الذي دفعه ومقداره عشرة آلاف ريال سعودي إضافة إلى ذهب بقيمة خمسة آلاف ريال ويتسامح الطرفان في الدنيا والآخرة، ثم قرر الزوج قائلاً طلقت زوجتي الحاضرة... على أن ترد لي مهري والذهب الذي دفعته لها. ولما سبق من الدعوى والإجابة والإقرار واتفاق الطرفين على ما ذكر فقد حكمت بصحة الصلح ولزومه وثبت لدى خلع المدعية من المدعى عليه على عوض مقداره عشرة آلاف ريال مع الذهب الذي دفعه لها وكان ذلك بشهادة ... وحامل الجواز رقم ... و. وبه قنع الجميع، وصلى الله وسلم على نبينا محمد وعلى آله وصحبه أجمعين. (مدونة الأحكام القضائية. رقم الصك 20/296، بتاريخ 1425/7/29هـ، خلع، الرياض،2007، الإصدار الأول: 93 - 94).

5/32 - التصرفات التي تستوجب إذن القاضي في عقار القاصر، أو الوقف هي البيع، أو الشراء، أو الرهن، أو الاقتراض، أو توثيق عقود الشركات، إذا كان القاصر طرفاً فيها، بعد تحقق الغبطة والمصلحة من أهل الخبرة.

6/32 - لا بد من تمييز الإذن فيما يخص بيع عقار القاصر، أو الوقف، أو قسمته.

7/32 - ليس للقاضي تولية الأب على أولاده؛ لأن الأصل ولايته شرعاً، وله إثبات استمرار ولايته عند الاقتضاء، كما له رفع ولايته فيما يخص النكاح، أو المال، أو الحضانة، أو جميعها؛ لموجب يقتضي ذلك.

8/32 - لا يحتاج تصرف الأب بالبيع ونحوه عن أولاده القاصرين إلى إذن من المحكمة.

9/32 - القاضي الذي يأذن بالبيع، والشراء للقاصر، أو للوقف هو الذي يتولى الإفراغ فيما أذن فيه، بعد اكتساب الإذن القطعية، مما تقتضي التعليمات تمييزه.

10/32 - للقاضي عزل الأولياء والأوصياء والنظار حال عجزهم أو فقدهم الأهلية المعتبرة شرعاً، ويتولى ذلك القاضي الذي أصدر الولاية أو الوصاية أو النظارة، إذا كان على رأس العمل في المحكمة نفسها، وإلا فخلفه.

11/32 - يدخل في فقرة (من لا ولي لها من النساء): من انقطع أولياؤها؛ بفقد، أو موت، أو غيبة يتعذر معها الاتصال بهم أو حضورهم، أو توكيلهم ومن عضلها أولياؤها، وحكم بثبوت عضلهم، ومن أسلمت وليس لها ولي مسلم.

12/32 - يراعى في تزويج من لا ولي لها من النساء، موافقة وزارة

الداخلية فيما يحتاج إلى ذلك مما صدرت به التعليمات [1].

---

(1) ويندرج ضمن هذا البند حالة وجود ولي الزواج ولكنه ممتنع عن تزويجها فينتقل هذا الحق للسلطان ولذلك قرر القضاء السعودي ما يلي:

الحمد لله وحده وبعد:

لدي أنا سليمان بن عبد الله الماجد القاضي في المحكمة العامة بالرياض بناءً على المعاملة الواردة لنا من فضيلة الرئيس شرحاً على خطاب صاحب السمو الملكي أمير منطقة الرياض رقم 5020 س في 1427/3/13هـ حول دعوى .... في امتناع والدها من تزويجها من خطابها..... حضرت المدعية .... المذكورة ولم يحضر معها والدها المذكور رغم تبلغه في الجلسة الشفهية التي عقدت يوم الاثنين 1427/5/9هـ لتقريب وجهات النظر والصلح بين الطرفين.

فادعت المرأة قائلة تقدم لخطبتي ...... فرفض والدي استقباله أو تحديد موعد للقائه فحاولت في والدي عدة مرات أن يستقبله فرفض ذلك وكان أول ما تقدم إلينا منذ سنتين وأنا أخشى أن يفوتني حظي من الزواج وعمري الآن ثماني وعشرون سنة وسبق لي الزواج وأنجبت من زوجي الأول ابنين وقد تزوج والدي بعد طلاقه والدتي وصرت أعيش وحيدة في بيتي ثم مرضت والدتي وتوفيت في رمضان الماضي وحيث إن المتقدم لي كفء لي في الديانة والنسب وهو حالياً متفرغ للدراسة في المعهد العالي للقضاء، حيث يحضر الماجستير وقد أجلت الموضوع عدة مرات من حين تقدم لي رغبة مني في إنهاء الموضوع ودياً بيني وبين والدي ولكن هذا لم ييسر.

لذا أطلب من والدي أن يزوجني منه أو إثبات عضله لي وتولي المحكمة ذلك هذه دعواي.

ثم حضر والدها وقدم ورقة جاء فيها إشارة إلى الدعوى الموجودة لديكم والمقدمة الابنة ..... حول اعتراضي على رغبتها في الزواج من ...... وإشارة إلى الإجتماع الذي تم مع فضيلتكم الساعة 9.30 ص الاثنين الموافق 1427/5/9هـ أود أن أؤكد لكم كتابياً ما أوضحته لكم من أسباب الاعتراض وهي على النحو التالي:

أولاً: أن أسلوب تقدم هذا الشخص للخطبة لم يكن بالشكل المطلوب واللائق وكل ما في الأمر سبق أن اتصلت امرأة من سنتين بزوجتي تدعي أنها أخت المذكور تخطب ابنتي علماً أني لم أر المذكور قط ولم يتقدم لي شخصياً لا بخطاب ولا بشكل رسمي حتى تاريخ إعداد هذا الخطاب وهذا أعطاني عنه انطباعاً غير إيجابي.

ثانياً: بالرغم من الانطباع غير الإيجابي عنه وبإلحاح من ابنتي تم السؤال عن المذكور وتوصلت إلى قناعة بأن المذكور غير مناسب للقبول به كزوج لابنتي.

ثالثاً: اختلاف المستوى الاجتماعي بين الطرفين وفي ضوء الأسباب المشار إليها أعلاه توصلت إلى قناعة بعدم مناسبة المذكور كزوج لابنتي، علماً أنه أول خاطب يتقدم لها بعد طلاقها من زوجها، وختاماً فإني غير موافق على المذكور للقبول به كزوج لابنتي متمنياً لها من الله سبحانه الزوج الصالح الذي ترضى به واقتنع به وللقضاء اتخاذ ما يرى فيه المصلحة الشرعية مع الأخذ في الاعتبار ما ذكر أعلاه وما قد يترتب عليه من إضرار بمصلحتها، هذا ما لدي وليعذرني فضيلتكم عن حضور الجلسات مستقبلاً متمنياً للجميع التوفيق فيما يرضى الله والسلام أخوكم...... توقيعه. =

وبعرض ذلك على المدعية قالت عن السبب الأول إن أسلوب الخطبة كان طبيعياً، حيث إن أخت الخاطب اتصلت هاتفياً تمهيداً لتقدمه هو ولكن عندما رد الوالد لي برفضه وبشدة من البداية كان إتمام عملية اللقاء بينهما غير مناسبة خشية من مفسدة أعظم وقد حاولت كثيراً وكتبت له خطابات كثيرة لأجل أن يلتقي معه لكنه لم يرد على خطاباتي وأما السبب الثاني فلم يوضح الوالد سبب قناعته بأنه غير مناسب. وأما السبب الثالث فهو مناسب اجتماعياً، حيث جرت عادة الأسرة بتزويج بناتها من خارجها إذا كان ذا قبيلة معروفة وأقرب مثال لذلك عمتي أخت والدي وغيرهما كثير.

هكذا قررت المدعية ثم اقتضى النظر إحضار الخاطب المذكور لسماع ما لديه وفي جلسة أخرى حضر المدعى عليه وقرر قائلاً ما ذكرته ابنتي من أنني رفضت استقباله فلم أرفض ذلك وإنما رفضت أن أقبل شخصاً لم يتقدم لي مباشرة وما عملته هو أنها ألحت على لأقبل به زوجاً لها فرفضت ذلك للسبب الذي ذكرته وقد طلقت والدتها وهي صغيرة وتوفيت أمها في المستشفى وكانت ساكنة في منزلي الذي أملكه. وأما زواج أختي من خارج الأسرة فلم أكن راضياً عن ذلك ولم أكن ولياً لها وقد ذكرت سابقاً الأسباب الثلاثة التي جعلتني لا أقبله وقد بنيت بيتاً لأولادي من أمها وهم .... و......... من أجل السكنى فيه ولم يسكن فيه إلا والدتها وابني......... ولا أستطيع الحضور في الجلسات القادمة لأنه ليس لدي ما أضيفه وإذا اتخذت المحكمة قراراً برفض طلبها أو قبوله فأرغب أن أبلغ بذلك هذا ما لدي حول هذا الموضوع.

وفي جلسة أخرى حضر ...... وقرر قائلاً إنني ما زلت راغباً في الزواج من ...... المذكورة وأنا من حمولة .... من فخذ .... من .... من .... التابعة لمنطقة .... وأعمل... في .... بالخرج ومفرغ لإكمال درجة الماجستير بـــ .... وإمام وخطيب جامع......... بحي .... ومتزوج ابنة ...... من أهالي البدائع ويرجعون إلى ...... وأنا مستعد بإعطائها مهراً مثلها والقيام بحقوقها بعد إتمام الزواج وحضر معه ...... و .... فقرر كل منهما بمفرده قائلاً إن .... هذا الحاضر من طلاب العلم المعروفين بالحرص على تحصيله وعلى خلق حسن وتعامل طيب وسيرة حميدة وهو من القبائل المعروفة وكفء لـــ ...... في النسب ونشهد بذلك وعدل الشاهدان التعديل الشرعي.

وفي جلسة أخرى حضرت المدعية وقد سبق ضبط هذه القضية جلسة مطولة بين الطرفين في مواجهة بعضهما لمحاولة الصلح بإتمام الزواج من الخاطب المذكور أو سحب المدعية دعواها فبقى كل منهما على موقفه. =

162

13/32 - ذوات الظروف الخاصة يبنى النظر في تزويجهن على خطاب الجهة المختصة بوزارة العمل والشئون الاجتماعية وفق التعليمات.

14/32 - يشترط للحجر على المفلس مطالبة غرمائه، أو أحدهم.

15/32 - يشهر الحجر على المفلس للعامة، ولكل من له صلة بالتعامل مع المحجور عليه قبل الحجر.

16/32 - الأمر بالحجر له صفة الاستعجال.

17/32 - دعوى منع التعرض للحيازة، ودعوى استردادها في العقار

= فبناءً على ما تقدم من الدعوى والإجابة وخطاب مقام إمارة منطقة الرياض المذكور وما قرره الطرفان ومحاولة الصلح المذكورة بينهما وحال المدعية من الزواج السابق وعمرها وأن المدعى عليه لم يورد ما يؤثر في الخطاب في دين ولا خلق ولا نسب وشهادة الشاهدين العدلين لخاطب المدعية بحسن خلقه ومكافأته للمدعية في النسب ولظهور الضرر من تأخير زواج المدعية مع ما هي عليه من حال وما ذكره المدعى عليه من أنه لم يتقدم أحد لخطبتها بعد طلاقها من زوجها السابق ووجود سابقة زواج مماثلة لهذه الحالة وما جاء في إحدى الروايتين عن الإمام أحمد - رحمه الله - واختيار شيخ الإسلام ابن تيمية - رحمه الله - من أنه إذا عضلها الولي الأقرب انتقلت إلى السلطان ولما في نقلها إلى الأقرب من أسباب القطيعة إن رضي بالتزويج أو رفض وفي تولي الحاكم ذلك درء لهذه المفسدة فقد قررت ما يلي:

أولاً: ثبوت عضل المدعى عليه للمدعية عن كفئها في الدين والنسب.

ثانياً: أن المحكمة ستتولى عقد نكاحها من المتقدم المذكور وبذلك حكمت ويعتبر حكماً حضورياً حسب نظام المرافعات الشرعية فاقتنعت به المدعية وسيتم إكمال اللازم حيال تبليغ المدعى عليه حسب نظام المرافعات الشرعية بهذا الحكم وما يترتب على التبليغ من رفع المعاملة إلى محكمة التمييز أو عدم ذلك وبذلك انتهت هذه الدعوى حرِّر في 1427/6/7هـ وصلى الله وسلم على نبينا محمد وعلى آله وصحبه أجمعين.

الحمد لله وحده وبعد: فحيث إن المدعى عليه استلم صورة الصك بتاريخ 1427/7/8هـ ومضت مدة شهر ولم يتقدم بلائحته الاعتراضية لذا فإن الحكم صار قطعياً غير خاضع للتمييز حرِّر في 1427/10/21هـ والله الموفق.

«مدونة الأحكام القضائية. رقم الصك 32/160، بتاريخ 1427/6/14هـ،»عضل» ،عام 2007م - 1428هـ، المملكة العربية السعودية، ص379: ص384».

من اختصاص المحاكم العامة، ولها صفة الاستعجال.

18/32 - كل ما لم ينص عليه من سائر الإنهاءات فهو من اختصاص المحاكم العامة لعموم ولايتها.

19/32 - البلدان التي بها محاكم للضمان والأنكحة تبقى على اختصاصها.

هكذا بدأت المادة «من غير إخلال بما يقضي به ديوان المظالم» فجعل النظام المحاكم العامة هي صاحبة الولاية العامة فيما خرج عن اختصاص المحاكم الجزئية وإن قيد بعدم الإخلال بما يقضي به ديوان المظالم، على أن ما أوردته المادة من دعاوى يشير إلى اختصاص المحاكم العامة بتلك النوعية من القضايا على وجه التحديد بحظرها على أي جهة قضائية من سلب هذا الاختصاص.

(1) الدعاوى العينية المتعلقة بالعقار:

تعتبر الدعوى عينية إذا كان الحق المطالب حقاً عينياً، فالدعوى العينية يجوز رفعها في المواد العقارية ضد كل من كان حائزاً للشيء المتنازع فيه، وترفع الدعوى أمام المحكمة العامة الواقع في دائرتها العقار، وبذلك ينبغي مراعاة أن يذكر في أوراق الدعوى تحديد موقع العقار.

(2) الدعاوى العينية العقارية:

- دعاوى ملكية، دعاوى وضع اليد -

دعاوى الملكية وهي تكون كذلك إذا كان الغرض منها حماية الملكية كدعوى الاستحقاق والدعوى بنفي حق إرتفاق، أو كان الغرض منها حماية الحقوق العينية دعاوى وضع اليد، وتكون كذلك إذا كان الغرض منها حماية وضع اليد أو الحيازة لذاتها وإذا كان الحق العيني[1] حقاً مقرراً على عين

---

(1)   محمد حامد فهمي. مذكرات في المرافعات المدنية والتجارية، الجزء الثاني، مكتبة عبد الله وهبة، 1948: 23 فقرة 24.

بذاتها، فهو يتبعها أينما كانت، ومن ثم فإن الدعوى العينية ترفع على الشخص الذي يدعي وجود حق له على العين أو على الشخص الذي توجد العين في حيازته. فمثلاً: إذا بيع عقار وانتقلت ملكيته بتسجيل البيع كان للمشتري حق عيني على العقار، يرفع بناء عليه دعوى عينية تتبع العقار في أي يد يكون ولو كانت حيازته قد انتقلت إلى مشترٍ ثان من نفس البائع الأول [1]، والحقوق

---

(1) ولقد قرر القضاء صحة البيع ولو لم يكن الجزء المبيع مخططاً وفي هذا المعنى نجد: الحمد لله وحده والصلاة والسلام على من لا نبي بعده محمد وآله وصحبه وبعد:

فقد اطلع مجلس القضاء الأعلى بهيئته الدائمة على الأوراق المعادة إليه بكتابة فضيلة رئيس محاكم منطقة القصيم رقم 1/595/ في 1421/2/12هـ المتعلقة بقضية .... بالوكالة عن ..... ضد .... المنتهية بصك الحكم رقم 6/1/16 في 1419/2/6هـ الصادر من ...... أثر دعوى .... ضد .... بشأن أرض ومستودع يقعان ببلدة .... بالقصيم وأنهما جزء من ملك .... عليه بالشراء من .... بتاريخ 1414/6/10هـ وأن يع .... في 1414/7/8هـ بمائة وستين ألف ريال سلمه مبلغ أربعين ألف ريال والباقي مؤجل على قسطين يسلم بتاريخ 1414/9/1هـ ثمانين ألف ويسلم أربعين ألف ريال بتاريخ 1415/9/1هـ.

وقد استلم المدعي هذا الجزء وتصرف به ولم يسلم المبلغين المؤجلين حتى الآن والأرض المذكورة أفرغت أخيراً لموكلي من مالكها الأول وشريكه بتاريخ 1418/12/18هـ وقد أقام عليه موكلي دعوى بذلك لديكم وانتهت بصك الخصومة الصادر منكم برقم 6/1/165/ في 1418/10/11هـ المتضمن صرف النظر عن دعواه وإفهامه أنه لا يسوغ سماعها إلا بعد إفراغ ما اشتراه وتخطيط الأرض التي يقع من ضمنها محل النزاع بمخطط معتمد من قبل الجهات المختصة وقد قنع بالحكم موكلي ..... والمدعى عليه وبما أن موكلي .... لا يستطيع تخطيط ما اشتراه بمخطط معتمد والجهات المختصة لا توافق على التجزئة.

أطلب الحكم على المدعى عليه برفع يده عن الجزء الذي اشتراه من موكلي وتسليمه له.

وأجاب المدعى عليه بأن ما ذكره المدعي صحيح جملة وتفصيلاً وأضاف قائلاً إنني لم أتمكن من إخراج رخصة مزاولة نشاط رسمية من البائع المبيع أسلمه باقي حقه وقدره مائة وعشرون ألف ريال ولا أوافق على تسليمه ما باعه علي لأنه بيدي ولم امتنع من تسليمه باقي حقه بعد الإفراغ لي وإذا لم توافق الجهة المختصة على تجزئة هذه الأرض فلا مانع لدي من شراء باقي مساحة هذا الصك وما عليه من منشآت بعد تقدير قيمته من أهل الخبرة بما تساويه في الوقت الحاضر.

فجرى عرض ما طلبه المدعى عليه على المدعي وكالة فذكر أنه دفع لموكله فيها مبلغ ثلاثة ملايين ريال ولم يوافق فقال المدعى عليه لا رغبة لي بهذه القيمة فحكم القاضي أن شراء المدعى عليه غير صحيح وأن عليه رفع يده عنه وتسليمه للمدعي وعلى المدعي أن يعيد للمدعى عليه ما استمله من قيمة ورفع الحكم للتمييز فلاحظت عليه بملاحظات. =

= وأخيراً صدقته بقرارها رقم 626/ق/أ في 1419/10/10هـ.

وبعد دراسة المجلس أصدر قراره رقم 5/83 في 1421/1/18هـ ملاحظاً بأنه مشيراً إلى أن المدعي ذكر في استدعائه المقدم للمقام السامي أن دعوى المدعي عدم استطاعته تخطيط الأرض لعدم موافقة الجهات المختصة ادعاء باطل.

وذكر أنه صدر تعميم برقم 45152 في 1419/7/11هـ ينظم هذا الأمر خصوصاً أن المجمع القروي أوضح أن هذا الموقع داخل النطاق العمراني وطالب بإعطائه وكالة من المدعي ليقوم بإنهاء إجراء التخطيط والقاضي لم يذكر شيئاً عن ما قد يكون على الأرض مدار النزاع من منشآت لأنها إن كانت قد وضعت فإنها لم توضع ظلماً بل البائع هو الذي جعل المشتري يضعها.

وعليه فإن مجلس القضاء الأعلى بهيئته الدائمة يقرر بالأكثرية إعادة المعاملة إلى فضيلة القاضي للنظر في ذلك وإجراء ما يراه والتحقق مما دفع به المدعي وإكمال ما يلزم لكل ذلك ثم إعادة المعاملة مزودة بالنتيجة.

فأعيدت الأوراق بخطاب فضيلة رئيس المحكمة المنوه عنه وقد ألحق فضيلة ناظر القضية بذيل الصك بتاريخ 1421/2/5هـ بأنه سبق وأن كتب للمجمع القروي بـــ ...... فورد الجواب يتضمن أن موقع النزاع داخل النطاق العمراني لبلدة ...... أما ما يخص تقسيم الأرض والإفراغ فهذا من اختصاص وزارة الزراعة لأن أساس الملك زراعي وقد سبق أن أفادت الزراعة بعدم إمكانية تجزئة وتخطيط الأرض وقد قال المدعى عليه أنه لا يقبل الأرض ولن يدفع باقي القيمة للمدعي إلا بعد إفراغها له وهذا متعذر.

ولما تقدم ولما ذكره فضيلته في حيثيات الحكم حكم بما ظهر له وهذا يتمشى مع التعليمات ومن ذلك ما صدر أخيراً من مجلس القضاء الأعلى بالقرار رقم 6/416 في 1418/11/17هـ المعمم من معالي وزير العدل بالاعتماد برقم 13/ث/1144 في 1419/1/2هـ.

وأما عدم ذكر شيء مما قد يكون على الأرض من منشآت فإنها لم تكن محل نزال أثناء نظر القضية ولو ادعى بها أحد لسمعت دعواه فيها ولو تقدم المدعى عليه بعد اكتساب هذا الحكم للقطعية فإن دعواه تكون جديدة ومستقلة وله إقامتها متى رغب وقال فضيلته هذا ما ظهر لي ولذا إني لا زلت على ما حكمت به ولم يظهر لي خلافه.

وبتأمل ما تقدم ولكون المتبايعين كل واحد منهما أقدم على ما أجراه من بيع أو شراء وهما يعلمان واقع الأرض ومعلوم أن الناس يتبايعون ما كان مخططاً وما ليس بمخطط ولا يعد البيع باطلاً إذا كان المتبايعان يعلمان الحال وبينهما شرط دخلا عليه والأصل في العقود الصحة ولا يصادر إلى إبطالها إلا إذا اشتملت على ما ينافي مقتضى العقود وكون الأرض لم يعد مانعاً من البيع وعلى الطرفين التقيد بالتعليمات ولذا فإن ما أجراه القاضي من حكم ببطلان الشراء مع ما أنشيء على الأرض بإرادة المشتري وعلم البائع إجراء في غير محله وتصميمه على حكمه دون نظر إلى أصول العقود واعتبارها ما لم تخالف مقتضى الأدلة وقواعد الشريعة والأصل احترام الأموال وصيانتها. =

العينية محددة وهي إما أصلية (الملكية والارتفاق والانتفاع والاستعمال والسكنى والحكر، وإما تبعية (رهن رسمي ورهن حيازي واختصاص) وبذلك تكون الدعاوى التي ترفع مستندة إلى الحقوق العينية الأصلية الأخرى يطلب بها تقرير وجود تلك الحقوق أو نفي وجودها. والدعاوى التي ترفع مستندة إلى الحقوق العينية التبعية هي التي يرفعها الدائن المرتهن رسمياً أو حيازياً أو صاحب حق الاختصاص، والدعوى العقارية بصورتها هي التي تتعلق بحق عيني على عقار أي التي يستند رافعها إلى حق عيني ويقصد منها تقرير هذا الحق العيني على عقار.

ومن الأهمية بمكان الإشارة إلى التمييز بين نوعي الدعاوى العينية العقارية، فتنقسم الدعاوى حسب التقسيم السابق إلى دعاوى المطالبة بحق عيني ودعاوى الحيازة، فدعاوى المطالبة بحق عيني هي التي يدعى فيها بحق عيني على عقار سواء كان حق ملكية أو غيره من الحقوق العينية، فيطلب المدعي تقرير وجود الحق أو حمايته والحكم به له على من ينازعه فيه أو ينكر وجوده، مثال دعوى استحقاق العقار ودعوى تقرير حق الارتفاق أو الانتفاع ودعوى نفي حق الارتفاق أو الانتفاع أما دعاوى الحيازة فهي التي يدعي فيها شخص بأنه حائز لحق عيني على عقار ويقصد بها حماية حيازته من الاعتداء عليها بالاغتصاب أو التعرض ويطلب فيها المدعي إعادة الحيازة أو منع التعرض الحال أو المستقبل (بوقف الأعمال الجديدة) بغير بحث فيما إذا كان هو صاحب الحق الذي يدعي حيازته، ودعاوى الحيازة هي دعوى منع التعرض ودعوى استرداد الحيازة ودعوى وقف الأعمال الجديدة.

= لذا فإن مجلس القضاء الأعلى بهيئته الدائمة يقرر بالأكثرية نقض حكم فضيلة الشيخ أحمد بن عبد الرحمن الخضير في هذه القضية وللبائع المطالبة بباقي الثمن كما أن للمشتري مراجعة الجهات المختصة لتسهيل أمر التصرف في العين المشتراة وفق الأنظمة والتعليمات والله الموفق وصلى الله على نبينا محمد وعلى آله وصحبه. (مدونة الأحكام القضائية. رقم القرار 5/204، بتاريخ1421/3/11هـ، (عقار)، الرياض: 69 - 73).

الاستحكام:

يحال في شأنه ما ورد في المواد 251: 259.

إثبات الوقف:

يحال في شأنه ما ورد في المواد 246: 250.

الوفاة وحصر الورثة:

يحال في شأنه ما ورد في المواد 260: 263.

المادة الثالثة والثلاثون

تختص المحكمة العامة[1] بجميع الدعاوى والقضايا الداخلة في اختصاص المحكمة الجزئية في البلد الذي لا يوجد فيه محكمة جزئية.

---

(1) ونصت المادة التاسعة عشرة من نظام القضاء الصادر بموجب قرار مجلس الوزراء رقم (303) وتاريخ 1428/9/19 هـ على: «تؤلف المحاكم العامة في المناطق من دوائر متخصصة يكون من بينها دوائر للتنفيذ وللإثباتات الإنهائية وما في حكمها - الخارجة عن اختصاصات المحاكم الأخرى وكتابات العدل - وللفصل في الدعاوى الناشئة عن حوادث السير وعن المخالفات المنصوص عليها في نظام المرور ولائحته التنفيذية وتكون كل دائرة فيها من قاضي فرد أو ثلاثة قضاة، ووفق ما يحدده المجلس الأعْلى للقضاء».

وبناء على هذا النص فإن نظام المرافعات الشرعية هو المختص بتحديد إختصاص هذه المحاكم وذلك بناء على الفقرة الأخيرة من المادة التاسعة من نظام القضاء الجديد التي تقضي بـ « ....وتختص كل منها بالمسائل التي ترفع إليها طبقاً لهذا النظام ، ونظام المرافعات.........».

ولقد جاء نظام القضاء الجديد بإختصاصات أخرى للمحاكم العامة بجانب تلك المنصوص عليها في نظام المرافعات والذي عول عليها - نظام القضاء - في المادة سالفة الذكر ومن هذه الإختصاصات الجديدة:

الإختصاص بالفصل في دعاويى حوادث السير.

2 - الإختصاص بالفصل في المخالفات الخاصة بالمرور والمنصوص عليها في نظامه ولائحته.

33/1 - يشمل اختصاص المحاكم العامة ما اختصت به المحكمة الجزئية وكتابة العدل في حال عدم وجود محكمة جزئية، أو كتابة عدل في البلد.

من الملاحظ في المواد السابقة أنه تم تحديد اختصاص المحكمة الجزئية والمحكمة العامة وبالتالي يعتبر ذلك ترديد لما سبق بيانه وهو ما يتعين أن يقف عنده المؤلف فيحال في شأن المادة إلى اللائحة التنفيذية. ذلك أن دور المؤلف يتحدد من خلال طرح الأفكار المبتكرة وليس ترديدهما. منعاً من إدخال الملل للقارئ.

ويطلق على هذا النوع من أنواع الإختصارات الثابتة للمحكمة العامة بالإختصاص الإحتياطى العام أوالقاعدة الإحتياطية في الإختصاص النوعى وفيما يلي توضيح لما هيته وصوره وموقف المشروع المصرى تجاه:

أولاً: ماهية الإختصاص الإحتياطى العام:

في البلاد التي تتبنى مبدأ التعدد في محاكمها كأن يوجد محكمتين إحداهما عامة والأخرى جزئية أو كما هو عليه الوضع في مصر المحكمة الإبتدائية واالمحكمة الجزئية وهو ما يعرف بمبدأ تعدد المحاكم داخل الجهة القضائية الواحدة.

فينعقد الإختصاص لإحداهما - وهي في الغالب ما تكون المحكمة العامة أو الكلية في نظر جميع الدعاوى ما عدا ما خصها النظام بمادة او بنص خاص وحصر تكون قد عقدت المحكمة إختصاصها لمحكمة أخرى ومن ثم فالمحكمة العامة صاحبة الولاية على جميع المنازعات ما عدا المنصوص عليها صراحةً بنص يعقد إختصاصها لمحكمة أخرى.

وبمعنى آخر فإن إختصاص المحكمة العامة بنظر المنازعة محصور في أمر واحد هو عدم وجود نص يسلبها نظر المنازعة.

ومن ثم يمكن تعريف الإختصاص الإحتياطى لتلك المحاكم بأنه:

«إختصاص ينشأ للمحكمة العامة لنظر الدعوى عند تعذر نظرها من قبل المحكمة الجزئية ويتمثل هذا في حالات عدم وجود نص صريح يدخل الدعوى في نظام إختصاصها أو أن الدعوى يصعب تقديرها (ولا يوجد نص صريح يعقد إختصاصها للمحكمة العامة) او عدم وجود محكمة جزئية في بلدها وهي الصورة المنصوص عليها في المادة محل التعليق».

ثانياً: صور أو حالات إستعمال الضابط الاحتياطي وعقد الإختصاص للمحكمة العامة:

الحالة الأولى: إنتقاء النص الصريح الذى يسلب ولاية المحكمة العامة فى نظر الدعوى وإدخالها فى إختصاص محكمة جزئية

الحالة الثانية: صعوبة تقدير الدعوى ووجود خلاف حول إختصاصها بين المحكمة العامة والمحكمة الجزئية وإنتقاء النص الصريح الذي يدخلها في إختصاص تلك الاخيرة.

الحالة الثالثة: حالة تتعلق بقواعد الاختصاص المحلى وهي ما جاءت به المادة محل التعليق وهي إنتفاء وجود المحكمة الجزئية في البلدة فتنبسط ولاية المحكمة العامة لنظر الدعوى التي كانت من إختصاص المحكمة الجزئية.

ثالثاً: موقف المشرع المصري:

نصت المادة 41 من قانون المرافعات المعدلة بالقانون رقم 18 لسنة 1999 التى تنص على: «اذا كانت الدعوى بطلب غير قابل للتقدير بحسب القواعد المتقدمة اعتبرت قيمتها زائدة على عشرة آلاف جنيه».

ومفاد القاعدة المتقدمة ان الدعاوى بطلبات غير قابلة للتقدير تعتبر قيمتها زائدة على عشرة آلاف جنيه ومن ثم فانها تندرج فى اختصاص المحكمة الابتدائية.

وذلك لان قواعد الاختصاص النوعي بين طبقتي المحاكم الإبتدائية

والجزئية تقوم على قاعدة مفادها ان المحكمة الإبتدائية يكون لها الاختصاص العام فلا يخرج عن اختصاصها إلا ما أدرجه المشرع حصراً في اختصاص المحاكم الجزئية وهذه القاعدة تجد سندها في المادة 1/47 مرافعات التي تنص على «تختص المحكمة الإبتدائية بالحكم ابتدائياً في جميع الدعاوى المدنية والتجارية التي ليست من اختصاص محكمة المواد الجزئية».

الفصـــل الثالـث

الاختصـاص المحلـي

المادة الرابعة والثلاثون

تقام الدعوى في المحكمة التي يقع في نطاق اختصاصها محل إقامة المدعى عليه فإن لم يكن له محل إقامة في المملكة فيكون الاختصاص للمحكمة التي يقع في نطاق اختصاصها محل إقامة المدعي.

وإذا تعدد المدعى عليهم، كان الاختصاص للمحكمة التي يقع في نطاق اختصاصها محل إقامة الأكثرية، وفي حالة التساوي، يكون المدعي بالخيار في إقامة الدعوى أمام أي محكمة يقع في نطاق اختصاصها محل إقامة أحدهم[1].

---

(1) وتنشأ الحاجة والداعي لتنظيم قواعد للإختصاص المحلي داخل أي دولة لتعدد المحاكم داخل المناطق والمراكز. فنجد مثلاً المحاكم التجارية والعمالية تتعدد في كل أنحاء المملكة ويكون السؤال إذا كانت المحكمة التجارية أو العمالية أو حتى الجزائية هي المختصة بالفصل في النزاع فأي محكمة محلياً هي صاحبة هذا الإختصاص هل هي محكمة الشاكي (المدعي) أي التي تقع في دائرته؟ أم محكمة المشكو في حقه؟ ويجيب على هذا التساؤل قواعد الإختصاص المحلي.
والنتيجة المترتبة على ذلك أن الإختصاص المحلي يقوم على إفترض تعدد المحاكم، فإذا إنفردت محكمة بعينها بنظر النزاع فلا حاجة لقواعد الإختصاص المحلي ويكون ذلك بوجود محكمة واحدة في المملكة ومن أمثلتها المحكمة العليا فلأن هذه الأخيــرة هي =

1/34 - محل الإقامة هو: المكان الذي يسكنه المدعى عليه على وجه الاعتياد؛ وفق ما نصت عليه المادة (10).

2/34 - إذا كان المدعى عليه غير السعودي، ليس له محل إقامة في المملكة فيعامل وفق المادتين (26، 27).

3/34 - إذا لم يكن للمدعي والمدعى عليه محل إقامة في المملكة فللمدعي إقامة دعواه في إحدى محاكم المدن الرئيسية في المملكة.

4/34 - إذا كان للمدعي عليه سكن في أكثر من بلد، فللمدعي إقامة الدعوى في إحدى هذه البلدان.

5/34 - المقصود بالأكثرية في هذه المادة الأكثرية بالرؤوس، لا بالسهام أو الحصص.

6/34 - يمكن سماع دعوى المدعي على بعض المدعى عليهم إذا تعذر حضور البقية أو توكيلهم، ولا يسوغ التوقف عن سماع الدعوى حتى يحضر الجميع.

7/34 - إذا كان المدعى عليه سجيناً فتنظر الدعوى في بلد السجن.

8/34 - إذا اختلف سكن المدعى عليه ومقر عمله، فالعبرة بسكن المدعى عليه ما لم يكن مقيماً أيام العمل في بلد عمله فتسمع الدعوى فيه.

= الوحيدة داخل المحكمة من حيث أنها أعلى محكمة في القضاء العادي فلا حاجة لتفريد قواعد إختصاص عليها خاصة بها لأنها وحيدة غير متعددة فجميع الأطراف سوف يلجأون إليها بصرف النظر عن محل إقامتهم وتكون مقرها عاصمة البلاد وهذا ما جاءت به المادة العاشرة من نظام القضاء الجديد الصادر بموجب قرار مجلس الوزراء رقم (303) بتاريخ 1428/9/19 هـ والتي تنص في البند على «يكون مقر المحكمة العليا مدينة الرياض».
فالمحكمة العليا هي محكمة واحدة في البلاد غير متعددة فإذا وصل النزاع إليها فمن دون شك سوف يرفع في مدينة الرياض بصرف النظر عن أي اعتبار آخر. لذلك فلإنها واحدة فلا مجال لإعمال قواعد الإختصاص المحلي فإذا كان المدعي مقيم في مدينة غير الرياض وكذلك المدعى عليه ونشأت حالات نظر الطعن أمام المحكمة العليا فتلقائياً ودون الحاجة لقواعد الإختصاص المحلي يذهب الأطراف لمدينة الرياض لإقامة الدعوى.

9/34 - دعوى الملاءة تكون في بلد المدعى عليه، ولو كان صك الإعسار صادراً من محكمة أخرى.

10/34 - يجوز سماع الدعوى داخل المملكة في غير بلد المدعى عليه في الأحوال الآتية:

أ - إذا تنازل المدعى عليه عن حقه صراحةً أو ضمناً؛ كأن يجيب على دعوى المدعي بعد سماعها؛ وفق المادة (71).

ب - إذا تراضى المتداعيان على إقامة دعواهما في بلد آخر وفق المادتين (28، 45).

ج - إذا وجد شرط بين الطرفين، سابق للدعوى، بأنه إذا حصلت بينهما خصومة فتقام الدعوى في بلد معين.

د - إذا حصل اعتراض على حجة استحكام أثناء نظرها، أو قبل اكتسابها القطعية فيكون نظره في بلد العقار من قبل ناظر الحجة.

هـ - للزوجة في المسائل الزوجية الخيار في إقامة دعواها في بلدها أو بلد الزوج، وعلى القاضي إذا سمع الدعوى في بلد الزوجة استخلاف قاضي بلد الزوج للإجابة عن دعواها، فإذا توجهت الدعوى ألزم الزوج بالحضور إلى محل إقامتها للسير فيها فإذا امتنع سمعت غيابياً، وإذا لم تتوجه الدعوى ردها القاضي دون إحضاره[1].

و - إثبات الإعسار يكون من قبل القاضي مثبت الدين الأول إن كان على

(1) ولقد أضاف التعديل الأخير على هذا البند دعاوى الحضانه والزيارة في الأحوال الشخصية ليكون النص على النحو التالي: (للزوجة في المسائل الزوجية الخيار في إقامة دعواها في بلدها أو بلد الزوج وعلى القاضي إذا سمع الدعوى في بلد الزوجة استخلاف قاضي بلد الزوجة للإجابة عن دعواها، فإذا توجهت الدعوى ألزم الزوج بالحضور إلى محل اقامتها للسير فيها فإذا امتنع سمعت غيابياً وإذا لم تتوجه الدعوى ردها القاضي دون إحضاره، ويسري هذا الحكم على دعاوى الحضانة والزيارة في الأحوال الشخصية).

رأس العمل في المحكمة التي أثبت [1] فيها الدين ما لم يكن مدعي الإعسار

---

(1) وبالنسبة لكيفية إثبات الإعسار نجد أن الأحكام في المملكة تضمنت لتحققه شهادة ثلاثة شهود معدلين وذلك في الحكم التالي: الحمد لله وحده وبعد:

ففي يوم الأحد 1426/5/12هـ لدى أنا عبد الله بن عبد الرحمن الدهش القاضي بالمحكمة العامة بالرياض بناء على المعاملة المقيدة لدينا برقم 48773 في 1426/4/17هـ حضر ..... سوداني الجنسية بموجب رخصة الإقامة رقم ..... وادعى في مواجهة الحاضر معه .... سعودي بالطاقة رقم......

قائلاً في دعواه عليه: سبق وأن حكم على لهذا الحاضر معي بمبلغ مائة ألف ريال بموجب الصك الصادر منكم برقم 3/222 في 1425/8/7هـ وقد عجزت عن سداد هذا المبلغ بسبب فقري وإعساري وسجنت من تاريخ 1425/7/7هـ بسبب هذا المبلغ وما زلت سجيناً حتى الآن وليس لدي ما أستطيع السداد منه لذا أطلب إثبات إعساري في حق المدعى عليه هذا الحاضر معي هذه دعواي.

وبعرض ذلك على المدعى عليه أجاب بقوله: ما ذكره المدعي من الحكم لي عليه بالمبلغ الذي ذكر بموجب الصك الذي ذكر وسجنه بسبب ذلك وعدم سداده لشيء منه حتى الآن فهذا كله صحيح وما ذكره من فقره وإعساره فأنا لا أعلم عن ذلك شيئاً غير أنني أعرف أنه قد قبل حوالة (ثمانية وثمانين ألف ريال) قبل إقامة دعوى عليه بعشرة أيام وهو شريك في كسارة مع شخص يدعي ...... وقد باعها ...... بأربعة ملايين ريال وللمدعي حق فيها ويمكن للمدعي أن يطالب بحقه ويسدد لي حقي وما طلبه من إثبات إعساره فأنا لا أوافق على ذلك هذه إجابتي.

هذا وقد طلبنا الاستفسار عن أموال المدعي فوردنا إفادة مؤسسة النقد العربي برقم 485 ن ض/ أق في 1426/3/26هـ المتضمنة عدم وجود أرصدة للمدعي لدى البنوك العاملة لدى المملكة وبعرض إجابة المدعى عليه على المدعي، قال إن ما ذكره المدعى عليه من شراكتي مع..... في الكسارة غير صحيح ولو كان لدي شيء أسدد منه ما بقيت في السجن هذه الفترة.

لذا سألت المدعى عليه بينة على ما ذكره من شركاة المدعي مع ...... في الكسارة وبيعها بأربعة ملايين ريال فقال: لدي البينة. ثم حضر الطرفان وسألت المدعى عليه إن كان أحضر بينة على شراكة المدعي مع .... في الكسارة فقال إنني لم أحضر شيئاً والشهود لم يتجاوبوا معي ولكن المدعي قد عرض علي شيولاً مقابل المبلغ والثمن الذي أطالبه به وإذا حضر الشيول وجرى تثمينه فأنا أقبله منه بما يساويه. =

= وبعرض ذلك على المدعي قال إن هذا الكلام غير صحيح ولم أعرض عليه شيول وليس لدي أصلاً شيول ولو كان لدي شيء لما رضيت أن يلحق ذمتي شيء لذا سألت المدعى عليه إن كان لديه بينة على عرض المدعي للشيول فقال إن لدي شهود هم .... سوداني و .... فسألته هل يعرف للمدعي شيئاً خلاف ذلك فقال لا أعرف له شيئاً غير ذلك وشراكته في الكسارة فقط لذا أفهمته بإحضار بينة على ذلك وأن هذه آخر فرصة لإحضار ماللديه من بينات ثم حضر الطرفان وأحضر المدعى عليه شاهداً يدعى .... سوداني الجنسية بموجب رخصة الإقامة الصادرة من الرياض برقم .... وبسؤاله عما لديه قال: إنه قبل فترة كنت في ورشة المدعي عليه...... الواقعة في .... وكان المدعي هذا الحاضر .... يتكلم معه بحضور ...... وسمعت .... يقول إن عندي شيول في جدة ومعي شريك فقال له...... أحضر الشيول وسوف نقوم بتخليص وتسديد .... حقه وكان هذا قبل سنتين تقريباً وأنا لا أعرف ...... قبل ذلك وإنما شاهدته عند .... وكنت أعرف من ..... وأنه يطالب ...... بقيمة غربال وسيور هذا ما لدي وعليه أوقع.

وسألت المدعى عليه إن كان لديه زيادة بينة فقال إني قد أحضرت الشاهد .... ولكنه غادر المحكمة هذا ولكون شهادة الشاهد غير موصلة لما يدعيه المدعى عليه فقد أفهمته بأن له يمين المدعي بنفي ما ادعاه من شراكته في الكسارة وعلمت أنه غير شريك وإنما هو مستأجر للكسارة من....... وأما يمينه على نفي ملكيته للشيول فأنا لا أقبلها ولكن إن سؤاله عن قيمة ما بعته عليه أين ذهبت حيث إنه باعها على شخص يدعى ...... بمائة وثمانين ألف ريال واستلمها منه فأين ذهبت هذه الدراهم ؟.

وبعرض ذلك على المدعي قال إنني قد بعت البضاعة على .... ولكن ليس بالمبلغ الذي ذكره المدعى عليه وإنما بعتها بمائة وعشرة آلاف ريال أعطاني منها أربعين ألف ريال وبقي ستون ألف ريال وأعطيت المدعى عليه ثلاثين ألف ريال والباقي ما زال عند .... وبعرض ذلك على المدعي عليه قال: إن هذا الكلام غير صحيح و .... قد أخبرني بأنه قد سلم له مائة وثمانون ألف ريال نقداً و .... يقيم في المذنب وأطلب استخلاف لمحكمة المذنب لسماع شهادته بذلك وإذا كان متبقي عند .... شيء فأنا أقبل حوالة عليه.

وبعرض ذلك على المدعي قال إن ما ذكرته هو الصحيح ولا مانع لدى من سماع ما لدى .... بذلك.

ثم حضر الطرفان وقد وردنا خطاب فضيلة قاضي محكمة المذنب برق 1763/1/17178 في 1426/10/19هـ والمقيد لدينا برقم 116674 في 1426/10/26هـ المتضمن عدم مراجعة المدعى عليه وجرى سؤال المدعى عليه عن الشاهد ..... فسألته هل يقبل بإحالته على .... المذكور بهذا المبلغ فقال إذا قبل ..... الحوالة فأنا أقبل بها حيث إني قد سألت ..... وأفادني بأن ليس في ذمته للمدعي أي شيء، فسألت المدعي هل هو مستعد بإحالة المدعى عليه على ...... فقال نعم إنني مستعد وسبب عدم إقرار ..... لي بالمبلغ هو أن المعدات التي بعتها عليه لم يكن عليها فاتورة وطلب إحضار فاتورة من المدعى عليه الذي باعنيها حتى يسدد ولكن المدعى عليه لم يتجاوب معي في ذلك وإذا كان سيذهب إلى ...... وقدره ستون ألفاً وثلاثمائة ريال وبعرض ذلك على المدعى عليه قال أقبل الحوالة بشرط أن يكون له حق عند .... =

= وبطلب البينة من المدعي فأحضر كلاً من ...... سوداني الجنسية بموجب الإقامة الصادرة من...... برقم ...... و .... سوداني الجنسية بموجب رخصة الإقامة الصادرة من ..... برقم .... و .... وبسؤالهم شهد كل واحد منهم بقوله إني أعرف المدعي ...... معرفة تامة وهو فقير ومعسر بما عليه من دين وليس له مال لا ثبات ولا منقول لا في المملكة ولا في بلده السودان ولا في أي مكان وأشهد بأنه فقير ومعسر بما عليه من دين هكذا شهد كل واحد منهم وبسؤال المدعى عليه عن الشهود الثلاثة قال لا أعرفهم ولا أقول فيهم شيئاً وطلب من المدعي معدلين لشهوده فأحضر كلاً من .... سوداني الجنسية بموجب رخصة الإقامة الصادرة من..... برقم .... و .... سوداني الجنسية بموجب رخصة الإقامة الصادرة من ...... برقم .... وبسؤالهما شهدا بمعرفتهما للشهود الثلاثة وأنهم عدول ثقات مقبولي الشهادة.

هذا وقد كتب المدعي حوالة للمدعى عليه على ...... بمبلغ ستين ألف وثلاثمائة ريال لاستحصالها إن استطاع ذلك.

فبناءً على ما تقدم من الدعوى والإجابة، وحيث صادق المدعى عليه على دعوى المدعي من أنه مدان له بمبلغ مائة ألف ريال بموجب الصك المشار إليه وأنه لم يسدد من هذا المبلغ شيء وأنه سجين بسبب ذلك وحيث أفادت مؤسسة النقد بعدم وجود أموال للمدعي وادعى المدعى عليه وجود أموال للمدعي يمكنه السداد منها ولم يثبت ذلك ببينة موصلة ورفض يمين المدعي حول عدم ملكيته للشيول وقرر المدعي أنه متبقي له عند ...... مبلغ وقدره ستون ألف ريال لم يستطيع استحصالها وأحال المدعى عليه بها على ...... وأصدر حوالة بذلك مرفقة صورتها بالمعاملة وحيث إن المدعي عليه قد قرر أن .... نفي وجود هذا الحق للمدعي مما يؤيد عدم قدرته على استحصاله وأن ذلك لا يمنع إثبات إعساره وحيث أثبت إعساره بشهوده الثلاثة المعدلين.

لذا فقد ثبت لدي إعسار المدعي بما عليه من دين وعلى دائنه إمهاله إلى ميسرة لقوله تعالى: (وإن كان ذو عسرة فنظرة إلى ميسرة) وللمدعى عليه يمين المدعي حول نفي ملكيته للشيول كما أن للمدعى عليه استحصال قيمة هذه الحوالة من ..... إن أمكنه ذلك وبما تقدم حكمت وبعرض الحكم على المدعى عليه قرر عدم القناعة وطلب التمييز وأفهم أن له المراجعة خلال عشرة أيام لاستلام نسخة من صك الحكم لتقديم اعتراضه وأفهم بأن له مهلة ثلاثين يوماً من تاريخ تسجيل الصك يسقط بعدها حقه في الاعتراض فالتزم بذلك وصلى الله على محمد وآله وصحبه أجمعين حرر في 1426/12/3هـ.

وفي يوم السبت 1427/2/4هـ فتحت الجلسة وطوال الفترة الماضية لم يتقدم المعترض باعتراضه وبناء على المادتين 176-178 من نظام المرافعات فقد اكتسب الحكم القطعية بمضي المدة النظامية، وصلى الله على نبينا محمد وآله وسلم. =

(مدونة الاحكام القضائية. رقم الصك 3/330, تاريخ 1426/12/24هـ, إعسار, الإصدار الأول،2007م :289: 295)

سجيناً في بلد آخر فينظر إعساره في محكمة البلد الذي هو سجين فيه.

11/34 - جميع الإجراءات المتعلقة بحجج الاستحكام [1] من تكميل،

---

(1) ومن أبرز قرارات القضاء السعودي تجاه حجج الاستحكام ما يلي:

الحمد لله وحده والصلاة والسلام على نبينا محمد وعلى آله وصحبه وبعد:

فقد اطلع مجلس القضاء الأعلى بهيئته الدائمة على الأوراق المتعلقة بحجة الاستحكام الصادرة بتملك .... و ...... والمعادة رفق كتاب فضيلة رئيس محاكم محافظة الأفلاج رقم 3339/4/905 في 1420/12/23هـ والواردة أساساً رفق برقية سمو نائب رئيس مجلس الوزراء رقم 4/ ب/12556 في 1420/8/8هـ المتضمن الرغبة بدراسة الصكوك الثلاثة المذكورة أرقامها في البرقية وبدراسة صورة الحجة الصادرة برقم 4/7/ت في 1419/5/9 هـ من فضيلة القاضي بمحكمة الأفلاج الشيخ سعد الكليب وجدت تتضمن تقدم ..... بوكالته عن المذكورين بأن من الجاري في ملك موكليه الملك الزراعي الواقع في ...... درج إليهما بالشراء من .... ودرج إليه بالإحياء من عام 1381 هـ.

حيث حفر به عدة آبار زراعية وزرعه وأحاطه بالعقوم والشبوك وذكر حدوده وإن مساحته الإجمالية ثمانية ملايين وثمانمائة وثمانية وستون ألفاً وستمائة متر مربع وطلب إعطاءه حجة استحكام جرى تطبيق المادتين 85 و 86 وأعلن عنه وكتب للدوائر فذكر مدير شركة الكهرباء عدم البناء أو الزراعة تحت مسار الشبكة بمسافة عرضها خمسة وثلاثون متراً على طول الشبكة كما عارض مدير الزراعة بأن الأرض المنهي عنها محياة بعد صدور النظام ونعارض على إخراج حجة للمذكور كما عارضت أملاك الدولة ووزارة البترول بأن الموقع داخل محجوزات أرامكو ويتعارض مع احتياجاتها.

ووافق المنهي بترك مسار الشبكة الكهربائية حالياً من الزراعة أو البناء بمسافة عرضها خمسة وثلاثون متراً كما رد على معارضة الزراعة ووزارة البترول بأن ملك موكله قديم درج إليهما بالشراء من .... وإليه بالإحياء والإحياء شامل لجميع الملك وحجوزات الشركة حديثة لا يتجاوز عمرها ست سنوات ووقفت هيئة النظر فوجدت أن الأرض جميعها محياة وشهد شاهدان بتملك المنهيين لما ذكر آل إليهما بالشراء من .... وإليه بالإحياء من عام 81 حيث حفر به عدة آبار ارتوازية وزرعه.

كما حضر مندوب الزراعة وقرر اعتراضه على إخراج الحجة لعدم وجود إحياءات قديمة والإمكانات المتاحة في السابق لا تسمح بزراعة مثل هذه المساحات ويمكنه التقدم للزراعة لمنح موكله هذه المزرعة حسب النظام. =

= ورد المنهي وكالة بأن مزرعة موكليه قديمة آلت إليهما بالشراء وإلى البائع بالإحياء من عام 81 وبسؤال المندوب قال ليس لدي سوى ما توصل إليه الباحث الزراعي المختص من أن الإحياء حديث بعد صدور نظام توزيع الأراضي البور وتلى عليه شهادة الشاهدين فلم يجرح في شهادتهما كما حضر مندوب شركة أرامكو وذكر أن ما أنهى عنه المنهي داخل حجوزات شركة أرامكو وقرر اعتراضه على إخراج الحجة ورد المنهي بأن حجوزات الشركة حديثة والمزرعة قديمة وأقر مندوب الشركة بأن حجوزات الشركة من حوالي سبع سنوات وإذا أثبت الإحياء الشرعي من عام 1381 هـ فإن الشركة لا تمانع من إخراج الحجة عليها وتلى عليه الشهادة فقال ليس لدي اعتراض سوى أن الموقع داخل حدود الشركة وليس لديه جرح.

وبناء على ما تقدم حكم القاضي بصرف النظر عن اعتراض مندوب الزراعة ومصلحة أملاك الدولة ومندوب شركة أرامكو كما حكم بملكية المنهيين للمزرعة وصدق من محكمة التمييز برقم 917/ ش/1 في 1419/7/11هـ فلم تقنع وزارة البترول ووزارة المالية.

فجرى إحالة المعاملة للمجلس فأصدر قراره رقم 3/587 في 1420/11/8 هـ المتضمن أنه بتأمل ما تقدم ونظراً لأنه صدر أمر ولي الأمر بتاريخ 1410/1/1هـ وعمم على المحاكم برقم 8/ت/8 في 1410/1/26هـ بعدم إصدار صكوك في المناطق المطلوبة للتطوير وقضى بالتنبيه على القضاة بصورة خاصة بأهمية الالتزام بهذا الأمر تحقيقاً للمصلحة العامة ونظراً لأن القاضي أصدر الحجة بعد الأمر بتسع سنوات فالقاضي والحال ما ذكر لا ولاية له لإصدار صكوك بهذا الخصوص.

لذا فإن مجلس القضاء الأعلى بهيئته الدائمة يقرر بالأكثرية إعادة المعاملة لفضيلة القاضي لتأمل ما ذكر والتقيد بما صدرت به التعليمات واتخاذ ما يلزم أخيراً نحو الصك مع ملاحظة أن عدم إخراج صك للأرض لا يؤثر على ما يملكه المسلم إذا ثبت تملك صحيح سابق على المنع ثم إعادة المعاملة بعد ذلك.

وباطلاع فضيلته ألحق في الصورة الفوتوغرافية أن مندوب وزارة البترول حضر لديه وسمع اعتراضه وقال إذا ثبت لديكم أن الإحياء للمزرعة من عام 1381هـ فإن الشركة لا تمانع في إخراج الحجة عليها وأنه جرى تطبيق المادتين 85-86 لأن المزرعة داخل حدود ولايته القضائية وأحضر المنهي بالوكالة البينة المعدلة على ملكية موكله وأن المزرعة محياة من عام 1381 هـ أي قبل المنع بحوالي سبع سنوات وقبل حجوزات شركة أرامكو بحوالي ثلاثين عاماً، لذا لم يظهر له ما يوجب العدول عما حكم به وإعاد المعاملة للمجلس.

وبتأمل ما تقدم ونظراً لصدور الأمر بالتوقف على إخراج صكوك على هذا الموقع وعدم إخراج الصكوك لا يعني بطلان التملك الصحيح وإنما يمنع البيع ونحوه وإخراج الصكوك وإنما يمنع البيع ونحوه وإخراج الصكوك إجراء إداري إذا منع منه ولي الأمر وجب امتثال أمره ونظراً لعدم تجاوب القاضي فإن مجلس القضاء الأعلى بهيئته الدائمة يقرر بالأكثرية نقض هذا الصك ولا يعني ذلك بطلان ما قد يكون من تملك صحيح. والله الموفق وصلى الله على محمد. =

أو تعديل، أو إضافة ونحوها، تنظر لدى محكمة بلد العقار؛ ولو كان الصك صادراً من غيرها.

12/34 - إذا كان القاضي ممنوعاً من نظر القضية لأي سبب، فتنظر القضية لدى قاضٍ آخر في المحكمة ذاتها إن وجد، وإلا ففي أقرب محكمة.

يهدف النظام بتعدد المحاكم على اختلافها إلى سرعة الفصل في المنازعات، وعليه فالتنظيم النظامي يقوم بتوزيع تلك المحاكم على أرجاء الدولة بهدف تقريب القضاء من المتقاضين، ويترتب على تعدد المحاكم المتحدة في طبقاتها أو أنواعها وجوب توزيع الاختصاص بينها بتحديد مجال اختصاص كل محكمة بنطاق إقليمي معين. هنا ينشأ ما يسمى بالاختصاص المحلي للمحكمة. ويتحدد هذا النوع من الاختصاص على أساس محل إقامة المدعى عليه فالدعوى محل المطالبة القضائية وفقاً لهذا الاختصاص هي الدعوى الشخصية والمنقولة وليس من بينها الدعاوى العينية التي ينعقد الاختصاص بالمحكمة الواقع في دائرتها العقار. وأساس قاعدة اختصاص المحلي المؤسس على محل إقامة المدعى عليه أن الأصل في المدعى عليه هو البراءة وعلى من يدعي العكس إثبات ذلك ولذلك تجب له الرعاية وعلى المدعي أن يسعى إليه في أقرب المحاكم إلى محل إقامته، وتحديد محل الإقامة يتم وفق المادة (10) وفق ما أشارت إليه اللائحة التنفيذية إذا كان للمدعى عليه أكثر من محل إقامة فللمدعي إقامة دعواه أمام أي محكمة من تلك المحاكم.

أما إذا تعدد المدعى عليهم وكل محل إقامة الأكثرية (تحسب بالرؤوس) وفي حالة تساوي عدد المدعى عليهم يكون للمدعي الخيار أن يقيم دعواه

= مجلس القضاء الاعلى بهيئته الدائمة

عضو	عضو	عضو	عضو
محمد بن الأمير	محمد بن سليمان البدر	عبد الله بن رشيد	غنيم المبارك

رئيس المجلس

صالح بن محمد اللحيدان

(مدونة الأحكام القضائية، الإصدار الأول، رقم القرار3/49، بتاريخ 1421/1/12هـ، عام2007م-1428هـ:41: 45)

أمام أي من المحكمتين.

وقد ذهبت أحكام محكمة النقض المصرية:

جواز أن يكون للشخص في وقت واحد أكثر من موطن. محل التجارة بالنسبة للأعمال المتعلقة بها. جواز اعتباره موطناً للتاجر بجانب موطنه الأصلي.

جلسة 1997/3/12 طعن رقم 380 لسنة 62 قضائية

الموطن الأصلي طبقاً للرأي السائد في فقه الشريعة الإسلامية هو - وعلى ما جرى به قضاء هذه المحكمة - موطن الشخص في بلدته أو في بلدة أخرى اتخذها دارا توطن فيها مع أهله وولده وليس في قصده الارتحال عنها وأن هذا الموطن يحتمل التعدد ولا ينتقص بموطن السكن وهو ما استلهمه المشرع حين نص.................... على أن محل الإقامة هو البلد الذي يقطنه الشخص على وجه يعتبر مقيماً فيه عادة فلم يفرق بين محل الإقامة العادي وجعل المعول عليه في تعيينه الإقامة فيه بصفة مستقرة ولو لم تكن مستمرة تتخللها فترات غيبة متفاوتة أو متباعدة.

جلسة 1980/12/22 طعن رقم 45 لسنة 48 قضائية

الموطن الأصلي هو المكان الذي يقيم فيه الشخص عادة. هذا الوصف لا ينطبق على منزل العائلة إلا إذا ثبتت إقامة الشخص المراد إعلانه فيه على وجه الاعتياد والاستقرار.

جلسة 1966/3/10 المكتب الفني السنة 17 ص 55

إذا تعدد المدعى عليهم جاز للمدعي رفع الدعوى أمام المحكمة التي بها موطن أحدهم وكما تسري أحكام هذه القاعدة في حالة المدعى عليهم المتوطنين داخل الدولة فإنها تسري كذلك في حالة ما إذا كان موطن أحدهم في الداخل والآخر له موطن في الخارج.

جلسة 1956/6/28 المكتب الفني سنة 7 ص 767

المادة الخامسة والثلاثون

مع التقيد بأحكام الاختصاص المقررة لديوان المظالم[1] تقام الدعوى على أجهزة الإدارة الحكومية في المحكمة التي يقع في نطاقها اختصاصها المقر الرئيسي لها، ويجوز رفع الدعوى إلى المحكمة التي يقع في نطاق اختصاصها فرع الجهاز الحكومي في المسائل المتعلقة بذلك الفرع.

1/35 - لا تسمع الدعوى على الجهات الحكومية إلا بإذن من المقام السامي بسماعها[2].

2/35 - الاستئذان قبل إقامة الدعوى ضد الجهات الحكومية خاص بالدعاوى التي تكون فيها الجهة الحكومية في موقف المدعى عليها[3].

3/35 - يكون طلب الاستئذان من المقام السامي في سماع الدعوى ضد الجهة الحكومية بالكتابة من المحكمة لوزارة العدل[4].

أوضحت اللائحة التنفيذية في شأن رفع الدعاوى على الجهة الحكومية صدور إذن بذلك من المقام السامي لسماع الدعوى وهذا الطلب يوجه من المحكمة إلى وزارة العدل كتابة وهذا يعني أن المحكمة هي التي يتوجب عليها القيام بهذا الإجراء.

إلا أنه يتوجب ألا يتم اتخاذ الإجراءات المعتادة في رفع الدعاوى في المحكمة إلا بعد الحصول على الاستئذان بذلك حتى يتم سماع الدعوى، على أنه إذا تم سماع الدعوى دون الحصول على أحد المفترضات الإجرائية

---

(1) وحددت هذا الإختصاص المواد من العاشرة حتى الخامسة عشر من نظام ديوان المظالم الجديد الصادر بموجب قرار مجلس الوزراء رقم (303) وتاريخ 1428/9/19 هـ.

(2) ألغيت على ضوء التعديل الجديد.

(3) ألغيت على ضوء التعديل الجديد.

(4) ولقد عدلت على النحو التالي: (في حال ما إذا تطلب نظر الدعوى الرفع إلى المقام السامي فيكون بالكتابة من المحكمة لوزارة العدل بطلب ذلك).

التي أشارت إليها اللائحة التنفيذية. طبقت المادة (72) بشأن عدم سماع الدعوى.

ويبنى على ما سبق أن المدعي يرفع دعواه أمام المحكمة الواقع في اختصاصها المحلي المقر الرئيسي للجهاز الحكومي أو فرع الجهاز الحكومي بشأن المسائل المتعلقة بهذا الفرع.

وتجدر الإشارة أنه إذا كان محل الدعوى متعلقة بدعوى عينية عقارية مع الجهة الحكومية فإن الاختصاص ينعقد لمقر الجهة الحكومية أو الفرع حسب الأحوال، استناداً إلى ما أوضحته اللائحة التنفيذية من قيام المحكمة الواقع في دائرتها المقر الحكومي بالكتابة لوزارة العدل حتى يتحقق المفترض الإجرائي للرفع.

المادة السادسة والثلاثون

تقام الدعاوى المتعلقة بالشركات والجمعيات القائمة، أو التي في دور التصفية، أو المؤسسات الخاصة في المحكمة التي يقع في نطاق اختصاصها مركز إدارتها، سواء كانت الدعوى على الشركة أو الجمعية أو المؤسسة، أو من الشركة أو الجمعية أو المؤسسة على أحد الشركاء أو الأعضاء، أو من شريك أو عضو على آخر، ويجوز رفع الدعوى إلى المحكمة التي يقع في نطاق اختصاصها فرع الشركة أو الجمعية أو المؤسسة وذلك في المسائل المتعلقة بهذا الفرع.

1/36 - يشترط ألا يكون الشريك أو العضو منكراً المشاركة أو العضوية ما لم يكن مسجلاً رسمياً، وإلا رفعت الدعوى في بلد المدعى عليه؛ وفق المادة (34).

2/36 - عند سماع الدعوى المقامة من فرع الشركة أو الجمعية أو المؤسسة الخاصة أو عليها فإنه لابد أن يكون ممثل هذه الجهات له الصفة الشرعية في ذلك.

3/36 - إذا وجد فرع للشركة في بلد العضو فتقام الدعوى في بلد ذلك الفرع.

عالج النظام الدعاوى المتعلقة بالشركات والجمعيات والمؤسسات الخاصة فجعل من مقر مركز الإدارة الضابط الذي يتحدد به الاختصاص المحلي، كما اعتد النظام بمركز الفرع فيما يتعلق بنشاطه، واعتد بالمركز سواء أكانت الشركة قائمة أم في دور التصفية.

ولا يقتصر اختصاص محكمة مركز الإدارة على الدعاوى التي ترفع على الشركة أو الجمعية أو المؤسسات الخاصة ولكن جعل النظام من هذه المحكمة مركزاً لعدة أنواع من الدعاوى تدور حول الشركة.............. الخ.

ولو كانت مرفوعة من الشركة لا عليها وهذه الدعاوى هي التي ترفع من الشركة على الشريك أو العضو فيها والدعاوى التي ترفع من شريك أو عضو على شريك أو عضو آخر بشأن المصالح المشتركة.

وأجاز النظام رفع الدعوى إلى المحكمة التي يقع في دائرتها فرع الشركة أو الجمعية أو المؤسسات الخاصة وذلك في المسائل المتصلة بهذا الفرع وقد ذهبت أحكام محكمة النقض المصرية:

اختصاص المحكمة التي يقع في دائرتها مركز إدارة الشركة أو الجمعية أو المؤسسة الخاصة محلياً بنظر الدعاوى التي ترفع عليها مدنية كانت أو تجارية، ما لم يتفق ذوي الشأن على اختصاص محكمة معينة بنظر ما قد ينشأ بينهم من منازعات

جلسة 1990/5/14 سنة 41 الجزء الثاني المكتب الفني ص 134

الدعاوى المتعلقة بالشركات أو الجمعيات القائمة أو التي في دور التصفية أو المؤسسات الخاصة يكون الاختصاص للمحكمة التي يقع في دائرتها مركز إدارتها سواء أكانت الدعوى على الشركة أو الأعضاء أم من

شريك أو عضو على آخر، ويجوز رفع الدعوى إلى المحكمة التي في دائرتها فرع الشركة أو الجمعية أو المؤسسة وذلك في المسائل المتصلة بهذا الفرع دل على أن المشرع وإن اعتد في تحديد الاختصاص بالنسبة للشركات أو الجمعيات القائمة أو تلك التي في دور التصفية والمؤسسات الخاصة بالمحكمة التي يقع بها مركز إدارتها إلا أنه أجاز في .... تيسيراً على المتقاضين رفع الدعوى أمام المحكمة التي تقع في دائرتها فرع الشركة أو الجمعية أو المؤسسة إذا كان موضوع الخصومة متعلقاً بالفرع أو ناشئاً عن أعماله أو عن حوادث وقعت بدائرته طالما كان الفرع حقيقياً يمارس نوع أعمال المركز الرئيسي وينوب عنه.

جلسة 1993/5/20 طعن رقم 5196 لسنة 62 قضائية

المادة السابعة والثلاثون

استثناء من المادة الرابعة والثلاثين يكون للمدعي بالنفقة الخيار في إقامة دعواه في المحكمة التي يقع في نطاق اختصاصها محل إقامة المدعى عليه أو المدعي.

1/37 - تشمل هذه المادة كون المستفيد من النفقة ذكراً أو أنثى.

2/37 - تسري أحكام هذه المادة على المطالبة بالنفقة أو زيادتها، أما المطالبة بإلغائها أو إنقاصها فتكون وفق ما جاء في المادة (34).

3/37 - يتم تبليغ المدعى عليه في المطالبة بالنفقة، أو زيادتها وفق المادة (21) متى ما أقيمت الدعوى في بلد المدعي.

أجاز النظام رفع دعوى النفقة أمام المحكمة التي يقع في دائرتها محل إقامة المدعي - وذلك خروجاً عن الاصول العامة في قواعد الاختصاص المحلي - وذلك رفقاً بطالب النفقة - التي تكون في غالب الأحوال الزوجة - حتى لا يرهق - أو ترهق - بالانتقال إلى محكمة غير محكمته مع احتياجه

وضعفه، بالإضافة إلى حقه أن يرفع في المحكمة التابع لها محل إقامة المدعى عليه، والاختصاص ينعقد سواء في طلب النفقة أو زيادتها أما دعوى كف الضرر ترفع حسب القواعد العامة في الاختصاص.

وقد ذهبت أحكام محكمة النقض المصرية:

أن المدعى عليه إذا كانت زوجة أو أماً أو حاضنة أن ترفع دعواها أمام المحكمة التي يقع بدائرتها محل إقامتها أو محل إقامة المدعى عليه.

جلسة 1996/5/20 طعن رقم 225 لسنة 62 قضائية أحوال شخصية

المادة الثامنة والثلاثون

تعد المدينة أو القرية نطاقاً محلياً للمحكمة الموجودة بها، وعند تعدد المحاكم فيها يحدد وزير العدل النطاق المحلي لكل منها، بناء على اقتراح من مجلس القضاء الأعلى. وتتبع القري - التي ليس لها محاكم - محكمة أقرب بلدة إليها، وعند التنازع على الاختصاص المحلي - إيجاباً أو سلباً - تحال الدعوى إلى محكمة التمييز للبت في موضوع التنازع.

1/38 - القرية التي ليس بها محكمة تتبع أقرب محكمة إليها في منطقتها[1].

2/38 - القرية التي تقع بين محكمتين متساويتين في القرب لها وفي منطقة واحدة تبقي على تبعيتها في الاختصاص كما كانت سابقاً.

3/38 - المعتبر في القرب هو الطرق المسلوكة عادة بالوسائل المعتادة.

4/38 - يكون رفع المعاملة إلى محكمة التمييز للفصل في التنازع

---

(1) ولقد عُدل هذا البند ليوسع من مجال القرية وتصبح المركز أو المحافظة أيضاً وليس القرية بالمعنى الضيق ليكون على النحو التالي: (القرية - إذا كانت مركزا أو محافظة - وليس بها محكمة تتبع أقرب محكمة إليها في منطقتها).

بصفة نهائية عند حصوله من قبل المحكمة التي دفعتها أولاً بعد أن تصدر قراراً بعدم الاختصاص.

تنازع الاختصاص المحلي:

التنازع الإيجابي: ويتحقق بأن ترفع عن موضوع واحد أمام محكمتين ولا تتخلى إحداهما عن نظرها مدعية أن الدعوى تدخل في نطاق اختصاصها المحلي.

التنازع السلبي: بأن ترفع الدعوى عن موضوع واحد أمام محكمتين وتتخلى كل من المحكمتين عن نظرها باعتبار أنها ليست من اختصاصها وأنها من اختصاص المحكمة الأخرى. ويشترط أن يكون الموضوع في الطلبين واحداً ويجب أن يكون السند النظامي لهما واحداً كذلك ولو كانت قيمة الطلبين متفاوتة.

وفقاً لما أوضحته اللائحة التنفيذية في المادة 74/-2أ .... أو بين محكمتين تابعتين لجهة قضائية واحدة، فعلى من أحيلت إليه أولاً، ثم أعيدت إليه ثانياً ولم يقتنع باختصاصه بها أن يصدر قراراً بصرف النظر بعدم اختصاصه، وعليه أن يرفع القرار وصورة ضبطه وأوراق المعاملة إلى محكمة التمييز؛ للفصل في ذلك، وما تقرره يلزم العمل به، ويعلم القاضي الخصوم بذلك.

تجدر الإشارة في حالة التنازع السلبي أن المحكمة التي دفعتها أولاً هي التي ستتولى إجراءات رفع المعاملة إلى محكمة التمييز.

فما هو الحل في حالة التنازع الإيجابي؟ ولا سيما أن كلتا المحكمتين لا تتخلى عن القضية للمحكمة الأخرى.

ونوصي بالتعديل الآتي:

أنه في حالة التنازع السلبي أو الإيجابي يكون رفع الطلب بعريضة تقدم لمحكمة التمييز من الطالب لتحديد المحكمة المختصة محلياً بنظر النزاع.

الباب الثالث

رفع الدعوى وقيدها

المادة التاسعة والثلاثون

ترفع الدعوى إلى المحكمة من المدعي بصحيفة تودع لدى المحكمة من أصل وصور بعدد المدعى عليهم. ويجب أن تشتمل صحيفة الدعوى على البيانات الآتية:

أ - الاسم الكامل للمدعي، ومهنته أو وظيفته، ومحل إقامته، وسجله المدني، والاسم الكامل لمن يمثله، ومهنته أو وظيفته، ومحل إقامته إن وجد.

ب - الاسم الكامل للمدعى عليه، ومهنته أو وظيفته، ومحل إقامته، فإن لم يكن له محل إقامة معلوم فآخر محل إقامة كان له.

ج - تاريخ تقديم الصحيفة.

د - المحكمة المرفوعة أمامها الدعوى.

هـ - محل إقامة مختار للمدعي في البلد التي بها مقر المحكمة إن لم يكن له محل إقامة فيها.

و - موضوع الدعوى، وما يطلبه المدعي، وأسانيده.

1/39 - ترفع صحيفة الدعوى إلى المحكمة المختصة باسم رئيسها في المحاكم الرئاسية وباسم قاضي المحكمة في المحاكم الأخرى[1].

2/39 - إيداع صحيفة الدعوى يكون بتسجيلها في الوارد العام للمحكمة، ثم تسلم إلى مكتب المواعيد.

3/39 - لا يجمع في صحيفة الدعوى بين عدة طلبات لا رابط بينها.

---

(1) وترفع وفقاً للنموذج المعتمد لدى المحاكم والمتضمن كيفية اللجوء إليها وهذا ما جاء به التعديل على النحو التالي: (ترفع صحيفة الدعوى بعد توقيعها إلى المحكمة المختصة باسم رئيسها في المحاكم الرئاسية أو باسم قاضي المحكمة في المحاكم الأخرى وفقاً للنموذج المعتمد).

4/39 - إذا وردت المعاملة إلى المحكمة من جهة رسمية ولم يرفق بها صحيفة الدعوى فيتم استكمال بيانات الصحيفة من المدعي لدى مكتب المواعيد.

5/39 - لا تحال المعاملة إلى القاضي في المحكمة لنظرها إلا بعد استكمال صحيفة الدعوى وتحديد موعد الجلسة وتبليغه للمدعى عليه من قبل المحضر أو المدعي.

6/39 - يلزم استكمال بيانات الفقرة (أ) إذا كان للمدعي من يمثله في دعواه.

7/39 - يكتفى في المهنة أو الوظيفة الواردة في (أ، ب) بالاسم العام بأن يقال موظف، أو متسبب.

8/39 - يقصد بمحل الإقامة في فقرتي (أ، ب): ما أشير إليه في المادة   (10).

9/39 - إذا كان أحد المتداعين جهة حكومية فيكفي ذكر وظيفة من يمثلها دون اسمه ومحل إقامته.

10/39 - يجب على المدعي أن يذكر في صحيفة دعواه ما لديه وقت رفع الدعوى من بينات وأسانيد لإثبات ما يدعي.

11/39 - إذا ظهر من صحيفة الدعوى أنها خارج اختصاص المحكمة المرفوعة إليها فعلى رئيس المحكمة إحالتها إلى جهة الاختصاص.

12/39 - لا يترتب على نقص استيفاء بيانات فقرات هذه المادة بطلان صحيفة الدعوى متى تحققت الغاية منها وفق المادة (6) من هذا النظام.

13/39 - الدفع ببطلان صحيفة الدعوى يجب إبداؤه قبل أي طلب أو دفاع في الدعوى وفق المادة (71).

ولقد أضاف التعديل الجديد بند إضافي على هذه المادة حيث نص على

14/39 (مع مراعاة الاختصاص المكاني يتم النظر في القضايا الزوجية - الخلع والفسخ والنفقة والحضانة والزيارة ونحوها - لدى قاضٍ واحد وتحسب له إحالة بعدد هذه القضايا)[1].

الدعوى:

اختلفت الآراء حول تعريف الدعوى، ولا سيما أن النظام كسائر غيره من الأنظمة لم يعرف الدعوى، فحينما تستعمل الدعوى في بعض النصوص بمعنى الوسيلة[2] القانونية للحصول على حماية القضاء للحقوق، وحيناً آخر تستعمل بمعنى المطالبة القضائية فتكون حقاً إذا كان على المدعي أن يحصل من القاضي على إذن برفعها، وكان هذا الإذن ينشئ حقاً جديدا للمدعي يتميز عن الحق الأصلي الذي حصل بسببه على الإذن بالمقاضاة. وبصدور هذا الإذن كان يختفي الحق الأصلي ويحل محله حق جديد هو حق الدعوى.

ويذهب رأي آخر[3]: «الحق يمثل حالة قانونية ساكنة والدعوى تمثل الحالة القانونية نفسها وقت التحرك».

ويترتب على الرأي السابق في أن الدعوى تتبع الحق بكونه تتأثر به فإذا كان الحق معلقاً على شرط أو مؤجلاً فلا يجوز للدائن مطالبة المدين بالدين[4]، فلا حق إلا هو مقرر له دعوى تحميه، وإذا كانت الحقوق المشروعة لا يمكن حصرها فبالتالي الدعاوى المقررة لحماية تلك الحقوق غير محددة.

ويذهب الفقه الحديث في تعريف الدعوى بأنها «وسيلة قانونية يتوجه بها الشخص إلى القضاء للحصول على تقرير حق له أو حمايته».

---

(1)   التعديلات على اللائحة.

(2)   أحمد مسلم. أصول المرافعات، دار الفكر العربي، طبعة 1968: 309 فقرة 279.

(3)   عبد الحميد أبو هيف. المرجع السابق: 315 فقرة 395.

(4)   من الأهمية بمكان أننا ذكرنا الدائن والمدين ولم نذكر المدعى والمدعى عليه فالشخص قبل رفع الدعوى لا ينعت بالمدعى إلا بعد رفع الدعوى وفقاً لحكم المادة (39).

ويترتب على هذا التعريف الآتي:

أولاً: أن الدعوى هي الوسيلة النظامية التي بمقتضاها يتم اللجوء بموجبها إلى السلطة القضائية وهي تختلف عن وسائل أخرى أباحها النظام لصاحب الحق، كاللجوء إلى السلطة التنفيذية لتنفيذ الحكم.

ثانياً: طالما حرم النظام الأفراد من الاقتضاء الذاتي لحقوقهم فلابد أن يبيح لهم وسيلة تمكنهم من حصولهم على حقوقهم وفق الأنظمة، وإن أباح النظام للأشخاص اقتضاء حقهم فقيد ذلك في حالات محددة على سبيل الاستثناء كحق الدفاع الشرعي إن توافرت مبرراته.

ثالثاً: إن استعمال الدعوى هي رخصة من النظام لصاحب الحق إن أراد استعمالها من عدمه.

الدعـوى والأنظمـة الإجرائيـة الأخـرى:

قد تستعمل بعض الألفاظ للدلالة على معنى الدعوى وهي جد اختلاف عنها من بينها الخصومة والمطالبة القضائية، فبعد أن انتهيا إلى تعريف الفقه الحديث للدعوى باعتبارها وسيلة لحماية الحق، فتوجد ما دام الحق موجود، وتوصف بوصف الحق الذي تحميه، فإن كان حقا عقارياً أصبحت الدعوى عقارية، وإن كان حقاً شخصياً أصبحت الدعوى شخصية، إذ بواسطة الدعوى تتحول حماية الحق من حماية نظامية إلى حماية قضائية.

المطالبـة القضائيـة:

يلتزم الطالب في كيفية إبداء المطالبة القضائية اتباع الإجراءات الشكلية المتطلبة نظاماً في نظام المرافعات وبمجرد إتمام الإجراءات الشكلية اصبح التزاماً في جانب المحكمة بنظرها - المطالبة القضائية قد تكون صحيحة من عدمه فهذا لا يلزم لقبولها - هنا تنشأ الخصومة.

الخصـومة:

هي مجموعة الإجـراءات التي تستمر من وقت المطالبة القضائية إلى الفصل في الموضوع أو إلى انقضاء الإجراءات قبل الفصل في الموضوع مثل الترك، السقوط، الصلح. ومنها ما يقوم به الخصوم أو القاضي من إجراءات التبليغ، إبداء الطلبات، إجراءات التبليغ.

وقد ساير النظام، القوانين الحديثة من حيث أن الدعوى ترفع بإيداع صحيفة لدى المحكمة، ولم يعلق رفع الدعوى بعد إتمام التبليغ للمدعى عليه، تظهر أهمية ذلك في حساب المواعيد المتخذة كأساس في الدعاوى، إذ يترتب على عدم مراعاتها السقوط.

أحكـام محكمـة النقـض المصرية:

صحيفة الدعوى. وجوب اشتمالها على وقائعها وطلبات المدعي وأسانيدها. علة ذلك. إتاحة الفرصة للمدعى عليه لإعداد دفاعه وإلمام المحكمة بمضمون الدعوى ومرماها.

جلسة 1986/2/20 طعن رقم 1184 لسنة 52 قضائية

تكييف الدعوى وإعطائها وصفها الحق. العبرة فيه بحقيقة المقصود من الطلبات المقدمة فيها ولي بالألفاظ التي تصاغ فيها هذه الطلبات. مطالبة المدعية بحصتها في تركة مورثها في كافة الحقوق المادية والمعنوية للمصنع محل الشركة موضوع النزاع. مفاده. طلب تصفية هذه الشركة.

جلسة 1985/4/22 طعن رقم 611 لسنة 53 قضائية

متى انعقدت الدعوى صحيحة طبقاً للإجراءات التي رسمها القانون وسلمت هذه الإجراءات من البطلان قامت الخصومة أمام المحكمة فلا يبطلها أو يسقطها أو يمنع المحكمة من الفصل فيها.

جلسة 1983/4/28 طعن رقم 150 لسنة 49 قضائية

إذا كانت الخصومة في الدعوى لا تقوم إلا بين أشخاص موجودين على قيد الحياة فإن رفعت الدعوى على متوفي كانت معدومة لا ترتب أثراً ولا يصححها أي إجراء لاحق. وكان الثابت أن الطاعنين قد اختصموا في دعواهم مورث المطعون ضدهم عدا الأول الذي تبين أنه كان قد توفي قبل إيداع صحيفة الدعوى قلم الكتاب فإن الخصومة في الدعوى تكون معدومة بالنسبة له ولا يترتب على إيداع صحيفتها أي أثر ولو كان الطاعنون يجهلون وفاته إذا كان يتعين عليهم مراقبة ما يطرأ على خصومهم من وفاة قبل اختصامهم وتعجيل الطاعنين للدعوى واختصامهم الورثة فيها من بعد عديم الأثر لوروده على غير محل وليس من شأنه تصحيح الخصومة المعدومة.

جلسة 1983/3/17 طعن رقم 1606 لسنة 49 قضائية

انعقاد الخصومة في الدعوى لا يتحقق إلا بالإعلان. قضاء محكمة الاستئناف ببطلان صحيفة افتتاح لعدم إعلانها. عدم جواز تصديها للموضوع.

جلسة 1982/5/27 طعن رقم 167 لسنة 43 قضائية

ورود الطلبات في ختام صحيفة الدعوى مجملة. تحديد نطاقها بما ورد بها من بيان للوقائع والأسانيد.

جلسة 1983/11/3 طعن رقم 1353 لسنة 52 قضائية

العبرة في تحديد طلبات المدعي هي بطلباته الختامية وقت قفل باب المرافعة وليس فقط بما ورد في صحيفة افتتاح الدعوى.

جلسة 1983/12/15 طعن رقم 1102 لسنة 49 قضائية

للخصوم تعديل طلباتهم أثناء نظر الدعوى أوفي مذكراتهم أثناء حجز القضية للحكم متى رخصت لهم المحكمة بتقديم المذكرات واطلع عليها الخصوم.

جلسة 1983/11/24 طعن رقم 502 لسنة 50 قضائية

لما كان لا قضاء إلا في خصومة بغير دعوى يقيمها مدعيها ويحدد طلباته فيها .... من أجل ذلك كان التزام الحكم بما يطلبه الخصوم أمراً نابعاً من طبيعة وظيفة القضاء بوصفه احتكاماً بين متخاصمين على حق متنازع فيه فإذا ما خرجت المحكمة عن هذا النطاق ورد حكمها على غير محل ووقع بذلك باطلاً بطلاناً أساسياً.

جلسة 1980/6/21 مجموعة المكتب الفني سنة 31 جـ 2 ص 1801

صحيفة افتتاح الدعوى هي الأساس الذي تقوم عليه كل إجراءاتها فإذا حكم ببطلانها فإنه ينبغي على ذلك إلغاء جميع الإجراءات اللاحقة لها وزوال جميع الآثار التي ترتبت على رفعها واعتبار الخصومة لم تنعقد، وإن كان ذلك لا يمنع صاحب المصلحة من تجديد الخصومة إذا شاء بإجراءات مبتدأة متى انتفى المانع القانوني من ذلك.

جلسة 73/5/15 سنة 24 ص 748

الدفع ببطلان صحيفة الدعوى للتجهيل بالمدعى به هو - وعلى ما جرى به قضاء هذه المحكمة - دفع شكلي يجب إبداؤه قبل التعرض لموضوع الدعوى وإلا سقط الحق في التمسك به ويعد البطلان الذي يلحق بالصحيفة بسبب هذا التجهيل بطلاناً نسبياً لا يتعلق بالنظام العام ويعتبر الكلام في الموضوع مسقطاً في جميع الأحوال للحق في التمسك بهذا الدفع. أما الدفع بعدم قبول الدعوى لانعدام الصفة فهو دفع موضوعي يقصد به الرد على الدعوى برمتها، فإذا كان الثابت أن الطاعن أبدى الدفع ببطلان صحيفة الدعوى للتجهيل بالمدعي بعد سابقة إبدائه الدفع بعدم قبول الدعوى، فإن الحكم المطعون فيه يكون قد أصاب صحيح القانون إذا أيد الحكم الابتدائي في قضائه بسقوط الحق في التمسك ببطلان صحيفة الدعوى تأسيساً على ما قضت .... من وجوب إبداء هذا الدفع قبل إبداء الدفع بعدم قبول الدعوى.

جلسة 1969/12/23 سنة 20 ص 1297

طلب تصفية الشركة. تضمينه بطريق اللزوم طلب حلها. القضاء بحل الشركة وتصفيتها لا يعد قضاء بما لم يطلبه الخصوم.

جلسة 1979/3/5 طعن رقم 27 لسنة 46 قضائية

اتخاذ الخصم موطناً مختاراً له. وجوب إخطار خصمه عند إلغائه وإلا صح إعلانه فيه.

مجرد اتخاذه موطناً مختاراً جديداً أثناء سير الدعوى.

المادة الأربعون

ميعاد الحضور أمام المحكمة العامة ثمانية أيام على الأقل من تاريخ تبليغ صحيفة الدعوى، ويجوز في حالة الضرورة نقص هذا الميعاد إلى أربع وعشرين ساعة. وميعاد الحضور أمام المحكمة الجزئية ثلاثة أيام ويجوز في حالة الضرورة نقص هذا الميعاد إلى ساعة. بشرط أن يحصل التبليغ للخصم نفسه في حالتي نقص الميعاد، ويكون نقص الميعاد في الحالتين بإذن من القاضي، أو رئيس المحكمة المرفوعة إليها الدعوى.

1/40 - يحدد ميعاد الحضور أمام المحكمة العامة في البلد التي ليس فيها محكمة جزئية حسب نوع القضية.

2/40 - يتم تحديد مواعيد الجلسات من قبل مكتب المواعيد في المحكمة.

3/40 - إذا كان المدعى عليه خارج المملكة فيزاد على المواعيد المنصوص عليها في هذه المادة ما جاء في المادة (22) ولائحتها.

4/40 - يرجع في تقدير الضرورة المجيزة لنقص الميعاد إلى ناظر القضية، مثل: قضايا السجناء والقاصرين والمسافرين ونحوهم.

5/40 - نقص الميعاد لا يلزم أن يكون إلى الحد الأدنى الذي نصت

عليه المادة ولا يجوز النقص عنه.

6/40 - يشترط لإنقاص الميعاد أن يتم تسليم صورة ورقة التبليغ لشخص المطلوب تبليغه أو وكيله في الدعوى نفسها ولا يكتفى بغير ذلك.

7/40 - يكون إنقاص الميعاد من قبل رئيس المحكمة إذا كان ناظرا للقضية.

8/40 - إذا كانت القضية من القضايا المستعجلة المنصوص عليها في المادة (234) فإن ميعادها يكون أربعاً وعشرين ساعة ويجوز في حالة الضرورة القصوى نقص ذلك الميعاد بأمر من القاضي كما في المادة (235)

9/40 - المدد الواردة في هذه المادة لا تسري على من تم تبليغه ولا على المواعيد اللاحقة أثناء نظر القضية.

يوصف نظام المرافعات بكونه نظام إجراءات يحدد أشكال الإجراءات، ومواعيدها ليسترشد القاضي بهذه القواعد في تحقيق الدعوى، والفصل فيها وليتذرع الخصم بها للاطمئنان إلى حريته في الدفاع عن حقه، ولحمايته من المفاجآت التي قد يوقعه فيها خصمه، وتمكين الخصوم من إعداد وسائل دفاعهم للرد على الطلبات الموجهة إليهم أو المستندات المقدمة ضدهم.

ويبدأ حساب المدد المبينة في هذه المادة من اليوم التالي للتبليغ سواء أكان ذلك للحضور أمام المحاكم العامة أو الجزئية وبالتالي فلا يدخل في الحساب اليوم الذي تم فيه الإجراء.

مثال ذلك: إذا تم تبليغ الشخص بالحضور أمام المحكمة العامة في يوم 1425/7/5 وميعاد الحضور في هذه الحالة ثمانية أيام فإن بدء حساب الميعاد هو من يوم 1425/7/6 لأن اليوم الذي تم فيه الإجراء (التبليغ) لا يحسب وفي اليوم 1425/7/13 ينقضي ولا يجوز أن تحدد جلسة له للحضور فيها قبل يوم 1425/7/13 إلا في حالة الضرورة وفق ما أوضحته اللائحة التنفيذية من القضايا الخاصة بقضايا السجناء والقاصرين والمسافرين

ونحوهم وهي قضايا على سبيل المثال لا الحصر وذلك بعبارة و(نحوهم) مما يؤدي إلى تقدير ناظر القضية لحالة الضرورة وتوافر مبرراتها من عدمه وكل ذلك مع مراعاة أن يتم التبليغ لشخص المدعى عليه، كضمانة لتفعيل آثار حالة الضرورة في نقص الميعاد.

المادة الحادية والأربعون

على المدعى عليه في جميع الدعاوى عدا المستعجلة والتي انقص ميعاد الحضور فيها أن يودع لدى المحكمة مذكرة بدفاعه قبل الجلسة المحددة لنظر الدعوى بثلاثة أيام على الأقل أمام المحاكم العامة، وبيوم واحد على الأقل أمام المحاكم الجزئية.

1/41 - إذا أنقص ميعاد الحضور أو كانت الدعوى من الدعاوى المستعجلة الواردة في المادة (234) فلا يلزم المدعى عليه بإيداع مذكرة بدفاعه.

2/41 - يراعى ما ورد في المواد (45، 46، 62) من هذا النظام.

ترفع الدعوى وفقاً لحكم المادة (39) وتنعقد الخصومة باتخاذ إجراءات التبليغ للمدعى عليه، وإذا كانت المطالبة القضائية تفترض في الغالب خصمين المدعى والمدعى عليه سواء أكان شخصا طبيعياً أو معنوياً أن يعرض الأمر بغرض حماية الحق المراد حمايته من قبل المدعي، فاحتراما لحق المدعي في حماية حقه. يتحتم احترام حق المدعى عليه في الدفاع عن نفسه سواء أكان شفاهة أو كتابة (المذكرة) بتمكينه من تقديم وسائل دفاعه في المذكرة المقدمة منه هذا وإن عبر إنما يعبر عن احترام حق الدفاع فهو من وجهت ضده الدعوى، على أن ما أوردته المادة من مواعيد هي مواعيد تنظيمية لا يترتب على عدم مراعاتها عدم قبول المذكرة، مع مراعاة التقديم حتى قفل باب المرافعة إذ بموجبه يمتنع تقديم المذكرات من طرفي الخصومة

بعد قفل باب المرافعة وإلا أصبح ذلك إخلالاً بمبدأ المواجهة الخاضع له نظام المرافعات كأساس لإصباغ الإجراءات بصبغة شرعية، وهذا ما أوضحته اللائحة التنفيذية من نظام المحاماة في مادته (1/1) بقولها: الترافع عن النفس حق شرعي لكل شخص[1].

المادة الثانية والأربعون

يقيد الكاتب المختص الدعوى في يوم تقديم الصحيفة في السجل الخاص بعد أن يثبت بحضور المدعي أو من يمثله تاريخ الجلسة المحددة لنظرها في أصل الصحيفة، وصورها، وعليه في اليوم التالي على الأكثر أن يسلم أصل الصحيفة وصورها إلى المحضر أو المدعي - حسب الأحوال - لتبليغها، ورد الأصل إلى إدارة المحكمة.

1/42 - السجل الخاص الوارد في هذه المادة هو: دفتر قيد المواعيد في مكتب المواعيد بالمحكمة.

2/42 - يحيل الموظف المختص في مكتب المواعيد بعد تحديد الموعد إلى مكتب المحضرين أصل صحيفة الدعوى وصورها، وأصل التبليغ وصورته، ويبقى أصل الصحيفة في مكتب المحضرين وعند طلب المدعي القيام بتبليغ المدعى عليه فيسلم له مكتب المحضرين صورة الصحيفة، وأصل التبليغ وصورته لتبليغ المدعى عليه، فإذا تم التبليغ أحال مكتب المحضرين أصل صحيفة الدعوى وأصل التبليغ إلى مكتب القاضي المحال إليه الدعوى، وتسلم إلى الموظف المختص.

3/42 - ليس للقاضي إعادة ما أحيل إليه لعدم المراجعة قبل مضي شهر من تاريخ قيدها لديه إلا إذا تعلقت بسجين فلا تزيد مدة بقائها لعدم المراجعة على خمسة عشر يوماً.

---

(1)   انظر بشرح واف: محمد بن براك الفوزان نظام المحاماة السعودي، مكتبة القانون والاقتصاد، الرياض، ط 2007: 13.

ترجع أهمية قيد الدعوى في السجل الخاص في يوم تقديمها بكونه يحدد تاريخ إيداع الصحيفة لدى الكاتب المختص بالإضافة يفيد في تحديد تاريخ الجلسة المحددة لنظر الدعوى في حدود شرعية المادة (40) أي بتحديد اليوم الذي يتم فيه حضور المدعي والمدعى عليه أو من يمثلهم، وهو ميعاد كامل كما أسلفنا الإشارة إليه في موضعه، فهو الميعاد الذي يلتزم فيه كل أطراف الخصومة بالحضور وليس قبله أو بعده.

والجدير بالذكر بأن إذا تطلب النظام مراعاة ميعاد لرفع الدعوى، فمجرد إيداع صحيفة الدعوى لدى الموظف المختص فيعتبر الميعاد مرعياً بهذا الإجراء.

وتجدر الإشارة عبارة «اليوم التالي» يفيد القيام بتسليم الأوراق للمحضر للقيام بالتبليغ فهو ميعاد تنظيمي لا يترتب عليه البطلان على عدم مراعاة لكون أن النظام لم يرتب على عدم مراعاته البطلان، وإن كان وجود تأخير من الموظف المختص بدون مبرر يوجب مسئوليته التأديبية عن إخلاله بواجباته الوظيفة إن كان لها مقتض.

أحكام محكمة النقض المصرية:

إيداع صحيفة الدعوى قلم الكتاب. وجوبه لإجراء المطالبة القضائية. إعلان المدعى عليه. إجراء لازم لانعقاد الخصومة.

جلسة 1997/2/16 طعن رقم 9994 لسنة 65 قضائية

رفع الدعوى. تمامه بإيداع صحيفتها قلم الكتاب. إعلان الخصم بها. إجراء منفصل عنه. المقصود به إعلان الخصم بها وبطلبات المدعي بالجلسة المحددة لنظرها.

جلسة 1997/9/30 طعن رقم 1444 لسنة 53 قضائية

رفع الطعن. تمامه بمجرد إيداع صحيفته قلم الكتاب. إعلان الطعن عمل إجرائي تالٍ لرفعه. مؤداه. بطلان الإعلان لا أثر له على الطعن الذي تم صحيحاً في ذاته. إعلان الشركة المطعون ضدها بصحيفة الطعن بالنقض (التمييز) في موطنها الوارد بمرحلتي التقاضي وحضور محامٍ عنها بجلسة المرافعة بناء على هذا الإعلان. دفع الأخير ببطلان الإعلان لعدم حصوله في مقر الشركة الرئيسي. لا أساس له.

جلسة 1996/4/11 طعن رقم 3482 لسنة 58 قضائية

المادة الثالثة والأربعون

يقوم المحضر أو المدعي - حسب الأحوال - بتبليغ الصحيفة إلى المدعى عليه قبل تاريخ الجلسة، وبمقدار ميعاد الحضور.

1/43 - يسلم المحضر أو المدعي صورة صحيفة الدعوى وصورة ورقة التبليغ إلى المدعى عليه أو إلى من نص عليه في المادتين (15، 18).

2/43 - يلزم المحضر أو المدعي تسليم صورة ورقة التبليغ وصورة صحيفة الدعوى للمدعى عليه قبل المواعيد المنصوص عليها في المادة (40).

إن من مهام المحضر القيام بتبليغ صحيفة الدعوى إلى المدعى عليه، وهو أول إجراء من إجراءات الخصومة إذ بتمامه تنعقد الخصومة.

وصحف الدعاوى وهي من أوراق المحضرين بكونهم يقومون بتبليغها فهي ذات شكل محدد عينته المادة (39) من حيث شكل الصحيفة وكيفية رفعها، وتتصف تلك الصحف بكونها أوراق رسمية حجة على ما ورد فيها قبل أطراف الخصومة وعلى ذلك ينبغي على المحضر اتباع الإجراءات المنصوص عليها في المواد 13: 19 من النظام والالتزام بتسليم[1] صورة التبليغ وصورة صحيفة الدعوى إلى من وجهت إليه أو من يقوم مقامه في الاستلام.

---

(1)   أحمد أبو الوفا. المرجع السابق, فقرة 230: 460.

أحكـام محكمـة النقـض المصريـة:

بطلان ورقة الإعلان. عدم امتداده إلى أصل الصحيفة المودعة فيبطلها. علة ذلك أن الباطل لا يجوز أن يسلط على الصحيح فيبطله.

جلسة 1994/1/17 سنة 45 مكتب فني جزء أول ص 180

صحيفة الدعوى أساس كل إجراءاتها عدم إعلان الصحيفة. أثره عدم انعقاد الخصومة فلا يترتب عليها إجراء أو حكم صحيح.

جلسة 1996/2/7 طعن رقم 2509 لسنة 60 قضائية

المرافعة في الدعوى غير جائزة إلا بعد انعقاد الخصومة باستيفاء الشكل الذي نص عليه القانون. إبداء طلب في موضوع الدعوى قبل ذلك لا يعد مطروحاً على المحكمة.

جلسة 1996/12/24 طعن رقم 4399 لسنة 65 قضائية

الخصومة لا تنعقد إلا بين الأحياء. إنعدامها بالنسبة لمن توفي قبل اختصامه.

جلسة 1998/2/26 طعن رقم 3454 لسنة 60 قضائية

انعقاد الخصومة. شرطه. إعلان المدعى عليه أو من في حكمه إعلاناً صحيحاً بصحيفة الدعوى.

جلسة 1997/3/30 طعن رقم 4919 لسنة 65 قضائية

مثول النائب عن الطاعنة أمام محكمة أول درجة ومتابعته السير في الدعوى وإبدائه دفاعه فيها. مؤداه. تنازل الطاعنة ضمناً عن الدفع ببطلان إعلان صحيفة الدعوى وانعقاد الخصومة فيها بتمام المواجهة.

جلسة 1995/6/5 طعن رقم 2020 لسنة 58 قضائية

وجاء في حيثيات حكمها:

ويبين من هذه النصوص أن الدعوى تعتبر مرفوعة أمام القضاء بمجرد إيداع صحيفتها قلم الكتاب أما انعقاد الخصومة فيها فهو إجراء منفصل عن رفع الدعوي فلا يتم إلا بالإعلان حتى يعلم المدعى عليه بطلبات المدعى وبالجلسة المحددة لنظرها لإعداد دفاعه ومستنداته فإن هو أعلن قانوناً بصحيفة الدعوى كان ذلك دليلاً كافياً على علمه بها وإيذاناً للقاضي في المضي في نظرها سواء مثل المدعى عليه بالجلسات المحددة لنظرها أو لم يحضر وقد ذهب الرأي الراجح في الفقه والقضاء إلى أن الخصومة لا تنعقد في ظل قانون المرافعات إلا بالإعلان وثار الخلاف بشأن حضور المدعى عليه بالجلسة دون إعلان فذهب رأي إلى أن الإعلان إجراء لازم لانعقاد الخصومة ولا يجوز الاستعاضة عنه بالعلم الفعلي أو الحضور بالجلسة بينما ذهب رأي آخر أن المواجهة القضائية تتحقق بالإعلان الصحيح أو بالعلم اليقيني الذي يتمثل في حضور الخصم أمام القضاء تتحقق بالإعلان الصحيح أو بالعلم اليقيني الذي يتمثل في حضور الخصم أمام القضاء ومتابعة السير في الدعوى وبالتالي تنعقد الخصومة بين طرفيها بتمام المواجهة سواء تحققت بهذا السبيل أو بالإعلان الصحيح وقد انتهت الهيئة العامة المدنية والتجارية لمحكمة النقض في حكمها الصادر بتاريخ 1992/3/8 في الطعن رقم 2293 لسنة 55 قضائية إلى إنه إذا حضر المدعى عليه دون إعلان بالجلسة المحددة لنظر الدعوى وتنازل صراحةً أو ضمناً عن حقه في إعلانه بالجلسة المحددة لنظر الدعوى وتنازل صراحةً أو ضمناً عن حقه إعلانه بصحيفتها كأن أقر باستلام صورة منها أو تسلم هذه الصورة بالجلسة بغير اعتراض منه أو أبدي دفاعاً في الموضوع أو طلب أجلاً لإبدائه بما يدل على علمه اليقيني بموضوع الدعوى وبطلبات المدعى فيها وبمركزه القانوني كان ذلك كافياً لانعقاد الخصومة والمضي في نظر الدعوى دون ما حاجة إلى إعلانه بها ومؤدى هذا أن حضور المدعى عليه بالجلسة في الحالات التي أوردها حكم الهيئة يقوم مقام الإعلان وتنعقد به الخصومة وهذا القضاء يدل على أن محكمة النقض استهدفت الحد من الدفوع الشكلية لعيوب قد تقع في بيانات

الإعلان التي يدونها المحضر ولا شأن لرافع الدعوى بها كما سايرت قواعد العدالة بالتخفيف عن المتقاضين بعدم الالتزام بالإعلان وهو الإجراء الذي يتطلبه القانون متى تمت المواجهة بين طرفي الدعوى حيث تتحقق الغاية من الإجراء بطريق أو بآخر وقد تدخل المشرع مستهدفاً هذا الاتجاه وتجاوز نطاق تطبيقه بأن اعتد بحضور المدعى عليه دون إعلان واعتبر ذلك مجرداً عن أي شرط أو قيد طريقاً لانعقاد الخصومة بإصدار القانون....... بتعديل قانون المرافعات بإضافة .... وقد جاء هذا النص واضحاً وجلياً ويدل على أن المشرع ارتأى اعتبار الخصومة منعقدة في الدعوى بأحد أمرين أولهما إعلان صحيفتها للمدعى عليه والثاني هو حضور المدعى عليه بالجلسات ووردت العبارة الخاصة بصفة عامة مطلقة دون قيد أو شرط إلا أن المذكرة الإيضاحية لهذا القانون أوردت تفسيرا لهذا النص جاء فيه أن المقصود بالحضور في هذا المقام هو أن يحضر المدعى عليه دون إعلان بالجلسة المحددة لنظر الدعوى عند النداء عليها ويتنازل صراحةً أو ضمناً عن حقه في إعلانه بصحيفتها كأن يقر باستلامه صورة منها أو يتسلم هذه الصورة بالجلسة بغير اعتراض أو يبدي دفاعاً في الموضوع أو يطلب أجلاً لإبدائه بما يدل على علمه اليقيني بموضوع الدعوى وبطلباته المدعى فيها وبمركزه القانوني.

جلسة 1994/1/6 طعن رقم 4946 لسنة 63 قضائية

المرافعة في الدعوى غير جائزة إلا بعد انعقاد الخصومة باستيفاء الشكل الذي نص عليه القانون. إبداء طلب في موضوع الدعوى قبل ذلك لا يعد مطروحاً على المحكمة.

جلسة 1996/5/26 طعن رقم 1049 لسنة 65 قضائية

تعمد إعلان الخصم بصحيفة الدعوى في موطن وهي بطريق الغش والتواطؤ بغية إخفاء قيام الخصومة عنه. أثره. عدم انعقاد الخصومة.

جلسة 1996/3/13 الطعن رقم 1600 لسنة 65 قضائية

المادة الرابعة والأربعون

لا يترتب على عدم مراعاة الميعاد المقرر في المادة السابقة أو عدم مراعاة ميعاد الحضور بطلان صحيفة الدعوى، وذلك من غير إخلال بحق الموجه إليه التبليغ في التأجيل لاستكمال الميعاد.

1/44 - إذا حصل التبليغ في أقل من مدة الميعاد المحددة في المادة (40) فعلى المطلوب حضوره المثول أمام المحكمة في الموعد المحدد وله أن يطلب إكمال مدة الميعاد النظامية في حقه.

يتضح بجلاء من النص أنه في حالة ما تم عدم مراعاة الميعاد المنصوص عليه في المادة (40) يحق للمدعى عليه طلب أجلاً لإكمال المدة المنصوص عليها إلا أنه إذا رفضت المحكمة ذلك عُد ما يصدر منها إخلالاً بحق الدفاع في عدم إتاحة المهلة التي حددها النظام لكي يتمكن المدعى عليه من الاستعداد وتقديم مذكرة بدفاعه وتوكيل محامي للدفاع عنه في خلال المدة المحددة في النظام. والاطلاع عما قدمه المدعي من مستندات.

المادة الخامسة والأربعون

إذا حضر المدعى والمدعى عليه أمام المحكمة من تلقاء نفسيهما - ولو كانت الدعوى خارج اختصاصها المكاني - وطلبا سماع خصومتهما فتسمع المحكمة الدعوى في الحال إن أمكن وإلا حددت لها جلسة أخرى.

1/45 - يشترط أن تكون الدعوى داخلة في الاختصاص النوعي للمحكمة.

وفق ما أوضحته اللائحة التنفيذية يشترط لعرض دعواهم (المتداعيان) أمام المحكمة مراعاة قواعد الاختصاص النوعي ولفظ المحكمة يشمل المحاكم العامة والمحكمة الجزئية دون التقيد بقواعد الاختصاص المكاني. فيطبق بشأن عدم تواجد محكمة جزئية ووجود محكمة عامة تطبيق حكم المادة (33)، وسماع الخصومة يخضع لتقدير المحكمة وذلك لعبارة «إن أمكن»

وتسير المحكمة في إجراءاتها. فإذا تبين لها أن النزاع المعروض عليها يتصادم مع قواعد الاختصاص النوعي وجب عليها الحكم فيها بعدم الاختصاص والإحالة وفقاً لحكم المادتين (72، 74).

أحكام محكمة النقض المصرية:

وجوب إحالة الدعوى عند القضاء بعدم الاختصاص، التزام المحكمة المحال إليها الدعوى بنظرها. أثره. ما تم صحيحاً من إجراءات قبل الإحالة يبقى صحيحا. على المحكمة المحال إليها الدعوى متابعة الإجراءات من حيث انتهت.

جلسة 1977/12/16 سنة 28 مكتب فني ص 681

على المحكمة إذا قضت بعدم اختصاصها أن تأمر بإحالة الدعوى بحالتها إلى المحكمة المختصة. أن تلتزم المحكمة المحال إليها بما تم من إجراءات أمام المحكمة التي رفعت إليها الدعوى ومن ثم فإن ما تم صحيحاً من إجراءات قبل الإحالة يبقى صحيحاً وتتابع الدعوى سيرها أمام المحكمة التي أحيلت إليها من حيث انتهت إجراءاتها أمام المحكمة التي أحالتها.

جلسة 1983/2/17 طعن رقم 654 لسنة 48 قضائية

المادة السادسة والأربعون

إذا عينت المحكمة جلسة لشخصين متداعيين، ثم حضرا في غير الوقت المعين وطلبا النظر في خصومتهما، فعليها أن تجيب هذا الطلب إن أمكن.

انطلاقاً من مبدأ حرمان الاقتضاء الذاتي للحقوق، وأن ولاية الفصل في المنازعات من اختصاص القضاء، فإذا لجأ المتداعيان إلى المحكمة وعينت لهم جلسة لنظر النزاع، ولم يحضرا في الوقت المحدد فإن أمكن المحكمة نظر خصومتهما نظرتها وإن لم تتاح الفرصة فتحدد لهما موعداً آخر لنظرها وفق لحكم المادة (45).

الباب الرابع

حضور الخصوم وغيابهم

الفصل الأول

الحضور والتوكيل في الخصومة

المادة السابعة والأربعون

في اليوم المعين لنظر الدعوى يحضر الخصوم بأنفسهم أو من ينوب عنهم، فإذا كان النائب وكيلا تعين كونه ممن له حق التوكل حسب النظام.

1/47 - تراعى أحكام نظام المحاماة في التوكيل على المرافعة.

2/47 - النائب في الخصومة هو: الوكيل أو الولي أو الوصي ونحوهم.

3/47 - تكون النيابة عن الخصم بوثيقة صادرة من جهة رسمية مختصة أو بما يقرره الموكل في ضبط القضية وفق ما جاء في المادة (48).

4/47 - إذا تعدد الوكلاء في الخصومة عن أحد طرفي الدعوى جاز لكل واحد منهم الحضور عن موكله سواء أكان في أول الدعوى أم في أثنائها ما لم ينص في الوكالة على غير ذلك أو يؤدي تعاقبهم إلى إعاقة سير الدعوى.

5/47 - لا يوكل النائب غيره ما لم ينص على حقه في التوكيل.

6/47 - ممثلو الجهات الحكومية يكتفى بتفويضهم بخطاب رسمي

من صاحب الصلاحية إلى المحكمة التي تقام لديها الدعوى.

7/47 - التوكيل عن الشركات يكون بوكالة شرعية من المفوض بذلك وفق عقد الشركة المعتمد.

الحضور أمام القضاء:

بعد تبليغ صحيفة الدعوى للخصم سواء أكان بواسطة المحضر أم المدعي وفقاً لحكم المادة (42). وعلى الخصوم أن يحضروا بأنفسهم أو بواسطة[1] المحامين أو وكلائهم أو من يمثلهم نظاماً وذلك بحسب ما إذا كان المتداعيين أشخاصاً طبيعية أم معنوية ولأن الحضور هو الطريق النظامي لإبداء الطلبات والدفاع والدفوع أمام المحكمة ووفق ما أشارت إليه اللائحة التنفيذية للمادة.

فالنظام لا يوجب حضور المتداعيين بأنفسهم بالجلسة، فلهم الحق في الحضور عنهم من لهم الحق في الحضور كالمحامي، الوكيل، الولي، الوصي.......... إلخ.

وليس هناك وسيلة تجبر الخصم على الحضور بالجلسة غير أن تخلف أي من المتداعيين لا يمنع المحكمة من نظر الدعوى في غيبته ولا من الحكم فيها.

فالمادة (54)........ إذا حضر المدعى عليه في الجلسة التي غاب عنها المدعي فله أن يطلب من المحكمة عدم شطب الدعوى والحكم في موضوعها.

المادة (55)....... أو غاب عن جلسة أخرى دون عذر تقبله فتحكم المحكمة في القضية ومن الأهمية بمكان مراعاة تطبيق مواد نظام المحاماة[2].

---

(1) عاشور مبروك. النظام القانوني لمثول الخصوم أمام القضاء، مكتبة الجلاء الجديدة، الطبعة الأولى: من 35 فقرة 16.

(2) محمد الفوزان. التعليق على نظام المحاماة، المرجع السابق: 13، 183.

المادة الأولى:

يقصد بمهنة المحاماة في هذا النظام الترافع عن الغير أمام المحاكم وديوان المظالم، واللجان المشكلة بموجب الأنظمة والأوامر والقرارات لنظر القضايا الداخلة في اختصاصها، ومزاولة الاستشارات الشرعية والنظامية. ويسمى من يزاول هذه المهنة محامياً ويحق لكل شخص أن يترافع عن نفسه.

المادة العشرون:

يجب على المحامي أو الوكيل أن يقدم أصل توكيله أو صورة منه مصدقاً عليها إلى المحكمة أو ديوان المظالم، أو اللجان المشار إليها في المادة (الأولى) من هذا النظام، في أول جلسة يحضر فيها عن موكله، وإذا حضر الموكل مع المحامي في الجلسة أثبت كاتب الضبط أو من يقوم مقامه ذلك في محضر الضبط. وقام هذا مقام التوكيل، وإذا كان بيد المحامي توكيل عام مصدق عليه رسمياً بالنيابة عن أحد الخصوم يعفى من تقديم أصل التوكيل ويكتفي بتقديم صورة مصدقة منه، أو يقدم أصل التوكيل ويكتفى بتقديم صورة مصدقة منه، أو يقدم أصل التوكيل مع صورة منه ويقوم القاضي بتصديقها.

أحكام محكمة النقض [1]:

إنابة الطاعن الوكيل عنه في توكيل أحد المحامين أو أكثر في الحضور عنه بصفته أمام المحاكم على اختلاف درجاتها وأنواعها.

جلسة 1997/4/27 طعن رقم 2247 لسنة 66 قضائية

للشخص أن يباشر تصرفاته القانونية بنفسه أو بمن ينوب عنه قانوناً سواء أكانت هذه النيابة قانونية أو قضائية أو اتفاقية. مؤداه. جواز التوكيل

---

(1) في كل ما يلي: فإن هذه العبارة تشير إلى محكمة النقض المصرية.

في الخصومة ولو لم يكن الوكيل محامياً أو قريباً أو صهراً للموكل حتى الدرجة الثالثة. قصر حكم هذه المادة على من يجوز توكيله في الحضور أمام القضاء.

جلسة 1997/4/27 طعن رقم 2247 لسنة 66 قضائية

لا شأن في إجـراءات الدعوى لغير خصومها وكل حكم يصدر فيها على شخص لم يكن خصماً فيها فهو باطل بالنسبة له ولا يمس بشئ من حقوقه فإذا رفع خصم استئنافاً عن حكم وتركه حتى شطب فتطوع محام فرفع باسم هذا الخصم نفسه استئنافاً ثانياً عن الحكم ذاته وأثبتت المحكمة أن هذا المحامي لا توكيل لديه، بل أن هذا الخصم منعه من الحضور عنه في هذا الاستئناف الذي تطوع برفعه، فليس للمحكمة أن تعتبر لهذا الاستئناف الفضولي وجوداً ولا أن تقرر بتكليف قلم الكتاب أو المستأنف عليهم باعلان من نسب إليه الاستئناف أو من المستأنف عليهم بهذا الشخص بناء على قرارها هو تجديد للاستئناف الأول المشطوب، بل كل هذه الإجراءات والاعتبارات باطلة في حق هذا المستأنف والحكم الذي يصدر في الاستئناف باطل فيما يتعلق به تبعاً لذلك وحقه في أن له استئنافاً مشطوباً حق باقٍ على حاله.

جلسة 1936/1/23 طعن رقم 45 لسنة 5 قضائية

وإن كان يجوز مباشرة إجراءات التقاضي بالنيابة أي بالنيابة عن الغير إلا أنه يتعين الإفصاح في العمل نفسه عن صفة النيابة بذكر اسم الأصيل، فالمخاصمة بوكيل هي أن ترفع الدعوى من نائب عن صاحب الحق المطلوب حمايته وهي صورة جائزة طالما أفصح الوكيل عن صفته واسم موكله.

جلسة 1963/3/28 سنة 14 مكتب فني ص 417

وجاء في حيثيات حكمها. أما ما تنص عليه المادة .... من قانون المرافعات من أنه: «في اليوم المعين لنظر الدعوى يحضر الخصوم بأنفسهم أو يحضر عنهم من يوكلونه من المحامين بمقتضى توكيل خاص أو عام وللمحكمة

أن تقبل في النيابة من يختارونه من الأقارب أو الأصهار إلى الدرجة الثالثة» فإن مفاده أن هذه المادة قاصرة على تحديد من يجوز توكيله في الحضور أمام القضاء وهم المحامون والأقارب والأصهار إلى الدرجة الثالثة.

جلسة 1966/3/29 سنة 17 مكتب فني ص 757

المادة الثامنة والأربعون

يجب على الوكيل أن يقرر حضوره عن موكله، وأن يودع وثيقة وكالته لدى الكاتب المختص، وللمحكمة أن ترخص للوكيل عند الضرورة بإيداع الوثيقة في ميعاد تحدده، على ألا يتجاوز ذلك أول جلسة للمرافعة، ويجوز أن يثبت التوكيل في الجلسة بتقرير يدون في محضرها، ويوقعه الموكل أو يبصمه بإبهامه.

1/48 - الكاتب المختص هو: الكاتب في مكتب المواعيد بالمحكمة.

2/48 - يقرر الوكيل حضوره عن موكله ويودع وثيقة وكالته عند مراجعته المحكمة للمرة الأولى.

3/48 - يكتفى بإيداع صورة عن الوكالة مصدقة من مصدرها أو من القاضي ناظر القضية وفق المادة (20) من نظام المحاماة.

4/48 - إذا لم يقدم الوكيل وكالته في أول جلسة حضرها ففي هذه الحال إن كان وكيلاً عن المدعي فيعتبر المدعي في حكم الغائب ويعامل وفق المادة (53) وإن كان وكيلاً عن المدعى عليه فيؤجل إلى جلسة ثانية ليحضر الوكالة ويفهم بذلك ويدون في ضبط الدعوى فإذا تخلف عن الحضور أو لم يحضر الوكالة فيعامل وفق المادة (55).

5/48 - إذا قدم الوكيل وكالة لا تخوله الإجراء المطلوب ففي هذه الحال إن كان وكيلاً عن المدعي فيفهمه القاضي بإكمال المطلوب فإن لم يكمل المطلوب في الجلسة اللاحقة فيعامل وفق المادة (53) وإن كان وكيلاً

عن المدعى عليه فيفهمه القاضي بإكمال المطلوب من قبل موكله، وأنه إذا لم يقدم وكالة مكتملة في الجلسة المحددة فيعتبر في حكم الغائب ويعامل وفق المادة (55).

الحضور عن المتداعيين أمام القضاء إما أن يكون بالحضور الشخصي للمتداعيين أو بموجب وكالة وهي على نوعين أولهما الوكالة العامة وثانيهما الوكالة الخاصة.

الحضـور الشخصـي للموكـل:

جعل المنظم حضور الشخص في اليوم المحدد لنظر القضية وإثبات توكيله للمحامي أو الوكيل أمام القضاء وتصديق القاضي على هذا التصرف رغم أن القاضي بصفته القضائية لا يختص بالتصديق على التوكيلات وإنما يتم ذلك من خلال صفته الولائية.

الوكالـة العامـة:

ويقصد بالوكالة العامة حق المحامي أو الوكيل في الحضور في كافة القضايا دون تخصيص بعينه على قضية محددة، وبالحق في الطعون في الأحكام وبالجملة لكل ما يتصل بالعمل القضائي على كافة درجاته وأنواعه طالما كان التوكيل مصدقاً عليه. إلا ما استثني في النظام من تطلب وكالة خاصة.

الوكالـة الخاصـة:

وهو التوكيل الذي يصدر في صدد دعوى فيشمل الإجراءات السابقة واللاحقة عليه أو بإجراء بعينه كما ورد في المادة (95) من النظام بنصها «يحصل الرد بتقرير في إدارة المحكمة يوقعه طالب الرد نفسه أو وكيله المفوض فيه بتوكيل خاص».

إثبات وكالة الوكيل:

أولاً: يرجع في تحديد إثبات وكالة الوكيل - اختيارية أم إجبارية - إلى نظام المحاماة في المادة (20) من اللائحة التنفيذية.

1/20 - على المحامي أو الوكيل إيداع أصل التوكيل أو صورة منه مصدقاً عليها عند مراجعته للجهات في المرة الأولى، وفق المادة (48) من نظام المرافعات الشرعية.

2/20 - يجوز إثبات التوكيل في الجلسة بتقرير يدون في محضر ضبط القضية، حتى ولو لم يحضر المحامي، أو الوكيل أو الخصم أو محاميه، أو وكيله، ويوقعه الموكل أو يبصمه بإبهامه، وفق المادة (48) من نظام المرافعات الشرعية، ويتم ذلك بعلم ناظر القضية. كما يجوز التوكيل في المحضر لأكثر من شخص.

3/20 - على وكيل المحامي، أو وكيل الوكيل، عند تقديم توكيله أن يقدم أصل توكيل الموكل الأول لمطابقة صورته، أو صورة مصدقة منه.

4/20 - يودع أصل التوكيل إذا كان خاصاً أو صورة مصدقة إذا كان عاماً بملف القضية.

5/20 - تصديق صورة التوكيل العام يكون من الجهة المصدرة للأصل، إذا كان صادراً داخل المملكة، أو ممن ينظر النزاع إذا كان التوكيل صادراً من داخل المملكة أو من خارجها.

6/20 - لا يستند على صورة التوكيل العام المصدق ممن ينظر القضية إلا في القضية التي قدمت فيها، وكذا التوكيل المدون في ضبط القضية.

7/20 - على المحامي، أو الوكيل، إذا كان توكيله صادراً من خارج المملكة أن يقوم قبل تقديمه للجهات بتصديقه من الجهات الرسمية في المملكة، وهي وزارة الخارجية، وزارة العدل أو أحد فروعهما ويسري ذلك على أصل ترجمته إلى اللغة العربية.

ثانياً: حضور الموكل مع الوكيل بالخصومة:

والغرض من حضور الموكل مع الوكيل معاً أن يثبت هذا الحضور في المحضر باتفاقهما ودون اعتراض الموكل على ذلك، وإن اشترط إثبات ذلك في محضر الضبط، ويلاحظ أن محضر الضبط مع موكله في إحدى الجلسات بدون توكيل مكتوب، ودون التقرير بالتوكيل في محضر الضبط فإن هذا الوضع يعتبر بمثابة توكيل خاص بتلك الجلسة فقط فلا يتعدى أثره على أي عمل آخر ولا يجعل مكتب المحامي محل إقامة مختار يتم تبليغ الخصم فيه، ويتعين على المحكمة تحققها في صحة وكالة الحاضر عن الخصم وأن تلتزم بهذه الصور التي أقرها النظام. فعلى ذلك لا يكفي لإثبات الوكالة إدعاء الوكيل أنه حاضر عن الخصم حتى ولو لم ينازع الخصم الآخر في ذلك، كما لا يكفي أن يقدم الحاضر عن الخصم توكيلاً عرفياً غير مصدق عليه من قبل القاضي. بالإضافة إلى ما سبق ينبغي ألا يكون الوكيل ممنوعاً من الحضور في القضايا وذلك ما أوردته المادة (15) من نظام المحاماة بنصها: لا يجوز لمحامي بنفسه أو بوساطة محام آخر أن يقبل الوكالة عن خصم موكله أو يبدي له أي معونة ولو على سبيل الرأي في دعوى سبق له أن قبل الوكالة فيها أو في دعوى ذات علاقة بها ولو بعد انتهاء وكالته.

1/15 - يقصد بسبق قبول الوكالة عن الموكل في الدعوى: استلام وثيقة التوكيل منه، سواء كان بينهما عقد أو لا، ولو لم ترفع الدعوى، أو رفعت ولم تتم مباشرتها.

كما يقصد بذلك مباشرة الدعوى في حالة إثبات التوكيل في محضر الضبط، ولو لم يتم إنهاء الترافع فيها لأي سبب. ولا حد لانتهاء المنع.

2/15 - يسري المنع الوارد في هذه المادة على من اطلع على أوراق ومستندات أحد الخصوم، ولم يقبل الوكالة، وكذا تقديم الاستشارة لأحد الخصوم.

3/15 - على المحامي ألا يقبل الوكالة عن طرفين في قضية واحدة.

المادة (16) لا يجوز لمن كان قاضياً قبل مزاولة مهنة المحاماة أن يقبل الوكالة بنفسه أو بوساطة محامٍ آخر في دعوى كانت معروضة عليه.

1/16 - يقصد بالقاضي في هذه المادة: من مارس القضاء في المحاكم، أو في ديوان المظالم بالمملكة.

2/16 - يسري ما ذكر في المادة على:

أ - الملازم القضائي.

ب - من انتهت خدمته في القضاء، وترافع عن الغير، بصفته ممن تم استثناؤهم في المادة الثامنة عشرة من النظام، لا بصفته محامياً ممارساً.

ج - أعضاء اللجان المشار إليها في المادة الأولى من النظام.

3/16 - يقصد بالدعوى المعروضة: كل دعوى نظرها القاضي أو شارك في نظرها، أو أبدى فيها رأي، أو أحيلت إلى مكتبة، أو مكتب آخر كلف بنظر قضاياه.

4/16 - يلحق بالدعوى المعروضة في هذه المادة ما يلي:

أ - الدعوى التي نظرها الملازم القضائي فترة ملازمته لدى من كان قاضياً قبل مزاولة المهنة.

ب - كل دعوى ذات علاقة بها.

5/16 - يشمل المنع الوارد في هذه المادة إعطاء أي استشارة في الدعاوى المشار إليها في البندين رقم (3/16) ورقم (4/16).

المادة (17) - لا يجوز لمن أبدى رأيه في قضية بصفته موظفاً أو محكماً أو خبيراً أن يقبل الوكالة في تلك القضية.

1/17 - يشمل المنع الوارد في هذه المادة المحامي المقيد في الجدول بنفسه، أو بوساطة محام آخر، ومن يقبل ترافعه من غير المحامين عن الغير ممن تم استثناؤهم في المادة الثامنة عشرة من النظام سواء كانوا موظفين، أو غير موظفين، عدا مأمور بيت المال ما دام على رأس العمل.

2/17 - يلحق بالقضية الواردة في هذه المادة: أي قضية ذات علاقة بها، حتى ولو لم يتم إبداء الرأي في القضية الملحقة.

المادة 18/أ - أي وكيل في قضية واحدة إلى ثلاث، فإن باشر الوكيل ثلاث قضايا عن ثلاثة أشخاص متعددين لا تقبل وكالته عن غيرهم.

2/18 - لا يحق للوكيل المنصوص عليه في الفقرة (أ) من هذه المادة مباشرة أكثر من ثلاث قضايا، في أي جهة من الجهات، في فترة زمنية واحدة. وعليه أن يشير إلى عدد القضايا التي هو وكيل فيها حالياً، وإلى جهات نظرها عند التقدم بالدعوى بكتابة إقرار موقع منه بذلك. ويعتبر انتهاء القضية الواحدة بانتهاء الترافع فيها بحكم مكتسب القطعية.

12/18 - يقبل ترافع سفراء الدول بشرط أن تكون وكالاتهم صادرة من جهة مختصة.

أحكام محكمة النقض:

متى كان الثابت من سند الوكالة أنه بعد أن خول الوكيل حق الطعن بالمعارضة والاستئناف أضاف عبارة: «وبكل طريق آخر من طرق الطعن» فإن هذه العبارة المطلقة تجيز له الطعن بطريق النقض دون حاجة للنص على ذلك في التوكيل.

جلسة 1954/11/11 سنة 5 مكتب فني ص 121

مجرد حضور المحامي بصفته وكيلاً بالحضور عن أحد الخصوم لا

يضفي بذاته على المحامي جميع الصفات التي قد تكون لموكله إلا أنه يكون هذا الخصم الحاضر تمثيله وقبل هو أن يمثله وأثبت أن هذه الوكالة عنه أمامه المحكمة وإذن فمتى كان التوكيل الصادر إلى المحامي قد صدر من أحد خصوم الدعوى عن نفسه وبصفته وكيلاً عن زوجته المختصة في نفس الدعوى وكان المحامي إذ حضر بالجلية لم يستعمل هذا التوكيل إلا في خصوص نيابته عن الزوج، فإنه لا يسوغ القول بأن أثر حضور المحامي عن هذا الخصم ينسحب إلى زوجته لمجرد أن سند التوكيل الصادر له من الزوج الذي أثبت نيابته عنه كان يبيح له أن يمثلها.

جلسة 1954/11/11 سنة 5 مكتب فني ص 107.

مباشرة المحامي للإجراء قبل صدور التوكيل ممن كلفه به. عدم جواز اعتراض خصمه بأن الوكالة لم تكن ثابتة قبل اتخاذ الإجراء.

جلسة 1979/5/17 طعن رقم 161 لسنة 44 قضائية

متى كان التوكيل قد صدر صحيحاً من الحارس الخاص على الشركة بماله من صفة في تمثيلها وقت صدوره فإن إنهاء الحراسة وزوال صفة الحارس في مرحلة لاحقة لصدور ذلك التوكيل لا يؤثر في صحته لأنه يعتبر صادراً للوكيل من الشركة باعتبارها شخصاً معنوياً.

جلسة 1963/5/23 سنة 14 مكتب فني ص 736

إذا صدر التوكيل من الممثل القانوني للشخص الاعتباري فإن تغيير الممثل لا ينال من صحة التوكيل واستمراره باعتباره صادراً للوكيل من الشخص الاعتباري الذي لم تتأثر شخصيته بتغيير ممثله.

جلسة 1962/1/4 سنة 13 مكتب فني ص 42

ولما كان الثابت من الأوراق أن المحامي..... قد حضر نيابة عن الطاعن - وهو محام - بجلسة 1966/5/5 التي أعيدت إليها للمرافعة، فنظرت

محكمة الاستئناف الدعوى على هذا الأساس، وصمم هذا المحامي على طلبات الطاعن السابق فإنه لا يكون ثمة وجه للنعي على الحكم إذ اعتبرت المحكمة ذلك المحامي ذا صفة في تمثيل الطاعن بتلك الجلسة.

جلسة 1974/3/4 صادر من الهيئة العامة للمواد المدنية في الطعن رقم 449 لسنة 39 قضائية

تمثيل المحامي للخصم في الجلسة يجب أن يكون بمقتضى توكيل رسمي أو مصدق على التوقيع عليه فإذا لم يكن بيد المحامي توكيل من هذا القبيل كانت المحكمة على حق إذا هي اعتبرت الخصم الذي جاء المحامي ليمثله غائباً وقضت في الدعوى على هذا الاعتبار.

جلسة 1986/6/25 طعن رقم 1706 لسنة 51 قضائية

المادة التاسعة والأربعون

كل ما يقرره الوكيل في حضور الموكل يكون بمثابة ما يقرره الموكل نفسه، إلا إذا نفاه أثناء نظر القضية في الجلسة نفسها، وإذا لم يحضر الموكل فلا يصح من الوكيل الإقرار بالحق المدعى به. أو التنازل، أو الصلح، أو قبول اليمين، أو توجيهها، أو ردها، أو ترك الخصومة، أو التنازل عن الحكم - كلياً أو جزئياً - أو عن طريق من طرق الطعن فيه، أو رفع الحجر، أو ترك الرهن مع بقاء الدين أو الادعاء بالتزوير ما لم يكن مفوضاً تفويضاً خاصاً في الوكالة.

1/49 - على ناظر القضية أن يسأل الموكل عما قرره وكيله إن كان الموكل حاضراً في الجلسة.

2/49 - الوكالة تبقى سارية المفعول ما لم تقيد بزمن أو عمل أو تنفسخ بسبب شرعي، وللقاضي - عند الاقتضاء - التأكد من سريان مفعولها أو طلب تجديدها.

3/49 - النائب لا يمثل من هو نائب عنه إلا فيما هو مفوض فيه.

نطاق التوكيل:

المبدأ أن نطاق عقد الوكالة - التوكيل بالخصومة - [1] يتحدد بما اتفق عليه عاقديه، ومع ذلك فإن التوكيل بالخصومة إذا أطلق يخول الوكيل القيام بالأعمال والإجراءات اللازمة لرفع الدعوى ومتابعتها والدفاع فيها واتخاذ كافة الإجراءات اللازمة للدعوى إلى أن يصدر الحكم في موضوعها وكل قيد يرد في سند التوكيل خلاف ما تقدم لا يحتج به على الخصم الآخر وفق ما أوضحته اللائحة التنفيذية «النائب لا يمثل من هو نائب عنه إلا فيما هو مفوض فيه».

ولا بد لتحديد نطاق التوكيل للوكيل بالخصومة الرجوع لنظام المحاماة ولوائحه في المادة (20) ولائحتها التنفيذية ووفق ما أوضحنا في التعليق على المادة السابقة أن التوكيل له صورتان فإما بكونه عاماً. أو خاصاً، فإذا وردت في عبارات التوكيل العام ما يصح لمباشرة العمل أو التصرف النظامي صح الإجراء على ذلك، أما إذا خلا التوكيل الخاص أو العام من الإجراءات المتطلب اتخاذها فلا بد من تفويض يبيح للوكيل مباشرة ما فوض فيه مع التزام المحكمة مراجعة سندات الوكالة المقدمة من المتداعيين للتأكد من صلاحية الوكيل لمباشرة الإجراء المتطلب في الدعوى.

ومن الأهمية بمكان أن نشير إلى الوكيل بالخصومة - الوكيل، المحامي - قد يكون فرداً أو أكثر فلابد من تحديده في أصل التوكيل سواء أن كان عاماً أم خاصاً بكون الوكلاء يشتركون في مباشرة الإجراء جميعاً أم من حق وكيل مباشرة الإجراء على انفراد دون الرجوع إلى باقي الوكلاء وهو ما يعبر عنه من خلال صيغة التوكيل.

اسـم الموكل:

عبارات التوكيل: وذلك في جميع القضايا التي ترفع من أو على أمام

---

(1)   محمد بن براك الفوزان. المرجع السابق: 134، 135.

جميع المحاكم وفي تقديم الأوراق لقلم الكتاب وتسلمها وفي الصلح والإقرار والإبراء والطعن بالتزوير وطلب تحليف اليمين الحاسمة وقبولها وردها والطعن في تقارير الخبراء والمحكمين وردهم واستبدالهم وفي طلب تعيين الخبراء وفي الحضور أمام جميع المحاكم بكافة أنواعها من قضايا وتصرفات وخلافه وفي الاعتراض على الأحكام بالتمييز والالتماس بإعادة النظر وفي جميع الإجراءات وفي جميع القضايا المدنية والجنائية والأحوال الشخصية وفي تقديم المذكرات وفي اتخاذ جميع إجراءات التقاضي مما جميعه وفي استلام صور الأحكام وتنفيذها وفي الحضور أمام الجهات الإدارية أيا كانت والجهات الحكومية وتسلم الأوراق والمستندات والعقود العرفية والرسمية وفي تقديم الرسوم والأمانات للمحاكم وتسويتها وقبض باقيها وفي تسلم وتسليم الأوراق والمستندات والعقود العرفية والرسمية من وإلى أقلام كتاب المحاكم والجهات الإدارية والإقرار بالحق المدعى به وترك الخصومة ورفع الحجر، ترك الرهن مع بقاء الدين وإذنه بتوكيل غيره في كل وبعض ما ذكره.

على أنه إذا وكل الموكل أكثر من محام أو وكيل فلتذكر عبارة مجتمعين أو منفردين، وترجع أهمية ذلك لكون الوكيل يتخذ الإجراء منفرداً أم من خلال باقي الوكلاء مجتمعين.

اسم الوكيل:

أما إذا كان التوكيل خاصاً فتخصص العبارات الواردة بالصيغة بالدعوى أو الإجراء المطلوب اتخاذه من خلال تلك الصيغة.

وكون ما يقرر الوكيل في حضور الموكل أثناء نظر القضية في الجلسة هو إقرار لما يقره الوكيل استناداً لعدم اعتراضه في ذات الجلسة سواء أكان ما قرره الوكيل يدخل في حدود وكالته من عدمه إذ يحق له الاعتراض عليه فهو الأصيل في الخصومة ولا يمكن أن يعتد بإقرار الوكيل والأصيل اعترض عليها في ذات الجلسة.

أحكام محكمة النقض:

وعلى ما جرى به قضاء هذه المحكمة إذا كان الإقرار الصادر من الوكيل أمام القضاء منطوياً على تصرف قانوني و النزول عن حق فإنه يعد عملاً من أعمال التصرف التي يتعين أن يصدر بها توكيل خاص أو أن يرد ضمن توكيل عام ينص فيه صراحة على هذا التفويض.

جلسة 1990/1/25 طعن رقم 74 لسنة 57 قضائية

التفويض بالصلح يستتبع التفويض برفضه، لما كان ذلك وكان البيِّن من الأوراق أن وكيل المطعون عليها المفوض بالصلح قد رفضه، فإن ذلك يكفي لإثبات عجز المحكمة عن الإصلاح بين الزوجين.

جلسة 1980/3/5 سنة 31 مكتب فني العدد الأول ص 752

إذا كان التوكيل خالية عبارته من النص على التنازل عن الحقوق ولكنه صريح في تخويل الوكيل إجراء الصلح. وتنازل الوكيل عن حقوق موكله قبل خصمه مقابل تنازل الخصم عن حقوقه، فهذا لا يكون تنازلاً محضاً من طرف واحد وإنما هو صلح مما يتسع له حدود.

جلسة 1943/11/18 مجموعة القواعد القانونية في 25 سنة ص 1236 قاعدة 20

قول محامي أحد الخصوم في مجلس القضاء لا يعد إقراراً قضائياً إلا إذا كان بتوكيل خاص وتضمن التسليم بالحق المدعى به بقصد الإعفاء من إقامة الدليل عليه.

جلسة 1967/10/31 سنة 18 مكتب فني ص 1584

تجاوز الوكيل حدود وكالته. إقرار الموكل لتصرفه صراحةً أو ضمناً عدم جواز الرجوع فيه اعتبار التصرف نافذاً في حق الموكل من تاريخ انعقاده.

جلسة 1980/6/10 طعن رقم 848 لسنة 49 قضائية

حق المحامي الوكيل في الدعوى في إنابة محام آخر عنه دون توكيل خاص. شرطه. ألا يكون في التوكيل ما يمنع ذلك.

جلسة 1969/6/12 سنة 20 مكتب فني ص 921

إذا قرر محامي الشريك في دعوى ريع رفعت ضده من باقي شركائه أنه وكيل عنه وأنه مالك على الشيوع وأن الدعوى التي توجه إليه يجب أن تكون دعوى حساب فإن هذا القول لا يعتبر إقراراً بحق يستلزم توكيل خاصاً من موكله وإنما هو من وسائل الدفاع المخولة للمحامي بمقتضى التوكيل الصادر إليه من موكله ترتبط ارتباطاً وثيقاً بسلطته في إعطاء التكييف القانوني للدعوى واتخاذ إجراءات الدفاع التي يراها مما ينطوي عليه ذلك التوكيل.

جلسة 1957/10/17 سنة 8 مكتب فني ص 719

لا يجوز للمحكمة أن تتصدى لعلاقة الخصوم بوكلائهم إلا إذا أنكر صاحب الشأن وكالة وكيله، فإذا باشر المحامي إجراء قبل أن يصدر توكيلاً له من ذي الشأن الذي كلفه بالعمل فلا يعتبر عليه بأن التوكيل لاحق على تاريخ الإجراء ما لم ينص القانون على خلاف ذلك.

جلسة 1980/2/6 عن رقم 671 لسنة 46 قضائية

متى كان التوكيل الصادر من الطاعن قد صدر لعدة محامين فإنه يجوز انفراد أحدهم بالتقرير بالطعن لأن قانون المرافعات قد خرج في الوكالة بالخصومة عن القاعدة العامة. فنص في المادة...... من قانون المرافعات على أنه إذا تعدد الوكلاء جاز لأحدهم الانفراد بالعمل في القضاء ما لم يكن ممنوعاً من ذلك بنص التوكيل ولا محل لتخصيص عموم نص هذه المادة وقصره على السير في الدعوى بعد إقامتها.

جلسة 1958/3/27 سنة 9 مكتب فني ص 230

لما كان الثابت في الأوراق حضور الطاعنة مع وكيلها بالجلسة المحددة

لحلف اليمين إلى المطعون ضده بما مؤداه أن كل ما قرره وكيلها بحضورها هو بمثابة ما قررته بنفسها عملاً بنص المادة......... من قانون المرافعات بما لا يجوز لها من بعد العودة إلى إنكار وكالة المحامي الذي حضر معها أمام محكمة الاستئناف.

جلسة 1994/6/14 سنة 45 مكتب فني الجزء الثاني ص 992

كل ما يصدر من الوكيل في حضور موكله حجة على الأخير إلا إذا أنفاه أثناء نظر القضية في الجلسة. حضور الخصم وعدم اعتراضه على إقرار محاميه أثناء نظر القضية بالجلسة. أثره. حجية هذا الإقرار على الخصم بما ورد فيه ولو كان المحامي حاضراً بغير توكيل أو كان عقد وكالة المحامي لا يبيح له الإقرار.

جلسة 1996/6/25 الطعن رقم 128 لسنة 65 قضائية

كل ما يصدر من الوكيل في حضور موكله. حجة على الأخير إلا إذا نفاه أثناء نظر القضية في الجلسة. حضور الخصم وعدم اعتراضه على طلب محاميه أثناء نظر القضية بالجلسة. توجيه اليمين الحاسمة لخصمه. اعتبار الطلب من الخصم ولو كان المحامي حاضراً عنه بغير وكالة خاصة.

جلسة 1996/10/22 طعن رقم 6611 لسنة 65 قضائية

المادة الخمسون

لا يحول اعتزال الوكيل أو عزله بغير موافقة المحكمة دون سير الإجراءات إلا إذا أبلغ الموكل خصمه بتعيين بديل عن الوكيل المعتزل أو المعزول أو بعزمه على مباشرة الدعوى بنفسه .

1/50 - يستمر السير في الإجراءات في حال اعتزال الوكيل أو عزله بغير موافقة المحكمة إذا أبلغ الموكل خصمه بتعيين بديل عن الوكيل المعتزل أو المعزول أو بعزمه على مباشرة الدعوى بنفسه.

2/50 - إذا قام الموكل بعزل الوكيل أثناء نظر الدعوى فعليه تعيين وكيل آخر خلال خمسة عشر يوماً من هذا العزل أو مباشرة الدعوى بنفسه ما لم تكن الدعوى قد تهيأت للحكم فلا تنقطع الخصومة، وعلى المحكمة البت فيها وفق المادة (84) وإذا حصل هذا الاعتزال أو العزل بدون موافقة المحكمة فيستمر السير في الإجراءات.

3/50 - إذا ظهر انفساخ الوكالة بوفاة الموكل أو الوكيل أو فقد أحدهما أهليته أو نحو ذلك فللقاضي سحب أصل الوكالة وبعثها لمصدرها للتهميش عليها بالإلغاء.

ينقضي التوكيل بعزل الوكيل بالخصومة أو اعتزاله دون أن يكون لذلك تأثير في الخصومة ذاتها أو في سير إجراءاتها في مواجهة الموكل، وينبغي مراعاة حكم المادة (27) من نظام المحاماة في نصها:

للموكل أن يعزل محاميه .... الخ

كما أوضحت اللائحة التنفيذية للمادة المنوه عنها.

1/27 - على الموكل إذا عزل محاميه إبلاغه بخطاب مسجل مصحوب بعلم الوصول وكذا بإبلاغ الجهة ناظرة القضية بذلك ولا يحق له الإعلان في أي وسيلة إعلامية إلا بعد موافقة الإدارة.

2/27 - النظر في سبب عزل المحامي يكون من قبل القاضي المختص بنظر الأتعاب ومن الملاحظ أن الموكل في عزله للوكيل بإرادته المنفردة في أي وقت قبل انتهاء الوكالة، ذلك أن الوكالة في الأصل مقررة لمصلحته، ولما كان العزل يتحقق بأي طريقة سواء صراحةً أو ضمنياً لكن النظام اشترط إعلان تلك الرغبة باتخاذ الإبلاغ بخطاب مسجل بعلم الوصول للوكيل حتى ينتج الإلغاء أثره النظامي في مواجهته.

وهذا الإلغاء لا يحول وحق المحامي في المطالبة بأتعابه ولو حدث الإلغاء بعد الترافع[1] وفي هذا المعنى قضت المحاكم في المملكة العربية السعودية بالحكم الآتي:

الحمد لله وحده وبعد:

لدي أنا ناصر بن عبد الله الجربوع القاضي بالمحكمة العامة بالرياض حضر .... سعودي الجنسية حامل السجل المدني رقـم....... وادعى على الحاضر معه .... مصري الجنسية بموجب رخصة الإقامة رقم .... في ....

قائلاً في دعواه: لقد حصل اتفاق بيني وبين المدعى عليه بتاريخ 1423/4/15هـ على أن أقوم برفع دعوى قضائية عنه ضد خصمه.......... لمطالبته بمبالغ مالية مقابل مائة ألف ريال في حالة إنهاء النزاع عن طريق المحكمة أو خمسين ألف ريال في إنهاء النزاع ودياً وقد حاولت إنهاء الخلاف ودياً إلا أنه لم يتم ذلك فقمت برفع دعوى ضده وأحيلت لفضيلة الشيخ سليمان السمحان وحضر المدعى عليه في أول جلسة فطلب الشيخ مني بعض الأوراق إلا أنني تفاجأت بقيام المدعى عليه بإلغاء وكالتي حيث كان يعتقد أن القضية سوف تنتهي في أول جلسة وهذا أمر راجع للمحكمة لذا أطلب سؤال المدعى عليه والحكم عليه بدفع قيمة الاتفاق مائة ألف ريال حيث تضمن العقد استحقاقي لقيمة الأتعاب في حالة قيام المدعى عليه بإلغاء الاتفاق هذه دعواي.

وبعرض ذلك على المدعى عليه أجاب بقوله: ما ذكره المدعي غير صحيح والصحيح أنه حصل اتفاق بيننا على أن يرفع قضية عني ضد .... و....... لمطالبتهما بحقوقي المالية لديهما مقابل المبلغ الذي ذكره وكتب المدعي لائحة الدعوى وقدمتها أنا للمحكمة فأحيلت دعوى .... للشيخ السمحان والثانية

(1) محمد بن براك الفوزان. المرجع السابق: 151.

لأحد القضاة إلا أن المدعي لم يترافع عني ولم يقم بتنفيذ الاتفاق ويراجع الجهات الحكومية مما أدى إلى سجني لدى المباحث لمدة ثلاثة أيام فحصل بيننا نقاش حول تنفيذ الاتفاق فأخبرني أن القضية متشعبة فاتفقنا على إلغاء الوكالة وطلب مني استلام أوراقي فحضرت لمكتبه واستلمت الأوراق لذا تعتبر دعوى المدعي منتهية وليس له أي حق هكذا أجاب.

وبرد ذلك على المدعي أجاب بقوله: ما ذكره المدعى عليه من أن الاتفاق يتمضن رفع دعوى ضد كلاً من .... و .... فصحيح وقد قمت برفع دعوى ضد .... وأحيلت للشيخ سليمان السمحان ولدي ما يثبت أما ...... فلكونه صاحب مؤسسة والدعوى بين مؤسستين فكتبت شكوى لديوان المظالم بحكم الاختصاص وقيدت لدى الديوان بتاريخ 1423/4/29هـ ولديَّ ما يثبت ذلك إلا أنني لم أتابعها بسبب إلغاء الوكالة وما ذكره من أنني لم أراجع الجهات الحكومية غير صحيح حيث راجعت إدارة الترحيل عندما تم إيقافه لكون كفيله بلغ عنه بهروبه وما ذكره من أنه حصل اتفاق على إلغاء الوكالة فغير صحيح بل حضر إليَّ في المكتب وطلب مني الوكالة الأصلية وبقية الأوراق المتعلقة بالدعوى لرغبته في توكيل شخص آخر فسلمته الأوراق المذكورة وأخبرته أن أتعابي المستحق عليه ثابتة في ذمته وغرضي من تسليمه الأوراق عدم الإضرار به.

وقد جرى الإطلاع على عقد الاتفاق المدون بين الطرفين المؤرخ في 1423/4/15هـ ويتضمن إسناد الطرف الثاني للطرف الأول القيام بحل الخلاف الحاصل بين الطرف الثاني وبين كل من: .... و.......... بالطرق الودية وإذا لم تجد فعن طريق القضاء وأن تكون أتعاب الطرف الأول المدعي مائة ألف ريال (100.000) ريال تدفع عند نهاية الخلاف والنزاع بين .... و .... وبين الطرف الثاني هذا إن تم عن طريق المحكمة وإن تم بالطرق الودية فالأتعاب خمسون ألف ريال ويلتزم الطرف الثاني بالأتعاب المتفق عليها في البند ثانياً في الحالات الآتية:

1 - إذا قرر الطرف الثاني عدم السير في الدعوى في أية حالة كانت عليها الدعوى.

2 - إذا ألغى الطرف الثاني وكالة الطرف الأول قبل انتهاء الدعوى أو العمل الموكل فيه .

فجرى سؤال المدعي هل لديه بينة على ما ذكره من ابتدائه بتنفيذ الاتفاق فأجاب بقوله: نعم لدي بينة وهي صحيفة الدعوى المقدمة للمحكمة الكبرى ضد .... وطلب الحضور الصادر من الشيخ سليمان السمحان والدعوى المقدمة لديوان المظالم ضد ..... وهي مجرد صورة خطاب مقدمة لرئيس ديوان المظالم بالرياض في نهاية دوام يوم 1423/4/29هـ إلا أنه لم يقيد لدى الديوان لكون موظف الوارد غير موجود وطلبوا مني المجئ من الغد لتقييد الخطاب إلا أنني لم أراجع وبالتالي لم يقيد الخطاب لدى الديوان ثم أبرز صورة من صحيفة الدعوى مؤرخة في 1423/4/22هـ مقدمة من المدعي......... بالوكالة عن .... ضد .... بخصوص قيام المدعى عليه بوضع يده على .... للمقاولات لكونه شريكاً في هذه المؤسسة بنسبة 25% كما أبرز طلب تبليغ بالحضور إلى المحكمة بتاريخ 1423/4/26هـ صادر من الشيخ سليمان السمحان موجه للمدعى عليه .... لطلب حضوره لهذه المحكمة يوم الأربعاء الموافق 1423/5/14هـ لإنهاء الدعوى المقامة ضده من قبل .... واسم ممثل المدعي .... ومهنته وكيل شرعي كما أبرز المدعي صورة خطاب موجه لمعالي رئيس ديوان المظالم بالرياض بخصوص الشكوى المقدمة من .... ضد .... ومقدم الخطاب وكيل المدعي بتاريخ 1423/4/29هـ إلا أنه غير مقيد بوارد الديوان.

فجرى سؤال المدعي هل لديه مزيد بينة غير ما سبق فأجاب بقوله: نعم لدي بينة عبارة عن شهادة سوداني يشهد بأنني قمت بمراجعة ومتابعة موضوع المدعى عليه واسم الشاهد .... وسوف أحضره في الجلسة القادمة.

وبعرض ما سبق على المدعى عليه أجاب بقوله: ما ذكره المدعي غير

صحيح وهو لم يفعل شيئاً مما سبق سوى أنه قدم صحيفتي دعوى للمحكمة ضد .... و .... وأعطاني تذكرتي مراجعة لهما فراجعت الشيخ سليمان السمحان فأعطاني طلب الحضور السابقة أما موضوع .... فأحيلت لأحد المشايخ لا أذكره بالتحديد وأخبرني أن موضوع الدعوى لدى ديوان المظالم.

وفي جلسة أخرى جرى سؤال المدعي وكالة هل أحضر الشاهد المذكور فأجاب بقوله: إنني بحثت عنه ولم أجده ولا يوجد لدي حالياً مزيد بينة غير ما سبق فجرى سؤال المدعى عليه هل لديه بينة على حصول اتفاق بينهما على إلغاء الاتفاق فأجاب بقوله: نعم لديَّ بينة بذلك حيث أحضرت معي شاهدين بخصوص إلغاء الاتفاق مع المدعي وأطلب سماع شهادتهما ثم حضر .... سعودي الجنسية بموجب السجل المدني رقم .... و .... مصري الجنسية بموجب رخصة الإقامة رقم .... وبسؤالهما عما لديهما من شهادة أجاب الشاهد الأول بقوله: أشهد أن المدعى عليه حضر إليَّ في أحد الأيام وطلب مني أن أذهب معه للمدعي للتوسط والشفاعة في إنهاء موضوع توكيله للمدعي في إحدى القضايا لأجل توكيل شخص آخر بسبب بطء المدعي وقد ذهبت معه وقابلنا المدعي في مكتبه إلا أنني لم أتكلم وسمعت المدعى عليه يكلم المدعي بخصوص طلبه تسليم أوراق القضية وقد وافق المدعي على تسليمه الأوراق مباشرة بدون أي معارضة هذا ما لدي من شهادة وشهد الشاهد الثاني بقوله: أشهد أن المدعى عليه كلمني في موضوع توكيله لأحد المحامين وقد كلمت الشاهد الأول لأجل التدخل في الموضوع ولا أعرف ماذا حصل بعد ذلك ولم أقابل المدعي أو أسمع منه هذا ما لدي من شهادة.

فجرى سؤال المدعى عليه هل لديه مزيد بينة غير ما سبق فأجاب بقوله: ليس لدي زيادة بينة وجرى سؤال المدعى عليه هل يرغب بيمين المدعي على نفي إلغاء الاتفاق بينهما فأجاب بقوله: إنني لا أقبل بيمينه على نفي ذلك ثم قررت رفع الجلسة للكتابة لهيئة النظر لمخاطبة أهل الخبرة لتقدير الأجرة التي يستحقها المدعي لقاء ما قام به.

وفي جلسة أخرى حضر المدعي كما حضر .... سعودي الجنسية بوجب السجل المدني رقم .... بصفته وكيلاً عن المدعى عليه أصالة بموجب الوكالة الصادرة من كتابة عدل الرياض الثانية بشرق الرياض برقم 6096 في 1427/1/21هـ وقد تمت الكتابة لهيئة النظر برقم 31/50840 في 1425/3/21هـ لتقدير أتعاب المدعي فوردنا قرار الهيئة رقم 548 في 1426/4/29هـ المتضمن أن أتعاب المدعي أربعون ألف ريال.

وبعرض قرار الهيئة على الطرفين أجاب المدعي بقوله: إنني غير موافق وأطالب بالأجرة كاملة حسب العقد لكونه هو الذي فسخ العقد وقرر المدعى عليه وكالة بقوله: إن موكلي غير موافق حيث أن المدعي لم ينفذ شيئاً من العقد سوى كتابة لائحة الدعوى والتي رفضها.

ثم جرى دراسة ما سبق فبناءاً على ما تقدم من الدعوى والإجابة وحيث صادق المدعى عليه توكيل المدعي بالترافع عنه وأنه ألغى وكالته لعدم قيامه بتنفيذ الاتفاق، وحيث إن عقد الاتفاق بينهما هو عقد جعالة ومن المقرر شرعاً أن عقد الجعالة من العقود الغير لازمة ولكل من الطرفين فسخة وإذا كان فسخه بعد قيام العامل بما اتفق عليه فله أجرة المثل وحيث ظهر من الأوراق التي أحضرها المدعي قيامه بتنفيذ بعض ما اتفق عليه ولم يظهر منه مماطلة أو تأخير وحيث طلب من المدعى عليه البينة على إلغاء الاتفاق مع المدعي وعجز عن إحضار بينة موصلة بذلك وقرر أنه لا يرغب في يمين المدعي على نفي إلغاء الاتفاق وحيث تم تقدير أجرة المثل لذا فقد حكمت على المدعى عليه بأن يدفع للمدعي أجرة المثل وقدرها أربعون ألف ريال وله يمين المدعي السابقة وصرفت النظر عن باقي المبلغ المدعى به وبعرض الحكم على الطرفين قررا عدم القناعة وصلى الله على نبينا محمد.

الحمد لله وحده وبعد: فقد انتهت المدة النظامية دون تقديم المدعي اللائحة الاعتراضية لذا فقد سقط حقه في الاعتراض واكتسب الحكم القطعية في حقه كما جرى الاطلاع على اللائحة الاعتراضية المقدمة من

المدعى عليه ولم أجد فيها ما يؤثر على ما حكمت به سوى ما ذكره أنه لم يشترك في تقدير أجرة المثل بعض أهل الخبرة من المحامين لذا فقد جرت الكتابة إلى مدير قسم الخبراء برقم 23/50840 في 1427/4/12هـ لإعادة التقدير بالاشتراك مع أهل الخبرة من المحامين فوردنا قرار هيئة النظر رقم 976 في 1427/9/15هـ المتضمن أنه بالاجتماع مع المدعي أصالة ووكيل المدعى عليه بحضور المحامي .... والمحامي .... حيث سجل كل واحد منهما رأيه المرفق وترى الهيئة أن تكون أتعاب المحامي أربعون ألف ريال على ما ذكر سابقاً وقد تضمنت إفادة المحامي ..... أن تكون أتعاب المدعي أربعون ألف ريال وإفادة المحامي .... أن تكون أتعاب المدعي خمسون ألف ريال.

لذا لم يظهر لي ما يؤثر على ما حكمت به سابقاً وبالله التوفيق وصلى الله على نبينا محمد.

صُدق الحكم من محكمة التمييز بالقرار رقم 96/ق7/أ وتاريخ 1427/11/1هـ [1].

أما فيما يتعلق بين الموكل وخصمه يتعين إبلاغه باعتزال الوكيل أو عزله وبتعيين بدله أو بعزمه على مباشرة الدعوى بنفسه وإلا صارت الإجراءات في مواجهة الوكيل صحيحة كما يجوز للوكيل أن يتنحى عن وكالته وفقاً لحكم المادة (23) من نظام المحاماة بنصها .... كما لا يجوز له بدون سبب مشروع أن يتخلى عما وكل عليه قبل انتهاء الدعوى.

ووفق ما أشارت إليه اللائحة التنفيذية 5/23 على المحامي إذا تخلى عما وكل عليه قبل انتهاء القضية لسبب مشروع أن يبلغ موكله بخطاب مسجل مصحوب بعلم الوصول أو يبلغ الجهة ناظرة القضية بطلب يقدم منه لها، ويتم قيده لديها.

وتنقضي الوكالة بالخصومة بموت الموكل أو الوكيل وهذا حكم عام

---

(1) مدونة الاحكام القضائية. الاصدار الأول، رقم الصك 31/36، بتاريخ 1427/3/7هـ، «مطالبة مالية»، 1428-2007هـ: 327 - 334.

يسري بالنسبة لأي وكالة ولكن يلاحظ أن وفاة الوكيل بالخصومة ليس من شأنها أن تؤثر في سير الدعوى فلا يترتب عليها انقطاع الخصومة، ويستفاد من النص أنه متى ثبت أن الخصم الذي انقضت وكالته بالعزل أو الاعتزال وبادر فعين وكيلاً جديداً خلال خمسة عشر يوماً التالية لانقضاء الوكالة الأولى بأن يمنح أجلاً مناسباً وفقاً لحكم المادة (84).

أحكام محكمة النقض المصرية:

وكالة المحامي تنقضي بأسباب انقضاء الوكالة العادية وأخصها انتهاء العمل الموكل فيه لأنه بعد انتهاء العمل لا يصبح للوكالة محل تقوم عليه - ولا وجه للقول بقيام عرف بشأن وكالة المحامي يقضي بأنها لا تنتهي إلا بإلغاء التوكيل وعلم المحامي بهذا الإلغاء - استناداً إلى العرف الجاري الذي نصت عليه المادة........ ذلك أن مجال تطبيق هذا العرف هو في تحديد التوابع الضرورية للأمر الموكل فيه ليستمر الوكيل في الوكالة الخاصة في مباشرتها باعتبارها متفرعة عن العمل الأصلي ومتصلة به.

جلسة 1975/4/2 سنة 26 مكتب فني ص 744

وجاء في حيثيات حكمها: «ويتعين على المحكمة تأجيل الدعوى المدة الكافية لتوكيل محام آخر».

يدل على أن المشرع لم يقصد من هذا النص سوى تمكين الخصم من إبداء دفاعه إذا تنازل محاميه فعلاً عن التوكيل.

جلسة 1980/4/9 طعن رقم 986 لسنة 45 قضائية

إذا انقضت الوكالة بالعزل أو الاعتزال أو الوفاة دون أن يعلن الموكل عن انقضاء الوكالة سارت الإجراءات صحيحة في مواجهته فإن لم يحضر أعملت المحكمة الجزاء المترتب على الغياب.

جلسة 1961/4/20 سنة 12 مكتب فني ص 382

المادة الحادية والخمسون

إذا ظهر للمحكمة من أحد الوكلاء كثرة الاستمهالات بحجة سؤال موكله بقصد المماطلة فلها حق طلب الموكل بالذات لاتمام المرافعة.

1/51 - إذا ظهر للقاضي ناظر القضية كثرة الاستمهال من الوكيل بقصد المماطلة فللقاضي منعه من الاستمرار في الدعوى المقامة لديه ليتولاها الموكل بنفسه أو يوكل آخر.

2/51 - للقاضي رفض طلب الوكيل الاستمهال لسؤال موكله إذا ظهر عدم الجدوى من طلبه ويدون ذلك في ضبط القضية.

3/51 - يرجع في تقدير كثرة الاستمهال إلى القاضي ناظر القضية.

إساءة استعمال التقاضي بوساطة الوكيل:

بداءة نجد أن المقصود بعبارة الوكيل هو الوكيل بالخصومة وهي تشمل المحامي والوكيل وفق صريح نص المادتان (1، 18) من نظام المحاماة.

إن مهمة الوكيل هو القيام بمهمة الترافع عن موكله دون الخروج عن هذا المقتضى إلى إهدار الحقوق والمماطلة وإساءة الإجراءات على نحو يضر بسير العدالة.

وأصعب ما يواجه الباحث هو التوفيق بين كفالة الحرية الشخصية في اختيار الموكل لوكيله وإساءة استعمال الإجراءات على نحو يخل بسير العدالة[1].

فللموكل عندما قام بتعيين وكيله تم اختياره وفق تقديره على نحو أنه خير من ينوب عنه أمام القضاء وارتبط معه بعقد لم يكن القاضي ثالثهما

---

(1)   وقد جاء في حيثيات حكم محكمة النقض:

استعجال نظر الدعوى. خضوعه لتقدير المحكمة. شرط ذلك. عدم قيام عذر للخصم في تقديمه دفاعه رغم انفساخ المجال أمامه بذلك. جلسة 1984/5/27 الطعن رقم 2073 لسنة 50 قضائية.

وبالتالي لا يحق إعفاء الوكيل من مهامه بطريق ضمني باستكمال المرافعة وما قد يوقع الموكل في الحرج ذلك أن التقاضي أمام المحاكم يحتاج لمن لديه خبرة بالعمل النظامي والقضائي لكونه يحتاج لمن يتقن تلك اللغة وما يمثله ذلك من المساس بمبدأ سلطان الإرادة وهو الأساس المتخذ في كافة العقود الملزمة للجانبين كعقد الوكالة المبرم بين الموكل ووكيله إذ بمقتضى ما يقرره القاضي يكون قد أقال الوكيل من مهامه الموكلة إليه.

وقد ذهبت المحكمة الدستورية العليا بمصر في حيثيات حكمها [1]:

إن الدستور نظم حق الدفاع محدداً بعض جوانبه مقرراً كفالته كضمانة مبدئية أولية لعدم الإخلال بالحرية الشخصية، ولصون الحقوق والحريات جميعها وهي تعد ضمانة لازمة كلما كان حضور المحامي في ذاته ضرورياً كرادع لرجال السلطة العامة إذ ما عملوا إلى مخالفة القانون مطمئنين إلى انتفاء الرقابة على أعمالهم أو غفوتها ولقد غدا أمراً مقضياً أنه إذا كان حق الدفاع يعني في المقام الأول حق المتهم في سماع أقواله فإن هذا الحق يغدو سراباً بغير اشتماله على الحق في سماعه عن طريق محاميه ذلك أن ما قد يبدو واضحاً في الأذهان لرجال القانون يكون شائكاً محاطاً بغلالة كثيفة من الغموض بالنسبة إلى غيرهم أياً كان حظهم من الثقافة بما يعزز الاقتناع بأنه بغير معونة المحامي الذي يقيمه الشخص باختياره فإنه قد يدان بناء على أدلة غير متعلقة بواقعة الاتهام أو غير جائز قبولها وكان من المقرر أن المحامين ورجال القضاء يلعبون معا دوراً متكاملاً في مجال ضمان وإدارة أفضل للعدالة وبأنه في مجال مهنة المحاماة فإن الحماية الملائمة لحقوق الأفراد وحرياتهم مناطها أن تزيل الدولة من خلال تنظيماتها التشريعية القيود غير المبررة التي تحول دون النفاذ الفعال إلى الخدمات القانونية التي يقدمها المحامون لمن يطلبونها.

إساءة استعمال الإجراءات على نحو يضر بسير العدالة.

إذا كان النظام هو من كفل للأشخاص حق الالتجاء إلى القضاء

(1) حسام محفوظ، الموسوعة الدستورية الشاملة: 549. القضية رقم 6 لسنة 13 قضائية.

للحصول أو لحماية حقوقهم منعاً للاقتضاء الذاتي للحقوق فهو من وضع المواد النظامية من أجل تنظيم مباشرة تلك الحقوق على نحو لا يضر بسير العدالة، فمنح المنظم القاضي دوراً إيجابياً في نطاق الخصومة فالقاضي بحكم تكوينه المهني وبما يمتلكه من أدوات نظامية تمكنه من تقدير مدى مماطلة الوكيل في الدعوى، ويعتبر ما تعرض له المنظم في تلك المادة هو سابقة نظامية بالنسبة لسائر القوانين المطبقة في البلدان العربية حيث استطاع المنظم من المرور بالوكيل من الدور التقليدي لدوره المتمثل في وكالته عن موكله إلى الاعتداد بتعطيل دوره في الدعوى نتيجة ما ظهر منه من إساءة شخصية، ثم بعد ذلك عندما لجأ المنظم إلى هذا النص لم يخرج عن مبدأ الملاءمة والمشروعية فقد نصت اللائحة التنفيذية للمادة الأولى في نظام المحاماة: «الترافع عن النفس حق شرعي لكل شخص» فهذا يعني أن المنظم لجأ إلى قاعدة أساسية في أحقية كل شخص في الدفاع عن نفسه أو تعين وكيل جديد.

ومن الأهمية بمكان أن نشير إلى صعوبة تحديد معيار المماطلة إذ هي تخضع لتقدير ناظر الدعوى، وهو ما نحاول أن نتلمسه من خلال نصوص مواد نظام المرافعات الشرعية.

فمثلاً ما نصت عليه المادة (63) «على القاضي أن يسأل المدعي عما هو لازم لتحرير دعواه قبل استجواب المدعى عليه وليس له ردها لتحريرها ولا السير فيها قبل ذلك».

المادة (64) «إذا امتنع المدعى عليه عن الجواب كلياً أو أجاب بجواب غير ملاق للدعوى، كرر عليه القاضي طلب الجواب الصحيح ثلاثاً في الجلسة نفسها فإذا أصر على ذلك عده ناكلاً بعد إنذاره، وأجرى في القضية ما يقتضيه الوجه الشرعي».

المادة (122) إذا طلب أحد الخصوم إمهاله لإحضاره شهوده الغائبين عن مجلس الحكم فيمهل أقل مدة كافية في نظر المحكمة فإذا لم يحضرهم

في الجلسة المعنية أو حضر منهم من لم توصل شهادته فللمحكمة أن تفصل في الخصومة فإذا كان له عذر في عدم إحضار شهوده كغيبتهم أو جهله محل إقامتهم كان له حق إقامة الدعوى متى حضروا.

من تلك المواد يمكن تلمس ملامح المماطلة من خلال التحديد الوقتي ويتمثل في منح الوكيل الاستمهال من أجل إجراء معين لمدة تتجاوز الثلاث مرات دون جدوى في تنفيذ ما طلب منه فهنا تتحقق المماطلة في جانب الوكيل ويحق للمحكمة طلب حضور الموكل بشخصه أو بتوكيل محام آخر لأن مصلحة العدالة أولى من أن تهدر[1] بتعنت شخصي وإن اتخذ من مهنة المحاماة سبيلاً إليه.

المادة الثانية والخمسون

لا يجوز للقاضي ولا للمدعي العام ولا لأحد من العاملين في المحاكم أن يكون وكيلاً عن الخصوم في الدعوى ولو كانت مقامة أمام محكمة غير المحكمة التابع لها، ولكن يجوز لهم ذلك عن أزواجهم وأصولهم وفروعهم ومن كان تحت ولايتهم شرعاً.

حظرت المادة على من عددتهم بقبول الوكالة أياً كان نوعها ويترتب

(1) من مقدمة المذكرة الإيضاحية لمشروع قانون المرافعات المدنية والتجارية المصري رقم 13 لسنة 1968: «منذ كان الإنسان كان العدل، وسيبقى حلم حياته، وأمل مفكريه، وجوهر شرائعه، وسياج أمنه. كذلك كان، وسيقى رائدا لركبه على طريق الرخاء، والتقدم والسلام، وصانع الحضارات وحارسها وغاية الغايات، لنضال صفوف لا تنتهي، من الشهداء والشرفاء نضالاً باسلاً، وشجاعة لم تخمد لها جذوة عبر أجيال غير ذات عدد، من أجل مجتمع أنفع، وأكرم وأسمى. وعلى الحق الذي لا مرية فيه، إنه ليس عدلاً بحال، ذلك الذي يأتي بعد الأوان فإنه إلى الظلم أدني، وبه أشبه. كذلك ليس عدلاً ذلك الذي يرقق كاهل المستجير، المتطلع إليه، بثمن غال، يبذله - صاغراً - من جهد أو مال. ولئن كانت هذه المعاني جميعاً هي غاية الإنسان ورجاؤه، مهما يكن مذهبه في الحياة، حيث العدل كالخبز، حق محترم لكل مواطن، يستحيل الرجاء إلى إرادة، يمليها الشعب ويفرضها بسلطان لا ترد له مشيئة».

على تلك المخالفة البطلان كجزاء إجرائي للعمل المعيب وما يترتب عليه من آثار مرتبطة ارتباطاً لا يقبل التجزئة سواء أكانت المخالفة في المحكمة التابع لها المخالف أم من عدمه، وبالتالي يمتنع الحضور أو المرافعة - سواء أكان بالمشافهة أم بالكتابة.

ومما هو جدير بالإشارة لمن عددتهم قاصر على أن يكونوا وكلاء عن أزواجهم وأصولهم وفروعهم ومن كان تحت ولايتهم شرعاً وهي قاصرة حتى الدرجة الثانية وهي لا تمتد إلى قرابة المصاهرة وذلك لقصر الاستثناء على الطائفة المحددة.

الفصل الثاني

غياب الخصوم أو أحدهم

المادة الثالثة والخمسون

إذا غاب المدعي عن جلسة من جلسات المحاكمة ولم يتقدم بعذر تقبله المحكمة تشطب الدعوى وله بعد ذلك أن يطلب استمرار النظر فيها حسب الأحوال، وفي هذه الحالة تحدد المحكمة جلسة لنظرها وتبلغ بذلك المدعى عليه، فإذا غاب المدعي ولم يتقدم بعذر تقبله المحكمة تشطب الدعوى ولا تسمع بعد ذلك إلا بقرار يصدره مجلس القضاء الأعلى بهيئته الدائمة.

1/53 - يعد المدعي غائباً إذا حضر قبل نهاية الجلسة بأقل من نصف ساعة ولم تكن الجلسة منعقدة وفق ما تضمنته المادة (57).

2/53 - تشطب الدعوى لغياب المدعي بعد انتهاء المدة المحددة للجلسة.

3/53 - تقدير العذر المقبول لناظر القضية.

4/53 - يكون رفع المعاملة لمجلس القضاء الأعلى من المحكمة مباشرة مرافقاً لها صورة الضبط.

5/53 - إذا صدر قرار من مجلس القضاء الأعلى بهيئته الدائمة

بسماع الدعوى المشطوبة للمرة الثانية ثم شطبت بعد ذلك فلا تسمع بعد شطبها إلا بقرار من مجلس القضاء الأعلى بهيئته الدائمة، وبعد أخذ التعهد على المدعي من قبل ناظر القضية بعدم تكرار ما حصل منه.

6/53 - لا يؤثر شطب القضية على إجراءاتها السابقة بل يبنى على ما سبق ضبطه فيها متى أعيد السير فيها.

غياب المدعي:

عالجت هذه المادة حالة غياب المدعي - شخصاً طبيعياً أو معنوياً - عن الحضور في الجلسة المحددة لنظر الدعوى أو يحضر في بعض الجلسات ويتخلف في جلسة أخرى، وحددت المادة الآثار التي تترتب على غياب المدعي وتأثيره في سير الخصومة حتى يحول بين الغياب وبين تعطيل الفصل في الدعوى، وحتى يوفق قدر المستطاع بين مصالح الخصوم وإمكان السير في الدعوى ولو تغيب المدعي عن حضور الجلسة.

ففي حالة غياب المدعي ووفق ما أوضحته اللائحة التنفيذية يعد المدعي غائباً إذا حضر قبل نهاية الجلسة بأقل من نصف ساعة ولم تكن الجلسة منعقدة وفق ما تضمنته المادة (57) فتشطب الدعوى.

ويقصد بشطب الدعوى استبعادها من قائمة الدعاوى م(59) التي تنظرها المحكمة ولذلك فالشطب لا يؤثر في الخصومة ذاتها التي تبقى، رغم قرار المحكمة بشطبها، قائمة ومنتجة لكل الآثار م (6/53) من اللائحة التنفيذية، ووفق ما أشارت إليه المادة «وله بعد ذلك أن يطلب استمرار النظر فيها حسب الأحوال» فهي وإن حددت كيفية إعادة مواصلة الدعوى لسيرتها الأولى إلا أنها لم تحدد الوقت الذي يجب أن يتقدم فيه المدعى بالطلب وإلا سقط حقه في طلب صيرورة الدعوى لمرة أخرى وبذلك أصبح تقديم الطلب غير محدد المدة لتقديمه.

وعليه نوصي: بتحديد المدة في خلال ثلاثين يوماً من تاريخ الشطب

242

التقدم بطلب التجديد من قبل المدعي أو أحد الخصوم بكونهم لهم مصلحة في طلب الشطب، ويرتب جزاء إجرائي على عدم مراعاة المدة المحددة باعتبار الدعوى كأن لم تكن.

وأشار النص إلى إبلاغ المدعى عليه بالجلسة التي تم تحديدها لنظر الدعوى حتى يتحقق بذلك الإبلاغ مواصلة الدعوى وما يترتب على ذلك من آثار المواجهة بين الخصوم وتقديم المدعى عليه لدفاعه كتابة أو مشافهة، ولا يؤثر قرار الشطب على الحق موضوع الخصومة ولا على الإجراءات التي تمت قبل الشطب م (5/63) لائحة تنفيذية، كما لا يعيد للمدعى عليه الحق في إبداء دفع كان قد سقط بسبب مواجهته للموضوع قبل شطب الدعوى ويستفاد من حكم المادتين (53، 54) من النظام أن شطب الدعوى أمر بقوة النظام في حالة غياب أطراف التداعي في الجلسة الأولى أو الجلسات التي تليها فيمتنع على المحكمة النظر في موضوع الدعوى أو في المسائل الفرعية الناشئة عنها لأن النظام قصر على المحكمة سلطتها في الشطب وبالتالي لا يقبل التدخل من شخص في تلك الجلسة التي لم يحضرها أطراف التداعي م (77)، وترجع علة تحديد سلطة المحكمة على التقرير بشطب الدعوى دون التعرض إلى ما غير ذلك راجعاً إلى عدم أن تسترسل المحكمة في فحص منازعة لم يعبأ بها أولو الشأن فيها، خاصة أن المدعي تخلف بإرادته أو تقصيره والمدعى عليه لم يحضر ليتمسك بحقه في طلب الفصل في الدعوى، فإذا أخطأت المحكمة وسارت في إجراءات الدعوى برغم غيبة طرفيها أو أصدرت حكماً فيها كانت الإجراءات التي اتخذتها والحكم الذي أصدرته باطلاً، وذلك باعتبار أن النظام لم يعط لها السلطة للسير في الدعوى بل منعها من نظرها وحتم عليها أن تقرر شطبها من قائمة الدعاوى، وباعتبار أن حضور أحد الخصوم على الأقل أمام المحكمة من المقومات اللازمة لنظر الدعوى والحكم فيها، ذلك الفصل في الدعوى مرتبط بطلبه من قبل المدعى عليه.

وتجدر الإشارة إلى أنه يقتصر دور المدعى عليه على طلب الفصل في الدعوى، أما إذا وجهه طلب عارض أو دفع وجب التأجيل للإعلان المدعي

للرد على الطلب العارض أو الدفوع المبداة من قبل المدعى عليه وإلا أصبحت المحكمة تفصل في طلبات أو دفوع لم يبلغ بها المدعي فإذا تم تبليغه ولم يحضر رغم ذلك فصلت المحكمة في الدعوى كاملة.

تعدد المدعين:

تتحقق تلك الصورة في حالة تعدد المدعين فإذا تخلفوا جميعاً فتطبق ما سبق الإشارة فيما يختص به المدعى.

حضور المدعى عليه وغياب بعض المدعين:

إذا تعدد المدعون وحضر المدعى عليه وأبدى طلبات عارضة أو دفوع وجب التأجيل للتبليغ بالطلبات أو الدفوع ليتمكن المدعي الغائب من الاطلاع عليها والرد. وذلك حتى لا تفصل المحكمة في طلبات أو دفوع لم يبلغ بها المدعي، فإذا تم تبليغه ولم يحضر رغم ذلك فصلت المحكمة في الطلبات كافة.

أما إذا لم يتم ابداء طلبات أو دفوع من قبل المدعى عليه، وغاب بعض المدعين في الجلسة الأولى فإما أن تقرر المحكمة شطب الدعوى في مواجهة المدعي الذي لم يحضر المادة (53)، أو أن يطلب المدعى عليه عدم شطب الدعوى والفصل في الدعوى المادة (54) يكون الحكم في مواجهة المدعي الذي لم يحضر غيابياً، وفي مواجهة باقي المدعين حضورياً، مما قد يؤدي ضرر بالعدالة وبالمصالح وقد أصبح حضوري في مواجهة البعض وغيابي في مواجهة الآخرين ولكن في ظل عدم توافر النص النظامي لمعالجة تلك الإشكالية وجب علينا ضرورة الاستعانة ببعض مواد النظام وذلك لسد النقص وإزالة الفراغ التشريعي في هذه الجزئية، حيث يتم الرجوع إلى أقرب المواد التي تتفق مع علة الاشكالية التي نحن بصددها لنتمكن من عدم الخروج عن مقتضيات المواد مع الحفاظ على اعتبار المواد وحدة واحدة في البناء النظامي وللاتحاد في العلة ويتم ذلك عن طريق اللجوء إلى المادة (56) في تطبيق حكمها عن طريق قيام المدعى عليه بطلب التأجيل بإعلان المدعي الغائب ويعد الحكم بعد هذا حضورياً في مواجهته كسائر المدعين، وعلى ذلك تقضي المحكمة في موضوع الدعوى على هذا الأساس.

244

أحكـام محكمـة النقـض:

تخلف المدعي أو المستأنف عن الحضور بالجلسة الأولى المحددة لنظر دعواه أو أية جلسة تالية. غير مانع من نظرها والفصل فيها متى أبدى الخصوم أقوالهم ودفاعهم.

جلسة 1976/5/19 سنة 27 مكتب فني ص 1123

شطب الدعوى مع باقي الدعاوى المنضمة إليها. تجديد الدعوى الأولى وحدها من الشطب. أثره. عدم جواز تصدي المحكمة لباقي الدعوى غير المطروحة أمامها جلسة 1980/6/29 طعن رقم 1450 لسنة 49 قضائية.

قرار الشطب ليس حكماً ولا يجوز استئنافه على استقلال إلا مع الحكم المنهي للخصومة كلها.

جلسة 1981/2/10 طعن رقم 1930 لسنة 47 قضائية

تخلف المدعي أو المستأنف عن الحضور بالجلسة الأولى المحددة لنظر الدعوى أو بأية جلسة تالية غير مانع من نظرها والفصل فيها متى أبدى الخصوم أقوالهم ودفاعهم.

جلسة 1985/12/16 طعن رقم 1270 لسنة 54 قضائية

شطب الدعوى إجراء لا علاقة له ببدء الخصومة وإنما يلحق الخصومة أثناء سيرها فيبعدها عن جدول القضايا المتداولة أمام المحكمة وتجديدها من الشطب يعيدها لمسيرتها الأول ويكون بانعقادها من جديد بين طرفيها وهو لا يكون إلا بالاعلان الذي يتعين أن يتم في الميعاد الذي حدده القانون.

جلسة 1984/3/28 طعن رقم 434 لسنة 49 قضائية

يجب على المحكمة أن تعاود نظر الدعوى من النقطة التي كانت قد وقفت عندها بقرار الشطب ومن ثم يتعين عليها أن تعرض لما سبق أن أبداه

الخصوم قبل صدور هذا القرار من طلبات ودفوع وأوجه دفاع دون حاجة لاعادة إبدائها أو التمسك بها وذلك ما لم يثبت تنازل صاحب المصلحة عنها صراحةً أو ضمناً.

جلسة 1990/10/30 طعن رقم 1718 لسنة 54 قضائية

تجديد الدعوى بعد شطبها مقتضاه. وجوب اتخاذ إجرائين جوهريين أولهما تحديد جلسة لنظرها وثانيهما إعلان الخصوم بهذه الجلسة.

جلسة 1988/11/20 طعن رقم 2072 لسنة 56 قضائية

المقرر في مفهوم المادة .... مرافعات أن المحكمة تحكم في الدعوى إذا كانت صالحة للحكم فيها وهي تكون كذلك إذا ما أبدى الخصوم أقوالهم ودفاعهم فيها حتى ولو تغيب المدعي أو المستأنف عن الحضور بالجلسة المحددة لنظر الدعوى، ولما كان الثابت أن المحكمة قررت شطب الاستئناف بجلسة أثر انسحاب محامي المطعون ضدهم من الجلسة تاركاً الاستئناف للشطب لعدم تقديم محامي الطاعن سند وكالته عنه، وإذ لم يدع الطاعن أن الاستئناف كان صالحاً للحكم فيه فإن قرار الشطب يكون قد صدر دون أن تكون المحكمة ملزمة قانوناً بأن تورد لها أسباب ويكون الحكم قد انحسر عنه أي بطلان في الإجراءات.

جلسة 1983/2/2 طعن رقم 792 لسنة 48 قضائية

إذا كان المدعي قد انسحب تاركاً الدعوى للشطب وأرجأت المحكمة قرارها لآخر الجلسة ثم قررت تأجيل الدعوى فإن ميعاد الطعن في الحكم يسري في حقه من تاريخ صدوره لأن انقطاع تسلسل الجلسات لا يتحقق إلا بصدور قرار الشطب.

جلسة 1973/5/10 سنة 24 مكتب فني ص 735

تمثيل المحامي للخصم في الجلسة. وجوب أن يكون بتوكيل رسمي أو

مصدق على التوقيع عليه. تخلف ذلك، أثره اعتبار الخصم الذي جاء المحامي ليمثله غائباً.

جلسة 1986/6/25 طعن رقم 1706 لسنة 51 قضائية

تجديد الدعوى بعد شطبها. عدم اشتراط أن يكون بيد المحامي توكيل من ذي الشأن عند تحرير صحيفة التجديد وإعلانها. وجوب إثبات الوكالة في الحضور عن الموكل أمام المحكمة.

جلسة 1979/5/17 سنة 30 المكتب الفني العدد الثاني ص 373

متى تغيب المحكوم عليه عن حضور الجلسات التالية لتجديد الدعوى من الشطب ولم يقدم مذكرة بدفاعه فإن ميعاد الطعن في الحكم لا يسري في حقه إلا من تاريخ إعلانه.

جلسة 1977/11/15 سنة 28 المكتب الفني ص 1673

شطب الدعوى لا يعني زوالها، بقاؤها منتجة لآثارها الإجرائية والموضوعية.

جلسة 1992/12/29 طعن رقم 1629 لسنة 53 قضائية

المادة الرابعة والخمسون

في الحالتين المنصوص عليهما في المادة السابقة إذا حضر المدعى عليه في الجلسة التي غاب عنها المدعي فله أن يطلب من المحكمة عدم شطب الدعوى والحكم في موضوعها إذا كانت صالحة للحكم فيها. وفي هذه الحالة على المحكمة أن تحكم فيها ويعد هذا الحكم غيابياً في حق المدعي.

1/54 - تكون الدعوى صالحة للحكم بعد ضبط أقوال الخصوم وطلباتهم الختامية مع توفر أسباب الحكم فيها وفق المادة (85).

2/54 - يكون الحكم حال غياب المدعي خاضعاً لتعليمات التمييز ما

لم يحكم له بكل طلباته وفق المادة (174).

طلب الحكم في موضوع الدعوى:

إذا تخلف المدعي عن حضور الجلسة المحددة لنظر دعواه وحضر المدعى عليه وطلب الحكم في موضوع الدعوى، فإذا كانت صالحة للحكم وفق ما أوضحته اللائحة التنفيذية بالإشارة لحكم المادة (85) «تعد الدعوى مهيأة للحكم في موضوعها إذا أبدى الخصوم أقوالهم وطلباتهم الختامية في جلسة المرافعة قبل وجود سبب الانقطاع» وبمفهوم المخالفة إذا كانت الدعوى غير صالحة للفصل فيها فلا يمكن للمحكمة أن تستجيب لطلب الحكم فيها إذ أن ذلك يخضع وفق تقديرها بكونها المنوط بها الفصل في الدعاوى، وقد ترجع علة طلب المدعى عليه في الحكم في الموضوع إذا كان مما لا يخضع لتعليمات التمييز بكونه من الطائفة المستثناة والتي يحددها «مجلس القضاء الأعلى»[1] المادة (179)، ولا يعني غياب المدعي والحكم فيها أن تقضي لمصلحة الحاضر ضد الغائب فهي تقوم بتفنيد وتمحيص كافة الأدلة والمستندات المقدمة في الدعوى.

وتجدر الإشـارة إلى أنه إذا تقدم المدعي بطلبات عارضة م(80) أو دفوع وهي تستوجب الرد عليها من المدعي وجب تأجيل الدعوى لحين الإعلان بالطلب العارض أو الرد على الدفع المبدى من المدعى عليه، وبذلك تتاح له الفرصة في الدفاع وإلا إذا لم يتم الفصل في الدعوى بدون الإعلان بالطلب العارض أو الرد على الدفوع اختل أحد المبادئ الأساسية والمتمثلة في الإخلال بحق الدفاع، ذلك كون طلب المدعى عليه وفقاً لحكم المادة هو طلب الحكم فيها دون أن يتعدى ذلك. وبذلك يكون طلب الفصل في موضوع الدعوى في غيبة المدعي هو حكم غيابي يخضع لتعليمات التمييز إن توافرت شرائطه أحكام محكمة النقض المصرية.

(1) قبل صدور نظام القضاء الجديد. 1428 هـ.

تخلف المدعي أو المستأنف عن الحضور بالجلسة الأولى المحددة لنظر الدعوى أو بأية جلسة تالية غير مانع من نظرها والفصل فيها متى أبدى الخصوم أقوالهم ودفاعهم. وجوب إعلان المدعي الغائب إذا أبدى المدعى عليه طلباً عارضاً. طلب رفض الدعوى ليس كذلك.

جلسة 1985/5/27 طعن رقم 434 لسنة 50 قضائية

لمحكمة الموضوع السلطة في نظر الدعوى والفصل فيها عند غياب المدعي وتخلفه عن الحضور وبالجلسة المحددة لنظر دعواه سواء كانت هي الجلسة الأولى أم كانت من الجلسات التالية متى تبينت أنها صالحة للفصل فيها، ولم يوجب الشارع في هذه الحالة إعلان المدعي الغائب بالطلبات وتكليفه الحضور إلا إذا أبدى المدعى عليه طلباً عارضاً، وليس من هذا القبيل طلب رفض الدعوى.

جلسة 1984/5/9 طعن رقم 1006 لسنة 49 قضائية

المادة الخامسة والخمسون

إذا غاب المدعى عليه عن الجلسة الأولى فيؤجل النظر في القضية إلى جلسة لاحقة يبلغ بها المدعى عليه، فإن غاب عن هذه الجلسة أو غاب عن جلسة أخرى دون عذر تقبله المحكمة فتحكم المحكمة في القضية، ويعد حكمها في حق المدعى عليه غيابياً ما لم يكن غيابه بعد قفل باب المرافعة في القضية فيعد الحكم حضورياً.

1/55 - إذا تبلغ المدعى عليه لشخصه، أو وكيله الشرعي في القضية نفسها، بموعد الجلسة، أو أودع هو أو وكيله مذكرة بدفاعه للمحكمة قبل الجلسة، فيعد الحكم في حقه حضورياً، سواء أكان غيابه قبل قفل باب المرافعة، أم بعده.

2/55 - إذا كان التبليغ للمدعى عليه لغير شخصه، وفق المادتين: (15، 18) ولم يحضر، فيؤجل النظر في القضية إلى جلسة لاحقه، ويعاد

التبليغ، فإن غاب عن هذه الجلسة، أو جلسة أخرى دون عذر تقبله المحكمة فتحكم في القضية، ويعد الحكم في حق المدعى عليه غيابياً ما لم يكن غيابه بعد قفل باب المرافعة فيعد الحكم حضورياً؛ ويخضع الحكم في الحالين لتعليمات التمييز.

3/55 - يلزم تدوين مضمون محضر التبليغ في ضبط القضية قبل الحكم فيها غياباً.

4/55 - إذا توجهت اليمين على المدعى عليه بعد سماع الدعوى فيبلغ بذلك حسب إجراءات التبليغ، ويشعر بوجوب حضوره لأداء اليمين وأنه إذا تخلف بغير عذر تقبله المحكمة عد ناكلا وسوف يقضى عليه بالنكول، وذلك وفق المادة (109).

أما إن كان له عذر يمنعه من الحضور - تقبله المحكمة - فيعامل وفق المادة (110).

إعادة التبليغ:

إذا حضر المدعي وتخلف المدعى عليه عن الحضور كلفت المحكمة المدعي بإعادة تبليغ المدعى عليه فإذا تخلف عن الحضور رغم ذلك ولم يقدم عذر تقبله المحكمة م (2/55) لائحة تنفيذية، وحضر المدعي وطلب الحكم في الدعوى حكمت المحكمة في غيبة المدعى عليه إذ لا يمنع من الحكم عليه في الجلسة الأولى بناء على طلب المدعي بعد التحقق من صحة دعواه وأسانيدها، فإذا تبين للمحكمة أن طلبات المدعي لا أساس لها تحكم برد الدعوى أو بعدم قبولها. وإذا تطلبت القضية إلى تحقيق أو ندب خبير جاز لها الالتجاء إليهما توصلاً للكشف عن الحقيقة. فلا يعتبر غياب المدعى عليه قرينة على اعترافه بالحق المطالب به إذ قد يكون هذا التخلف متسبباً عن حادث عرض له أو لأنه يعتقد بفساد مزاعم خصمه أو لأن طلب الحضور لم يصل لعلمه، فلا يصح لذلك أن يكون أساس الحكم للمدعي مجرد غياب المدعى عليه ولها أن تقضي بالدفوع المتعلقة بالدعوى بإثارتها من تلقاء نفسها وفقاً لحكم المادة

(72) أما المسائل الفرعية التي لا يجوز لغير المدعى عليه التمسك بها والتي يسقط حق المتمسك بها إذا لم تبد قبل ما عداها من أوجه الدفاع فهذه لا يجوز للمحكمة أن تقضي بها من تلقاء نفسها المادة (71) وإن كنّا نرى تعديل المادة المنوه عنها بأن يجعل تعرض المحكمة من تلقاء نفسها في حالة بطلان صحيفة الدعوى نظراً لما تمثله من أهمية ترتبط بانعقاد الخصومة فإذا كان غياب البطلان ظاهر حكمت به المحكمة، ويتعين على المحكمة قبل الفصل في غيبة المدعي أن تتحقق من صحة تبليغه ومن وصول التبليغ إلى المدعى عليه لشخصه أو في محل إقامته وفقاً لحكم المواد (10، 15، 18).

كما أنه ليس هناك ما يمنع المحكمة إذا ما رأت أن الدعوى لم تتهيأ للحكم فيها من أن تؤجل نظرها إلى جلسة أخرى ويصدر الحكم في هذه الحالة غيابياً أيضاً ما لم يحضر المدعى عليه جلسة من الجلسات التالية، على أنه في حالة ما قام المدعي بتعديل الطلبات الواردة في أصل صحيفة الدعوى سواء أكان بالنقصان أم بالزيادة من تبليغ يختص بتلك الطلبات لأنه لا يجوز أن تفصل المحكمة في طلبات لم يبلغ بها المدعى عليه، فإذا تم تبليغه ولم يحضر رغم ذلك فصلت المحكمة في الطلبات كافة.

أحكام محكمة النقض:

وجوب إعادة إعلان من اختصم في الدعوى وتخلف عن حضور الجلسة ولم يعلن بأصل الصحيفة لشخصه في الدعاوى غير المستعجلة. عدم مراعاة ذلك. أثره. بطلان الحكم الصادر فيها.

جلسة 1997/4/3 طعن رقم 1221 لسنة 66 قضائية

إعلان المدعى عليه الغائب أو إعادة إعلانه إذا لم يكن قد أعلن لشخصه. من الإجراءات الجوهرية للتقاضي. تخلف ذلك. بطلان الحكم أو القرار الصادر من المحكمة.

جلسة 1994/1/6 طعن رقم 3248 لسنة 59 قضائية

وحيث أن مما ينعاه الطاعنان على الحكم المطعون فيه مخالفة القانون والخطأ في تطبيقه، وفي بيان ذلك يقولان أنهما تمسكا في صحيفة الاستئناف ببطلان الحكم المستأنف لعدم إجراء إعادة إعلانهما بالدعوى أمام محكمة أول درجة رغم تخلفهما عن حضور جلساتها وعدم إعلانهما بصحيفة افتتحاها فيها لشخصيهما، إلا أن الحكم المطعون فيه لم يعتد بهذا الدفاع على سند من أن هذا الإجراء قاصر على صحيفة الدعوى دون صحف تصحيحها، وهو ما يعيب الحكم ويستوجب نقضه.

وحيث أن هذا النعي في محله، ذلك أن مفاد نص .... من قانون المرافعات أن المشرع أوجب إعادة إعلان المدعى عليه إذا لم يحضر بالجلسة وكانت صحيفة الدعوى لم تعلن لشخصه - وذلك في غير الدعاوى المستعجلة - حتى يعتبر الحكم حضورياً بقوة القانون، ويترتب على عدم إتباع ذلك الإجراء في أحوال وجوبه بطلان الحكم الذي يصدر في الدعوى، لما كان ما تقدم وكان الثابت من الأوراق أن المطعون عليه أقام الدعوى ضد الطاعن الأول بصفته ممثلاً لورثة البائع له الحكم بإلزامه من تركة المورث بما أوفي به لمصلحة الضرائب ثم عاد واختصم الطاعنين عن نفسيهما باعتبار أنهما المالكان للمحل والبائعان له بصحيفة لم تعلن لشخصيهما وقد تخلفا عن حضور جميع الجلسات أمام محكمة أول درجة ولم يقم المطعون عليه بإعادة إعلانهما بعد اختصامهما بشخصيهما حتى يكون الحكم حضورياً في حقهما وفق القانون وهو ما لا يغني عنه سبق إعادة إعلان الطاعن الأول بوصفه ممثلاً للتركة فإن الحكم المستأنف يكون باطلاً. لما كان المطعون فيه قد قضى بتأييد الحكم المستأنف وأحال إليه في أسبابه رغم بطلانه وتمسك الطاعنان بهذا البطلان أمام محكمة الاستئناف فإنه يكون قد خالف القانون وأخطأ في تطبيقه.

جلسة 1990/12/16 طعن رقم 2790 لسنة 57 قضائية

بطلان إعادة الإعلان تخلف المستأنف عليهم عن الحضور في جميع

جلسات الاستئناف يترتب عليه في هذه الحالة بطلان الحكم المطعون فيه لا بتنائه على إجراء باطل أثر في الحكم.

جلسة 1973/11/29 سنة 24 المكتب الفني ص 1194

وجاء في حيثيات حكمها:

أن المشرع أوجب إعادة إعلان المدعى عليه الذي لم يحضر بالجلسة الأولى ولم يكن قد أعلن لشخصه لما افترضه في تلك الحالة من احتمال جهله بقيام الدعوى ورتب على إعادة الإعلان افتراض علمه بها. لما كان ذلك وكان نقض الحكم لا ينشئ خصومة جديدة بل هو يزيل الحكم المنقوض ليتابع الخصوم السير في الخصومة الأصلية أمام محكمة الإحالة ويكون تحريك الدعوى أمام هذه المحكمة بعد نقض الحكم بتعجيلها من أحد الخصمين بتكليف بالحضور يعلن إلى الخصم الآخر إعلاناً قانونياً........ من تاريخ صدور حكم النقض دون حاجة إلى إعادة الإعلان لأن الخصومة متى استأنفت سيرها تعود إلى الحالة التي كانت عليها عند وقفها وقت حدوث سبب الانقطاع ذلك أن الانقطاع لا يؤثر فيما اتخذ من إجراءات وما تم من مواعيد قبل حصوله.

جلسة 1984/5/14 طعن رقم 722 لسنة 52 قضائية

المادة السادسة والخمسون

إذا تعدد المدعى عليهم، وكان بعضهم قد أعلن لشخصه وبعضهم الآخر لم يعلن لشخصه، وتغيبوا جميعاً أو تغيب من لم يعلن لشخصه، وجب على المحكمة في غير الدعاوى المستعجلة تأجيل نظر الدعوى إلى جلسة تالية يعلن المدعي بها من لم يعلن لشخصه من الغائبين، ويعد الحكم في الدعوى حكماً حضورياً في حق المدعى عليهم جميعاً.

1/56 - يقصد بتعدد المدعى عليهم في الدعوى الواحدة إذا كانوا شركاء فيما بينهم في أموال ثابتة أو منقولة بحيث يكون الحكم لأحدهم أو

عليه حكماً للجميع أو عليهم.

2/56 - الإعلان للشخص في هذه المادة يكون بتبليغ الموعد له مباشرة أو بوساطة وكيله الشرعي في القضية نفسها، ولا يعتبر تبليغ المقيمين معه إعلاناً لشخصه.

3/56 - إذا كان الإعلان لشخص بعض المدعى عليهم في القضايا المستعجلة المنصوص عليها في المواد (233 - 245) ولم يحضر منهم أحد فعلى القاضي نظر الدعوى والحكم فيها.

4/56 - كل حكم حصل في غياب المحكوم عليه يخضع لتعليمات التمييز سواء اعتبر الحكم حضورياً أم غيابياً، فإذا اعتبر الحكم غيابياً فالغائب على حجته إذا حضر.

5/56 - يكون الحكم الحضوري في هذه المادة قطعياً بتصديقه من محكمة التمييز وغير قابل لالتماس إعادة النظر فيه بسبب غياب المحكوم عليهم أو بعضهم.

6/56 - إذا تغيب من أعلن لشخصه وحضر من لم يعلن لشخصه فعلى المحكمة نظر القضية والحكم فيها.

تعدد المدعى عليهم وتخلف بعضهم:

يحدث أن يكون المدعي قد اختصم أكثر من شخص فحضر بعضهم وتخلف البعض الآخر والمقصود بتعدد المدعى عليهم وفق ما أوضحته اللائحة التنفيذية؟: «يقصد بتعدد المدعى عليهم في الدعوى الواحدة إذا كانوا شركاء فيما بينهم في أموال ثابتة أو منقولة بحيث يكون الحكم لأحدهم أو عليه حكماً للجميع أو عليهم» فيتعين على المحكمة أن تؤجل الدعوى لجلسة أخرى يعلن إليها من لم يحضر من المدعى عليهم.

وتأجيل الدعوى للإعادة في هذه الحالة وجوبياً على المحكمة فلا تملك

أن تحكم في الموضوع أو تتعرض له في الجلسة الأولى ما دام قد تخلف بعض المدعى عليهم في الحضور فإذا قضت في الدعوى برغم تخلف البعض كان حكمها باطلاً وفقاً لحكم المادة (6) وطلب البطلان يتحقق في طلبه لمن حضر، ومن لم يحضر وذلك لأن التأجيل وجوبي في مواجهة الكافة، وإذا تأجل نظر الدعوى في الجلسة الأولى لسبب آخر غير إعادة الإعلان، ولم يحضر بعض المدعى عليهم وجب التأجيل لإعادة إعلانهم، ولا يجوز للمدعي أن يعدل عن طلباته بالزيادة أو بالنقصان قبل إعادة الإعلان، فإذا كلف المدعي بإعادة الإعلان في الجلسة الأولى وأراد أن يعدل طلبات سواء بالزيادة أو النقصان فيثبت طلبات في محضر الضبط ويكلف بالإعلان بالطلبات المعدلة وإعادة الإعلان ويقصد من ذلك هو تيسير الفصل في الدعوى وقصر الإجراءات بقدر المستطاع.

شروط التأجيل:

(أ) أن يكون هناك مدعى عليهم متعددون وأن يحضر بعضهم ويتخلف البعض الآخر ويتحقق التأجيل إذا لم يحضر جميع المدعى عليهم ولم يعلن أحد لشخصه أو بواسطة وكيله الشرعي.

(ب) أن يكون الخصم الغائب معرضاً للحكم عليه في الدعوى، فلا محل إذا انتفت العلاقة بين المدعى عليهم الحاضر والغائب منهم، كما إذا رفعت الدعوى على الغائب من أجل انعقاد الاختصاص للمحكمة التابع لها هذا الخصم أي لا تتوافر فيه مقومات الخصم الحقيقي ألا وهو من وجهت إليه طلباته للحكم عليه.

(ج) ألا تكون من الدعاوى الواردة في المواد 233 - 245 فإذا أعلن بعض المدعى عليهم لشخصهم دون الآخرين وجب الحكم في الدعوى.

(د) ويتحقق التأجيل في حالة ما إذا حضر وكيل ولم تكن وكالته وفق

صحيح النظام أي لم تكن بيده سند وكالة عامة أو خاصة ولم يحضر معه المدعى عليه.

فوجب التأجيل لإعادة الإعلان، حيث المتطلب هو الحضور الشخصي أو بوساطة وكيل فطلب التأجيل للإرشاد عن سند الوكالة قد لا يحضر الوكيل وهنا يتم التأجيل لإعادة الإعلان لعدم اكتمال الشكل النظامي للحضور، ولا يمكن الاستعاضة عن إعادة الإعلان بالعلم المرتبط بطلب التأجيل.

أحكام محكمة النقض:

بطلان إعـادة الإعـلان وتخلف المستأنف عليهم عن الحضور في جميع جلسات الاستئناف يترتب عليه في هذه الحالة بطلان الحكم المطعون فيه لابتنائه على إجراء باطل أثر في الحكم.

جلسة 1973/11/29 سنة 24 المكتب الفني ص 1194

تخلف المدعي أو المستأنف عن الحضور بالجلسة المحددة لنظر الدعوى غير مانع من نظرها والفصل فيها متى أبدى الخصوم أقوالهم ودفاعهم.

جلسة 1992/5/13 طعن رقم 138 لسنة 58 قضائية

وجوب إعادة إعلان من اختصم في الدعاوى وتخلف عن حضور الجلسة ولم يعلن بأصل الصحيفة لشخصه في الدعاوى غير المستعجلة.

جلسة 1997/4/3 طعن رقم 1221 لسنة 66 قضائية

الخصم الحقيقي هو من توجه إليه طلبات في الدعوى أو يعترض سبيلها منازعاً فيها أما من يختصم دون أن توجه إليه طلبات ولم يدفع الدعوى بما يعترضها فلا يعد خصماً حقيقياً فيها.

جلسة 1993/6/29 طعن رقم 1505 لسنة 57 قضائية

المادة السابعة والخمسون

في تطبيق الأحكام السابقة لا يعد غائباً من حضر قبل الميعاد المحدد لانتهاء الجلسة بثلاثين دقيقة، على أنه إذا حضر والجلسة لازالت منعقدة فيعد حاضراً.

ماهية الغياب:

يقصد بالغياب هو تخلف الخصم عن الحضور في الجلسة (المدعي) أو الجلسات (المدعى عليه) الذي لم يمثل بنفسه أو بوساطة وكيل.

الحكم في غيبة الخصم:

يشترط لجواز الحكم في غيبة المدعى ألا يكون قد حضر الجلسة المحددة لنظر الدعوى في اليوم المحدد لها حتى انتهاء الجلسة. ولم يتقدم بعذر بنفسه أو بوساطة وكيل، وطلب المدعى عليه الحكم في موضوعها.

فإذا لم يحضر الخصم وقد نودي على القضية في تلك اللحظة، ولكن قبل انتهاء الجلسة سواء أكان بثلاثين دقيقة قبل الميعاد المحدد لانتهاء الجلسة أو إذا كانت الجلسة منعقدة أيهما أبعد وقتا فيعد الخصم حاضراً.

ونوصي بإضافة عبارة في نهاية المادة كالآتي.

«ويعتبر ما صدر في غيبة الخصم عليه كأن لم يكن».

انتهاء الجلسة:

تنتهي الجلسة بمجرد انتهاء المحكمة من نظر القضايا المحددة في قائمة الدعاوى، وظل القاضي في قاعة الجلسة أو غرفة المداولة لإصدار أحكام أو لبحث قضايا مؤجلة لآخر الجلسة لتدقيق في نظرها فإن هذا لا يمنع من أن الجلسة مازالت منعقدة بكون أن ما عبرت عنه المادة (163) «ينطق بالحكم في جلسة علنية».

المادة الثامنة والخمسون

يكون للمحكوم عليه غيابياً خلال المدة المقررة في هذا النظام المعارضة في الحكم لدى المحكمة التي أصدرته، ويجوز له أن يطلب من المحكمة الحكم على وجه السرعة بوقف نفاذ الحكم مؤقتاً. ويوقف نفاذ الحكم الغيابي إذا صدر حكم من المحكمة يوقف نفاذه أو صدر حكم منها معارض للحكم الغيابي يقضي بإلغائه.

1/58 - يثبت للمحكوم عليه غيابياً مع الاعتراض أمران هما:

أ - طلب وقف نفاذ الحكم وله حكم القضاء المستعجل وفق الفقرة (ز) من المادة (234)، وينظره مصدر الحكم أو خلفه.

ب - طلب التماس إعادة النظر في الحكم الصادر ضده غيابياً بعد اكتسابه القطعية وفق الفقرة (و) من المادة (192) ويرفعه إلى محكمة التمييز وفقاً للمادة (194).

2/58 - يكون الحكم الغيابي موقوفاً في حالين هما:

أ - صدور حكم بوقف نفاذه من القاضي بطلب المحكوم عليه.

ب - صدور حكم معارض له يلغيه.

3/58 - يبدأ ميعاد الاعتراض على الحكم الغيابي من تاريخ تبليغه إلى الشخص المحكوم عليه أو وكيله وفق المادة (176).

قبل التعليق على طرق الاعتراض على الأحكام نود أن نسوق ما ذهبت إليه قرارات وأحكام المحاكم في مدى جواز المساس بالأحكام القضائية من أن الأصل العام في هذه الأخيرة هو الصحة وذلك في الحكم التالي ذكره:

الحمد لله وحده والصلاة والسلام على من لا نبي بعده محمد وعلى آله وصحبه وبعد:

فإن مجلس القضاء الأعلى بهيئته الدائمة درس قضية ...... ضد...... مدعياً عليه بمبلغ خمسة ملايين ريال يذكر أنها ثمن جوهرة باعها على .... وانتهت القضية في المحكمة الكبرى بالرياض ضد...... وذلك بموجب الصك الصادر من فضيلة الشيخ عبد العزيز المهنا برقم 25/91 في 1419/3/5هـ وصدق من محكمة التمييز برقم 291/ق3/أ في 1419/5/15هـ وعلل القاضي رد دعوى ..... لشهادة عدد من الشهود بأن المدعي ...... اقترض منهم مبالغ مالية عندما كان يعمل لدى المدعى عليه ...... وأنه يذكر لهم أنه لا يملك قيمة البنزين وصادق المدعي .... على اقتراضه من الشهود كما عرض عليه سندات بمبالغ منها بألفين وألف وخمس اقترضها من آخرين فصادق عليها .... إلخ، وقد صدر الأمر السامي رقم 4/ب/11537 في 1419/8/14هـ بدراسة القضية من المجلس إثر تشكي المدعي فدرسها بعد ورود أساسها من المحكمة الكبرى بالرياض برقم 1/19/47089 في 1419/9/18هـ وبعد انتهاء دراسة المجلس للمعاملة وتهيئتها للصدور تقدم وكيل .... بكتاب للمجلس قيد برقم 123 في 1420/1/8هـ وذكر فيه أن عنده بينات لم يسمعها القاضي كما يذكر أن عنده ما يؤيد سند البيع على .... ولأن القصد من دراسة هذه القضايا إبراء ذمة القاضي ومن درس القضية وولاة الأمر ولأن الاطلاع على ما ادعى الوكيل أنه يثبت حقاً لموكله مما تحصل به زيادة التوثق كما أنه ينبغي ملاحظة ما إذا كان مثل هذه الجوهرة المدعاة يمكن أن تتداولها الأيدي دون معرفة سلسلة انتقالها من يد إلى يد ومعرفة ما إذا كان بائعها يتعاطى المتاجرة بالجواهر الثمينة فعسى أن يتبين دليل حق للمدعي أو عليه.

لذا قرر مجلس القضاء الأعلى بهيئته الدائمة إعادة المعاملة لفضيلة مصدر الحكم للاطلاع وإبداء ما لديه وإن رأى فتح باب النظر في ادعاءات المدعي أجرى نحوها ما يلزم وبعد إكمال ما يتطلبه النظر يقرر ما يراه ثم تعاد المعاملة إلى المجلس وقد أعيدت المعاملة بكتاب فضيلة رئيس المحكمة الكبرى بالرياض رقم 1/20/7542 في 1420/6/16هـ وألحق فضيلة ناظر القضية

على صك الحكم ما يتضمن قوله بأنه قد حضر لدى فضيلته ...... وكيلاً عن....... وحضر .... بصفته وكيلاً عن والده .... فجرى سؤال المدعي بالوكالة عن البيانات التي ذكر أنه لم يتم سماعها فقال البيانات التي لم يتم سماعها هي سند الأمانة حيث ثبت أنه غير مزور عند الأدلة الجنائية كما أن لدي بينة تدل على أن موكلي اشترى مزرعة بخمسة عشر مليون ريال عبارة عن أرض زراعية من .... وكذلك اشترى موكلي أرضاً عبارة عن أمر منحة من الديوان الملكي بمبلغ مليون ريال من .... كما أن لدي ما يثبت أي موكلي ليس فقيراً وأنه كان يتعامل ببيع السيارات من قبل المعارض هذا ما لدي من بيانات كما جاء في إجابة شيخ الصاغة والجواهر حول الإفادة هل مثل هذه الجوهرة يمكن أن تتداولها الأيدي دون معرفة سلسلة تنقلها من يد إلى يد وهل .... من المعروفين بتجارة الجواهر حيث أفاد أنه ليس من تجار الجواهر الثمينة وأن الجواهر لا يمكن تداولها بالأيدي دون معرفة سبب انتقالها من يد إلى أخرى.

فجرى سؤال المدعي وكالة هل لديك الشيك الذي قام موكلك بتسليمه .... والممثل لمبلغ خمسة عشر مليون ريال وما هو رقم الحساب الخاص بموكلك الذي يثبت أنه يملك هذا المبلغ وأنه صرف من حسابه فقال لا يوجد لدي شيء من ذلك ولكن معي صورة صك تثبت أن الأرض أفرغت لموكلي بمبلغ خمسة عشر مليون ريال من ....

وبناء على ما جاء في حيثيات حكم فضيلته أعلاه وحيث إن ما أورده المدعي أخيراً لا تأثير له على ما حكم به لأن المدعى عليه ذكر أن سند الأمانة أعلاه إما أن يكون مزوراً أو تم تحريره عليه ولم يدفع بالتزوير وحده فقط.

وحيث إن ما ذكره المدعي من كون موكله كان يملك أموالاً طائلة لم يثبت لدى فضيلته حيث قرر عجزه عن بيان رصيده بالبنك الذي صرف منه قيمة الأرض التي أشار إليها أعلاه ولما جاء في إفادة شيخ الصاغة المذكور بعاليه والمتضمنة أن المدعي ليس من تجار الجواهر الثمينة وأن الجواهر أعلاه لا

يمكن تداولها بالأيدي دون معرفة سبب انتقالها من يد إلى أخرى لذلك كله لم يظهر لفضيلته خلاف ما حكم به.

ثم أعيدت المعاملة بخطاب فضيلة رئيس المحكمة الكبرى بالرياض المنوه عنه في مستهل هذا القرار وبتأمل جميع ما تقدم ولأن إعادة مناقشة ما أدلى به الطرفان جعلت الأمر أكثر وضوحاً وقد أيدت الحكم ولأن الأصل في أحكام القضاة الصحة ما لم يقم دليل صالح لردها ولأنه لم يقم في هذه القضية ما يصلح لرد هذا الحكم فإن مجلس القضاء الأعلى بهيئته الدائمة يقرر أنه لم يظهر له ما يقضي برد هذا الحكم والله الموفق وصلى الله على نبينا محمد وآله وصحبه وسلم.

مجلس القضاء الأعلى بهيئته الدائمة

عضو عضو عضو عضو

محمد بن الأمير محمد بن سليمان البدر عبد الله بن رشيد غنيم المبارك

رئيس المجلس

صالح بن محمد اللحيدان

«مدونة الاحكام القضائية، رقم القرار 5/446، بتاريخ1420/8/13هـ «مطالبة مالية»، عام 2007-1428هـ ص23: ص26».

المعارضة في الأحكام الغيابية:

المعارضة هو طريق للاعتراض على الأحكام الغيابية ممن صدرت ضده في غيبته[1]، والعبرة في كون المحكوم ضده حاضراً من عدمه هو **بحقيقة**

(1) الحاوى الكبير. في فقه مذهب الإمام الشافعي، وهو شرح مختصر المزني تصنيف أبي الحسن على بن محمد بن حيب الماوردي البصري، تحقيق وتعليق على محمد معوض ،عادل أحمد عبد الموجود. قدم له وقرظه محمد بكر اسماعيل. عبد الفتاح أبو سنة. دار العلمية. الجزء السادس عشر. ص 296، 298، 299. =

الواقع المستفاد من أوراق الدعوى مثل دفتر الضبط وفقاً لحكم المادة (68) وليس بالوصف الوارد بالحكم.

الغرض من المعارضة:

إذا كان المنظم لم ير في تخلف الخصم عن الحضور مانعاً من نظر الدعوى والحكم فيها رغم عدم حضوره بنفسه أو بوساطة وكيل بغرض منع اتخاذ التخلف عن الحضور وسيلة للمماطلة وتأخير الفصل في الدعاوى فقد لاحظ من الأهمية أن الغائب قد لا تكون صحيفة الدعوى قد وصلت إلى علمه الشخصي أو يكون له في تخلفه عن الحضور عذر آخر.

وترتيباً على ما تقدم تكون الدعوى قد خلت من أي دفاع من قبله ولذلك أجاز النظام - إذا حكم عليه - أن يطلب إعادة الفصل في الدعوى

= قال الماوردي: وأما سماع الدعوى على الغائب فإن لم تقترن بها بينة لم تسمع، لأن سماعها غير مفيد وإن اقترن بها سنة سمعت وسمعت البينة عليها وهذا متفق عليه في جواز الدعوى والبينة على الغائب.

وروى أبو موسي الأشعرى قال «كان إذا حضر عند رسول الله صلى الله عليه وسلم خصمان فتواعدا موعداً فوفي أحدهما ولم يف الآخر قضي للذي وفي على الذي لم يف».

ومعلوم أنه لا يقضي له بدعواه فثبت أنه قضي له بالبينة.

وروي أن هند بنت عتبة زوجة أبي سفيان بن حرب أتت رسول الله صلى الله عليه وسلم وقالت: يا رسول الله إن أبا سفيان رجل شحيح لا يعطيني ما يكفيني وولدى إلا ما أخذت من ماله سراً فهل على في ذلك من حرج فقال لها: خذى ما يكفيك وولدك بالمعروف» وهذا قضا منه على غائب لأن أبي سفيان لم يحضر.

فإن قيل: فهذا منه فتيا وليس بحكم، قيل بل هو حكم لأنه قال لها: «خذى» ولو كان فتيا، لقال: يجوز أن تأخذى فإن قيل فقد حكم بغير بينة.

قيل: قد علم أنها زوجة أبي سفيان فلم يحتج إلى بينة.

فإن قيل: فهو حكم بمجهول، لأنه قال خذي ما يكفيك وولدك بالمعروف.

وقيل: لأن الواجب لها ولولدها معتبر بالكفاية، والحكم بالواجب غير مجهول.

ولأن في الامتناع من القضاء على الغائب إضاعة للحقوق التي ندب الحكام لحفظها لأنه يقدر كل مانع منها أن يغيب، فيبطلها متوارياً أو متباعداً، والشرع يمنع من هذا لما روي عن النبي صلى الله عليه وسلم أنه قال: إن الله لا يمنع ذا حق حقه».

بقصد إلغاء أو تعديل الحكم الصادر فيها بناء على أقوال خصمه مع حفظ حقه في طلب وقف نفاذ الحكم وله حكم القضاء وفق الفقرة (ز) من المادة (234) وينظره مصدر الحكم أو خلفه. وهذا يعني أن رفع المعارضة عن الحكم الغيابي لا يوقف تنفيذه وإنما لابد من صدور حكم به سواء أكان بوقف تنفيذ الحكم أو صدر منها معارض للحكم الغيابي يقضي بإلغائه.

المحكمة التي ترفع أمامها المعارضة:

ترفع المعارضة إلى نفس المحكمة التي أصدرت الحكم الغيابي المعترض عليه وينظر في المعارضة نفس القاضي الذي أصدر الحكم الغيابي أو خلفه.

ولا يؤثر في نظر المعارضة نفس القاضي الذي أصدر الحكم الغيابي والاحتجاج بمبدأ لا يجوز له أن ينظرها لأنه قد سبق أن أبدى رأيه في الدعوى وهو ما يتعارض من خلو ذهن القاضي عن نظر الدعوى من أي آراء مسبقة سبق أن أبداها. ولكن هذا الرأي يحتاج للإيضاح فالقاضي عندما يفصل في الدعوى الغائب فيها الخصم تكون خالية من حق الدفاع المقرر لمصلحته مكتفياً بإصدار حكمه ببينة المدعي.

وبمقتضى تلك المادة قرر المنظم حق المحكمة في العدول عن حكمها الغيابي إذا ما تحقق في دفاع المعارض ما يؤيد العدول لكون المحكمة لم تنته بحكمها الغيابي إلى رأي قاطع في الدعوى ولم تستند بذلك ولايتها وبالتالي تكون هي الأولى بإعادة الفصل في النزاع مجدداً بناءاً على ما أبداه المعارض من دفاع.

الأحكام التي تجوز المعارضة فيها:

تجوز المعارضة في الأحكام الغيابية الصادرة في غيبة الخصم المحكوم

عليه [1]، وبالتالي إذا كان الخصم غير محكوم عليه فلا يحق له المعارضة

(1) ومن ثم إذا لم يكن الحكم غيابياً بأن قام المعترض بأن قرر قناعته بالحكم ووقع في الضبط فلا يكون إذن هذا الحكم غيابي بل لا يمكن التعرض له وفي هذا المعنى قرر مجلس القضاء في المملكة هذا الحكم التالي:

الحمد لله وحده والصلاة والسلام على من لا نبي بعده محمد وآله وصحبه وبعد:

فقد اطلع مجلس القضاء الأعلى بهيئته الدائمة على الأوراق الواردة إليه بخطاب سمو نائب رئيس مجلس الوزراء رقم 4/ب/10353 في 1420/7/1هـ المتعلقة بقضية .... مع ....

وبدراستها بعد ورود المعاملة الأساسية من المحكمة الكبرى بالرياض برقم 1/20/36716 في 1420/7/18هـ وجدت تشتمل على صورة الصك رقم 5/57 في 1420/3/5هـ الصادر من الشيخ عبد الله السليمان المتضمن دعوى .... بالوكالة عن ..... ضد ...... قائلاً إن موكلي اقترض من المدعى عليه مبلغاً قدرة تسعة وأربعون مليوناً وستمائة وستة وعشرون ألفاً وثمانمائة وستون ريالاً وذلك لأجل إكمال قيمة الأرض التي اشتراها موكلي من ورثة ..... بمبلغ ثلاثة وسبعين مليوناً وخمسمائة وتسعة وعشرين ألفاً ومائتين وثمانين ريالاً وقد تعهد موكلي على أن يعيد للمدعى عليه المبلغ بعد ستة أشهر بفائدة خمسة ملايين أو يعيده إليه بفائدة عشرة ملايين إذا تأخر إلى سنة وقد وافق المدعى عليه على ذلك بشرط أن يفرغ موكلي الأرض بعد شرائه لها كضمان للقرض.

واستعد المدعى عليه بإفراغ الأرض لموكلي فور تسديد القرض وفعلاً أفرغت الأرض باسم موكلي من ورثة .... وفي نفس اليوم والمجلس أفرغت من اسم موكلي إلى اسم المدعى عليه وذكر أن ثمنها مبلغ القرض وعندما طلب موكلي من المدعى عليه استلام مبلغ القرض وإفراغ الأرض له تنكر المدعى عليه.

لذا أطلب إلزام المدعى عليه باستلام مبلغ القرض وإفراغ الأرض علماً بأن الأرض تقع في ..... على طريق الخرج الرياض.

وقد أجاب المدعى عليه بقوله الصحيح أنني اشتريت من المدعي أصالة الأرض المشار إليها وكان الثمن تسعة وأربعين مليوناً وستمائة وستة وعشرين ألفاً وثمانمائة وستين ريالاً سلمتها بموجب شيكين مصدقين ولا صحة لما ذكره وكيل المدعي سوى ذلك من القرض وفوائده.

وبعد سماع الدعوى والإجابة وبعد سماع شهادة عدد من الشهود الذين أحضرهم المدعي وكالة وما جاء في قرار هيئة النظر أن الأرض تساوي أكثر من سبعين مليون ريال وقت الإفراغ وشهادة شاهد المدعى عليه الذي أحضره يشهد له فشهد أن المدعى عليه قال للمدعي بعد الإفراغ يا...... إذا تريد أرضك بعد ستة أشهر تدفع لي خمسة وخمسين مليون ريال وإذا تريدها بعد سنة تدفع ستين مليون ريال. =

بالإضافة إلى ذلك أن يكون الحكم فصل في موضوع الدعوى، فمن خلالها يحكم على الخصم فالأحكام الصادرة قبل الفصل في موضوع الدعوى ولا تنتهي بها الخصومة لا يجوز عمل المعارضة فيها. إشكالية: إذا تم عمل معارضة من الخصم المحكوم عليه غيابياً وفصلت المحكمة فيها بإلغاء أو بتعديل الحكم الغيابي وكان من صدر لصالحه الحكم الغيابي غائباً في المعارضة.

نرى أن المادة في ضوء صياغتها تسمح بعمل معارضة من الخصم في الشق الذي تم التعديل فيه أو في خصوص إلغاء الحكم.

ولذلك يتعين إضافة مادة أخرى ينص فيها المنظم بمنع[1] المعارضة في الحكم الذي يصدر في الغيبة بعد المعارضة سواء من جانب رافع المعارضة أو المعارض ضده.

= ولقول المدعى عليه حنا على ما حنا عليه وهذه مبهمات عن اتفاق سرى لا يرغب نشره وحيث شرع اليمين في جانب أقوى المتداعيين فقد طلب فضيلته من المدعي اليمين على صحة ما ادعاه فاستعد بها ثم حلفها فحكم فضيلته بأن الأرض المذكورة لا زالت ملكاً للمدعي وأن الإفراغ عليها صوريّ وحكم على المدعى عليه بتسليم الأرض وفهم المدعى عليه بأن له في ذمة المدعي المبلغ الذي سلمه له وقدره تسعة وأربعون مليوناً وستمائة وستة وعشرون ألفاً وثمانمائة وستون ريالاً بلا زيادة ولا نقصان وفي آخر الضبط أن فضيلة القاضي وعظ الطرفين ونصحهما باجتناب الربا.

وأنه بعرض الحكم قنع به المدعى عليه وبعد الحكم رفع ...... شكوى للمقام السامي طلب دراسة القضية من قبل مجلس القضاء الأعلى فصدر الأمر السامي المنوه عنه في صدر هذا القرار.

وبتأمل جميع ما تقدم ولأن القاضي ذكر في حكمه قناعة المحكوم عليه بالحكم ولأن ..... جاء في كتابه اعتراف منه بالتوقيع على الحكم بالقناعة والتوقيع في الضبط صريح ونظراً لوجود القناعة وهو عاقل فاهم فإنه وإن لم تكن الشهادة في كامل الصراحة إلا أن قناعة ممثله كافية.

لذا فإن مجلس القضاء الأعلى بهيئته الدائمة يقرر أنه لم يظهر له ما يعترض به على هذا الحكم، والله الموفق وصلى الله على نبينا محمد وعلى آله وصحبه وسلم.

(مدونة الأحكام القضائية. الإصدار الأول، رقم القرار 6/482، بتاريخ 1420/8/29 هـ، عام 2007- 1428 هـ، 29: 32، المملكة العربية السعودية).

(1) ولهذا المنع ما يبرره للقضاء على ما يساعد في تعطيل سير الدعوى أو سوء النية من الخصم بالتخلف عن الحضور.

إجراءات رفع المعارضة:

ترفع المعارضة من خلال مذكرة الاعتراض مدون فيها أسباب الاعتراض من المحكوم عليه وفقاً لحكم المادة (181) وأوضحت اللائحة التنفيذية للمادة السابقة (1/181) إذا اطلع القاضي على المذكرة الاعتراضية ولم يجد فيها ما يؤثر على حكمه فينوه عن ذلك عليها، ويدون ذلك في الضبط.

(2/181) إذا اطلع حاكم القضية على مذكرة الاعتراض وظهر له ما يوجب تعديل حكمه فيحدد جلسة ويبلغ الخصوم بذلك حسب إجراءات التبليغ ويجري ما يلزم بحضور الخصوم، وتسري على ما أجراه تعليمات التمييز ويلحق ذلك في الضبط والصك.

آثـار المعارضة:

من المقرر أن رفع المعارضة في الميعاد وفق صحيح النظام يترتب عليه إعادة النزاع المحكوم فيه إلى المحكمة التي أصدرته لتقضي فيه من جديد.

والحكم الغيابي هو حكم قائم إلى أن تفصل المحكمة في المعارضة بوقف تنفيذه أو بإلغاء أو تعديل أو تأييد الحكم الغيابي، وإذا كانت المعارضة قد شرعت لمصلحة الخصم الغائب - المحكوم عليه - بقصد تمكينه من إبداء دفاعه.

وترتيباً على ذلك يجوز للمعارض أن يبدي من الدفوع على اختلاف أنواعها وترتيبها وفق صحيح النظام وإبداء الطلبات العارضة والإدخال.

الحكم في المعارضة:

تنظر المحكمة أولاً في قبول المعارضة شكلاً في رفعها في الميقات النظامي، ثم تنظر بعد في موضوع الدعوى المقضي فيها بالحكم المعارض فيه، وبعد الدفع بعدم قبول المعارضة لرفعها بعد الميعاد يجوز إبداؤه في أي حالة تكون عليها المعارضة وفقاً لحكم المادة (72) وإذا ظهر للمحكمة أن

المعارضة غير مقبولة فإنها تحكم بعدم قبولها شكلاً وينتهي الأمر عند ذلك الحد دون التعرض لموضوع الخصومة. أما إذا كانت المعارضة مقبولة فتسير المحكمة تحقيق موضوع الدعوى وفق القواعد العامة إلى أن تنتهي الخصومة بتأييد الحكم أو بإلغاء أو تعديل الحكم المعارض فيه أو بأي سبب آخر غير الحكم في موضوعها.

أحكام محكمة النقض:

رفع المعارضة من غير المحكوم عليه الصادر ضده الحكم الغيابي المعارض فيه يوجب القضاء بعدم قبول المعارضة لرفعها من غير ذي صفة.

جلسة 1987/12/27 السنة 38 قاعدة 210 ص 1152 - نقض جنائي

من المقرر أن المعارضة لا تقبل إلا في الأحكام الغيابية.

جلسة 963/6/25 السنة 14 ق 110 ص 571 - نقض جنائي

العبرة في وصف الحكم بأنه حضوري أو غيابي هي بحقيقة الواقع في الدعوى لا بما تذكره المحكمة.

جلسة 1968/5/6 السنة 19 ق 102 ص 526 - نقض جنائي

العبرة في الأحكام هي بحقيقة الواقع لا بما توصف به على خلاف هذا الواقع.

جلسة 1983/5/24 السنة 24 ق 135 ص 666 - نقض جنائي

أوجب قانون المرافعات أن تعلن الأحكام الغيابية لشخص المحكوم عليه أو لمحله الأصلي.

استئناف مصر 1897/11/8 الحقوق س 13 ق 43 ص 137 - نقض جنائي

من المقرر أن للمحكمة أن تفصل في شكل المعارضة في أية حالة كانت عليها الدعوى لتعلق الأمر في ذلك بالنظام العام فإذا كانت المحكمة عند نظر الدعوى قد قطعت شوطاً في طريق الفصل في موضوعها فإن ذلك لا يعتبر فصلاً ضمنياً في شكل المعارضة ولا يمنعها قانوناً من الحكم بعد ذلك بعدم قبولها.

جلسة 1972/11/26 السنة 23 ق 290 ص 1293 - نقض جنائي

الباب الخامس

إجراءات الجلسات ونظامها

الفصل الأول

إجـــراءات الجلسات

المادة التاسعة والخمسون

على كاتب الضبط أن يعد لكل يوم قائمة بالدعاوى التي تعرض فيه مرتبة بحسب الساعة المعينة لنظرها، وبعد عرض القائمة على القاضي تعلق صورتها في اللوحة المعدة لذلك على باب قاعة المحكمة قبل بدء الدوام.

1/59 - يكون عدد الجلسات ستاً في كل يوم على الأقل.

2/59 - تعلق صورة قائمة الدعاوى في المكان المعد لجلوس الخصوم التابع للمكتب القضائي.

3/59 - قائمة الدعاوى تشمل: اسم المدعى والمدعى عليه كاملا، ووقت الجلسة وللقاضي عدم ذكر الاسم كاملا إذا اقتضت المصلحة ذلك.

للقاضي أعوان يسهلون له القيام بمهمته ومنهم الكاتب بكونه يقوم بترتيب وتحرير أوراقها والمحافظة عليها وإعداد قائمة الدعاوى للعرض عليه.

فالكاتب هو موظف بالمحكمة التابع لها والمعين بها وفق النظام، ويرأسه رئيس الكتاب أو الكاتب الأول، وترجع أهمية تحديد الكاتب باعتبار أنه لا

يجوز القيام بأعمال إلا بنفسه أو من يقوم مقامه في أداء عمله وفق النظام، ومن الأهمية بمكان تحديد طبيعة أعمال الكاتب وفق ماأشار إليه نظام تركيز مسئوليات القضاء الشرعي.

المادة 108 - ضبط جميع الدعاوى والمرافعات والإقرارات والإنهاءات وما ماثلها من كل ما ينظر لدى المحاكم من ابتداء المعاملة حتى انتهائها وجميع ما يترتب على ذلك من تنظيم صك وغير ذلك.

المادة 110 - رصد الدعاوى والانهاءات وما شاكلها في الضبط بخط واضح ولا يجوز له أن يمسح أو يحك فيها فيما يضبطه ولا أن يحرر شيئاً بين الأسطر وإذا دعت الضرورة إلى شيء من ذلك فيشطب عليه بصورة يمكن معها قراءة ما شطب عليه وأخذ توقيع من كانت الإفادة منسوبة إليه على ذلك.

المادة111 - تلاوة دعوى المدعي على المدعى عليه بحضور الحاكم والطرفين ورصد جواب المدعى عليه وتلاوة ورصد كل ما تدعو الحاجة إليه من طلب بينه أو شهادة شهود أو حكم من كل ما هو من متعلقات المرافعة.

المادة 112 - أخذ توقيع المترافعين وشهودهما وكل من تصدر منه إفادات رصدت بالضبط وكذلك أخذ توقيع المحاكم على ذلك في الضبط وإذا كان من يراد أخذ توقيعه أمياً فيؤخذ ختمه في محل توقيعه وإن لم يكن له ختم فيوضع إبهامه بدلاً من الختم ويشهد على ذلك شاهدان.

المادة 113 - أخذ التوقيع بالصفة المشروحة في المادة (112) أعلاه على كل خرجة وهامش ممن ينسب إليه ذلك مع توقيع الحاكم على ذلك.

المادة 114 - عدم تلقين أحد الخصوم أو التعبير عنه فيما لا تفيده عبارته أو تغيير أقواله ويجب أن يكون سلوكه كذلك وإذا دعت الحاجة إلى معرفة شيء من الشهود أو الخصوم أو غيرهم يكون ذلك كتابياً في الضبط تحت توقيع الحاكم.

المادة 115 - عدم أخذ إفادة المترافعين أو الشهود بالضبط عند غياب الحاكم.

المادة 116 - الإسراع في تنظيم الصك من الضبط بعد انتهاء المعاملة وعرضه على الحاكم لإحالته إلى المسجل بواسطة رئيس الكتاب على أن يكون تنظيم الصك طبق القواعد العربية مختصراً اختصاراً غير مخل وأن يكون الصك خالياً من المسح والحكم وما شاكل ذلك.

المادة 117 - تسلم المستندات التي يقضي سير المرافعة الاستناد عليها والتحقق من كونها خالية من شبهة التزوير وإذا لاحظ ذلك عرضه على الحاكم الشرعي وأخذ خلاصتها أو إدراجها عيناً حسبما تقتضيه المرافعة بعد أمر الحاكم بذلك.

المادة 118 - الشرح على الصكوك التي أصبح مفعولها ملغياً لصدور صك من المحكمة مكتسب للقطعية أو غير قابل للتمييز بما تضمنته المعاملة الأخيرة بعد أمر الحاكم له بذلك وأخذ توقيعه على الشرح وأمره بإحالته للشرح على هامش سجل الصكوك الملغاة بذلك.

المادة 119 - المبادرة بأخبار مقيد الأوراق بكل دعوى تضبط لديه في يومها وتقديم كل المعلومات عنها حسبما يقتضيه دفتر الدعاوى الحقوقية والجنائية.

المادة 120 - الذهاب مع الحاكم لضبط الخصومات من تحليف مخدرة أو سماع شهادة على عين المشهود به وإجراء معاملة استحكام أو غير ذلك.

المادة 121 - تحرير أوراق جلب الخصوم وتقديمها لرئيس الكتاب لختمها بختم قلم الكتاب وإيداعها إلى المحضر المختص بذلك. وعند عودتها يقوم بحفظها لديه وهو المسئول عنها.

المادة 122 - القيام بتحرير الكشوف الشهرية من دفتر الدعاوى الحقوقية والجنائية.

المادة 123 - إذا كان في المحكمة حاكمان فأكثر فعلى كاتب الضبط نسخ صور الأوامر المبلغة إلى المحكمة لتبقى لدى القاضي كمجموعة من الأوامر لديه للرجوع إليها.

المادة 124 - عمل فهرست للضبوط ورصد كل قضية في الفهرست أولاً فأول وأن تأخر عن ذلك يجازى.

المادة 125 - القيام بكل ما يعهد به إليه رئيس الكتاب.

معاون كاتب الضبط - اختصاصه وصلاحيته.

المادة 126 - اختصاصه كاختصاص كاتب الضبط وعليه مساعدته في جميع أعماله.

المادة 127 - صلاحيته كصلاحية كاتب الضبط ومساعدته في كل أعماله.

المادة 128 - القيام بكل ما يعهد به إليه رئيس الكتاب أو كاتب الضابط من الأعمال.

المادة الستون

ينادى على الخصوم في الساعة المعينة لنظر قضيتهم.

وضع النظام نظام خاص تنظر فيه القضايا بحسب ترتيبها وفقاً للساعة المحددة لنظرها، واكتفى بتحديد ميعاد معين لنظر القضية يحضر فيه الخصوم كافة. وبالتالي يؤدي ذلك إلى عدم تزاحم الخصوم على الجلسات. ويكون القاضي إزاء ذلك في استطاعته سماع كافة الخصوم وتحقيق طلباتهم ودفاعهم ودفوعهم في أقرب وقت ممكن، ويمكن النظام من إسراع القاضي في نظر القضايا وتمكين المتقاضين من استيفاء مرافعتهم كاملة، وماله آثار مفيدة خاصة في المرافعات الشفوية بالنسبة لكل دعوى تعرض عليه، ما يتبعه من إجراءات تحقيق، لاستيضاح وجهة نظرهم وسماع تدليلهم عليها.

المادة الحادية والستون

تكون المرافعة علنية إلا إذا رأى القاضي من تلقاء نفسه أو بناء على طلب أحد الخصوم إجراءها سراً محافظة على النظام، أو مراعاة للآداب العامة، أو لحرمة الأسرة.

علانية المرافعة:

من القواعد الثابتة في نظام المرافعات الشرعية أن تكون الجلسات علنية، وأن تجري المرافعة فيها علناً كذلك، ولهذه العلانية أهمية إذ الأحكام التي تصدر بعد المناقشة والتدليل العلني تكون موضع ثقة وطمأنينة لدى الكافة من الجمهور والخصوم، خاصة بخلاف الأحكام التي تتهيأ داخل أبواب مغلقة على مصدريها. وللعلانية فضل في حمل القاضي على إتقان عمله والتريث في الفهم والحكم ليكون موضع ثقة الجمهور فيبقى بعيداً عن شبهة التحيز أو الإهمال. وفي العلانية إشعار للقاضي بأنه موضوع موضع المراقبة والإشراف من جمهور المتقاضين ومن يترددون على دور المحاكم، ولهذا الشعور أثر بالغ في دقة الأحكام التي تصدر عنه. وللعلانية كذلك أهمية في حمل المتقاضين على احترام الأحكام والاطمئنان لها عندما تتبين لهم العناية التي بذلت على مرأى من الجميع في درس القضية وتهيئتها للحكم، ويبقى القول أن علانية الجلسات والمرافعة هي الأصل إلا أن النظام قد أجاز الخروج عن هذا الأصل وذلك لاعتبارات قدرها أو ضماناً لمصلحة جديرة بالاهتمام في الأحوال الآتية:

1 - يجوز للمحكمة من تلقاء نفسها أو بناء على طلب أحد الخصوم إجراء المرافعة سراً وذلك محافظة على النظام أو مراعاة الآداب العامة أو لحرمة الأسرة، ذلك لأن رعاية ما قد سلف أولى بالمراعاة من الاعتبارات المتقدمة (العلانية).

2 - تكون المرافعة في غير علانية، إذا نص النظام على ذلك مثال ما نصت عليه المادة (33) من نظام المحاماة «ويجب أن يكون القرار مسبباً وأن

تتلى أسبابه كاملة عند النطق به في جلسة سرية».

وترتيباً مما تقدم إذا أصدرت المحكمة قراراً بجعل المرافعة سراً فوجب على المحكمة تقرير ذلك في محضر الضبط باعتبار الحركة الواقعية لم تتم في المرافعة سواء سراً أو علانية ويرتبط بذلك الاستثناء بكونه خروجاً عن الأصل العام والمتمثل في العلانية تسبيب قرار المحكمة بجعلها سراً، وذلك لأن النظام ذكر الأسباب التي من أجلها يتقرر ذلك القرار، وقد يقتصر قرار السرية على جلسة بعينها أو على القضية برمتها إذا نظرت على عدة جلسات، ولكن في حالة انتهاء أسباب جعل المرافعة سرية فالمحكمة غير ملزمة بتسبيب قرارها بإعادة الدعوى للمرافعة العلنية، وذلك لقصر التسبيب على السرية فقط، والسرية تكون في مواجهة الجمهور، فلا تمتد السرية في مواجهة الخصوم أنفسهم أو وكلائهم اختياراً أو إجباراً.

أحكام محكمة النقض:

على أن الأصل في الجلسات أن تكون علنية وأن تجري المرافعة فيها علناً وكيفيته قيام المحكمة بالنداء على خصوم الدعوى علناً - مدعين ومدعى عليهم - وإثبات حضورهم من عدمه والاستماع لأقوالهم ودفوعهم ومقتضياتها وتعقبه بعد انتهاء المرافعة بالنطق بالحكم فيها في ذات الجلسة أو تأجيل إصداره إلى جلسة أخرى قريبة تحددها حسب ظروف وملابسات السير في الدعوى. وبالنظر للأهمية البالغة لهذه القاعدة الأصلية - علانية الجلسات - لما فيها من ضمان حقوق الدفاع المقدسة لم يكتف المشرع بالنص عليها....... من قانون المرافعات المشار إليها بل ضمنها دساتير الدولة المتعاقبة .... لتكون بعيدة عن إمكان العبث بها ومن ثم فإنها من الإجراءات المتعلقة بنظم التقاضي الأساسية المتصلة بالنظام العام التي يترتب عليها بطلان الأحكام الصادرة بالمخالفة لأحكامها.

جلسة 1997/11/20 طعن رقم 7588 لسنة 62 قضائية

محضر الجلسة (محضر الضبط) يعتبر ورقة رسمية .... وما أثبت فيه حجة على الطاعنة فلا يجوز للطاعنة أن تنكر ما جاء به إلا بالطاعن عليه بالتزوير.

جلسة 1977/4/20 طعن رقم 15 لسنة 43 قضائية

نشر أبناء المحاكمات فرع من علانيتها وامتداد لهذه العلانية طالما لم يحظر هذا النشر طبقاً للقانون.

جلسة 1983/3/2 طعن رقم 734 لسنة 48 قضائية

المادة الثانية والستون

تكون المرافعة شفوية، على أن ذلك لا يمنع من تقديم الأقوال أو الدفوع في مذكرات مكتوبة تتبادل صورها بين الخصوم، ويحفظ أصلها في ملف القضية مع الإشارة إليها في الضبط، وعلى المحكمة أن تعطي الخصوم المهل المناسبة للاطلاع على المستندات والرد عليها كلما اقتضت الحال ذلك.

1/62 - يجب ضبط كل ما يدلي به الخصوم شفوياً مما له علاقة بالدعوى.

2/62 - يجب أن تكون المذكرات المقدمة أثناء الترافع بخط واضح وأن تكون مؤرخة وموقعة من مقدمها.

3/63 - يرصد في الضبط ما اشتملت عليه المذكرات من أقوال أو دفوع مؤثرة في القضية.

حرية المرافعة:

بموجب هذه المادة منح النظام الخصوم حق أو امكانية المرافعة الشفوية أو الكتابية، وهي ما يمكن أن يطلق عليها عملاً المذكرات، وهي تختلف عن صحيفة الدعوى، فالصحيفة وكونها أول عمل إجرائي لبداية

انعقاد الخصومة عن طريق تبليغها للمدعى عليه، فيذكر المدعى فيها مطالبته القضائية وأسانيدها، ولكن الخصومة لا تمر في هذا الشكل الكلاسيكي المحض فقد يظهر أثناء المرافعة ما يحتاج إلى الرد عليه من قبل الخصوم بعضهم لبعض.

وترجع أهمية المذكرات خاصة في القضايا التي يصعب تذكر دقائقها، ولذلك لأن القضايا ليست على درجة واحدة، فمنها ما يكتفى فيها بالمرافعة الشفوية، كما يحدث في الجرائم، حيث يكون القاضي رأيه فيها من خلال الأوراق التي قدمت بها. ويقوم الدفاع من مناقشة أدلة الاتهام، أما دون الجرائم فقد يفضل المذكرات الكتابية، لما لها من أهمية في أداء المحكمة لدورها، وينبغي على الخصوم أو وكلائهم أن يراعوا جانب الاعتدال واللياقة في كتابة المذكرات الكتابية، فيسري عليها ما يسري على المرافعة الشفوية، وأن يمتنعوا من الاسترسال أو تكرار العبارات، وللقاضي محو العبارات الخادشة للحياء أو غير اللائقة بما له من دور إيجابي في الخصومة، ولتحقيق المساواة بين الخصوم يجب على القاضي ألا يعتمد على مستند أو واقعة أو حجة لم يسبق عرضها على الخصوم، وإتاحة الفرصة لهم لتناولها بالتمحيص أو التنفيذ، وألا يستمع لدفاع أحد طرفي الخصومة بغير أن يمكن الطرف الآخر من الرد عليه وألا يعتمد في حكمه على وقائع اتصلت بعلمه من غير طريق الدفاع في القضايا ومن غير أن يحاط الخصوم علماً بها ليتمكنوا من تأييدها أو إدحاضها. ولئن كان النظام قد كفل للخصوم حرية الدفاع وأوجب على المحكمة الاستماع إليهم أو قبولها عبر المذكرات، إلا أنه ليس للخصوم مطلق الحرية في الاستمرار في إبداء أوجه دفاعهم ما شاء لهم هواهم ذلك، وإنما للمحكمة إيقافهم عند الحد الذي ترى عنده أن وجه الدعوى قد تبين لها. وليس للخصوم أن يطلبوا إعادة الاستماع إليهم بعد إبداء إجابتهم للمرة الثانية. ولكن ليس هناك ما يمنع من أن تجيبهم المحكمة إلى ذلك متى طلبوه، ورأت هي في ذلك مصلحة العدالة. فالمقصود إذاً بهذا الحكم أنه لا يحق

للخصوم أن يطلبوا إعادة الاستماع إليهم بحيث تلتزم المحكمة بإجابتهم إلى هذا الطلب وإلا سوف تكون قد أخلت بحق الدفاع، ويتمخض عن الإخلال بحق الدفاع المقرر لأطراف الخصومة هو مما يعيب الحكم ويعرضه للبطلان.

المواجهـة بيـن الخصـوم:

ويعني هذا أن يحضر كل خصم سواء بنفسه أم بوساطة وكيل ويطلع خصمه على ما لديه من مستندات، ويتيح هذا أن يقول رأيه في تلك المستندات بما لديه من مستندات مضادة لها، وبذلك يعتمد القاضي في حكمه على المستندات التي طرحت في الجلسة وأتيحت للخصوم مناقشتها.

أهميـة مبـدأ المواجهـة:

ترجع أهمية المبدأ في حق جميع الخصوم في حضور جميع جلسات القضية سواء أكان ذلك في جلسة علنية أم سرية أم خارجها كما لو انتقل القاضي أو ندبت المحكمة أحد قضاتها أو الملازمين القضائيين فيها وفقاً لحكم المادة (110) لتحليف اليمين، وما أشارت إليه المادة (118) إذا كان للشاهد عذر يمنعه عن الحضور لأداء شهادته فينتقل القاضي لسماعها أو تندب المحكمة أحد قضاتها لذلك فبالتالي حق جميع الخصوم في أن يسمع بكل ما يتعلق بالدعوى، ويقتضي هذا المبدأ أن يكون لكل خصم أن يقدم ما لديه من مستندات، وفي دحض المستندات المقدمة من خصمه، ويترتب على ذلك عدم جواز أن يبني القاضي حكمه على دليل لم يمكّن الخصوم من مناقشته وما يترتب على ذلك من إخلال بحق الدفاع وإهداره كمبدأ تخضع كافة المحاكم من خلال عرض الدعاوى عليها للفصل فيها.

التدويـن في محضـر الضـبط:

وفق ما أشارت إليه اللائحة التنفيذية «يرصد في الضبط ما اشتملت عليه المذكرات من أقوال أو دفوع مؤثرة في القضية» وترجع علة التدوين هي لإثبات حصولها كي يمكن لدى صاحب المصلحة أن يحتج بذلك.

أحكام محكمة النقض:

من المبادئ الأصلية في النظام القضائي أن المرافعة قد تكون شفوية أو بمذكرات مكتوبة وإن الخصوم إذا طلبوا من المحكمة الاستماع إلى مرافعتهم فلم تمكنهم من ذلك فإنها تكون قد أخلت بحقهم في الدفاع، والأصل في الإجراءات أنها روعيت وعلى المتمسك بعدم حصول المرافعة أن يقدم دليله.

جلسة 1984/5/9 طعن رقم 1925 لسنة 49 قضائية

للخصم أن يقدم مستنداته ومذكراته بالجلسة سواء حضرها الخصم الآخر أو تغيب عن حضورها ولا يلتزم بإعلانها لخصمه الغائب إذ المفروض أن يتابع كل خصم دعواه ويطلع على ما يبدى في جلساتها من دفاع ويقدم فيها من أوراق.

جلسة 1979/3/10 طعن رقم 2 لسنة 46 قضائية

المرافعة في الدعوى غير جائزة إلا بعد انعقاد الخصومة باستيفاء الشكل الذي نص عليه القانون.

جلسة 1996/5/26 طعن رقم 1049 لسنة 65 قضائية

المادة الثالثة والستون

على القاضي أن يسأل المدعى عما هو لازم لتحرير دعواه قبل استجواب المدعى عليه، وليس له ردها لتحريرها ولا السير فيها قبل ذلك.

1/63 - إذا امتنع المدعي عن تحرير دعواه أو عجز عنه فعلى القاضي أن يحكم بصرف النظر عن الدعوى حتى تحريرها ويعامل من لم يقنع بتعليمات التمييز.

2/63 - إذا حرر المدعي دعواه بعد صدور الحكم بصرف النظر عنها لامتناعه أو عجزه فإن المختص بنظرها هو القاضي الذي أصدر ذلك الحكم أو خلفه ولو بعد تصديق الحكم بصرف النظر من محكمة التمييز.

280

الدعـوى:

سميت بهذا الاسم لأنه (المدعي) قد دعاه إلى نفسه[1]، الدعوى تشتمل على أربعة أشياء مدعٍ، مدعى عليه، مدعى به، ومدعى عنده.

فأما المدعي: فهو الطالب من غيره شيئا في يده أو في ذمته.

وأما المدعى عليه: فهو المطلوب منه شيئاً في يده أو في ذمته.

وفرق ما بين الطالب، والمطلوب منه، أن الطالب إذا تارك ترك والمطلوب إذا تارك لم يترك.

وأما المدعى به فهو ما تنازع فيه الطالب والمطلوب.

وأما المدعى عنده فهو من نفذ حكمه من قاضٍ أو غيره.

والغرض الذي يهدف إليه تحرير الدعوى هو تهيئة القضية للمرافعة على يد قاضٍ يلزم المدعي فيها باستيفاء مستنداته وأسانيده لدعواه وهو ما يمكن أن نطلق عليه بالدعوى الناقصة [1]: فهي على ضربين: نقصان صفة، ونقصان شرط.

فأما نقصان الصفة فكقوله: لي عليه ألف درهم، لا يصفها، فيجب عليه أن يسأله عنها، ولا يحملها على الغالب من نقد البلد فإن كان إطلاقها في البيع محمولاً على الغالب لجواز أن تكون في الدعوى من غيرها فإن كانت من ثمن مبيع سأله عنها أيضاً، لجواز أن يعقد بغيرها.

وأما نقصان الشرط. كدعوى عقد نكاح، لا يذكر فيها الولي، أو الشهود فلا يسأله الحاكم عن نقصان الشرط، ويتوقف عن السماع، حتى يكون المبتدئ بذكره أو لا يذكره فيطرحها، بحيث تهيئ الدعوى لاستجواب المدعى عليه مستعيناً في ذلك بما عهد إليه النظام من سلطات وما نظمه من إجراءات

---

(1) الحاوي الكبير. لأبي الحسن، علي بن محمد بن حبيب الماوردي البصري، تحقيق وتعليق علي محمد عوض، عادل أحمد عبد الموجود: 290 - 299.

لتحرير الدعوى وأوجب على القاضي الإشراف عليها وعلى حسن تحريرها حتى يتم استجواب المدعى عليه، وتتوافر تبعاً لذلك مقومات الفصل في الدعوى، وبذلك يكون قد وفر الكثير من الوقت بكون أن المدعي هو من يدعي وعليه إثبات دعواه مستوفاة لكافة مقومات قضيته، حتى يتم تجنب مزالق المماطلة وعدم الاكتراث من جانب المدعي، ومرور الدعوى بمرحلة التحرير مسألة لازمة وإجراء جوهري يجب أن تمر به الدعوى قبل استجواب المدعى عليه. وعليه فلقد قضت المحاكم في المملكة بسقوط دعوى المدعي تجاه المدعى عليه لعدم وجود البينة الموصلة لإثبات ما ادعاه وأن له يمين خصمه متى أراد ذلك وذلك في الحكم التالي ذكره:

الحمد لله وحده وبعد:

لدي أنا ناصر بن عبد الله الجربوع القاضي بالمحكمة العامة بالرياض افتتحت الجلسة وحضر فيها ...... سعودي الجنسية بموجب السجل المدني رقم .... وادعى على الحاضر معه ...... سعودي الجنسية بموجب السجل المدني رقم ...... بصفته وكيلاً عن....... بموجب الوكالة الصادرة من كتابة عدل الرياض الثانية برقم 154415 في 1420/12/22هـ.

قائلاً في دعواه سبق أن صدر حكم شرعي يتضمن تكليف المدعو .... بأن يدفع لي مبلغاً قدره (عشرة ملايين ريال) وقد تم إيقاف المذكور لدى الحقوق المدنية حتى يسدد ما بذمته إلا أنه حضر موكل المدعى عليه وقام بكفالة المذكور كفالة غرمية وأخرجه من السجن لذا حضر موكل المدعى عليه والحكم على موكله بدفع المبلغ المذكور لقاء كفالته للمدين هذه دعواي.

وبعرض ذلك على المدعى عليه وكالة أجاب بقوله ما ذكره المدعي غير صحيح إطلاقاً وموكلي كفل .... كفالة حضورية للمدعي وهو مستعد بإحضاره لذا أطلب رد دعوى المدعي هكذا أجاب.

وبرد ذلك على المدعى أجاب بقوله ما ذكره المدعى عليه غير صحيح

والصحيح ما ذكرته فطلبت من المدعي صك الحكم المشار إليه فأبرز صورة صك صادر من الشيخ سعد الهزاني القاضي بهذه المحكمة برقم 6/225 في 1420/8/21هـ ويتضمن مطالبة المدعي .... ضد .... بمبلغ عشرة ملايين ريال قيمة خمسمائة رأس من الإبل ومعها سيارتان وانتهت القضية الحكم على المدعى عليه بدفع عشرة ملايين ريال للمدعي وقنع المدعى عليه بالحكم.

فجرى سؤال المدعي هل لديه بيِّنة على ما ذكره من أن كفالة المدعى عليه كفالة غرمية فأجاب بقوله: نعم حيث أحضرت معي شاهدين هما .... و .... وأطلب سماع شهادتهما ثم حضر .... سعودي الجنسية بموجب السجل المدني رقم .... و .... سعودي الجنسية بموجب السجل المدني رقم .... وبسؤالهما عما لديهما من شهادة أجاب الشاهد الأول .... بقوله: أشهد أنني كنت في إحدى المرات في شرطة منطقة الرياض لمراجعة معاملة تحقيق وكنت في أحد المكاتب فشاهدت صيحة في أحد الممرات فسمعت المدعي يقول لشخص اسمه .... وأنا أول مرة أشاهدهما، فكيت دياني يا .... وصادر عليه حكم ترى دراهمي ما هيب مائة ولا مائتين عشرة ملايين ريال فقال له .... : دراهمك عندي من المائة إلى عشرة ملايين ريال وأكثر تعال لي أنت وولدك بعد ثلاثة أيام في المكتب هذا ما لدي من شهادة وشهد الشاهد الثاني .... بقوله: أشهد أنني .... بقوله: أشهد أنني قبل سنتين تقريباً كنت في شرطة منطقة الرياض لمراجعة معاملة تخصني فشاهدت المدعي الحاضر وكنت أعرفه قبل ذلك يتكلم مع شخص يقال له .... أول مرة أشاهده بخصوص مطالبة المدعي لشخص بمبلغ عشرة ملايين ريال بموجب حكم وأن .... أخرج المدين من السجن وسمعت .... يقول للمدعي عليَّ المبلغ سواء مائة أو عشرة ملايين وتأتي إلى بعد ثلاثة أيام وحسب فهمي لما دار بينهما....... كفل المدين كفالة غرمية هذا ما لدي من شهادة وقرر المدعي بأن لدي زيادة بينة وأطلب مهلة لإحضارها.

وبعرض ما جاء في شهادة الشاهدين على المدعى عليه وكالة أجاب بقوله: إنني أحضرت رداً مكتوباً يتضمن إفادتكم الآتي: أولاً: ما ذكره الشاهدان أمام فضيلتكم لا صحة له جملة وتفصيلاً ولا يعدو سوى شهادة زور وبهتان تخالف الحقيقة وتجوّر عليها بالكذب فلم يحدث أن تقابل موكلنا في الحقوق المدنية بشرطة الرياض سواء مع المدعي أو أياً من الإشارة إلى أن المدعي عرف عنه تلقين الشهود من إملاء رغباته عليهم أثناء شهادتهم، ثانياً: إن الكفالة التي أبرمها موكلنا لدى الحقوق المدنية بشرطة منطقة الرياض للمدعو .... هي كفالة حضورية وليست كفالة غرم وأداء وقد تم تحريرها أمام الموظف المختص ولا يزال أصلها موجوداً لدى وحدة الأموال بالحقوق المدنية بشرطة الرياض برقم 69180 وتاريخ 1420/12/29هـ ثالثاً لقد عدل الشاهد .... عن شهادته التي سبق وأدلى بها أمام فضيلتكم أما الشاهد .... فإننا نقدح في شهادته فالمذكور من أصحاب السوابق حيث سبق أن سجن على ذمة قضية ولم يخرج إلا بعفو.

وبرد ما ذكره المدعى عليه وكالة على المدعي عن الشاهدين أجاب بقوله: ما ذكره عنهما غير صحيح وعليه إثبات صحة ذلك وقد حضر الشاهد الأول وشهد لديكم فجرى سؤال المدعي عن كفالة المدعى عليه هل هي مكتوبة أم شفوية فأجاب إنها شفوية أمام الشركة وفي هذه الجلسة حضر المدعى عليه أصالة .... سعودي الجنسية بموجب السجل المدني رقم .... وقرر المدعى عليه وكالة بأن الشاهد .... قد حضر ثم حضر .... المدونة هويته سابقاً وبسؤاله ما شهد به سابقاً أجاب بقوله: إنني عندما سمعت الحديث السابق الذي حصل بين المدعي وشخص يقال له .... في الشرطة لم أتمكن من مشاهدة وجهه لكوني واقف خلف ظهره ورأيت يده وهو رجل أسمر ولكن عندما رأيت .... المدعى عليه بعد ذلك تبيّن لي أنه ليس نفس الشخص السابق لكون ذلك الشخص أسمر و ..... أبيض هذا ما لدي إفادة ثم حضر المدعى عليه أصالة وقرر الشاهد الحاضر بقوله: إن المدعى عليه الحاضر ليس هو نفس الشخص الذي شاهده في الشركة كما سبق.

فجرى سؤال المدعي هل لديه زيادة بينة غير ما سبق فأجاب بقوله: نعم لدي زيادة بينة عبارة عن شاهدين وأطلب مهلة لإحضارهما، وجرى سؤال المدعي هل أحضر البينة المطلوبة فأجاب بقوله: إنني لم أتمكن من ذلك حيث حصل وفاة لأحد أقاربنا من ثلاثة أيام وانشغلنا بالعزاء ولم أتمكن من إحضار الشهود وأطلب إعطائي مهلة أخيرة وإذا لم أتمكن من إحضارهم في الجلسة القادمة فالأمر عائد للمحكمة.

فجرى سؤاله عن أسماء الشهود فأجاب بقوله: إن الشهود هم.......... و .... و .... و .... لذا قررت إعطاء المدعي مهلة أخرى وهي الأخيرة لديه وإلا يعتبر عاجزاً عنها. وفي جلسة أخرى جرى سؤال المدعي عن البينة المطلوبة فأجاب بقوله: لقد حضر أحد الشهود وهو .... أما .... فعنده عزاء في ..... ولم يحضر أما بقية الشهود فقد استعدوا بالحضور ولم يحضروا ولا أعرف سبب تخلفهم ثم حضر .... سعودي الجنسية بموجب السجل المدني رقم .... وبسؤاله عما لديه من شهادة قال: أشهد أنه قبل أكثر من سنتين كنت جالساً عند سكرتير مساعد شرطة مدينة الرياض وأرغب في الدخول عليه وكنت أعرفه في السابق وابنه...... وشخص آخر يقال له....... أول مرة أشاهده وقد عرفت اسمه بناء على إخبار ابن المدعي .... لي بذلك وشخص يقال له ...... أيضاً أول مرة أشاهده فسمعت المدعي يقول ..... حقي يا ..... الذي على.......... فقال....... حقك عندي وأنا ملتزم به وتعال عندي في المكتب فقال المدعي حقي كثير وليس قليلاً وليس مائة ألف بل عشرة ملايين فقال....... كثير أو قليل حقك عندي وتعال عندي في المكتب بعد يومين أو ثلاثة أيام فسكتت الأصوات واللجة وكان هناك حضور كثير هذا ما لدي من شهادة. وأضاف الشاهد أن الحديث السابق حصل في مكتب سكرتير مساعد المدير.

وبعرض الشهادة على المدعى عليه أجاب بقوله:

إنني لا أعرف الشاهد وشهادته غير صحيحة وموكلي سبق أن أنكر

الحوار الذي دار مع المدعي فجرى سؤال المدعي هل يقبل بيمين المدعى عليه أصالة على نفي كفالته كفالة غرمية....... فأجاب بقوله: إنني لا أقبل بيمينه على ذلك ثم جرى دراسة ما سبق.

فبناء على ما تقدم من الدعوى والإجابة وحيث أنكر المدعى عليه كفالته الغرمية وبطلب البينة من المدعي على كفالة المدعى عليه لــ .... كفالة غرمية عجز عن إحضار البينة الموصلة لكون الشاهد الأول .... رجع عن شهادته أما الشاهد ...... فقد قرر أنه أول مرة يشاهد المدعى عليه فكيف عرف اسمه أما الشاهد ..... فقد قرر بأنه لا يعرف المدعى عليه وإنما علم باسمه عن طريق ابن المدعي فلا تعتبر شهادة موصلة لكونه بنى شهادته على إخبار ابن المدعي وهو متهم ويجر بها نفعاً لوالده وحيث قرر المدعي بأنه لا يقبل بيمين المدعى عليه السابقة لذا «فقد حكمت بسقوط دعوى المدعي ضد المدعى عليه في مطالبته بقيمة الكفالة السابقة وأفهمت المدعي بأن له يمين المدعى عليه السابقة متى ما أراد وبعرض الحكم على المدعي أبدى عدم قناعته بالحكم وطلب رفع الحكم إلى محكمة التمييز واستعد بتقديم لائحة اعتراضية وصلى الله وسلم على نبينا محمد، حرر في 1425/11/1هـ.»

ثم عادت المعاملة من محكمة التمييز مرفقاً بها القرار رقم 49/ق6/ب بتاريخ 1426/2/18هـ المتضمن أنه لوحظ:

أولاً: لم نجد فضيلته رصد في الضبط والصك إقرار الكفالة الحضورية المرفقة مع أوراق المعاملة وعرضها على المدعي. ثانياً: ورد في الضبط في الجلسة المؤرخة في 1425/3/12هـ وفي الجلسة المؤرخة في 1425/11/1هـ ما يحتاج إلى تصحيح، وعليه أجيب أصحاب الفضيلة أولاً: أنه لم يظهر لي فائدة من ذلك لأن النزاع هو في كفالة المدعى عليه للمدين كفالة غرمية. ثانياً: تم تصحيح المطلوب ولم يظهر ما يؤثر على ما حكمت به وصلى الله وسلم على نبينا محمد.

ثم عادت المعاملة من محكمة التمييز مرفقاً بها القرار رقم 108/

286

ق6/ب في 1426/3/15هـ حيث لوحظ أولاً: ما أجاب به فضيلته على الملاحظة الأولى غير مقنع، حيث إن المدعى عليه أصالة كفيل غريم المدعي كفالة حضورية وفي رصدها تقوية لما حكم به فضيلته ثانياً: فيما يتعلق بالملاحظة الثانية لم نجد أن فضيلته أجرى شيئاً نحوها.

وبناءً على ما ذكره أصحاب الفضيلة فقد جرى رصد الكفالة المرفق صورتها بالمعاملة ونصها إقرار كفالة بتاريخ 1423/3/16هـ نعم أنا .... سعودي الجنسية بموجب بطاقة أحوال رقم .... صادرة من .... بأنني أكفل ...... كفالة حضورية في القضية الحقوقية الموقوف من أجلها بسجل الحقوق بمديرية شرطة الرياض وتعهد بإحضار المذكور في الساعة التاسعة صباحاً من يوم الأربعاء 1423/2/17هـ وهذه كفالتي بذلك وعليه أوقع الكفيل ..... توقيعه.

وفي هذه الجلسة حضر المدعي وجرى عرض صورة الكفالة عليه فأجاب بقوله إنني لا أعرف عنها شيئاً وكفالة المدعى عليه هي كفالة غرمية وعليه أجيب أصحاب الفضيلة بأنه لم يظهر لي ما يؤثر على ما حكمت به لعجز المدعي عن إحضار البينة الموصلة على دعوى الكفالة الغرمية وقد تم تصحيح ما جاء في الملاحظة الثانية وصلى الله وسلم على نبينا محمد.

صدِّق الحكم من محكمة التمييز بالقرار رقم 120/ق6/أ وتاريخ 1426/4/13هـ[1].

مقومات التحرير:

يختص القاضي في فترة تحرير دعوى المدعي وقبل استجواب المدعى عليه بالتحقق من صفات الخصوم وممثليهم، وهو ما تقتضيه طبيعة عمله من تحرير الدعوى وتجميع عناصرها وتحديد مراكز أطرافها فإذا ادعى المدعي

---

(1) مدونة الاحكام القضائية، الإصدار الأول، عام 2007-1428هـ، رقم الصك 31/278، بتاريخ 1425/12/29هـ، «مطالبة مالية» 151:158.

أنه وصي أو ولي على قاصراً أو قيم على محجور عليه أو أنه مدير شركة أو نائب عن شخص معنوي أو حارس قضائي على أموال متنازع عليها فإنه يجب التحقق من قيام هذه الصفات وأن يفحص الأوراق الدالة عليها ويتحقق مما إذا كانت هذه المستندات تبيح للمدعي تلك السلطات من عدمه. وإذا كان الحاضر عن المدعي وكيله بالخصومة (المحامي - الوكيل) وجب التحقق من وجود التوكيل ومن صحته، وعلى القاضي أن يثبت في محضر الضبط ما يلزم لتحرير دعوى المدعي.

وللقاضي في تلك الحالة أن يحكم بصرف النظر عن الدعوى بالحالة التي هي عليها عند عدم ثبوت هذه الصفات ويكون له أن يصدر حكمه في هذه الحالة من تلقاء نفسه ولو لم يطلب ذلك المدعى عليه وإن كان الحكم يخضع لتعليمات التمييز.

تحديد المواعيد اللازمة لإيداع ما طلب منه:

وهو الاختصاص الرئيسي للقاضي فعليه أن يكون دقيقاً عند قيامه بهذا الجزء من اختصاصه فلا يمنح المدعي آجالاً طويلة لا حاجة لها فيؤخر ذلك في استجواب المدعى عليهن ولا يعطي آجالاً قصيرة لا يتمكن المدعي خلالها من استيفاء ما طلب منه من مستندات فيصرف النظر عن الدعوى، ولكي يتمكن القاضي من إعطاء الأجل المناسب وأن يلم بها إلماماً كافياً يمكنه من القيام بوظيفته قياماً منتجاً، وله أن يضع القواعد التي تكفل ضمان الإيداع ما طلب من المدعي في أوقات مناسبة مسترشداً بما وضعه نظام المرافعات من مواعيد م (62).

وتمكيناً للقاضي في إلزام المدعي على احترام أوامره وتنفيذها ومراعاة المواعيد التي يمنحها له لتقديم المستندات وما يكلف به من قبل القاضي، على أنه إذا تخلف المدعى عن إيداع مستنداته أو ما يلزم لتحرير دعواه أو إذا تسبب في كثرة التأجيلات وتأخير الفصل في الدعوى طبق عليه ما أوضحته اللائحة التنفيذية «بصرف النظر عن الدعوى حتى تحريرها» أما الحكم الذي

يصدره القاضي فيخضع لتعليمات التمييز على ما أوضحته اللائحة التنفيذية «ويعامل من لم يقنع بتعليمات التمييز».

ومن الأهمية بمكان أن القاضي في تعرضه للقضية فإنما يعرض للجوانب غير المستوفاة في الدعوى سواء أكانت في النواحي الشكلية أم الموضوعية للدعوى ولكن ما يصدر من حكم فهو ليس من الأحكام الموضوعية التي يمتنع إعادة طرحها على القضاء بكونها فصلت في موضوعها وإنما هي ما يمكن أن يطلق عليها أحكام إجرائية فمجرد اكتمال النواحي الإجرائية التي على أساسها صدر الحكم بصرف النظر، تعاد الدعوى إلى القاضي الذي أصدر الحكم إذا كان على رأس العمل أو من خلفه، وتنظر الدعوى على هذا الأساس، ويعتبر الحكم الصادر من القاضي بصرف النظر في حدود السلطة التي خولها له النظام فيسري عليها ما للأحكام من حيث خضوعها لتعليمات التمييز وهذا ما أوضحته اللائحة التنفيذية في نصها: «فإن المختص بنظرها هو القاضي الذي أصدر ذلك الحكم أو خلفه ولو بعد تصديق الحكم بصرف النظر من محكمة التمييز».

وتجدر الإشارة: إلى أنه باكتمال كافة الإجراءات اللازمة لتحرير دعوى المدعي يحق للقاضي استجواب المدعى عليه والسير في الدعوى في الطريق الطبيعي لها من حيث الفصل في الطلبات الأصلية والعارضة وأوجه الدفاع والدفوع وطلبات الإدخال والتدخل وتقديم المذكرات وتبادلها وندب الخبراء.......... الخ حتى مرحلة الفصل في موضوع الدعوى.

المادة الرابعة والستون

إذا امتنع المدعى عليه عن الجواب كلياً، أو أجاب بجواب غير ملاق للدعوى، كرر عليه القاضي طلب الجواب الصحيح ثلاثاً في الجلسة نفسها فإذا أصر على ذلك عدّه ناكلاً بعد إنذاره، وأجرى في القضية ما يقتضيه الوجه الشرعي.

1/64 - الإنذار أن يقول القاضي للمدعى عليه إذا لم تجب على دعوى المدعي جعلتك ناكلاً وقضيت عليك ويكرر ذلك عليه ثلاثاً ويدونه في ضبط القضية، فإن أجاب وإلا عده القاضي ناكلاً، وأجرى ما يلزم شرعاً.

أوضحت اللائحة التنفيذية الإجراء المتبع من القاضي لتحقيق الدعوى من خلال الإنذار والنكول عنه الموجه إلى المدعى عليه.

فالمنظم تطلب الآتي:

1 - توجيه الإنذار وصيغته.

2 - الجزاء المترتب على عدم الرد على القاضي أو استخدام المراوغة والتهرب من الإجابة على نحو يعوق سير تحقيق الدعوى. يجعل الخصم (المدعى عليه) ناكلاً.

3 - التدوين في ضبط القضية. ولا يترتب على عدم التدوين البطلان، وذلك لأن المنظم لم يرتب البطلان كجزاء على عدم مراعاة التدوين وإن كانت ترجع أهمية التدوين إلى الاحتجاج به في مواجهة المدعى عليه، والأصل في الإجراءات أنها روعيت وعلى الخصم المدعي عدم حدوث إثبات ذلك من خلال الطعن بالتزوير باعتبار ضبط القضية ورقة رسمية لا تهدر حجيتها في الإثبات إلا من خلال الطعن بالتزوير.

ومن ثم فإذا نجح المدعي في إقامة الدليل على ما يدعيه فإن دفة الإثبات تلقى على عاتق المدعى عليه الذي يتخذ مسلكاً إيجابياً ويتخلص من حالة النكول التي في صدر هذه المادة بأن يقوم هو الآخر بإحضار البينة لتدحض بينة المدعي ثم تنتقل تلك الدفة إلى المدعي وهكذا حتى يعجز أحد الأطراف من إقامة البينة فيقضي للطرف الآخر وعلى ذلك المعنى قضت المحاكم في المملكة بعدم استحقاق المدعي لما يدعيه استناداً لما أحضره المدعى عليه من شاهد وحلفه اليمين مع شاهده وذلك في وقائع الحكم التالي ذكره:

الحمد لله وحده وبعد:

لدي أنا محمد بن فهد آل عبد الله القاضي بالحكمة العامة بالرياض حضر .... سعودي بموجب بطاقة أحوال الرياض رقم....... الوكيل عن .... بموجب الوكالة الصادرة من كتاب العدل بوارزارة الداخلية المكلف برقم 479/ في 1423/9/15هـ وادعى على الحاضر معه .... سعودي بموجب بطاقة أحوال الرياض رقـم..... قائلاً في دعواه: كان موكلي والمدعى عليه شركاء في مكتب ...... للاستقدام وكانت الشيكات باسم المكتب توقع من موكلي وقد انتهت الشراكة بتاريخ 1417/4/25هـ وأجروا بينهم مخالصة تنهي علاقة المدعي بالمكتب وقد كان موكلي وقَّع شيكات لم تعبأ بياناتها وتركها لدى المدعى عليه فقام المدعى عليه بتعبئة الشيك رقم 383 في 1417/8/22 هـ لأمره بمبلغ مائة ألف ريال واكتشف موكلي الأمر وطلب من المدعى عليه إعادة المبلغ فوعد بذلك إلا أنه لم يسدد شيئاً فأطلب الحكم على المدعى عليه بأن يدفع لموكلي مائة ألف ريال هذه دعواي.

وبسؤال المدعى عليه أجاب بقوله كنت شريكاً للمدعي أصالة في مكتب ...... للاستقدام وكنا نشترك في الإدارة ولكل واحد الحق في التوقيع على الشيكات وانتهت العلاقة بيننا في عام 1417هـ ولا صحة أنني قمت بصرف شيك بالطريقة التي ذكر المدعي ولا حق للمدعي في ذمتي.

وبعرض ذلك على المدعي قال الصحيح ما ذكرت ولديَّ البينة أحضرها في الجلسة القادمة ثم حضرا وأبرز المدعي صورة الشيك المسحوب من مكتب .... للاستقدام على شركة الراجحي المصرفية للاستثمار فرع حارة عبد الله بالرياض برقم 383 في 1418/6/22هـ لأمر ...... بمبلغ مائة ألف ريال وذلك قيمة المبلغ الذي بطرفنا.

وبعرضه على المدعى عليه قال إن هذا الشيك صحيح وقَّعه المدعي أصالة وصرفته وهو حق لي ولا صحة إنني عبيت الفراغات بعد التوقيع.

وبعرض ذلك على المدعي قال سأبحث عن مزيد بينة وقال المدعي إن موكلي قد أبرم مع المدعى عليه اتفاقية بتاريخ 1417/4/26هـ والشيك صرف بعد هذا التاريخ مما يؤيد عدم استحقاق المدعى عليه له وأبرز المدعي صورة ورقة مؤرخة في 1417/4/26هـ جاء فيها ما نصه أقر أنا....... وأنا بكامل قواي العقلية بأنني قد تنازلت عن كامل حقي في الشراكة في مكتب ...... للاستقدام ترخيص رقم .... والعائدة لي بالشراء من ...... حسب صورة المبايعة المرفقة لشريكي الأخ ...... اعتباراً من تاريخ 1417/4/26هـ وقد استلمت منه جميع حقوقي ولم يعد لي أي مطالبة سواء مادية أو أدبية تجاه شريكي أو المكتب كما ...... أن لم يعد له أي مطالبة سواء مادية أو أدبية تجاه شريكي أو المكتب تجاه .... وبذا أخلي أنا .... مسئوليتي تجاه المكتب، كما التزم التزاماً تاماً بتسليم جميع ما لديه من أوراق أو شيكات تخص المكتب لشريكي على أن يقوم بتسليم أصل الخطاب الموقع من قبلي على ورقة مكتب ...... للخدمات والمعطاة للأخ ...... كما ألتزم أنا .... التزاماً لا رجوع فيه بتسليم الأخ .... أصل خطاب الضمان المشار إليه أعلاه والمقدم للأخ .... وبتوقيع هذا التنازل ويحق لي بأي حال من الأحوال أنا .... باستعمال أي مستند من مستندات المكتب من هذا التاريخ كما التزم التزاماً تاماً في حالة ثبوت استعمال أي مستند أو إصدار شيكات للآخرين بعد هذا التاريخ بتحمل جميع المسؤولية كاملة ما عدا الشيكات الصادرة للأخ .... مقابل السلفة والصادرة شهرياً والموضحة من قبل الأخ..... بمبلغ ثلاثة آلاف وخمسمائة ريال شهرياً ويكون الأخ ...... مسئولاً عن تسديد باقي المبلغ للسيد ..... والبالغ أربعة وخمسون ألف ريال تسدد شهرياً بواقع خمسة آلاف ريال كما ألتزم أنا .... بالتعاون مع شريكي في تحصيلة الديون التي لدى الغير والتي عن طريقي ما عدا الديون التي يتم الاتفاق عليها بيني وبين شريكي إسقاطها وذلك بالتوقيع عليها سوياً وقد أقر الأخ ...... بتحمل ما على المكتب أو له من ديون من هذا التاريخ أ.هـ المتنازل .... توقيع وتاريخ 1417/4/26هـ والمتنازل له .... وتوقيع وشاهد .... وتوقيع وتاريخ

1417/4/26هـ وشاهد ...... وتوقيع.

وبعرضه على المدعى عليه قال هذه الورقة صحيحة ووقعت عليها في وقتها عالماً بما بنفس التاريخ 1417/4/26هـ والشيك محل هذه من المدعي أصالة بعد هذه المخالصة بعدة أشهر مقابل حقوق لي عنده وهذه المخالصة خاصة بمكتب ...... فقط أما الحقوق التي بيننا فكثيرة وقال المدعي ليس بين المدعى عليه وموكلي سوى المكتب.

وبعرض ذلك على المدعى عليه قال بيننا تعاملات والمدعي أصالة يعرف هذا وأطلب حضوره ثم حضر المدعي أصالة..... سعودي بموجب بطاقة أحوال ..... رقم ...... وحضر لحضوره المدعى عليه وقرر الطرفان أن المخالصة التي وردت بعاليه صحيحة ومنهية لكافة التعاملات بينهم حتى تاريخها وقال المدعى عليه إن المدعي هذا الحاضر بعد المخالصة المدونة بعاليه قد حضر لي في مكتبي وطلب مني قرضة حسنة فأقرضته مائة ألف ريال سلمتها له نقداً بعد المخالصة بقرابة شهر وأعطاني الشيك سداداً للقرض بعد عدة أيام بتاريخ مؤجل لعدة أشهر وبعد أن حل الأجل صرفت الشيك سداداً لقرضي عليه ولم يسبق أن أعطاني خلال تعاملنا أي شيك موقع على بياض لأن لي الحق في توقيع الشيكات أثناء تعاملنا.

وبعرض ذلك على المدعي قال من بعد المخالصة لم يحصل أن أخذت من المدعى عليه أي مبلغ ولم أقترض منه شيء ولم يحصل بيننا أي تعامل إلى بعد المخالصة ولم أصدر له الشيك محل هذه الدعوى سداداً لأي استحقاق وإنما حقيقة الأمر أن المدعى عليه كان يدير العمل في المكتب وله كامل الصلاحية وكنت عندما أسافر أعطيه شيكات موقعة مني على بياض فسألته عنها فقال سأبحث عنها وأشرنا للشيكات في المخالصة.

وبعرض ذلك على المدعى عليه قال سأبحث عن بينة وقال المدعى عليه إنني غير متأكد من تاريخ تسليمي مائة ألف ريال قرضة للمدعي ولا متى أعطاني الشيك ولا متى صرفت الشيك ولكن الذي أنا متأكد منه أنني

293

سلمت مبلغ مائة ألف ريال نقداً قرضاً حسناً للمدعي مباشرة بعد المخالصة وأعطاني الشيك سداداً للقرض وصرفت الشيك استيفاء لحقي.

ثم حضر المدعي وكالة والمدعى عليه وأحضر المدعى عليه معه........ تركي الجنسية بموجب رخصة الإقامة للمسلمين الصادرة له من الرياض برقم .... في .... وطلب سماع ما لديه من شهادة وبسؤاله قال إنه في أواخر عام 1997 هـ اتصل بي المدعى عليه هذا الحاضر .... حيث كنت أعمل عنده بالراتب الشهري وتحت كفالته وما زلت وقال لي عندما اتصل بي أذهب لمنزلي فيه أمانة أحضرها لي فذهبت لمنزل......... وطرقت الباب وسلمتني زوجته مبلغاً نقدياً عشر ربطات من فئة مائة ريال وذهبت بها للمدعى عليه في مكتب .... وكان عددها مائة ألف ريال وسلمت المبلغ للمدعى عليه هذا الحاضر وسلّمها فوراً لـــ........ الذي كان يعمل شريكاً مع المدعى عليه في مكتب .... للاستقدام ولا أعلم عن كيفية الشراكة وكان يرافقني......... تركي الجنسية وقال هذا ما لدي وبه أشهد.

وقال المدعى عليه لدىّ زيادة بينة وأحضر المدعى عليه معه شاهداً اسمه .... سعودي بموجب بطاقة أحوال .... رقم........ وبطلب الشهادة منه قال أشهد بالله العظيم أنني أعمل في مكتب .... للاستقدام وما زلت على رأس العمل وبعد مخالصة المدعي والمدعى عليه أحضر عاملين تركيين يعملان عند المدعى عليه وهما .... و .... أحضرا مبلغاً قدره مائة ألف ريال نقداً في كيس فاستلمها .... المدعى عليه أمامي و........ سلمها للمدعي......... أمامي و .... سلمها لي وذهبت وأودعتها في البنك في حساب مكتب .... بعد انتهاء علاقة المدعى عليه بالمكتب و .... دفع المبلغ سلفة للمدعي لدعم المكتب وبعد مدة لا أتذكرها الآن قال......... والمحاسب في مكتب .... إن...... سحب مبلغ مائة ألف ريال التي دفعها لنا سلفة وورطنا، حيث إنه كان على المكتب التزامات خارجية وأنا لم أشاهد الشيك ثم عاد فوراً وقال إنني لم أودع المبلغ أنا وإنما........ سلم للمحاسب في المكتب.......... تذكرت هذا

الآن هذا ما لدي وبه أشهد.

وبعرض ذلك على المدعي قال الشاهد يعمل لدى مكتب......... للاستقدام الذي الآن في ملك .... وقدح موكلي في الشاهد أن له قرابة بالمدعي عليه كلهم .... عيال عم ومن ديرة واحدة ولا أعرف صفة القرابة بالمدعي عليه كلهم .... عيال عم ومن ديرة واحدة ولا أعرف صفة القرابة على وجه التحديد وبينهم معاملات ولا أستطيع تحديدها وموكلي يعرف الشاهد وقال المدعى عليه سأحضر من يعدل شاهدي ثم حضر وأحضر المدعى عليه معه......... سعودي بموجب بطاقة أحوال الرياض رقم .... وطلب سماع ما لديه من شهادة وبسؤاله قال أشهد بالله العظيم بعدالة الشاهد....... كما أحضر المدعى عليه .... سعودي بموجب بطاقة أحوال الرياض رقم .... وطلب سماع ما لديه من شهادة وبسؤاله قال أشهد بالله العظيم بعدالة الشاهد.......

وبعرض أمره على المدعي قال المعدل .... أحد شهود المخالصة ويذكر أنه يوجد شيكات لدى المدعى عليه فقال الشاهد لا أتذكر وجود شيكات وقال المدعي لا أقدح في المعدلين بشيء وقال المدعى عليه مستعد باليمين مع شاهدي وحلف قائلاً: والله العظيم إنني صرفت الشيك الوارد في الدعوى سداداً لحقي في ذمة المدعي ولا حق للمدعي في ذمتي.

فنظراً إلى ما تقدم وحيث شهد الشاهد بما يؤيد دفع المدعى عليه وحلف المدعى عليه اليمين مع شاهد ويمين والشاهد واليمين طريق للحكم.

لذا حكمت بعدم استحقاق المدعي بشيء مما طالب به وبإفهامهم ذلك طلب المدعي التمييز فأجيب لطلبه وبالله التوفيق وصلى الله وسلم على نبينا محمد حرر في 10/15/ 1425هـ.

وفي يوم السبت الموافق 1426/3/7هـ بناء على قرار محكمة التمييز رقم 8/ق/4/ب في 1426/1/26هـ والمتضمن ملاحظة أصحاب الفضيلة بما

نصه أولاً أن المدعي قد قال في دعواه إن الشيك المدعي بمبلغه قد وقعه تعبئة بياناته وأن المدعى عليه قد حرر المبلغ المدون به البالغ قدره مائة ألف ريال بعد ذلك وقام بصرفه وقد أنكر المدعى عليه ذلك ولم يأت المدعي ببينة على ذلك ولم نجد أن فضيلته قد أفهم المدعي أن له يمين المدعى عليه على نفي ما ادعاه وفي حالة طلبه يمين المدعى عليه يجري تخليصه ويجري الوجه الشرعي حول ذلك، ثانياً أن اليمين التي حلفها المدعى عليه لم تطابق ما جاء في دعواه بأن المبلغ المدون بالشيك الذي صرفه هو عن القرض الذي جاء في ادعائه، انتهى.

فقد حضر المدعي وكالة .... والمدعى عليه وقرر المدعى بقوله لا بينة لموكلي على أنه وقَّع الشيك ولم تكتب بياناته وأن المدعى عليه هو الذي كتب البيانات بدون علم موكلي ولا رضاه ولا نريد يمين المدعى عليه على نفي شيء من ذلك فأعلمته أن لموكله اليمين متى طلبها وقال المدعى عليه مستعد باليمين كما وجه أصحاب الفضيلة وحلف قائلاً والله العظيم إن الشيك سداد للمبلغ الذي اقترضه المدعي وقدره مائة ألف ريال وبالله التوفيق، صالة الله على محمد وآله وسلم.

صُدِّقَ الحكم من محكمة التمييز بالقرار رقم 211/ق4/ أ وتاريخ 1426/3/25هـ.[1(1)]

المادة الخامسة والستون

إذا دفع أحد الطرفين بدفع صحيح وطلب الجواب من الطرف الآخر فاستمهل لأجله فللقاضي إمهاله متى رأى ضرورة ذلك، على أنه لا يجوز تكرار المهلة لجواب واحد إلا لعذر شرعي يقبله القاضي.

1/65 - تشمل هذه المادة طلب الإمهال للجواب على أصل الدعوى.

---

(1) مدونة الاحكام القضائية. الإصدار الأول، رقم الصك 10/363، بتاريخ 1425/10/21هـ (مطالبة مالية)، 97: 104، المملكة العربية السعودية.

2/65 - يرجع في تقدير الضرورة، وشرعية العذر إلى ناظر القضية.

3/65 - يدون في ضبط القضية طلب الإمهال والأعذار المقدمة من أحد الطرفين، وقدر المهلة المعطاة للمستمهل.

الـرد على الدفـاع:

إذا كان النظام قد تكفل ببيان الدفوع في المواد (73/71) لمواجهة ما شرعت له، فإن التوازن النظامي لكفالة حق الدفاع للخصوم بمنح الخصم الذي تم توجيه الدفع ضد مصلحته بالرد على الدفع وما يصيبه من قصور، ويعتبر التمكين من هذا الرد هو ما يعبر كفالة حق الدفاع.

فمـا المقصـود بحـق الدفـاع:

وهو يعني مراعاة الضمانات والحقوق التي قررها المنظم لصالح كل خصم في الدعوى، فحق الدفاع يقوم على فكرة تكافؤ الفرص بين الخصوم في حق كل خصم إبداء دفعه ثم منح خصمه حق الرد عليه [1]، ويتحقق الإخلال بحق الدفاع عندما يتم حرمان الخصم من الرد على ما أبداه خصمه من دفوعه بعدم إتاحة الفرصة الكافية من الوقت للرد على الدفع، وهنا تتبلور صعوبة دور القاضي في التوفيق ما بين حق الدفاع واستشعاره بمماطلة الخصم بكثرة طلب الإمهال، ولذلك عبرت اللائحة التنفيذية عن ذلك: «يرجع في تقدير الضرورة، وشرعية العذر إلى ناظر القضية».

---

(1) الحاوي الكبير في فقه مذهب الإمام الشافعي تصنيف أبي الحسن على بن محمد بن حبيب الماوردي البصري المرجع السابق: 291 .

ابن حجاج عن ابن جريح قال: أخبرني أبي ملكية أن امرأتين كانتا في بيت تخرزان ليس معهما فيه فخرجت إحداهما وقد طعنت في كفها بإشفي حتى خرج من ظهر كفها، تقول طعنتها صاحبتها، وتنكر الأخرى قال: فأرسلت إلى ابن عباس فيهما، فأخبرته الخبر فقال: لا تعط شيئاً إلا بينة ببينة، قال رسول الله [«لو يعطي الناس بدعاويهم لا دعى رجال أموال رجال ودماءهم لكن اليمين على المدعى عليه» فكمل بالجمع بين الروايتين قول النبي $ «البينة على المدعى واليمين على المدعى عليه.

وترتيباً على ما تقدم على ناظر القضية مراعاة حق الدفاع إذ هو من المبادئ الأساسية في إقامة العدالة بدونه يعبر ذلك عن محاكمة تم الإخلال فيها بحق الخصم في الدفاع وهو حق أصيل لمن تقرر لمصلحته.

المادة السادسة والستون

يقفل باب المرافعة بمجرد انتهاء الخصوم من مرافعتهم، ومع ذلك فللمحكمة قبل النطق بالحكم أن تقرر من تلقاء نفسها أو بناء على طلب أحد الخصوم فتح باب المرافعة وإعادة قيد الدعوى في جدول الجلسات، وذلك لأسباب مبررة.

1/66 - يقصد بقفل باب المرافعة تهيؤ الدعوى للحكم فيها وذلك بعد إبداء الخصوم أقوالهم وطلباتهم الختامية في جلسة المرافعة وفق ما جاء في المادة (85).

2/66 - إذا قرر أحد المتداعيين عجزه عن البينة ثم أحضرها، فعلى القاضي سماعها، خلال نظر الدعوى وحتى تصديق الحكم.

3/66 - يلزم بيان أسباب فتح باب المرافعة بعد قفلها في الضبط.

قفل باب المرافعة:

هو إنهاء المناقشة بين الخصوم ودخول الدعوى في المرحلة التمهيدية لصدور الحكم، فمتى أثار كل خصم ما لديه من أوجه دفاع ودفوع ومتى قدم كل منهم ما لديه من طلبات ومتى أتضح للمحكمة أن الدعوى جاهزة بحالتها للفصل فيها فإن رئيس الهيئة يأمر بقفل باب المرافعة تمهيداً لإصدار الحكم.

فالدعوى بذلك صالحة للحكم. وإذا حدث ذلك فإن صلة الخصوم تكون قد إنقطعت بها ودخول الدعوى حوزة للقاضي.

وإقفال باب المرافعة قرار صريح ان المحكمة قد بدأت في المداولة وتحديدها لجلسة الحكم

وقبل قفل باب المرافعة صراحة أو ضمناً لا يجوز النطق بالحكم. وقدلا يرتب قرار قفل باب المرافعة اثاره فوراً بإنقطاع صلة الخصوم بالدعوى فقد تقرر المحكمة قفل باب المرافعة مع التصريح بتقديم مذكرات أو إيداع مستندات في ميعاد معين تحدده لكل من الخصوم، وهو ميعاد يبدأ بالمدعى يعقبه المدعى عليه.

آثار قفل المرافعة:

أ - عدم جواز قبول اى طلب عارض بعد هذا القرار.

ب - لا يقبل التدخل الاختياري أو الاختصاصي.

ج - لا يجوز للخصوم تقديم مذكرات أو ايداع مستندات ما لم تكن المحكمة قد صرحت بذلك.

إمكانية فتح باب المرافعة:

قرار المحكمة بإقفال باب المرافعة لا يكون قطعياً بل يجوز بعد قفل باب المرافعة ان تقرر من تلقاء نفسها أو بناء على طلب احد الخصوم - إعادة فتح باب المرافعة من جديد، لكن يجب ان يكون هذا القرار مؤسساً على أسباب قوية وجدية تبرر إعادة مناقشة الخصوم وقد يكون لإظهار الحقيقة.

ومن اهم اسباب فتح باب المرافعة نجاح احد المدعين في إثبات إدعائه بعد عجزه اثناء سير الدعوى تحقيق ذلك (المادة 2/66 من اللائحة التنفيذية).

المادة السابعة والستون

للخصوم أن يطلبوا من المحكمة في أي حال تكون عليها الدعوى تدوين ما اتفقوا عليه من إقرار أو صلح أو غير ذلك في محضر المحاكمة، وعلى المحكمة إصدار صك بذلك.

1/67 - إذا حصل الاتفاق قبل ضبط الدعوى فيلزم رصد الدعوى

والإجابة قبل تدوين الاتفاق لكونه نشأ بعد نزاع، مع مراعاة أن يكون أصل الدعوى من اختصاص القاضي ولو كان مضمون الاتفاق من اختصاص محكمة أخرى.

2/67 - إذا طلب وكلاء الخصوم تدوين ما اتفقوا عليه من إقرار أو صلح فيلزم كونهم مفوضين في ذلك في وكالاتهم وفق ما جاء في المادة (49).

3/67 - إذا ثبت للقاضي أن الاتفاق المقدم من الخصوم فيه كذب أو احتيال فيرد الاتفاق وفق ما تقتضيه المادة (4).

الإقـرار القضائـي:

هو اعتراف الخصم أمام القضاء بواقعة نظامية مدعى بها عليه. وذلك أثناء السير في الدعوى المتعلقة بهذه الواقعة، وكما يصح أن يصدر الإقرار من الخصم يصح أن يصدر من وكيله بالخصومة المفوض بذلك، ويقبل الإقرار ولو لم تكن المحكمة وفقاً لقواعد الاختصاص غير مختصة به طالما أن رفع الدعوى وفق صحيح النظام أمامها.

تدوين الإقرار في محضر الضبط، فلا يعول على الإقرار بكونه قضائياً إن لم يثبت في محضر الضبط، فإذا ذكر الإقرار في خطاب كتبه أحد الخصوم فلا يعد إقراراً قضائياً ويجب أن يكون الإقرار صريحاً فلا يعتبر مجرد السكوت أو رفض الإجابة على سؤال الخصم أو القاضي إقراراً. ولقد قضى القضاء في المملكة مستنداً إلى إقرار صدر من المدعى عليهما يتضمن توافر مسئوليتهما وحصول العجز المالي بعد الجرد وذلك في الحكم التالي ذكره:

الحمد لله وحده وبعد:

لدي أنا محمد بن فهد آل عبد الله القاضي بالمحكمة العامة بالرياض حضر .... سعودي بموجب بطاقة أحوال حريملاء رقم........ بالوكالة عن .... نيابة عن البنك .... بموجب الوكالة الصادرة من كاتب عدل

الدمام الثانية برقم 41751 في 1422/11/16هـ جلد 1441.

وادعى بقوله إن .... و .... يعملان في البنك .... فرع حي...... بالرياض ومن مسؤوليتهما تزويد مكينة الصراف الآلي التابعة للفرع في نفس المبنى بالنقود وبتاريخ 2003/2/4م أودعا في مكينة الصراف ستمائة وخمسين ألف ريال وفي اليوم التالي الموافق 2003/2/5م فتحا ماكينة الصراف الآلي واستخرجا منها مبلغ سبعة وثلاثين ألف ومائتي ريال أعاداها للبنك وسحب العملاء من مكينة الصراف ثلاثمائة واثني عشر ألفاً وثمانمائة ريال وباقي عجز قدره ثلاثمائة ألف ريال وأعدَّا تقرير الجرد ولم يبينا العجز في وقته ويعتبر المبلغ مسؤوليتهما مع أنه لا يمكن فتح ماكينة الصراف إلا بحضورهما.

فأطلب الحكم على .... و .... بأن يدفعا للبنك .... ثلاثمائة ألف ريال هذه دعواي.

وحضر لحضوره .... الحامل لرخصة القيادة الخاصة الصادرة له من الرياض برقم .... في 1406/1/28هـ وأجاب بقوله: إنني أعمل في فرع البنك ...... بحي الرياض مشرف على عمليات النقد في الفرع ويومياً يتم تزويد ماكينة الصراف الآلي التابعة للفرع بالنقد مني وزميلي .... ولا تفتح الماكينة إلا بحضورنا نحن الاثنين ويتم فتح الماكينة وأخذ النقد المتبقي فيها وإعادتها للبنك وإعداد جرد بقدر ما صرف وما تبقى.

وبتاريخ 2003/2/4م قمت أنا و ...... بتعبئة صناديق ماكينة الصراف التابعة للفرع بمبلغ نقدي قدره ستمائة وخمسون ألف ريال وفي اليوم الثاني الموافق 2003/2/5م قمت أنا و ...... بتعبئة خمسمائة ألف ريال في صناديق جديدة كالمتبع وفتحنا الماكينة وسحبنا الصناديق التي وضعناها بتاريخ 2003/2/4م وكان يوافق آخر دوام عيد الأضحى ونتيجة ضغط العمل أخذنا الصناديق وأدخلناها لداخل الفرع ولم نقم بعَدِّها وركبنا الصناديق الجديدة وقد تبيَّن من السند أن العملاء صرفوا مبلغ ثلاثمائة

واثني عشر ألفاً وثمانمائة ريال وفي آخر دوام يوم 2003/2/5م قمت أنا و .... بِعَدِّ المبالغ التي في الصناديق التي سحبناها من الماكينة وتبيَّن أن قدرها سبعة وثلاثين ألف ومائتي ريال وقمنا بإيداعها في صندوق البنك في نفس الفرع ونتيجة ضغط العمل لأنه آخر يوم عمل للبنك للإجازة وكذلك لي لأنني مجاز لمدة أكثر من شهر وسافرت للخارج وعلمت فيما بعد بحصول العجز وقدره ثلاثمائة ألف ريال ولا أعلم كيف حصل هذا العجز ولا أتهم أحداً بأخذ المبلغ وكذلك لا يلحقني شك في ماكينة الصراف الآلي ووجه البنك الدعوى عليَّ لأنني مسؤول عن النقد ولكن حقيقة الأمر أنه لم يدخل عليَّ أي مبلغ مما يطالبه البنك ومستعد باليمين لو طلبت مني ومن الملاحظ أنني خرجت للإجازة والموظف الذي استلم العمل بعدي لم يقم بالجرد.

ثم حضر المدعي وحضر لحضوره .... سعودي بموجب بطاقة أحوال عرعر رقم .... الوكيل عن .... بموجب الوكالة الصادرة من كاتب عدل الرياض الثانية رقم 120549 في 1424/8/22هـ جلد 10613 و........ سعودي بموجب بطاقة أحوال الزلفي رقم .... وأجاب ...... بقوله: نيابة عن موكلي فإن ما ذكره المدعى عليه .... وفصّله كله صحيح وقد فتح موكلي مع .... ماكينة الصراف وأدخلا فيها ستمائة وخمسين ألف ريال وفي اليوم الثاني فتحوا الماكينة وسحبوا الصناديق التي فيها المبالغ وأدخلوها البنك وتبيَّن من الماكينة أن العملاء سحبوا ثلاثمائة واثني عشر ألفاَ وثمانمائة ريال وعَدّا المبالغ المتبقية في الصناديق فتبيَّن وجود عجز قدره ثلاثمائة ألف ريال لم يأخذ موكلي منها شيئاً ولا يتهم أحداً فيها ومستعد موكلي بأداء اليمين على ذلك.

ثم حضر المدعي والمدعى عليهما وقال ..... : إن لي إيضاحاً عن موكلي ..... فالتهمة الموجهة لموكلي غير صحيحة والدليل كان موكلي طوال خدمته لدى البنك مثالاً يحتذى به في الأمانة والتعاون والإخلاص والدليل على ذلك شهادة الخدمة التي سلَّمها له البنك بتاريخ لاحق عن الواقعة موضوع الاتهام كما يوجد شهادة شكر وتقدير واستلم موكلي كامل مستحقاته من البنك بعد

تاريخ الواقعة، وإذا كان البنك يشك في أمانة موكلي لما وافق على استقالته وتسليمه كافة مستحقاته وكافة التحقيقات التي تمت مع موكلي في الموضوع سواء التحقيق الداخلي الذي تم داخل البنك أو التحقيق الذي تم معه في شرطة .... لم يثبت تورط موكلي في التهمة المنسوبة إليه وعرضت على الطرفين الصلح فطلبوا تأجيل الجلسة.

ثم حضر المدعي وكالة وحضر لحضوره المدعى عليه .... سعودي الجنسية بموجب بطاقة أحوال الرياض رقم .... ولم يحضر المدعى عليه .... ثم حضر المدعي وحضر لحضوره المدعى عليه....... فقط، فبالنظر إلى ما تقدم وحيث طالب المدعي بالحكم على المدعى عليهما بدفع ثلاثمائة ألف ريال للبنك موكله نتيجة العجز الذي أوضحه في الدعوى وأقر المدعى عليهم بمسؤوليتهم وحصول العجز وقدره ثلاثمائة ألف ريال.

وحيث إن المدعى عليهما هما المعنيان في إيداع المبلغ والمحاسبة فيه وحصل العجز والظاهر أنهما مسؤلان عنه والأحكام تجري على الظاهر لذلك حكمت حضورياً على المدعى عليهم .... و .... بدفع ثلاثمائة ألف ريال للبك المدعي وبإعلان الحكم طلب المدعى عليه .... التمييز فأجيب لطلبه كما أن لـ .... حق الاعتراض وبالله التوفيق وصلى الله وسلم على نبينا محمد حرر في 1425/4/3هـ.

وفي يوم السبت الموافق 1425/6/28هـ افتتحت الجلسة وقد صدر منا الصك رقم 10/157 في 1425/4/12هـ واستلم نسخة منه المدعى عليه وكالة .... عن موكله ...... وقدم لائحته الاعتراضية ولم نجد فيها ما يؤثر على الحكم وأما المدعى عليه .... فقد انقطع عن المراجعة وحيث لم يبلغ لشخصه لذا تقرر رفع الحكم لمحكمة التمييز بدون لائحة اعتراض له وبالله التوفيق وصلى الله وسلم على نبينا محمد، حرّر في 1425/6/28هـ.

وفي يوم السبت الموافق 1425/7/26هـ بناءً على قرار محكمة التمييز رقم 223/ ج3/ب في 1425/7/9هـ والمتضمن ملاحظة أصحاب الفضيلة

بما نصه لوحظ أن فضيلته حكم على المدعى عليه .... حضورياً بناءً على اكتمال المرافعة والإجابة ومثل هذا الحكم يخص الحقوق أما القضايا الجزائية، فلابد أن يكون الحكم بمواجهة المدعى عليه حسب المادة الثانية والأربعين بعد المائة من نظام الإجراءات الجزائية فعلى فضيلته ملاحظة ما ذكر وتأمله وتقرير ما يظهر له أخيراً انتهى.

وأجيب أصحاب الفضيلة بأنه بإعادة النظر فإن هذه دعوى مالية وليست معاقبة جزائية حتى ينطبق ما ذكره أصحاب الفضيلة عليها لذلك فلم يظهر خلاف ما انتهت به القضية، وبالله التوفيق، وصلى الله وسلم على نبينا محمد.

صدِّق الحكم من محكمة التمييز بالقرار رقم 579/ج3/أ وتاريخ 81425/8هـ [1].

وللمحكمة السلطة التقديرية فيما إذا كانت شروط الإقرار القضائي متوفرة لترتب على ذلك حكمها في موضوع النزاع الذي تعلق به الإقرار، وهذا ما أوضحته اللائحة التنفيذية إذا ثبت للقاضي أن الاتفاق المقدم من الخصوم فيه كذب أو احتيال فيرد الاتفاق وفق ما تقتضيه المادة (4).

من يملك الإقرار القضائي:

الإقرار القضائي يملكه الخصم نفسه أو وكيله بالخصومة. فإذا كان الإقرار حاصلاً بمعرفة الخصم نفسه فلا يكون ملزماً له إلا إذا كان يملك التصرف في الحق المتنازع فيه، فالقاصر والمحجور عليه ومن إليهما لا يلتزمون بإقرارهم. والإقرار الحاصل من الوكيل بالخصومة لا يلتزم به الموكل إلا إذا كان صادراً بناء على توكيل يبيح له الإقرار.

والإقرار الصادر من ممثل الشخص المعنوي، والوصي، ممثلي الجهات

(1) مدونة الاحكام القضائية. الإصدار الأول، عام 1428هـ - 2007م، رقم الصك10/157، بتاريخ 1425/4/12هـ، مطالبة مالية: 161 - 166 .

الحكومية والإدارية لا يكون نافذاً إلا إذا كان في حدود سلطتهم الممنوحة لهم بنص النظام أو من الجهة المختصة.

حجية الإقرار القضائي في الإثبات:

الإقرار حجة بما يحتويه على من صدر منه سواء أكان صادراً من المقر نفسه أم وكيله المصرح له بذلك. وهو يعفي الخصم من تقديم أي دليل آخر ويلزم المحكمة أن تأخذ به في حكمها إذا كان وفق صحيح النظام.

من الأهمية الإشارة أن الإقرار الذي يحصل في دعوى لا يجيز لغيره من كان طرفاً فيها أن يحتج به في دعوى أخرى، إلا أن ذلك لا يمنع من أن تتخذه المحكمة قرينة تعتمد عليها في حكمها في تلك الدعوى.

والإقرار القضائي حجة على المقر في مواجهة المقر له وبالتالي فهو ليس حجة خارج ممن ذكروا كونه يتميز بشخصية الإقرار، ولا يجوز للمقر الرجوع في الإقرار بحجة أن الخصم الآخر لم يقبله وإنما يجوز الرجوع فيه إذا تبين أنه صدر عن خطأ بشرط أن يكون الخطأ وارداً على الوقائع لا على النتائج النظامية.

مثال: طعن المقر على إقراره بأنه وقع نتيجة تدليس أو أنه صدر وهو ناقص الأهلية فإذا أثبت ذلك بالطرق الجائزة نظاماً بطل الإقرار ولا يكون هذا رجوعاً عن إقرار موجود بل هو إلغاء لإقرار ظهر بطلانه، أما الإقرار القائم الصحيح فلا يجوز الرجوع فيه، فهو حجة قاطعة على المقر.

عدم تجزئة الإقرار القضائي:

وفق ما أشارت إليه المادة (106) بنصها: «لا يتجزأ الإقرار على صاحبه فلا يؤخذ منه الضار به ويترك الصالح له بل يؤخذ جملة واحدة إلا إذا انصب على وقائع متعددة».

يتضح من نص المادة أن كل أجزاء الإقرار القضائي لها قوة واحدة في

الإثبات فلا يجوز للخصم أن يتمسك بإثبات الجزء الذي يهمه في مصلحته في محضر الضبط ويستبعد الجزء المتبقي من الإقرار وينازع فيها.

الصلـح القضائـي:

هو عقد يحسم[1] به أطراف الدعوى نزاعهم المعروض على القضاء بأن ينزل كل خصم للآخر على وجه التقابل جزء من ادعائه.

يتضح من ذلك[2]:

1 - أن الصلح يتم في إطار عقد بين أطراف الخصومة وهم المدعي أو المدعى عليه أو بوساطة وكلائهم وفق صحيح نظام المرافعات م (49)، وأن يتحقق القاضي من التوافق الإيجابي والقبول الخاص بكل خصم في الدعوى، وللقاضي رد الاتفاق على الصلح إذا تبين له وجود كذب أو احتيال م (3/67) لائحة تنفيذية، ويعتبر الصلح القضائي بمثابة ورقة رسمية ولكنه لا يعتبر حكماً، فهو لا يخرج عن كونه عقداً تم بين الخصمين.

2 - كما لا يثبت الصلح إلا بالتدوين في محضر المحاكمة واشتراط الكتابة للإثبات وليس للانعقاد.

---

(1) عبد الرزاق أحمد السنهوري. الوسيط في شرح القانون المدني، جـ5، فقرة 343: 507.

(2) وكما يتحقق الصلح لو أن كلا من الطرفين نزل عن جزء من ادعائه، كذلك يتحقق لو أن أحد الطرفين نزل عن كل ادعائه في مقابل مال آخر خارج عن موضوع النزاع، كما إذا تنازع شخصان على ملكية دار ثم اصطلحا على أن يأخذ أحدهما الدار في نظير أن يعطي للآخر أرضاً أو مبلغاً من النقود لم يكن داخلاً في النزاع. ويسمى المال الذي أعطي في نظير الصلح بدل الصلح. وإذا كان الصلح كاشفاً بالنسبة إلى الدار الداخلة في النزاع، فإنه يكون ناقلاً بالنسبة إلى بدل الصلح، على أنه حتى في هذه الصورة يمكن القول بأن كلا من الطرفين نزل عن جزء من ادعائه، فمن خلصت له ملكية الدار نزل عن جزء من ادعائه فيها واشترى هذا الجزء الذي نزل عنه بما دفعه إلى الآخر فخلصت له الدار كاملة، ومن أخذ النقود نزل عن جزء من ادعائه وباع الجزء الآخر الذي لم ينزل عنه بالنقود التي أخذها».

عبد الرزاق السنهوري. المرجع السابق: هامش 7: 513.

3 - أن يتم النزول على وجه التقابل بين الخصوم وهو ما يميزه عن الأنظمة الإجرائية الأخرى كالإقرار، فإقرار الخصم لخصمه بكل ما يدعيه أو نزوله عن إدعائه لا يكون صلحاً، ترك الخصومة المادة (1/88) كما أوضحتها اللائحة التنفيذية: «هو تنازل المدعي عن دعواه القائمة أمام المحكمة مع احتفاظه بالحق المدعى به بحيث يجوز له تجديد المطالبة به في أي وقت».

4 - ألا يكون النزاع قد حسم بمعرفة القضاء بحكم قطعي، ذلك أن صدور الحكم واكتسابه القطعية، فلا يتم الصلح القضائي لأن الحكم هو كلمة النظام الذي عبر عنها القاضي، من خلال الحكم فهي تعلو فوق الصلح، وبالتالي فهي الأولى بالتطبيق من الصلح.

أحكام محكمة النقض:

لا يشترط في الصلح أن يكون ما ينزل عنه أحد الطرفين مكافئاً لما ينزل عنه الطرف الآخر. وإذن فمتى كان التوكيل الصادر إلى وكيل المطعون عليهما يبيح له إجراء الصلح والنزول عن الدعوى، وكان الصلح الذي عقده مع الطاعنين في حدود هذه الوكالة واستوفي شرائطه القانونية، بأن تضمن نزول كل من الطرفين عن جزء من ادعاءاته على وجه التقابل حسماً للنزاع القائم بينهما، وكان الحكم المطعون فيه إذا لم يعتد بهذا الصلح، وإذا قرر أن الوكيل لم يراع فيه حدود وكالته، أقام قضاءه على أن الصلح الذي عقده فيه غبن على موكله فإن هذا الحكم يكون قد خالف القانون. ذلك لأن الغبن على فرض ثبوته لا يؤدي إلى اعتبار الوكيل مجاوزاً حدود وكالته، وإنما محل بحث هذا الغبن وتحديد آثاره يكون في صدد علاقة الوكيل بموكله لا في علاقة الموكل بمن تعاقد مع الوكيل في حدود الوكالة.

جلسة 1953/10/22 السنة 5 المكتب الفني ص 85

إن القاضي وهو يصدق على الصلح لا يكون قائماً بوظيفة الفصل في خصومة، لأن مهمته إنما تكون مقصورة على إثبات ما حصل أمامه من الاتفاق

وإذن فهذا الاتفاق لا يعدو أن يكون عقداً ليست له حجية الشيء المحكوم فيه وإن كان يعطي شكل الأحكام عن إثباته.

جلسة 1951/4/19 س 2 ص 721

ويكون الصلح المصدق عليه قابلاً للفسخ كسائر العقود، ويكون تفسيره طبقاً للقواعد المتبعة في تفسير العقود لا في تفسير الأحكام.

جلسة 1949/1/20 المجموعة الرسمية رقم 76

لمحكمة الموضوع السلطة في تقدير ما ينطوي عليه العقد من صلح أو إقرار.

جلسة 1972/12/5 سنة 23 المكتب الفني ص 1317

القضاء بإلحاق محضر الصلح بمحضر الجلسة وإثبات محتواه فيه. مؤداه عدم جواز الطعن فيه بطريق الطعن المقرر للأحكام. وسيلة الطعن فيه. دعوى مبتدأ ببطلانه.

جلسة 1991/2/28 طعن رقم 337 لسنة 55 قضائية

الاتفاق بالصلح أو التنازل بين رب العمل والعامل. لا يعد باطلاً إلا إذا تضمن المساس بحقوق تقررها قوانين العمل.

جلسة 1980/4/13 طعن رقم 1536 لسنة 49 قضائية

الفسخ يرد على الصلح كما يرد على سائر العقود الملزمة للجانبين فإذا لم يقم أحد المتصالحين بما أوجبه الصلح في ذمته من التزامات جاز للمتعاقد الآخر أن يطلب الفسخ مع التعويض إذا كان له محل.

جلسة 1975/12/30 سنة 26 ص 1735

الصلح. نزول كل من المتصالحين عن جزء معين من ادعائه. انقضاء الحقوق والادعاءات التي نزل عنها أي من المتعاقدين نزولا نهائياً. وجوب

الحكم بانتهاء الخصومة.

جلسة 1991/1/20 طعن رقم 911 لسنة 51 قضائية

انعقاد الصلح. وجوب أن يتنازل كل من الطرفين على وجه التقابل عن جزء من إدعائه في سبيل الحصول على الجزء الباقي حسما للنزاع القائم بينهما أو توقياً للنزاع بينهما.

لمحكمة الموضوع سلطة فهم الواقع في الدعوى واستخلاص ما تراه من موقف الخصمين على هذا النحو متى كان ما تستنبطه سائغاً له من أوراق الدعوى.

جلسة 1995/12/18 الطعن رقم 2 لسنة 62 قضائية

تصديق القاضي على الصلح. أساسه. سلطته الولائية لا القضائية. ما حصل أمامه من اتفاق وتوثيقه ليس له حجية الشيء المحكوم فيه وإن أعطي شكل الأحكام عند إثباته.

جلسة 1996/12/29 طعن رقم 3075 لسنة 60 قضائية

الصلح. انقضاء الحقوق والادعاءات التي نزل عنها أي من المتعاقدين نزولاً نهائياً. وجوب الحكم بانتهاء الخصومة.

جلسة 1997/2/19 طعن رقم 7015 لسنة 62 قضائية

لما كان مؤدى المخالصة المؤرخة 1989/6/27 المقدمة من الطاعنة أن المطعون ضده الأول قد قبض قيمة التعويض المحكوم به نهائياً لأولاده القصر الثلاثة ومقدار ألف وخمسمائة جنيه بواقع خمسمائة جنيه لكل منهم وأنه تنازل عن نفسه وبصفته وكيلاً عن زوجته على وجه التقابل عن جزء من ادعائه فيما يتعلق بالتعويض المتنازع عليه، وتخالص عما حكم لها ابتدائياً وكان من المقرر في قضاء هذه المحكمة أنه إذا حسم النزاع بالصلح فإنه لا يجوز لأي من المتصالحين أن يجدد النزاع لا بإقامة دعوى به ولا بالمضي في الدعوى

التي كانت مرفوعة بما حسمه الطرفان صلحاً، وانقضاء ولاية المحكمة في الفصل في النزاع بما يعني انتهاء الخصومة فيه، وإذا خالف الحكم المطعون فيه هذا النظر فإنه يكون قد خالف القانون وأخطأ في تطبيقه ويتعين نقضه والحكم بانتهاء الخصومة في الاستئنافين صلحاً.

جلسة 1996/3/12 طعن رقم 6674 لسنة 64 قضائية

إن الصلح يحسم المنازعات التي تناولها فلا يجوز تجديدها أو المضي فيها وتنقضي به ولاية المحكمة في الفصل فيها شمل موضوع الدعوى كله ترتب عليه انقضاء الخصومة بغير حكم فيها مما مفاداه أنه متى استوفى عقد الصلح شروط صحته وطلب الخصوم إثبات بمحضر الجلسة فإنه يمتنع على القاضي أن يعرض لموضوع الدعوى أو شكلها وتقتصر مهمته على إثبات ما اتفقوا عليه وتوثيقه بمقتضى سلطته الولائية وليس بمقتضى سلطته القضائية.

جلسة 1996/3/11 طعن رقم 2323 لسنة 65 قضائية

عقد الصلح يرد عليه الفسخ كسائر العقود الملزمة للجانبين. جواز طلب الفسخ والتعويض إذا ما أخل أحد المتصالحين بالتزاماته.

جلسة1995/12/14 طعن رقم 1349 لسنة 59 قضائية

الحكم بإلحاق عقد الصلح بمحضر الجلسة. عقد ليس له حجية الشيء المحكوم فيه وإن أعطي شكل الأحكام. عدم جواز الطعن فيه من طرفيه.

جلسة 1993/1/31 عن رقم 2735 لسنة 62 قضائية.

تصديق قاضي على الصلح. انحسام النزاع بالصلح. لا يجوز لأي من المتصالحين أن يجدد هذا النزاع لا بإقامة دعوى به ولا بالمضي في الدعوى التي كانت مرفوعة بما حسمه الطرفان صلحاً.

جلسة 1979/4/5 طعن رقم 113 لسنة 46 قضائية

المادة الثامنة والستون

يقوم كاتب الضبط - تحت إشراف القاضي - بتدوين وقائع المرافعة في دفتر الضبط، ويذكر تاريخ وساعة افتتاح كل مرافعة، وساعة اختتامها، واسم القاضي، وأسماء المتخاصمين، أو وكلائهم، ثم يوقع عليه القاضي وكاتب الضبط ومن ذكرت أسماؤهم فيه، فإن امتنع أحدهم عن التوقيع أثبت القاضي ذلك في ضبط الجلسة.

1/68 - القاضي هو الذي يتولى سماع الدعوى والإجابة وجميع أقوال الخصوم ودفوعهم وأخذ شهادات الشهود بنفسه ولا يجوز لكاتب الضبط أن ينفرد بشيء من ذلك.

2/68 - إذا كان أحد الخصوم لا يستطيع الكتابة فيكتفى ببصمة إبهامه.

3/68 - إذا امتنع أحد الخصوم عن التوقيع في غير جلسة الحكم فيدون القاضي ذلك في الضبط ويشهد عليه ويستمر في سير الإجراءات.

4/68 - إذا امتنع المحكوم عليه عن التوقيع في الضبط على القناعة بالحكم أو عدمها فيدون القاضي ذلك في الضبط، ويشهد عليه، وإذا حضر قبل انتهاء المدة المنصوص عليها في المادة (178) فيمكّن من التوقيع على القناعة أو عدمها في الضبط وفي حال عدم القناعة يعطى صورة من صك الحكم لتقديم اللائحة الاعتراضية خلال المدة المتبقية من مدة الاعتراض، وإلا سقط حقه في طلب التمييز واكتسب الحكم القطعية، ويلحق ذلك في الضبط وصك الحكم[1].

_____

(1)   ومن ثم يعد تقرير عدم التعرض لحكم القاضي استناداً إلى أن المعترض سبق أن قرر قناعته بالحكم ووقع في الضبط على ذلك وهذه قناعة صريحة من شخص عاقل فاهم وقناعة مثله كافية وإن لم تكن الشهادة في كامل الصراحة وهذا الفحوى هو ملخص للحكم الصادر من أحد الهيئات القضائية في المملكة والتالي عرضه:

الحمد لله وحده والصلاة والسلام على من لا نبي بعده محمد وآله وصحبه وبعد: =

= فقد اطلع مجلس القضاء الأعلى بهيئته الدائمة على الأوراق الواردة إليه بخطاب سمو نائب رئيس مجلس الوزراء رقم 4/ب/10353 في 1420/7/1هـ المتعلقة بقضية ..... مع ....

وبدراستها بعد ورود المعاملة الأساسية من المحكمة الكبرى بالرياض برقم 1/20/36716 في 1420/7/18هـ وجدت تشتمل على صورة الصك رقم 5/57 في 1420/3/5هـ الصادر من الشيخ عبد الله السليمان المتضمن دعوى ...... بالوكالة عن .... ضد .... قائلاً إن موكلي اقترض من المدعى عليه مبلغاً قدره تسعة وأربعون مليوناً وستمائة وستة وعشرون ألفاً وثمانمائة وستون ريالاً وذلك لأجل إكمال قيمة الأرض التي اشتراها موكلي من ورثة .... بمبلغ ثلاثة وسبعين مليوناً وخمسمائة وتسعة وعشرين ألفاً ومائتين وثمانين ريالاً وقد تعهد موكلي على أن يعيد للمدعى عليه المبلغ بعد ستة أشهر بفائدة خمسة ملايين أو يعيده إليه بفائدة عشرة ملايين إذا تأخر إلى سنة وقد وافق المدعى عليه على ذلك بشرط أن يفرغ موكلي الأرض بعد شرائه لها كضمان للقرض.

واستعد المدعى عليه بإفراغ الأرض لموكلي فور تسديد القرض وفعلاً أفرغت الأرض باسم موكلي من ورثة .... وفي نفس اليوم والمجلس أفرغت من اسم موكلي إلى اسم المدعى عليه وذكر أن ثمنها مبلغ القرض وعندما طلب موكلي من المدعى عليه استلام مبلغ القرض وإفراغ الأرض له تنكر المدعى عليه.

لذا أطلب إلزام المدعى عليه باستلام مبلغ القرض وإفراغ الأرض علماً بأن الأرض تقع في ...... على طريق الخرج الرياض.

وقد أجاب المدعى عليه بقوله الصحيح أنني اشتريت من المدعى أصالة الأرض المشار إليها وكان الثمن تسعة وأربعين مليوناً وستمائة وستة وعشرين ألفاً وثمانمائة وستنين ريالاً سلمتها بموجب شيكين مصدقين ولا صحة لما ذكره وكيل المدعي سوى ذلك من القرض وفوائده.

وبعد سماع الدعوى والإجابة وبعد سماع شهادة عدد من الشهود الذين أحضرهم المدعي وكالة وما جاء في قرار هيئة النظر أن الأرض تساوي أكثر من سبعين مليون ريال وقت الإفراغ وشهادة شاهد المدعى عليه الذي أحضره يشهد له فشهد أن المدعى عليه قال للمدعي بعد الإفراغ يا ...... إذا تريد أرضك بعد ستة أشهر تدفع لي خمسة وخمسين مليون ريال وإذا تريدها بعد سنة تدفع ستين مليون ريال.

ولقول المدعى عليه حنا على ما حنا عليه وهذه مبهمات عن اتفاق سري لا يرغب نشره وحيث شرع اليمين في جانب أقوى المتداعيين فقد طلب فضيلته من المدعي اليمين على صحة ما ادعاه فاستعد بها ثم حلفها فحكم فضيلته بأن الأرض المذكورة لا زالت ملكاً للمدعي وأن الإفراغ عليها صوريّ وحكم على المدعى عليه بتسليم الأرض وفهم المدعى عليه بأن له في ذمة المدعي المبلغ الذي سلمه له وقدره تسعة وأربعون مليوناً وستمائة وستة وعشرون ألفاً وثمانمائة وستون ريالاً بلا زيادة ولا نقصان وفي آخر الضبط أن فضيلة القاضي وعظ الطرفين ونصحهما باجتناب الربا. =

ولقد أضيفت فقرة جديدة على هذه المادة لتكون على النحو التالي 5/68 (إضافة ما ذكر في المادة يلزم تدوين مستند نظر في القاضي للقضية سواء بذكر رقم الدعوى إليه وقيدها وتاريخ ذلك أو قرار التكليف الصادر من صاحب الصلاحية)[1].

تدويـن وقائـع المرافعـة:

ترجع أهمية تدوين وقائع المرافعة في محضر الضبط، بكونه تثبت فيه جميع إجراءات الجلسة أو الجلسات ليرسم صورة صادقة لما تم في الجلسة، وتبدو الأهمية من خلال معرفة ما إذا كانت الضمانات التي تطلبها النظام من قبل المحكمة قد روعيت من عدمه كعلنية الجلسة أو قيام موجب السرية وإن صدر قرار بها وحضور الخصوم بأنفسهم أو بوساطة وكلائهم جبرا أم اختيارا وطلبات الخصوم وقبولها أو رفضها من قبل المحكمة وأثر ذلك في حقوق الدفاع وأقوال الشهود التي تم سماعها، بالإضافة إلى اشتراط المادة ذكر اسم القاضي والكاتب وأسماء المتخاصمين أو وكلائهم وتوقيع كل من سبق ذكرهم، كما يذكر ساعة افتتاح واختتام كل مرافعة.

= وأنه بعرض الحكم قنع به المدعى وبعد الحكم رفع ...... شكوى للمقام السامي طلب دراسة القضية من قبل مجلس القضاء الأعلى فصدر الأمر السامي المنوه عنه في صدر هذا القرار.

وبتأمل جميع ما تقدم ولأن القاضي ذكر في حكمه قناعة المحكوم عليه بالحكم ولأن...... جاء في كتابة اعتراف منه بالتوقيع على الحكم بالقناعة والتوقيع في الضبط صريح ونظراً لوجود القناعة وهو عاقل فاهم فإنه وإن لم تكن الشهادة في كامل الصراحة إلا أن قناعة مثله كافية.

لذا فإن مجلس القضاء الأعلى بهيئته الدائمة يقرر أنه لم يظهر له ما يعترض به على هذا الحكم، والله الموفق وصلى الله على نبينا محمد وعلى آله وصحبه وسلم.

(مدونة الأحكام القضائية. الإصدار الأول عام 1428-2007م، رقم القرار6/428، بتاريخ 1427/8/29 هـ: 32 - 39 .)

(1) وتدوين مستند نظر للقضية غايته إرشاد القاضي عنها وعن أطرافها ليكون على استعداد لنظرها.

وتجدر الإشارة إلى أن وجود خطأ أو نقصان في محضر الضبط إذا كان لا يؤثر في حقوق الخصوم فلا يترتب البطلان، كخطأ في اسم القاضي أو اسم وكيل المتداعين عدم توقيع كاتب الضبط على محضر الضبط إذا كان القاضي قد وقعه، كما لا يتوافر موجب البطلان إذا كانت الدعوى بها محاضر جلسات متعددة ولم يوقع القاضي إلا في المحضر الأخير طالما كان محضر الجلسة وحدة واحدة، ولا يترتب على تأخير التوقيع على محضر الجلسة في اليوم التالي أي بطلان. ذلك لأن وضع المادة تنظيمي ولأن النظام لم يفرض جزاء على التأخير، كذلك خلو محضر الجلسة من سن الشهود ومحال إقامتهم لا يعيبه ذلك أن المتداعيين لا يجهلوهم، والأصل اعتبار أن الإجراءات قد روعيت كما تطلبه النظام، ومع ذلك فلصاحب المصلحة أن يثبت بكافة طرق الإثبات إنها قد أهملت أو خولفت إذا لم تكن مذكورة في محضر الضبط.

علاقة محضر الضبط بالحكم:

تتكامل العلاقة بين محضر الجلسة والحكم بحيث إذا خلا الحكم من بيان تطلبه النظام لصحته ولكن تضمن محضر الضبط هذا البيان فلا يبطل الحكم فإذا خلا الحكم من اسم القاضي الذي أصدره ولكن تضمن المحضر هذا البيان فلا يبطل الحكم.

وأما في علاقة الحكم بمحضر الضبط:

فالحكم لا يكمل محضر الضبط إلا في خصوص إجراءات المحاكمة دون أدلة الدعوى التي يجب أن يكون لها مصدر ثابت في الأوراق، إذ لا يقوى الحكم على خلق دليل ليس له أساس في الأوراق، فإذا خلا محضر الجلسة ما يفيد تقديم دليل معنوي كشهادة شاهد أو تقرير خبير ولم يكن له أساس في أوراق الدعوى يكشف عن وجوده فلا يستطيع الحكم إثبات هذا الدليل لخلو الأوراق منه.

أحكام محكمة النقض:

إن مجرد عدم التوقيع على كل صفحة من صفحات محاضر الجلسات من رئيس المحكمة وكاتبها لا يترتب عليه بطلان الإجراءات ما دام الطاعن لا يدعي أن شيئاً مما دون في تلك المحاضر مخالفاً لحقيقة الواقع.

جلسة 1967/2/27 سنة 18 المكتب الفني قاعدة 56 صفحة 287

متى كان محضر الجلسة وحدة كاملة لا فرق بين متنه وهامشه وكان عدم توقيع القاضي على محضر الجلسة لا يترتب عليه البطلان فإن ما يثبته أمين السر في هامش المحضر يكون صحيحاً بصرف النظر عن عدم توقيع القاضي عليه ويعتبر بمثابة تصحيح لما دونت خطأ في متنه ولا يجوز إثبات ما يخالف ذلك إلا بطريق الطعن بالتزوير لأن الأصل في الإجراءات الصحة ومن ثم فلا محل للنعي على تصحيح أمين السر لمحضر الجلسة دون الرجوع إلى رئيس الدائرة متى كان ما أجراه أمين السر من تصحيح يتفق وحقيقة الواقع وتداركاً لسهو منه .

جلسة 1972/3/20 أحكام النقض س 23 ق 92 ص 423

لم يرتب القانون البطلان على مجرد عدم توقيع كاتب الجلسة على محضرها والحكم بل أنه يكون لهما قوامهما القانوني بتوقيع رئيس الجلسة عليها.

جلسة 1972/2/14 أحكام النقض س 23 ق 42 ص 172

عدم تصديق القاضي على شهادة الشهود، كموجب المادة......... ليس من الإجراءات التي يترتب عليها بطلان الحكم ويكفي لتأدية غرض القانون أن يوقع القاضي بآخر محضر الجلسة الذي يشمل شهادة الشهود وغيرها.

جلسة 1929/2/7 مجموعة القواعد القانونية جـ1 ث 150 ص 161

محضر الجلسة وحدة كاملة لا فرق بين متنه وهامشه ما دام ما ثبت في أحدهما لم يكن محل طعن بالتزوير.

جلسة 1964/2/3 أحكام النقض س 15 ق 21 ص 102

على الدفاع أن يطلب صراحة إثبات ما يهمه إثباته من الطلبات في محضر الجلسة حتى يمكنه فيما بعد أن يأخذ على المحكمة إغفالها الرد على ما لم ترد عليه.

جلسة 1948/11/8 مجموعة القواعد القانونية جـ7 ق 680 ص 642

ليس في القانون نص يحتم تدوين الدفاع تفصيلاً بمحضر الجلسة فخلو المحضر من تلك التفصيلات لا يؤثر في الحكم وعلى من أراد من الخصوم إثبات أمر يهمه إثباته في محضر الجلسة أن يطلب إلى المحكمة تدوينه أو أن يقدم مذكرة كتابية فإذا هو لم يفعل فلا يقبل منه التظلم من إغفاله.

جلسة 1937/11/22 مجموعة القواعد القانونية جـ4 ق 12 ص 97

إن خلو محضر الجلسة من عبارة ما لا يدل حتماً على عدم صدورها فإذا كانت هذه العبارة واردة في الحكم دون المحضر فهذا دليل كان لإثبات صدورها فعلاً.

جلسة 1938/5/9 مجموعة القواعد القانون جـ4 ق 217 ص 227

لا يكمل الحكم محضر الجلسة إلا في خصوص إجراءات المحاكمة دون أدلة الدعوى التي يجب أن يكون لها مصدر ثابت في الأوراق.

جلسة 1982/2/23 أحكام النقض س 33 ق 50 ص 248

إن عدم ترقيم صفحات محضر الجلسة وخلوه من ذكر سن الشاهد

وصناعته ومحل سكنه لا يقتضي البطلان على أنه ما دام الطاعن لا يدعي أنه قد تضرر بسبب إغفال هذه البيانات فلا تكون له مصلحة من وراء إثارتها.

جلسة 1941/2/24 مجموعة القواعد القانونية جـ5 ق 218 ص 409

من المقرر أنه لا عبرة بالخطأ المادي الواقع بمحضر الجلسة وإنما العبرة هي بحقيقة الواقع بشأنه.

جلسة 1983/1/25 أحكام النقض س 34 ق 30 ص 169

الخطأ المادي في تدوين محاضر الجلسات لا يستلزم الالتجاء إلى الطعن بطريق التزوير على الوجه الذي رسمه القانون للطعن على الإجراءات المثبتة بمحضر الجلسات والأحكام ما دام هذا الخطأ واضحاً.

جلسة 1963/5/27 أحكام النقض س 14 ق 89 ص 256

إذا كان الطاعن يبني طعنه على أن المحاكمة وقعت باطلة إذا أن محضر الجلسة تتعذر قراءته فلا يمكن معرفة ما تم أمام المحكمة ولم يكن قد عين مطعناً واحداً على ذات الإجراءات التي تمت في مواجهته والمفروض قانوناً أنها وقعت صحيحة فهذا الطعن يكون على غير أساس متعيناً رفضه، وخصوصاً إذا كان محضر الجلسة ميسوراً قراءته.

جلسة 1948/12/6 مجموعة القواعد القانونية جـ7 ق 702 ص 664

الفصـــل الثاني
نظـــام الجلســـة

المادة التاسعة والستون

ضبط الجلسة وإدارتها منوطان برئيسها، وله في سبيل ذلك أن يخرج من قاعة الجلسة من يخل بنظامها، فإن لم يمتثل كان للمحكمة أن تحكم على الفور بحبسه مدة لا تزيد على أربع وعشرين ساعة، ويكون حكمها نهائياً، وللمحكمة أن ترجع عن ذلك الحكم.

1/69 - للقاضي الذي ينظر الدعوى منفرداً ما لرئيس الجلسة من الاختصاص المنصوص عليه في هذه المادة.

الحكم بالحبس أربعاً وعشرين ساعة أو أقل يدون في ضبط القضية وينظم في قرار - دون تسجيل - ويبعث للجهة المختصة لتنفيذه، مع الاحتفاظ بصورة عنه في المحكمة.

2/69 - إذا حصل في جلسة من الجلسات واقعة تستوجب عقوبة أحد الحاضرين - سوى ما يخل بنظام الجلسة - فيعد القاضي محضراً بذلك ويكتب بإحالته مع المدعي العام لمحاكمته لدى المحكمة المختصة.

3/69 - من حصل منه الإخلال بنظام الجلسات من المحامين فإن

مجازاته بالعقوبة المنصوص عليها في هذه المادة لا يمنع من تطبيق العقوبات عليه الواردة في نظام المحاماة.

ضبط الجلسة وإداراتها:

أناط النظام لرئيس الجلسة حق ضبط الجلسة وإدارتها، وله في سبيل ذلك السلطة الكاملة في أن يخرج من قاعة الجلسة من يخل بنظامها، فإن لم يمتثل وتمادى كان للمحكمة أن تحكم على الفور بحبسه أربعاً وعشرين ساعة، وجعل النظام الحكم نهائي غير قابل للاعتراض عليه ليحقق سلطة رادعة للمخالف وإن أجاز النظام الرجوع عنه.

ولا تقتصر سلطة المحكمة على جمهور المتقاضين والحاضرين أمامها وإنما تمتد للسادة المحامين وذلك وفق ما أوضحته اللائحة التنفيذية بنصها: «من حصل منه الإخلال بنظام الجلسات من المحامين فإن مجازاته بالعقوبة المنصوص عليها في هذه المادة لا يمنع من تطبيق العقوبات عليه الواردة في نظام المحاماة».

ولما كانت الأعمال التي تستوجب مثل هذه العقوبة إنما تقع عرضاً دون القصد إليها في أغلب الأحيان، كما تأتي في الأغلب الأعم نتيجة انفعال أو استفزاز من جانب هذا الخصم أو ذاك. لذلك فقد قدر المنظم أن المحكمة قد تميل إلى جانب الصفح عمن وقع منه الإخلال أو أن تغفر له تماديه فيه وعدم امتثاله لأمر المحكمة بإجازة المحكمة أن ترجع عن الحكم.

وإذا كان ما وقع بالجلسة أثناء انعقادها يكون جريمة تستوجب عقوبة سوى ما يخل بنظام الجلسة يعد محضراً بذلك ويكتب بإحالته مع المدعي العام لمحاكمته لدى المحكمة المختصة.

وقد ذهبت محكمة النقض في حيثيات حكمها:

العقاب على التشويش الحاصل بمجالس القضاء هو أمر راجع لمجرد الإخلال بالنظام فيها ولا شأن له مطلقاً بما قد يحتويه التشويش من الجرائم

الأخرى مثل القذف أو السب، بل هذه ينظر فيها بالطرق القانونية المرسومة فإذا حكمت المحكمة على متهم بسبب تشويشه في الجلسة فإن هذا الحكم لا يمنع من محاكمته محاكمة قانونية مستقلة على ما تضمنه هذا التشويش من القذف والسب.

جلسة 1931/3/12 مجموعة القواعد القانونية جـ2 ق 203 ص 264

المادة السبعون

الرئيس هو الذي يتولى توجيه الأسئلة إلى الخصوم والشهود، وللأعضاء المشتركين معه في الجلسة والخصوم أن يطلبوا منه توجيه ما يريدون توجيهه من أسئلة متصلة بالدعوى.

قال الماوردي: والأولى في أدب الخصمين إذا جلسا للتحاكم أن يستأذنا القاضي في الكلام ليتكلما بعد إذنه. (1)

وإن تفرد المدعي بسؤال المدعى عليه لم يلزم الجواب عنه حتى يكون القاضي هو السائل له فيلزمه الجواب لأن حق المدعي مختص بالمطالبة دون السؤال.

فإن أجابه المدعى عليه عن سؤاله بإقرار أو إنكار فهل يقوم سؤاله مقام سؤال القاضي أم لا؟ على وجهين:

أحدهما يقوم مقام سؤاله، إذا قيل أن القاضي لا يسأل إلا بعد مطالبة المدعى بالسؤال فعلى هذا يكون حكم جوابه للمدعي كحكم جوابه للقاضي في الحكم بإقراره وإنكاره.

والوجه الثاني: أنه لا يقوم سؤال المدعي مقام سؤال القاضي، إذا قيل إن للقاضي أن يبدأ بسؤاله قبل مطالبة المدعى به فعلى هذا يكون جوابه

---

(1) الحاوي الكبير، المرجع السابق: ج 16: 308.

مطالبة المدعى به فعلى هذا يكون جوابه كما لو ابتدأ به من غير سؤال من إلغاء إنكار ويصير في إقراره كالحاكم فيه بعلمه.

سمات الرئيس:

أوضحت المادة سمت الرئيس تمييزاً له عن الأعضاء المشتركين معه في الجلسة من حيث كونه هو من يوجه الأسئلة إلى الخصوم والشهود وهو من يتلقى طلب سؤال الخصم والشاهد سواء أكان من الخصم الآخر أم من الأعضاء المشتركين معه.

قال الماوردي والأولى في أدب الخصمين إذا جلسا للتحاكم أن يستأذنا القاضي في الكلام ليتكلما بعد إذنه.

كما جاء في نص المادة (121) للقاضي من تلقاء نفسه أو بناء على طلب أحد الخصوم أن يوجه للشاهد ما يراه من الأسئلة مفيداً في كشف الحقيقة وعلى القاضي في ذلك إجابة طلب الخصم إلا إذا كان السؤال غير منتج.

يتضح من هذا العرض مدى الارتباط بينهما من حيث أن الرئيس هو المنوط به توجيه الأسئلة للخصوم والشهود وهو بحسبه يوجه الأسئلة وتكون غايته الوصول إلى كشف الحقيقة من خلال سماع أقوال الخصوم والشهود.

الباب السادس

الدفوع والإدخال والتدخل والطلبات العارضة

الفصـــــل الأول

الدفـــــوع

المادة الحادية والسبعون

الدفع ببطلان صحيفة الدعوى أو بعدم الاختصاص المحلي أو بإحالة الدعوى إلى محكمة أخرى لقيام النزاع ذاته أمامها أو لقيام دعوى أخرى مرتبطة بها يجب إبداؤه قبل أي طلب أو دفاع في الدعوى. وإلا سقط الحق فيما لم يبد منها.

1/71 - إذا أبدى الخصم أكثر من دفع مما ورد في هذه المادة فله التمسك بها في وقت واحد وبيان وجه كل دفع على حدة، شرط إبدائها قبل أي طلب، أو دفاع في الدعوى.

2/71 - الارتباط في هذه المادة هو: اتصال الدعوى اللاحقة السابقة في الموضوع أو السبب ولا يلزم اتحادهما في المقدار.

3/71 - لا يمنع شطب الدعوى أن تكون سابقة للدعوى اللاحقة.

4/71 - يشترط أن تكون السابقة قد رفعت لمحكمة مختصة.

ماهية الدفوع:

الدفوع هي الوسائل[1] التي يدفع بها المدعى عليه في الخصومة لرد دعوى المدعى له سواء وجهت تلك الدفوع إلى الناحية الموضوعية أم الناحية الشكلية للدعوى، فإذا نجح المدعى عليه في دفوعه المبداة من الناحية الموضوعية أدى ذلك إلى رد الدعوى، وأما الدفع الموجه إلى الناحية الشكلية بكونها لم تأت وفق صحيح النظام مما يعيبها يؤدي إلى الجزاء الإجرائي المناسب لهذا العيب الشكلي.

أولاً: الدفوع الموضوعية:

ويقصد بها الوسائل التي يلجأ إليها المدعى عليه ليدحض إدعاء المدعى بكونه أنه ليس له أساس من الصحة، أو أنه انقضى بأي سبب من أسباب انقضاء[2] الحقوق. والمدعى عليه بهذه الدفوع إنما يواجه موضوع الدعوى وهو الحق المطالب به. فلو رفع المدعي دعوى بسند دين ودفع المدعى عليه بانقضاءه بأي سبب من أسباب انقضاء الحقوق، أو بطلان الالتزام بسبب الغش أو التدليس أو نقص الأهلية، والدفوع الموضوعية لا حصر لها فهي ترد في الأنظمة بحسب موضعها، وينبغي أن يتوافر في صاحب الدفع المصلحة والصفة والأهلية وهذا ما أشارت إليه المادة (4) بنصها: «لا يقبل أي طلب أو دفع لا تكون لصاحبه فيه مصلحة قائمة مشروعة» وتتميز الدفوع الموضوعية بكونها يتم التمسك بها في أي حالة تكون عليها الدعوى فلا يتم إبدائها بترتيب معين.

ثانياً: الدفوع الشكلية:

هي الوسائل التي يلجأ إليها المدعى عليه ليواجه بها الخصومة من الناحية الشكلية دون أن يتعدى ذلك إلى مناقشة موضوع[3] الدعوى، ليتجنب

(1) أحمد أبو الوفا. نظرية الدفوع في قانون المرافعات، دار المعارف، طبعة 1967: 17.

(2) أحمد أبو الوفا. المرجع السابق: 21.

(3) المرجع السابق: 19.

الفصل فيها مؤقتاً أو لحين قيام المدعي باستيفاء الإجراء نظاماً، وقد حدد النظام ميعاد اللجوء إلى هذه الوسائل من كونها يتم اللجوء إليها قبل التطرق لموضوع الدعوى وإلا سقط الحق في إبدائها وهو ما أشارت إليه المادة ببطلان صحيفة الدعوى....الخ.

ترتيب إبداء الدفوع الشكلية وأثرها:

للخصم الحق في التمسك بعدة دفوع شكلية في خصومة واحدة، وعليه الالتزام بالترتيب في إبداء الدفوع وإلا سقط الحق في إبدائها وقد جعلت المادة (71) ترتيباً معيناً ألزمت الخصم اتباعه عند إبداء الدفوع الشكلية ورتب على مخالفة ذلك الترتيب وفق ما أوضحته اللائحة التنفيذية «وإلا سقط الحق فيما لم يبد منها» ويعني ذلك أن التمسك بعد قبول الدعوى يسقط الحق في إبداء الدفوع الشكلية (الدفع ببطلان صحيفة الدعوى - بعدم الاختصاص المحلي - إحالة الدعوى إلى محكمة أخرى لقيام النزاع ذاته أمامها أو لقيام دعوى أخرى مرتبطة بها) ويقصد «بإبداؤه» أنه يجب إبداء كافة الدفوع الشكلية في وقت واحد ومعاً فلا يسوغ له أن يتقدم بإبداء دفع فإذا فشل تقدم بالثاني وهو ما أوضحته اللائحة التنفيذية «التمسك بها في وقت واحد» بحيث لا يساء استخدام الدفوع في شكل يجعل منها أداة للمماطلة والتسويف، ويراعي المتمسك بالدفوع السابقة أن يلتزم بذلك الترتيب وقبل التعرض لموضوع الدعوى وإلا سقط حقه فيها، ويكون التعرض للموضوع بأن يطلب المدعى عليه رد طلبات خصمه أو مناقشتها أو التقدم بطلب عارض أو التأجيل لإدخال خصم في الدعوى أو التأجيل لتقديم مستندات تثبت براءة ذمته، الاتفاق على وقف الخصومة لمدة ستة أشهر م (82) والدفوع الشكلية خاصة بكل خصم في الدعوى فإذا تعدد المدعى عليهم وناقش أحد المدعى عليه الموضوع فإن هذا لا يسقط حق المدعى عليه الآخر من إبدائها لأنه لا يصح أن يؤاخذ الخصم بتصرف غيره أو بإهماله وكذلك يسقط الحق في إبداء الدفع الشكلي إذا دفع المدعى عليه بوجوب عرض النزاع على المحكمين، كما لا يسقط الحق في إبداء الدفوع الشكلية إذا تم رد القاضي

وهو ما أشارت إليه المادة (94) «وجب تقديم طلب الرد قبل تقديم أي دفع أو دفاع في القضية»، يضاف إلى ذلك إلى أنه لا يسقط الحق في إبداء الدفوع الشكلية في حالة طلب المدعى عليه طلب الاستمهال للاستعداد ليتمكن هو أو وكيله من دراسة الدعوى ولكن لا يأخذ طلب الاستمهال على إطلاقه، فقد ينصرف طلب الاستمهال إلى الاستعداد للموضوع وبالتالي يكون تعرض لموضوع الدعوى، أما إذا كان الطلب للاستعداد لإبداء الدفوع فإن هذا لا يسقط الحق في إبداء الدفوع الشكلية.

الفصل في الدفوع الشكلية:

فالأصل أن تقضي المحكمة في الدفع الشكلي المقدم إليها أولاً وعلى استقلال قبل التعرض لموضوع الدعوى إذ أن الفصل في الدفع قد يعفيها من التعرض للموضوع ويوفر على الخصوم ما قد يضيعونه من وقت وجهد أمام محكمة غير مختصة أو في خصومة لم تنعقد. ذلك أنه يترتب على قبول الدفوع الشكلية انقضاء الدعوى أمام المحكمة.

وأحياناً قد تضطر المحكمة إلى إرجاء الفصل في الدفع لضمه إلى الموضوع وذلك وفق ما أوضحته اللائحة للمادة (2/73): «ضم الدفع إلى الموضوع لا يمنع من قبول الدفع أو رده وعلى المحكمة بيان أسباب ذلك في الحكم» لتتناول موضوع الدعوى بالبحث والتحقيق حتى تفصل في الدفع على ضوء ما يظهر لها من موضوع الدعوى لذلك أجاز النظام للمحكمة بأن تأمر بضم الدفع إلى الموضوع لتقضي فيهما معاً، وأوجب عليها النظام بيان أسباب ذلك في الحكم حتى يكون الخصوم على بينة من حقيقة حكمها في الدفع والأسباب التي بني عليها هذا الحكم، فلا يكفي أن تقضي المحكمة في موضوع الدعوى حتى يقال أنها قضت ضمناً برفض الدفع، وإذا فعلت ذلك كان حكمها باطلاً.

أولاً: الدفع ببطلان صحيفة الدعوى:

ويقصد به العيب الذي لحق صحيفة الدعوى لعدم مطابقتها للأوضاع

التي تطلبها النظام أو لنقص في كل أو بعض البيانات الجوهرية التي تطلبتها المادة (39)، على أن الدفع ببطلان صحيفة الدعوى يجب إبداؤه قبل التعرض لموضوع الدعوى وإلا سقط الحق فيه ويمكن إبداؤه شفاهة ويثبت في محضر الضبط أو يقدم في صورة مذكرة، وعلى الخصم أن يبدي جميع أوجه البطلان في وقت واحد ومعاً، والحكمة من ذلك عدم إتاحة الفرصة للمدعى عليه للتراخي في إبداء الدفوع الشكلية، وقد يرجع سبب البطلان إلى نقص في البيانات الخاصة بصحيفة الدعوى والتي أوجب النظام اشتمال الصحيفة عليها. كما قد يكون البطلان بسبب الإخلال بإجراءات التبليغ في غير الأيام والساعات الجائز التبليغ فيها.

زوال البطلان بحضور الخصم:

على أن العيب الناشئ في صحيفة الدعوى أو بيان المحكمة أو تاريخ الجلسة يزول بحضور المعلن إليه، عملاً لحكم المادة (6)، ويمتد بطلان صحيفة الدعوى ليشمل المواد (10، 12، 13، 14، 18) وهي العيوب التي تلحق التبليغ، بوجود الخطأ أو النقص في البيانات الواجب ذكرها في ورقة التبليغ...... الخ.

كما توصم الصحيفة بالبطلان إذا اتسم الشخص المدعي بالجهالة أو العيب الذي يلحق بيان المحكمة إذا أغفل ذكرها على الإطلاق أو ذكرت خطأ أو ذكرت بتحديد لا يكفي لتحديدها أو إذا خلت ورقة التبليغ أو صحيفة الدعوى من تاريخ الجلسة أو وجد بها خطأ ويزال البطلان بتحقق الغاية من الإجراء وفقاً لحكم المادة (6) وتتحقق الغاية بحضور المدعى عليه وهو نوع من التنازل الاختياري عن التمسك بالبطلان من جانب من أبلغ بالورقة الباطلة لأنه كان في استطاعته أن يتخلف أو الاعتراض بطرق الاعتراض فإذا امتنع عن هذا الطريق فكأنه قد أجبر على التنازل لتحقق الغاية وفقاً لحكم المادة (6).

ثانياً: الدفع بعدم الاختصاص المحلي:

يرجع سبب الدفع إلى عدم وجود محل إقامة للمدعى عليه وفقاً لقواعد الاختصاص يتبع المحكمة المرفوع أمامها الدعوى، وعليه يتمسك به من قبل المدعى عليه فما دونه فلا يجوز التمسك به من قبل المدعى بكونه قد رفع دعوى فقد قبل اختصاص المحكمة ويأخذ حكمه المتدخل، وقد ترجع علة عدم إثارة المحكمة لهذا الدفع من تلقاء نفسها رؤية المنظم تاركاً إياه للخصوم ذلك لأن قاعدة الاختصاص المحلي قد وضعت رعاية لمصلحة الخصوم الخاصة فهم أصحاب الشأن وحدهم في التمسك فإذا لم يباشروا هذا الحق وتنازلوا عنه صراحةً، أو ضمناً بأن لم يتمسكوا بعدم اختصاص المحكمة محلياً، أصبحت هذه المحكمة هي المختصة بنظر الدعوى، وعلى هذا لا يمكن الإقرار بذلك بحق المحكمة التي تثيره من تلقاء نفسها، وقد لا يكون للمدعى عليه الدفع بعدم الاختصاص رغم أن الدعوى رفعت وفقاً لمحل إقامته، وذلك في حالة ما إذا كان النظام يبيح رفع الدعوى وفقاً لمحل إقامة المدعي كدعاوى النفقات وفقاً لحكم المادة (37) وخروج النظام في هذا إنما هو رعاية للمدعي بكونه الطرف الضعيف المطالب بالنفقة وحسن سير العدالة، ويجوز للخصم المنضم للمدعى عليه إبداء الدفع وذلك في حالة إذا لم يسقط الحق في إبدائه صراحة أو ضمناً.

وقت إبداء الدفع بعدم الاختصاص المحلي:

الدفع بعدم اختصاص المحكمة محلياً لا تملك المحكمة إثارته من تلقاء نفسها، طالما لم يتمسك من شرع لمصلحته. سواء أكان بألفاظ صريحة تدل على أنه لا يقبل اختصاص المحكمة، وأنه يرفض نظر الدعوى بمعرفة المحكمة المبدى أمامها بالدفع.

ويبدى الدفع كسائر الدفوع الشكلية الأخرى قبل التطرق لموضوع الدعوى وسائر الدفوع الموضوعية وإلا سقط الحق في إبدائه وإن تزامن معه دفوع شكلية وجب الالتزام بما أوضحته اللائحة التنفيذية للمادة (1/71)

بنصها: «إذا أبدى الخصم أكثر من دفع مما ورد في هذه المادة فله التمسك بها في وقت واحد».

على أن الدفع يبدى ويقدم قبل التطرق لموضوع الدعوى أو إبداء طلب عارض وإلا سقط الحق فيه وكذلك طلب التأجيل للاطلاع على المستندات أو للاستعداد فإنه وإن كان في ذاته قد يسقط حق الخصم في إبداء الدفع بعدم الاختصاص المحلي إلا أنه لا يؤدي إلى ذلك إذا كان الاطلاع والاستعداد ضروريين لإثبات عدم الاختصاص، وكذلك طلب رد القاضي عن الحكم يتحتم على الخصم أن يتقدم به قبل تقديم أي دفع أو دفاع في الدعوى، وإلا سقط حق الخصم فيه م (94) ومفاد ذلك أن تقديم طلب الرد لا يسقط حق الخصم في إبداء الدفع بعدم الاختصاص المحلي بعد ذلك.

وفي المبدأ أنه يجب على المحكمة أن تفصل في الدفع بعدم اختصاص المحكمة محلياً على استقلال، ما لم تأمر بضمه إلى الموضوع وفق ما أوضحته اللائحة التنفيذية للمادة (2/73) «ضم الدفع إلى الموضوع لا يمنع من قبول الدفع أو رده وعلى المحكمة بيان أسباب ذلك في الحكم» ولا يجوز للمحكمة أن تفصل في الموضوع قبل الفصل في الدفع على استقلال، أما إذا قررت المحكمة ضم الدفع إلى الموضوع جاز للمدعى عليه عند ذلك إبداء طلباته في الأمرين معاً ولا يعد تعرضه للموضوع بعد ذلك مسقطاً لحقه في الدفع الذي سبق أن أبداه.

ويصح التمسك بعدم الاختصاص من المعترض (المحكوم عليه غايباً) في الاعتراض وقبل مواجهة الموضوع في مذكرة الاعتراض وإلا سقط حقه في إبدائه بعد ذلك، ويجوز التمسك بهذا الدفع أمام محكمة الاعتراض وذلك إذا تم رفضه أمام المحكمة الصادر منها وبشرط ألا يدل على قبول الخصم للاختصاص، والدفع يبدى في محضر الضبط أو يقدم في صورة مذكرة.

ثالثاً: الدفع بالإحالة:

يقصد به منع المحكمة من الفصل في الدعوى وإحالتها إلى محكمة غير

المحكمة المطروح أمامها الدعوى ويحصل التمسك به في حالتين: حالة ما إذا كان ذات النزاع مطروحاً أمام محكمتين تابعتين لنظام قضائي واحد. وحالة ما إذا كان النزاع المطروح على محكمة أخرى ارتباط يجعل من المصلحة الجمع بينهما. ويسري على الدفع بالإحالة ما تقدم ذكره عن الدفع بعدم الاختصاص المحلي فيتم إبدائه قبل أي طلب أو دفاع في الدعوى أو في الطلب العارض وإلا سقط الحق فيه وجعله النظام هو والدفع ببطلان صحيفة الدعوى، وعدم الاختصاص المحلي على حد السواء.

أ - الدفع بطلب الإحالة لقيام ذات النزاع:

طلب الإحالة لقيام ذات النزاع أمام محكمة أخرى يكون عندما ترفع الدعوى لمحكمة أخرى مستنداً لذات السبب وبين الخصوم أنفسهم، هذا التصرف الصادر من المدعي يؤدي إلى اللجوء لطلب الإحالة لتفادي آثار هذا التصرف.

شروط صحة الدفع بالإحالة لقيام ذات النزاع:

(أ) يجب أن يكون موضوع الدعويين واحداً [1]. وهو يعني أن موضوع الدعوى الأولى هو موضوع الثانية والأساس المطالب به في كلا الدعويين واحداً، ولكن لا يلزم أن القيمة المطلوبة في إحدى الدعويين واحدة، بل يكفي أن يجمع بينهما قدر مشترك، أي أن يكون مطلوب المدعى في إحداهما شقاً أو جانباً من مطلوبه في الأخرى مع اتحاد الموضوع والسبب ولكن مجرد الارتباط بين الدعويين لا يكفي لتوافر هذا الشرط بالنسبة للدفع بطلب الإحالة لقيام ذات النزاع. فليس هناك محل التمسك بهذا الدفع إذا لم يكن موضوع الدعويين واحداً مهما كان بينهما من ارتباط وحتى ولو كان الفصل في أحدهما يتوقف على الفصل في الأخرى.

(ب) وحدة الخصوم في الدعويين: يجب أن تتوافر وحدة الخصوم في

---

(1)   محمد حامد فهمي. مذكرات في المرافعات المدنية والتجارية، الجزء الثاني، مكتبة عبد الله وهبة، طبعة 1948، فقرة 122: 108.

الدعويين، ويقصد بالاتحاد في موضعنا اتحادهما في الصفة التي يخاصمون بها وليس

معنى هذا أن يحضر الخصوم في الدعويين بأسمائهم بل يكفي أن يكونوا ممثلين قانوناً.

(ج) يجب أن يكون النزاع مطروحاً أمام محكمتين مختلفتين [1] فلا محل للدفع

بطلب الإحالة لقيام ذات النزاع أن يكون مطروحاً أمام دائرتين من دوائر المحكمة الواحدة،

لأن اختلاف الدوائر لا يعني اختلاف المحكمة وفي هذا تتم الإحالة من دائرة إلى دائرة أخرى

بقرار تصدره الأولى بناء على طلب الخصم أو من تلقاء نفسها في حالة الإحالة من دائرة إلى

أخرى، وحتى يحقق الدفع أثره النظامي ينبغي أن تكون الدعويان قائمتين أمام المحكمتين

عند إبداء الدفع، وتعتبر الدعويان قائمتين ولو كان قد صدر في إحداهما قرار من المحكمة

بوقفها، لأن الوقف لا يمنع من قيام الدعوى، ويشترط لإبداء الدفع أن تكون الدعويان لم

يفصل في أحدهما حكم سواء أكان في موضوع الخصوم أم في الناحية الشكلية أم الإجرائية.

(د) أن تكون المحكمتان تابعتين لنظام قضائي واحد، وأن تكون المحكمة المطلوب

الإحالة إليها مختصة نوعياً. وإن كان لا يهتم بمراعاة قواعد الاختصاص المحلي. [2] فلا محل

للتمسك بالدفع إذا كانت إحدى الدعويين قائمة أمام ديوان المظالم ولو تحققت سائر الشروط

الأخرى. ويجب لجواز التمسك بالدفع بالإحالة أن تكون المحكمة المطلوب الإحالة إليها

مختصة نوعيا بنظر النزاع المرفوع إليها حتى لا تنزع الدعوى من المحكمة المطلوب الإحالة

إليها الدفع بالإحالة لترسل بها إلى محكمة غير مختصة بالدعوى المقامة بنظر النزاع القائم

أمامها. كما يشترط أن تكون المحكمة المطلوب الإحالة إليها مختصة كذلك محلياً بنظر النزاع

القائم أمامها، أو تكون غير

(1)   رمزي سيف. الوسيط في شرح قانون المرافعات المدنية والتجارية، الطبعة الثالثة 1961. دار النهضة
العربية. ص 442.

(2)   رمزي سيف. المرجع السابق: 446.

مختصة، ولكن ثبت لها الاختصاص بسقوط حق الخصوم في التقدم إليها بالدفع بعدم الاختصاص المحلي.

من الذي يتمسك بالدفع بالإحالة:

المدعى عليه هو صاحب المصلحة في التمسك في الدفع بالإحالة، ولا يحق للمدعي أن يتمسك بهذا الدفع، إذ في استطاعته أن يتخلص من ذلك بترك الخصومة، ويتفق الدفع بالإحالة مع الدفع بعدم الاختصاص محلياً باعتبار كلاً منهما يرمي إلى غرض واحد، هو إخراج الدعوى من سلطة المحكمة التي تم إبداء الدفع أمامها وطرحه أمام المحكمة الأخرى ويسري على الدفع الإحالة ما سبق ذكره في الدفع بعدم الاختصاص المحلي.

أولاً: نتائج التمسك بالدفع:

يترتب على التمسك بالدفع قيام المحكمة التي تم إبداء الدفع أمامها بأن تحيل الدعوى من أمامها إلى المحكمة الأخرى هذا ما أوضحته اللائحة التنفيذية م(6/11) «في جميع الأحوال التي تستدعي إحالة المعاملة - قبل الحكم فيها - يكتفى بخطاب من ناظر القضية.»

وينبغي مراعاة أن تتم الإحالة على وجه السرعة وقبل الجلسة المحددة لنظر القضية الأخرى. ومن الأهمية بمكان الإشارة إلى أن الدفع بالإحالة يتم أمام المحكمة التي رفع النزاع إليها أخيراً لتصدر قرارها بالإحالة للمحكمة التي سبق رفع النزاع إليها أولاً [1]، والعكس غير صحيح لأن طبيعة الدفع تقتضي سبق قيام نزاع قبل إبداء الدفع بالاحالة. والعبرة في تحديد الدعوى التي رفعت أولاً بتطبيق حكم المادة (39) بنصها: «ترفع الدعوى إلى المحكمة من المدعي بصحيفة تودع لدى المحكمة.»

والنظام قد منح المحكمة الأخيرة سلطة الفصل في الدفع، وكذا سلطة

---

(1)   أحمد مليجي. الموسوعة الشاملة في التعليق على قانون المرافعات. الطبعة الرابعة، طبعة نادي القضاة، 2005، فقرة 1387: 1040.

التحقق من أن الدفع لم يقصد به الكيد للمدعي أن ترفض إحالة الدعوى إلى المحكمة التي رفع إليها النزاع أولاً للحكم فيه، وأن ترفضه وتمضي في نظر الدعوى. فوفقاً لما أوضحته اللائحة التنفيذية للمادة (5/4) «إذا ثبت لناظر القضية أن دعوى المدعي كيدية، حكم برد الدعوى» فمبدأ المساواة بين الخصوم أمام القضاء جعل النظام أن يحكم القاضي برد دعوى المدعي في حالة الكيدية وهو ما يمكن أن يتوافر في جانب المدعى عليه وبالتالي يكون رد الدفع وفق صحيح النظام، والحكم الصادر برفض الدفع بالإحالة فور صدوره بأن تمضي المحكمة في نظر الدعوى ولا تعتبر متابعة الخصوم جلسات الدعوى رضا منهم بالحكم الصادر برفض الدعوى يمنعهم من الاعتراض فيه بعد ذلك مع الحكم المنهي للخصومة وفقاً إلى ما أشارت إليه المادة (175) بنصها: «لا يجوز الاعتراض على الأحكام التي تصدر قبل الفصل في الدعوى ولا تنتهي بها الخصومة كلها أو بعضها إلا مع الاعتراض على الحكم الصادر في الموضوع».

أما الحكم الذي يصدر بقبول الدفع بالإحالة فإنه يجوز الاعتراض على استقلال إذ يترتب عليه انقضاء الخصومة أمام المحكمة التي رفعت إليها الدعوى متأخراً، وذلك عبر مفهوم المخالفة للمادة (175) إذ الحكم الصادر بقبول الدفع بالإحالة قد أنهت الخصومة أمام المحكمة الصادر منها الحكم.

ثانياً: الدفع بطلب الإحالة للارتباط:

تتحقق تلك الصورة عندما يكون الفصل في أحدهما مؤثر في الحكم في الدعوى الأخرى، وهو ما يمكن أن يطلق عليه توافر صلة بين الدعويين، بحيث يترتب على إهمال تلك الصلة قد يؤدي إلى ظهور أحكام متناقضة، تؤثر في سلامة الأحكام القضائية، وظهور المراكز النظامية المتناقضة بواسطة الأحكام؛ مما يؤدي إلى دفع هذا الحرج، وإن كانت المادة أوضحت من خلال اللائحة التنفيذية بتحديد الارتباط عن طريق عناصر الدعوى بنصها «الارتباط في هذه المادة (2/61) هو: اتصال الدعوى اللاحقة بالسابقة في

الموضوع أو السبب ولا يلزم اتحادهما في المقدار».

ونرى أن الارتباط لم يتم تحديد ماهيته بل جعل من ناظر القضية النظر إلى موضوع وسبب الدعوى فقط، فالارتباط أدق من أن يوصف هكذا تبعاً لأن ناظر القضية يقوم بعملية نظامية فنية تجعله يقدر هل يوجد تأثير من كل دعوى على الأخرى من عدمه؟، وهو ما يجعلها تختلف عن الصورة الأولى «لقيام النزاع ذاته» بترك التقدير للقاضي الذي تم إبداء الدفع أمامه لبحث توافر الصلة - التأثير - من عدمه، يضاف إلى ضرورة توافر الصلة بين الدعويين، توافر المصلحة في نظر الدعويين أمام محكمة واحدة لتفادي ظاهرة تناقض الأحكام، ويتحقق الارتباط في الغالب في العقود ذات الالتزامات الملزمة للجانبين فترفع دعوى بطلب فسخ العقد، ويطالب الآخر بتنفيذه. كما أنه لا محل للتمسك بهذا الدفع إذا تم إبداء طلب الضم من دائرة إلى دائرة أخرى إذا كان بالمحكمة أكثر من دائرة ويحق للمحكمة أن تثيره من تلقاء نفسها.

شروط التمسك بالدفع بالإحالة للارتباط:

يشترط لجواز التمسك بهذا الدفع أن تتوافر الصلة بين الدعويين وتقدير توافر الصلة من عدمه يرجع في شأنها لناظر القضية، يضاف إلى ذلك كون الدعويان منظورتين أمام محكمتين من درجة واحدة تابعتين لنظام قضائي واحد فإذا كانت إحدى الدعويان أمام المحكمة العامة والثانية أمام محكمة التمييز فكان الدفع بطلب الإحالة غير مقبول، لأن في قبوله حرمان للخصوم من إحدى درجات التقاضي بالنسبة للقضية المنظورة أمام المحكمة العامة.

ويشترط لإبداء الدفع أن تكون الدعويان قائمتين ولم يفصل في أحدهما بحكم سواء من الناحية الموضوعية أم الشكلية، وكذلك إذا قضت المحكمة المطلوب الإحالة إليها في الدعوى القائمة أمامها بعد الحكم من المحكمة الأخرى بالإحالة وقبل طرح الخصومة الجديدة عليها فإنه يمتنع على المحكمة

المحالة إليها الدعوى أن تقضي فيها، ويتعين في هذه الحالة أن تعود الدعوى التي حكم فيها بالإحالة إلى المحكمة التي كانت تنظرها لزوال المحكمة من الإحالة، وذلك لعدم اختصاص المحكمة المحال إليها الدعوى بنظرها.

التمسك بالدفع بالإحالة للارتباط:

يحق للخصم المتمسك بالدفع بالإحالة ابداءه مع مراعاة قواعد الإبداء من حيث إبدائه قبل التعرض لموضوع الدعوى بطلب أو دفاع وإلا سقط الحق فيه ولا يحق للمحكمة أن تثيره من تلقاء نفسها، وإنما يجوز لها ضم قضيتين مرتبطتين من تلقاء نفسها إذا كانتا منظورتين أمامها في الجلسة الواحدة أو في جلسات مختلفة، والمحكمة غير ملزمة أن تقبل الدفع بطلب الإحالة إذا قدم إليها وذلك في حالة ما إذا تبين لها أن المحكمة الأخرى غير مختصة وفق ما أوضحته اللائحة التنفيذية «رفعت لمحكمة مختصة». وللمحكمة المقدم إليها الدفع بطلب الإحالة إما أن تقضي فيه على استقلال ذلك وفقاً لحكم المادة (1/11) من اللائحة التنفيذية «فلا يجوز إحالتها إلى جهة أخرى ولا يملك أحد سحبها، إلا بعد الحكم فيها». وإما أن تقضي فيه مع الموضوع من خلال نص المادة (2/73) من اللائحة التنفيذية «ضم الدفع إلى الموضوع لا يمنع من قبول الدفع أو رده وعلى المحكمة بيان أسباب ذلك في الحكم». ويمكن أن تأمر المحكمة بالإحالة بدون صدور أحكام سواء على استقلال أم بضم الدفع إلى الموضوع وذلك عبر آلية المادة (6/11) من اللائحة التنفيذية «في جميع الأحوال التي تستدعي إحالة المعاملة - قبل الحكم فيها - يكتفى في ذلك بخطاب من ناظر القضية».

وإذا صدر حكم بقبول الدفع الإحالة فيحق للخصم الاعتراض عليه بنص المادة (175): «لا يجوز الاعتراض على الأحكام التي تصدر قبل الفصل في الدعوى ولا تنتهي بها الخصومة كلها أو بعضها إلا مع الاعتراض على الحكم الصادر في الموضوع». يضاف إلى ذلك كناحية تنظيمية إلى تحديد جلسة في الحكم من قبل المحكمة التي فصلت في الدفع لمثول الخصوم أمام

المحكمة المحال إليها الدعوى، أما إذا رد الدفع بالإحالة فلا يجوز الاعتراض عليه إلا مع الحكم المنهي للخصومة لأنه لا ينهي الخصومة أمام المحكمة.

أحكام محكمة النقض:

الدفع ببطلان صحيفة الدعوى. وجوب إبدائه قبل أي طلب أو دفاع في الدعوى وإلا سقط الحق فيه.

جلسة 1967/12/28 السنة 18 ص 1932

لا على المحكمة إذا قضت في الدفع والموضوع معاً متى أتاحت الفرصة للخصوم لإبداء دفاعهم الموضوعي وأبدوه فعلاً.

جلسة 1967/11/14 السنة 18 ص 1676

الدفع ببطلان صحيفة الدعوى للتجهيل بالمدعى به دفع شكلي يجب إبداؤه قبل التعرض للموضوع وإلا سقط الحق في التمسك.

جلسة 1962/3/29 السنة 13 ص 339

الدفع ببطلان صحيفة الدعوى للتجهيل بالمدعى به هو دفع شكلي يجب إبداؤه قبل التعرض للموضوع.

جلسة 1969/12/23 السنة 20 ص 1296

إنه وإن كان الترتيب الطبيعي للفصل في المنازعة، أن تفصل المحكمة أولاً في النزاع القائم حول اختصاصها بنظر الدعوى، فإذا انتهت إلى اختصاصها بنظره، فإنها تفصل بعد ذلك في موضوع المنازعة إلا أن عدم إتباع هذا الترتيب لا يعيب الحكم.

جلسة 1971/3/18 سنة 22 ص 353

بطلان صحيفة الاستئناف لخلوها من الأسباب دفع شكلي.

جلسة 1976/6/28 الطعن رقم 102 السنة 40 قضائية

المدعي ملزم بإقامة الدليل على ما يدعيه سواء أكان مدعي أصلاً في الدعوى أم مدعى عليه فيها. ولئن كانت الطاعنة مدعى عليها في الدعوى إلا أنها تعتبر في منزلة المدعي بالنسبة للدفع المبدي منها بعدم اختصاص المحكمة محلياً بنظر الدعوى، وتكون مكلفة قانونا بإثبات ما تدعيه لأنها إنما تدعي خلاف الظاهر وهو ما كتب في صحيفة افتتاح الدعوى من أن إعلانها قد تم بمحل إقامتها المحدد في القاهرة.

جلسة 1977/1/12 الطعن رقم 38 لسنة 45 قضائية

الدفع الذي يتعين على المحكمة بحثه. هو الدفع الصريح الجازم.

جلسة 1977/4/5 الطعن رقم 199 لسنة 43 قضائية

الدفع ببطلان الخصومة لعدم إعلان أحد الخصوم قانوناً. عدم جواز التمسك به إلا ممن شرع لمصلحته.

جلسة 1978/3/21 الطعن رقم 776 لسنة 44 قضائية

بطلان ورقة التكليف بالحضور لعيب في الإعلان بطلان نسبي مقرر لمصلحة من شرع له. عدم جواز استناد المحكمة عند قضائها ببطلان الإعلان إلى وجه لم يتمسك به الخصم.

جلسة 1978/5/9 الطعن رقم 236 لسنة 45 قضائية

الدفع بطلب الإحالة إلى محكمة أخرى لقيام دعوى أخرى مرتبطة بها وإن كان يسقط الحق فيه بعد إبداء أي طلب أو دفاع موضوعي في الدعوى....... إلا أن التمسك بهذا السقوط يجب أن يتم أمام المحكمة التي يبدي أمامها الدفع وقبل صدور الحكم بالإحالة فإذا ما صدر هذا الحكم وأصبح نهائياً بعدم الطعن فيه امتنع التمسك بهذا السقوط أمام المحكمة المحال إليها الدعوى بعد صدور القضاء النهائي في الدفع.

جلسة 1975/12/22 سنة 26 ص 1640

الدفع بعدم اختصاص المحكمة محلياً. عبء إثباته. يقع على عاتق المدعى عليه مبدي الدفع.

جلسة 1977/1/12 سنة 28 ص 232

المقرر في قضاء محكمة النقض أن التكلم في الموضوع المسقط للدفع الواجب إبداؤه قبل التكلم في الموضوع إنما يكون بإبداء أي طلب أو دفاع في الدعوى أو مسألة فرعية فيها ينطوي على التسليم بصحتها سواء أبدي كتابة أو شفاهة.

جلسة 1982/4/26 سنة 33 ص 442

لما كان تقدير وجود الارتباط بين دعويين قائمتين أمام المحكمة- على نحو يجعل من حسن سير العدالة الفصل فيهما معاً بحكم واحد- من سلطة محكمة الموضوع وفي حدود سلطتها التقديرية قد رأت عدم وجود ارتباط بين هاتين الدعويين، وإذ كان ما خلصت إليه المحكمة - في هذا الخصوص - سائغاً فلا تثريب عليها إن هي لم تضم دعوى الطاعن إلى دعوى المطعون ضده الأول وفصلت في الدعوى الأخيرة دون انتظار الفصل في الدعوى الأولى.

جلسة 1984/5/21 الطعن رقم 193 لسنة 50 قضائية

التكلم في الموضوع المسقط للدفع الشكلي. طلب التأجيل للاطلاع أو لتقديم مستندات دون بيان مضمونها ليس تعرضا للموضوع.

جلسة 1993/3/31 الطعن رقم 2647 لسنة 57 قضائية

على أن المشرع حدد الحالات التي يسقط فيها الحق في إبداء الدفوع الشكلية بحيث لا تسقط في غيرها ما لم يتنازل صاحب الحق فيها عنها صراحةً أو ضمناً وذلك باتخاذ موقف لا تدع ظروف الحال شكاً في دلالته على قصد التنازل ولا يعتبر مجرد التأخير في إبداء الدفع تنازلاً عنه ما لم

تلابسه أمور أخرى.

جلسة 1994/6/7 سنة 45 الجزء الثاني ص 965

الإجراء الباطل. جواز تصحيحه ولو بعد التمسك بالبطلان. تمامه في الميعاد المقرر قانوناً لاتخاذه. عدم اعتباره تصحيحاً للبطلان وإنما إحلال عمل إجرائي جديد صحيح محل العمل الباطل. وروده على كامل العمل أو على الشق المعيب منه. سريان آثاره من تاريخ القيام به. تطبيق هذه القاعدة سواء أكان التجديد اختيارياً أم إجبارياً. وجوب إتمام التصحيح في ذات مرحلة التقاضي التي اتخذ فيها هذا الإجراء.

جلسة 1998/2/25 الطعن رقم 8412 لسنة 66 قضائية

المقرر في قضاء هذه المحكمة أن بطلان أوراق التكليف بالحضور لعيب في الإعلان نسبي مقرر لمصلحة من شرع لحمايته. لا يجوز للمحكمة أن تقضي به من تلقاء نفسها وإنما يجب على الخصم الذي تقرر هذا البطلان لمصلحته أن يتمسك به أمام محكمة الموضوع.

جلسة 1978/11/29 الطعن رقم 27 لسنة 47 قضائية

الدفع ببطلان الخصومة لعدم إعلان أحد الخصوم قانوناً. عدم جواز التمسك به إلا ممن شرع لمصلحته.

جلسة 1978/3/21 الطعن رقم 776 لسنة 44 قضائية

بطلان ورقة التكليف بالحضور لعيب في الإعلان بطلان نسبي مقرر لمصلحة من شرع له. عدم جواز استناد المحكمة عند قضائها ببطلان الإعلان إلى وجه لم يتمسك به الخصم.

جلسة 1978/5/9 الطعن رقم 236 لسنة 45 قضائية

بطلان أوراق التكليف بالحضور لعيب في الإعلان. ضرورة التمسك به من الخصم الذي تقرر لمصلحته في صورة دفع جازم واضح المعالم أمام

محكمة الموضوع. وإلا سقط الحق فيه.

جلسة 1984/11/26 الطعن رقم 152 لسنة 49 قضائية

أن الدفع بهذا البطلان لم يتمسك به صاحب المصلحة فيه في الوقت الذي حدده القانون وأن بطلان أوراق التكليف بالحضور لعيب في الإعلان - هو بطلان نسبي مقرر لمصلحة من شرع لحمايته. وبالتالي فلا يجوز للمحكمة أن تقضي به من تلقاء نفسها وإنما يجب على الخصم الذي تقرر هذا البطلان لمصلحته أن يتمسك به أمام محكمة الموضوع.

جلسة 1993/2/25 الطعن رقم 763 لسنة 57 قضائية

المادة الثانية والسبعون

الدفع بعدم اختصاص المحكمة النوعي، أو الدفع به بعدم قبول الدعوى لانعدام الصفة أو الأهلية أو المصلحة أو لأي سبب آخر، وكذا الدفع بعدم سماع الدعوى تحكم به المحكمة من تلقاء نفسها، ويجوز الدفع به في أي مرحلة تكون فيها الدعوى.

الاختصاص النوعي:

إن تحديد ولاية جهات القضاء يقوم على أسس عامة حددها النظام بنصه في المواد (31: 33) المادة (31) من غير إخلال بما يقضي به نظام ديوان المظالم وبما للمحاكم العامة من اختصاص............» الخ.

المادة (32) - من غير إخلال بما يقضي به ديوان المظالم، تختص المحاكم العامة بجميع الدعاوى الخارجة عن اختصاص المحاكم الجزئية............. الخ.

المادة (33) - تختص المحكمة العامة بجميع الدعاوى والقضايا الداخلة في اختصاص المحكمة الجزئية في البلد الذي لا يوجد فيه محكمة جزئية.

يضاف إلى ذلك ما أشار إليه نظام القضاء في الفصل الأول من الباب

الثاني في تحديد ترتيب المحاكم وما يترتب على ذلك من تحديد اختصاصاتها المادة (5) تتكون المحاكم الشرعية من

(أ) مجلس القضاء الأعلى.

(ب) محكمة التمييز.

(جـ) المحاكم العامة.

(د) المحاكم الجزئية.

وتختص كل منهما بالمسائل التي ترفع إليها طبقاً للنظام(1).

المادة (7) - يشرف مجلس القضاء الأعلى على المحاكم في الحدود المبنية في هذا النظام.

المادة (8) - يتولى مجلس القضاء بالإضافة إلى الاختصاصات المبينة في هذا النظام ما يلي:

النظر في المسائل الشرعية التي يرى وزير العدل ضرورة تقرير مبادئ عامة شرعية فيها.

النظر في المسائل التي يرى ولي الأمر ضرورة النظر فيها من قبل المجلس.

إبداء الرأي في المسائل المتعلقة بالقضاء بناء على طب وزير العدل.

---

(1) ومن نظام القضاء الجديد الصادر بالمرسوم الملكي رقم (م/78) وتاريخ 1428/9/19 هـ، جاء ترتيب المحاكم في المادة التاسعة:
1 - المحكمة العليا 2 - محاكم الاستئناف 3 - محاكم الدرجة الأولى وهي:
أ - المحاكم العامة ب - المحاكم الجزائية ج - محاكم الأحوال الشخصية د - المحاكم التجارية هـ - المحاكم العمالية. وتختص كل منها بالمسائل التي ترفع اليها طبقاً لهذا النظام، ونظام المرافعات الشرعية، ونظام الإجراءات الجزائية. ويجوز للمجلس الأعلى للقضاء احداث محاكم متخصصة أخرى بعد موافقة الملك.
أنظر الشكل رقم ص .

مراجعة الأحكام الصادرة بالقتل أو القطع أو الرجم.

محكمة التمييز [1]:

تكفل الباب الحادي عشر ببيان محكمة التمييز واختصاصها فيراجع بشأن ما ورد بها أما المحاكم العامة والجزئية فقد سبق الإشارة إليها.

الدفع بعدم الاختصاص النوعي:

يتحقق الدفاع في حالة ما إذا فقدت المحكمة اختصاصها بالنظر إلى نوع الدعوى، وهو من الدفوع الشكلية إلا أن النظام أجاز «الدفع به في أي مرحلة تكون فيها الدعوى»، وأن تقضي به المحكمة من تلقاء نفسها.

مـن الـذي يملك الدفع بعدم الاختصـاص النوعـي؟

يحق لكل خصم في الدعوى إبداء الدفع إذا توافر سبب التمسك به - عدم ولاية المحكمة،، نوع الدعوى - من قبل المدعي أم المدعى عليه والخصم المدخل أم المتدخل مع مراعاة حكم المادة (4) «لا يقبل أي طلب أو دفع لا تكون لصاحبه فيه مصلحة قائمة مشروعة» ويحق للمحكمة أن تقضي به من تلقاء نفسها دون أن يثيره الخصوم، لتعلقه بتوزيع الاختصاص بحسب ولاية المحكمة أو نوع القضية، ذلك لأن النظام أوضح جهات التقاضي ما بين المحكمة الجزئية - المحكمة العامة، وديوان المظالم.

والغرض الغالب أن يتم التمسك بالدفع من قبل المدعى عليه، وينبغي إذا رفعت الدعوى ابتداء إلى محكمة غير مختصة نوعياً ثم عدل المدعي طلباته في الدعوى بحيث أصبحت الدعوى بعد تعديل الطلب تدخل في اختصاص المحكمة، فلا يسلب منها الاختصاص ذلك لأن العبرة بالطلبات الختامية للمدعي.

---

(1)   أنظر: المادة الخامسة عشرة من نظام القضاء الجديد وكذلك أنظر: محمد ابن براك الفوزان. التنظيم القضائي الجديد في المملكة العربية السعودية، دراسة مقارنة بالفقه الإسلامي، ط 1، 1430 هـ - 2009م، مكتبة القانون والاقتصاد، الرياض.

مثال: لو رفع المؤجر دعوى المطالبة بالقيمة الإيجارية قبل المستأجر أمام المحكمة الجزئية بمبلغ ثلاثين ألف ريال ثم نظر الدعوى عدل طلبات وفق صحيح النظام إلى مبلغ عشرين ألف ريال أصبحت وفق هذا التعديل المحكمة الجزئية مختصة بالفصل وأصبح الدفع ليس له أساس في الأوراق.

متى يتم إبداء الدفع بعدم الاختصاص النوعي؟

الدفع بعدم الاختصاص النوعي هو من الدفوع الشكلية، ولا يسقط الحق في إبدائه بالتعرض لموضوع الدعوى، ويحق لكل خصم ذي مصلحة التمسك به في أي حالة تكون عليها الدعوى، ويحق للمحكمة أن تثيره من تلقاء نفسها، ولا يحق للخصوم الاتفاق على مخالفة قاعدة الاختصاص النوعي. ذلك كونها تتعلق بتوزيع اختصاصات جهات القضاء، ويمكن التمسك به لأول مرة أمام محكمة التمييز.

إحالة الدعوى إلى المحكمة المختصة:

إذا فصلت المحكمة في الدعوى بعدم اختصاصها النوعي بالدعوى المعروضة عليها تعين عليها أن تحيل الدعوى إلى المحكمة المختصة وفق ما أشارت المادة (74) «يجب على المحكمة إذا حكمت بعدم اختصاصها أن تحيل الدعوى إلى المحكمة المختصة وتعلم الخصوم بذلك» والإحالة تتم بالحالة التي عليها الدعوى، والحكمة في ذلك هي رغبة المنظم في ألا تنقضي الخصومة بالحكم بعدم الاختصاص فيتحمل رافعها اللجوء إلى رفعها بدعوى مبتدأة مرة أخرى.

والأمر بالإحالة مترتب بقوة النظام فلا تملك المحكمة سلطة تقديرية قبله ولا يلزم أن يكون الخصوم قد طلبوا الإحالة من عدمه، والأمر بالإحالة لا يحق الاعتراض عليه، ذلك لأنه ليس حكماً، ولا ينطبق عليه نص المادة (175) في شأن الأحكام القابلة للاعتراض عليها، ولكن يحق للخصم الطعن على الحكم الصادر من المحكمة بعدم اختصاصها النوعي والإحالة أمام محكمة

الاعتراض، وترتيباً على ذلك لا يحق للخصم بفوات ميعاد الاعتراض على الحكم أن يتمسك أمام المحكمة المحال إليها الدعوى بالدفع بعدم الاختصاص لتحصن الحكم الصادر بعدم الاختصاص والإحالة، فالمساس بحجية الأحكام لا يتم إلا عن طريق ما وضعه النظام من طرق الاعتراض عليها، حفاظاً على استقرار المراكز النظامية وحتى لا تقع تحت أهواء الخصم يحركها وقتما يريد.

الدفع بعدم قبول الدعوى:

وهو ما يتقدم به الخصم في الدعوى من دفاع يرمي إلى عدم توافر الشروط اللازمة توافرها في الدعوى (صفة، مصلحة، أهلية) أو لأي سبب آخر وبذلك يكون النظام قد فتح الباب لعديد من الأسباب.

التمسك بالدفع بعدم القبول:

واضح من صريح المادة 175 أن الدفع بعدم قبول الدعوى يصح التمسك به في أي حالة تكون عليها الدعوى فهو لا يسقط كالدفوع الشكلية بمواجهة الموضوع وقد منح النظام الخصوم حق إبداء الدفع في أي حالة تكون عليها الدعوى، بل وجعل من حق المحكمة أن تقضي به من تلقاء نفسها.

ما يترتب على الفصل في الدفع بعدم القبول

يترتب على الحكم بعدم القبول محو إجراءات الخصومة مع إمكان تجديدها كما إذا قضى بعدم قبول الدعوى لانتفاء الصفة أو المصلحة أو الأهلية إذ يحق الرجوع للخصومة في هذه الحالات إذا تحققت الصفة أو المصلحة أو الأهلية.

ويلاحظ أن رفض الدفع بعدم القبول لا يجوز الاعتراض عليه استقلالاً لأنه لا ينهي الخصومة أمام المحكمة وبذلك لا يصح الاعتراض عليه إلا مع الحكم المنهي للخصومة م (175). أما الحكم الصادر بقبول الدفع، فإن من شأنه أن ينهي الخصومة التي وجه إليها الدفع ويصح الاعتراض عليه استقلالاً.

346

الدفع بعدم سماع الدعوى

روى الشافعي عن مسلم بن خالد عن ابن جريح عن عطاء عن أبي هريرة قال قال:
رسول الله [: «البينة على من ادعى واليمين على من أنكر إلا في القسامة» (1).

أحكام محكمة النقض:

لم يعرف القانون العقود الإدارية ولم يبين خصائصها التي تميزها والتي يهتدي بها
في القول بتوافر الشروط اللازمة لها ولحصانتها وصيانتها من تعرض المحاكم لها بالتعطيل
أو بالتأويل إلا أن إعطاء العقود التي تبرمها جهة الإدارة وصفها القانون الصحيح باعتبارها
عقوداً إدارية أو مدنية يتم على هدي ما يجري تحصيله منها ويكون مطبقاً للحكمة من
إبرامها، ولما كانت العقود التي تبرمها الإدارة مع الأفراد لا تعتبر عقودا إدارية - وعلى ما
جرى به قضاء هذه المحكمة - إلا إذا تعلقت بتسيير مرفق عام أو بتنظيمه وأظهرت الإدارة
نيتها في الأخذ في شأنها بأسلوب القانون العام وأحكامه بتضمين العقد شروطا استثنائية وغير
مألوفة تنأى عن أسلوب القانون الخاص أو تحيل فيها الإدارة على اللوائح الخاصة بها، وكان
يتبين من الحكم الابتدائي الصادر في 1966/2/16 والمؤيد لأسبابه بالحكم المطعون فيه أنه
قضي برفض الدفع بعدم اختصاص المحكمة ولائياً بنظر الدعوى على قوله.

الثابت من العقد المؤرخ 1964/1/15 أن المدعى عليه بصفته - الطاعن الثاني - عهد
إلى المدعي - المطعون عليه - بعملية حفر وردم خنادق لكابلات الشبكة الأرضية وفرد هذه
الكابلات والعقد بهذه الصورة لا يعدو أن يكون عقد مقاولة إذ لم يتضمن شروطاً غير مألوفة
تخرجه عن نطاق تطبيق القانون الخاص مما مفاده أن المحكمة رأت أن العقد موضوع
الدعوى لم يتضمن شروطا استثنائية وغير مألوفة في عقود القانون الخاص أو تكشف

---

(1)   الحاوي الكبير. المرجع السابق: 17، ص 291.

عن نية الإدارة في اختيار وسائل القانون العام وهو ما يفقد العقد ركناً جوهرياً من أركانه كعقد إداري ويخرجه بالتالي عن دائرة العقود الإدارية، ولما كان الطاعنان لم يقدما لمحكمة الاستئناف العقد موضوع الدعوى للتدليل على صحة دفاعهما من أن هذا العقد هو عقد إداري، بل قدما ورقة معنوية بأنها: «الشروط الخاصة بعملية حفر خنادق وفرد ورمي كابلات ضغط 5 و10 ك ف» وهي التي قدماها بملف الطعن، ولا محل للتعويل على هذه الورقة لأنه غير موقع عليها من المطعون عليه ولا تغني عن تقديم العقد ذاته. لما كان ذلك وكان الحكم المطعون فيه قد انتهى إلى وصف العلاقة القائمة بين الطرفين بأنها علاقة تعاقدية يحكمها القانون الخاص وتختص بنظرها جهة القضاء العادي فإنه لا يكون قد أخطأ في تطبيق القانون ويكون النعي عليه بهذا السبب على غير أساس.

جلسة 1977/4/19 سنة 28 المكتب الفني جـ1 ص 995

وإنه لم يعرف القانون العقود الإدارية ولم يبين الخصائص التي تميزها والتي يهتدي بها في القول بتوافر الشروط اللازمة لها لحصانتها من تعرض محاكم القضاء العادي لها بالتعطيل أو بالتأويل إلا حق إعطاء العقود التي تبرمها جهات الإدارة وصفها القانوني الصحيح باعتبارها عقود إدارية أو مدنية يتم على هدى ما يجري تحصيله منها ويكون مطابقاً للحكمة من إبرامها.

لما كانت العقود التي تكون الدولة إحدى الجهات التابعة لها طرفاً فيها لا تعتبر - على ما جرى به قضاء هذه المحكمة - عقوداً إدارية إلا إذا تعلقت بتسيير مرفق عام أو بتنظيمه وأظهر الشخص الاعتباري العام ينحى في الأخذ بأسلوب القانون العام وأحكامه بتضمينه شروطاً استثنائية غير مألوفة تنأى بها عن أسلوب القانون الخاص أو يحيل فيه إلى اللوائح القائمة، كأن يتضمن امتيازات للإدارة لا يمكن أن يتمتع بها المتعاقد الآخر.

جلسة 1989/12/17 سنة 40 العدد الثالث ص 351

لما كان الحكم المطعون فيه قد أيد الحكم الابتدائي فيما انتهى إليه من أن المنازعة المطروحة بشأن رد خطاب الضمان إلى المطعون ضده خارجة عن نطاق تنفيذ العقد الإداري في حين أنها منازعة متفرعة عنه وأثر من آثاره ويسري عليها ما يسري على ذلك العقد من أحكام فتختص بنظرها محكمة القضاء الإداري دون غيرها وهو اختصاص مطلق وشامل لهذا النوع من العقود.

جلسة 1998/3/14 الطعن رقم 8756 لسنة 66 قضائية

لما كان عقد التوريد الذي بين الوزارة وبين مورث المطعون ضدهم والذي تفاسخ عنه هو عقد إداري لأنه أبرم بني هذا المورث وبين إحدى جهات الإدارة (وزارة التربية والتعليم) بشأن توريد أغذية لازمة لتسيير مرفق عام هو مرفق التعليم واحتوى العقد على شروط غير مألوفة في القانون الخاص كما يبين من الشروط الواردة في كراسة توريد الأغذية التي تعتبر مكملة لشروط العقد فإن هذا العقد تحكمه أصول القانون الإداري دون أحكام القانون المدني وتقضي تلك الأصول بأن غرامات التأخير والتخلف عن التنفيذ التي ينص عليها في العقود الإدارية تختلف في طبيعتها عن الشرط الجزائي في العقود المدنية إذ أن هذه الغرامات جزاء قصد به ضمان وفاء المتعاقد مع الإدارة بالتزامه في المواعيد المتفق عليها حرصاً على سير المرفق العام بانتظام وهي بهذه المثابة لا تستهدف تقويم الاعوجاج في تنفيذ الالتزامات التعاقدية بقدر ما تتوخى من تأمين سير المرافق العامة واطراد عملها ولذلك يحق للإدارة أن توقع الغرامة المنصوص عليها في العقد من تلقاء نفسها ودون حاجة للالتجاء إلى القضاء للحكم بها وذلك بمجرد وقوع المخالفة التي تقررت الغرامة جزاء لها كما أن الإدارة أن تستنزل قيمة هذه الغرامة مما يكون مستحقاً في ذمتها للمتعاقد المتخلف ولا يتوقف استحقاق الغرامة على ثبوت وقوع ضرر للإدارة من جراء إخلال هذا المتعاقد بالتزامه فلا يجوز لهذا التأخير أن ينازع في استحقاقاً للغرامة كلها أو بعضها بحجة انتفاء الضرر أو المبالغة في تقدير الغرامة في العقد لدرجة لا تتناسب مع قيمة الضرر الحقيقي ولا يعفي هذا

المتعاقد من الغرامة إلا إذا أثبت أن إخلاله بالتزامه يرجع إلى قوة قاهرة أو إلى فعل جهة الإدارة المتعاقدة معه أو إذا قدرت هذه الجهة ظروفاً وقررت إعفاءه من الآثار مسئوليته عن التأخير في تنفيذ التزامه أو التخلف عنه.

من المقرر في فقه القانون الإداري أنه وإن كان من حق جهة الإدارة أن تتنازل عن الغرامات المنصوص عليها في العقد الإداري كلها أو بعضها فإنه يشترك لذلك أن تكشف عن إرادتها في هذا التنازل بكيفية صريحة.

جلسة 1966/4/7 سنة 17 العدد الثاني ص 825

حكم هام جداً:

وحيث أن الحكم الابتدائي الذي أيده الحكم المطعون فيه وأحال إليه في أسبابه قد أقام قضاءه برفض الدفع على: «أنه وإن كانت القاعدة الأصلية تقضي بعدم اختصاص القضاء المستعجل بنظر المسائل المستعجلة التي تتصل بالمنازعات الموضوعية التي تخرج من ولاية القضاء العادي إلا أنه بالنسبة للإشكالات الوقتية في تنفيذ الأحكام يوجد ثمة اعتبار آخر له أهميته يجب مراعاته عند تطبيقها وهو أن التنفيذ يجري على المال وأن جهة القضاء العادي التي يتفرع عنها القضاء المستعجل هي صاحبة الولاية العامة في المنازعات المتصلة بالمال، وعلى هذا فإن القضاء المستعجل يختص بالإشكالات الوقتية حتى ولو كان السند المنفذ به يتصل بجهة قضاء أخرى» وهذا الذي قرره الحكم صحيح في القانون، ذلك أنه وإن كانت محكمة القضاء الإداري هي المختصة وحدها بالفصل في المنازعات المتعلقة بالعقود الإدارية، إلا أنه متى صدر الحكم منها بالإلزام أصبح سنداً يمكن التنفيذ به على أموال المحكوم عليه فتختص المحاكم المدنية بمراقبة إجراءات التنفيذ والنظر في مدى صحتها وبطلانها باعتبارها صاحبة الولاية العامة بالفصل في جميع المنازعات المتعلقة بالمال، وتختص ويختص القضاء المستعجل باعتباره فرعاً منها بنظر الإشكالات الوقتية المتعلقة بالتنفيذ، إذ لا شأن لهذه الإشكالات بأصل الحق الثابت بالحكم المستشكل فيه كما أنها لا تعد طعناً على الحكم

وإنما تتصل بالتنفيذ ذاته للتحقق من مطابقته لأحكام القانون، وذلك بخلاف المسائل المستعجلة التي يخشى عليها من فوات الوقت والتي استقر قضاء هذه المحكمة على عدم اختصاص القضاء المستعجل بنظرها. إذ كان ذلك وكان الواقع في الدعوى أن الإشكال المرفوع من المطعون عليه قد قصد به منع التنفيذ على السيارة المملوكة له استناداً إلى أن الدين المحجوز من أجله ثابت بالحكم رقم 15/1165 ق محكمة القضاء الإداري يتعلق بالمنشأة التي كان يملكها وأنه لم يعد مسئولاً عن أدائه بعد تأميم هذه المنشأة وزيادة أصولها عن خصومها دون أن يكون مبني الإشكال نزاعاً مما يختص به القضاء الإداري وحده، فإن الحكم المطعون فيه إذ قضي باختصاصه بنظر الإشكال. يكون قد طبق القانون تطبيقاً صحيحاً، ويكون النعي عليه بهذا السبب على غير أساس.

جلسة 1973/2/1 سنة 24 الجزء الأول ص 131

يجوز لمحكمة النقض من تلقاء نفسها أن تثيره في الطعن من الأسباب القانونية ما يتعلق بالنظام العام إذا ثبت أنه كان تحت نظر محكمة الموضوع عند الحكم في الدعوى جميع العناصر التي تتمكن بها من تلقاء نفسها من الإلمام بهذه الأسباب والحكم في الدعوى على موجبها. الاختصاص بنوع القضية أو قيمتها - وعلى ما جرى به قضاء هذه المحكمة - يتعلق بالنظام العام، فلا يجوز الاتفاق على خلافه ويجوز الدفع به في أية حالة تكون عليها الدعوى، ويجب على المحكمة أن تحكم به من تلقاء نفسها.

جلسة 1981/6/13 الطعن رقم 1172 لسنة 47 قضائية

المقرر أن القضاء الصادر بالاختصاص أو بعدم الاختصاص حجيته قاصرة على ذلك ولا تمتد إلى موضوع الدعوى.

جلسة 1983/4/17 الطعن رقم 1761 لسنة 49 قضائية

العقود التي تبرمها جهة الإدارة مع الأفراد. اعتبارها عقوداً إدارية.

اعتبار العقد موضوع الدعوى عقداً مدنياً يحكمه القانون الخاص ويختص بنظره القضاء العادي لخلوه من الشروط الاستثنائية غير المألوفة. لا خطأ.

جلسة 1990/6/26 الطعن رقم 1258 لسنة 58 قضائية

الاختصاص بسبب نوع الدعوى أو قيمتها من النظام العام. جواز الدفع به في أية حالة كانت عليها الدعوى. لا ينعقد باتفاق الخصوم ولكن بقيام موجبه من القانون.

جلسة 1992/12/10 الطعن رقم 2331 لسنة 58 قضائية

الدفع بعدم قبول الدعوى ومنها الدفع بعدم قبولها لرفعها على غير ذي صفة. يجوز ابداؤه في أية حالة كانت عليها الدعوى.

جلسة 1972/12/16 سنة 23 ص 1398

من المقرر - على ما جرى به قضاء هذه المحكمة - أن محكمة أول درجة تستنفذ عند الحكم بقبول الدفع بعدم قبول الدعوى ولايتها.

جلسة 1974/2/5 سنة 25 ص 288

أنه وإن كان يجوز للمدعى عليه أن يدفع بعدم قبول الدعوى إذا لم يكن المدعي صاحب صفة في رفعها إلا أنه متى اكتسب المدعي هذه الصفة أثناء نظر الدعوى مراعياً المواعيد والإجراءات المنصوص عليها في القانون فإن العيب الذي شاب صفته عند رفعها يكون قد زال وتصبح الخصومة بعد زوال العيب منتجة لآثارها منذ بدايتها ولا تكون للمدعى عليه مصلحة في التمسك بهذا الدفع.

جلسة 1973/5/25 سنة 24 ص 108

الدفع بعدم سماع دعوى الطلاق من أحد الزوجين غير المسلمين على الآخر لأنهما لا يدينان بوقوع الطلاق. يرمي إلى الطعن بعدم توافر الشروط اللازمة لسماع الدعوى ومن ثم فهو بحسب مرماه دفع موضوعي بعدم قبول

الدعوى ويجوز إبداؤه في أية حالة تكون عليها. كما أن على تقرير ذلك الدفع وعلى ما جاء بالمذكرة الإيضاحية لنص اللائحة المذكورة هو دفع الحرج والمشقة بالنسبة للطوائف التي لا تدين بالطلاق أي أنه مقر لصالح هذه الطوائف حماية لعقيدتهم الدينية وليس لصالح الخصم المدعى عليه مما مؤداه تعلق هذا الدفع بالنظام العام.

جلسة 1984/4/10 الطعن رقم 31 لسنة 53 قضائية أحوال شخصية

الدفع بعدم قبول الدعوى. العبرة في تكييفه بحقيقة جوهره ومرماه لا بما يخلعه عليه الخصوم. الدفع بعدم قبول الدعوى الذي تستنفد به محكمة الدرجة الأولى ولايتها. مبناه عدم توافر شروط سماع الدعوى وهي الصفة والمصلحة والحق في رفعها. اختلافه بذلك عن الدفع المتعلق بشكل الإجراءات.

جلسة 1984/5/15 الطعن رقم 1863 لسنة 50 قضائية

الحكم بعدم قبول الدعوى أو رفضها بالحالة التي كانت عليها - وعلى ما جرى به قضاء هذه المحكمة - تكون له حجية موقوتة تقتصر على الحالة التي كانت عليها الدعوى حين رفعها أول مرة وتحول دون معاودة طرح النزاع من جديد متى كانت الحالة التي انتهت بالحكم السابق هي بعينها لم تتغير ومقتضى ذلك أن الحكم بعدم قبول دعوى صحة التعاقد لعدم قيام المشتري بدفع كامل الثمن لا يمنع المشتري من العودة إلى صحة التعاقد إذا ما قام بإيفاء الثمن.

جلسة 1990/6/12 الطعن رقم 459 لسنة 57 قضائية

الدفع بعدم القبول. هو الذي يرمي إلى الطعن بعدم توافر الشروط اللازمة لسماع الدعوى وهي الصفة والمصلحة والحق في رفع الدعوى. عدم اختلاط ذلك بالدفوع المتعلقة بشكل الإجراءات التي تبدى قبل التكلم في الموضوع ولا بالدفوع المتعلقة بأصل الحق المتنازع عليه.

جلسة 1995/2/20 الطعن رقم 1453 لسنة 58 قضائية

يقصد بالدفع بعدم القبول كل دفع يوجه إلى الشروط اللازمة لسماع الدعوى من صفة أو مصلحة أو الحق في رفعها باعتباره حقاً مستقلاً عن الحق الذي ترفع الدعوى بطلب تقريره في حين أن الدفع الشكلي دفع موجه إلى إجراءات الخصومة ولا يتصل بموضوع الدعوى ولا صفة الخصوم أو مصلحتهم أو حقهم في رفعها. وذلك دون اعتداد بالتسمية التي تطلق على الدفع لأن العبرة في تكييفه هي بحقيقة جوهره ومرماه.

جلسة 1995/9/25 الطعن رقم 8915 لسنة 64 قضائية

النائب عن أي من طرفي الدعوى في مباشرة إجراءات الخصومة. عدم اعتباره طرفاً في النزاع الذي يدور حول الحق المدعى به. ثبوت صلاحيته لتمثيل أي منهما. كاف لتوافر الصفة الإجرائية اللازمة لصحة شكل الخصومة الحكم بعدم قبول الدعوى لعدم ثبوت صفة مباشر الإجراءات في تمثيل الخصم قضاء في الشكل تنحصر حجيته في إجراءات الخصومة في ذات الدعوى دون غيرها. للخصم الأصيل مباشرة دعوى جديدة ولو كان سند الصفة سابقاً على ذلك الحكم.

جلسة 1996/2/27 الطعن رقم 2509 لسنة 60 قضائية

الحكم بعدم قبول الدعوى لعدم اختصام من أوجب القانون اختصامه أو لعدم توجيه طلب الإخلاء إلى المستأجر الأصلي يقوم على المنازعة في صفة المدعى عليه ومصلحة المدعي في رفع دعواه فهو متصل بالحق في رفع الدعوى ومن ثم فهو بحسب مرماه دفع بعدم القبول. فيأخذ حكم الدفوع الموضوعية ولا يختلط بالدفوع الشكلية. ومتى فصلت فيه محكمة أول درجة استنفذت ولايتها والاستئناف المقام عنه بطرح الدعوى بكاملها أمام محكمة الاستئناف فإذا ألغت الحكم الصادر من محكمة أول درجة تعين عليها الفصل في موضوع الدعوى دون أن يعد ذلك مخالفة لمبدأ التقاضي على درجتين.

جلسة 1995/9/25 الطعن رقم 8915 لسنة 64 قضائية

المادة الثالثة والسبعون

تحكم المحكمة في هذه الدفوع على استقلال، ما لم تقرر ضمه إلى موضوع الدعوى، وعندئذ تبين ما حكمت به في كل من الدفع والموضوع.

1/73 - المراد بالدفوع المذكورة هنا هي: ما نص عليه في المادتين (71، 72).

2/73 - ضم الدفع إلى الموضوع لا يمنع من قبول الدفع أو رده وعلى المحكمة بيان أسباب ذلك في الحكم.

الحكم الصادر في الدفوع:

وفق ما أوضحته اللائحة التنفيذية أن المقصود بالدفوع هي التي وردت في المواد (71، 72) وعليه فالحكم الصادر في الدفع الشكلي بالقبول لا يترتب عليه انتهاء النزاع على أصل الحق، فهو يفصل في الناحية الإجرائية دون أن يمس موضوع النزاع، هذا وإن تعرض له القاضي عرضاً وهو في سبيل الحكم في الدفع الشكلي، فهذا لا يؤثر في الحكم إذ العبرة بمنطوق الحكم عند القضاء في الأحكام، ومن الأهمية بمكان أن الفصل في الدفع والموضوع في حكم واحد يؤدي إلى الاعتراض عليه سوياً أمام محكمة الاعتراض، أما إذا فصلت المحكمة في الدفع برده فهذا يعني أن المحكمة لم تستنفذ ولايتها للحكم في الموضوع، وبالتالي يرجأ الاعتراض على الحكم لحين صدور الحكم المنهي للخصومة ويتم الاعتراض عليهما في وقت واحد، أما إذا صدر الحكم بقبول الدفع استنفذت المحكمة ولايتها للفصل في الدعوى ويمكن للخصم الاعتراض عليه أمام محكمة الاعتراض إن توافر مقتضى الاعتراض وفقاً لحكم المادة (175)، إذ قد يتطلب الفصل في الدفع التعرض للموضوع.

مثال: الدفع بعدم قبول الدعوى إذا كان يحتاج إلى التعرض للموضوع فلا بد أن تضمه مع الموضوع لتفصل فيهما بحكم منهي للخصومة، فالتعرض لمصلحة المدعى في رفع دعواه.

ولإيضاح ذلك ما جاء في حيثيات حكم محكمة النقض: «الحكم بعدم قبول الدعوى لعدم اختصام من أوجب القانون اختصامه أو لعدم توجيه طلب الإخلاء إلى المستأجر الأصلي يقوم على المنازعة في صفة المدعى عليه ومصلحة المدعي في رفع دعواه فهو متصل بالحق في رفع الدعوى، ومن ثم فهو بحسب مرماه دفع بعدم القبول».

فيأخذ حكم الدفوع الموضوعية ولا يختلط بالدفوع الشكلية. ومتى فصلت فيه محكمة أول درجة استنفذت ولايتها والاستئناف المقام عنه بطرح الدعوى بكاملها أمام محكمة الاستئناف فإذا ألغت الحكم الصادر من محكمة أول درجة تعين عليها الفصل في موضوع الدعوى.

المادة الرابعة والسبعون

يجب على المحكمة إذا حكمت بعدم اختصاصها أن تحيل الدعوى إلى المحكمة المختصة وتعلم الخصوم بذلك.

1/74 - لا يحكم القاضي بعدم الاختصاص إلا بعد تحقق التدافع.

2/74 - إذا تحقق التدافع في نظر الدعوى فعلى التفصيل الآتي:

أ - إذا كان التدافع بين قضاة المحكمة الواحدة، أو بين رئيس المحكمة وأحد قضاتها، أو بين محكمتين تابعتين لجهة قضائية واحدة، فعلى من أحيلت إليه أولاً، ثم أعيدت إليه ثانياً ولم يقتنع باختصاصه بها أن يصدر قراراً بصرف النظر بعدم اختصاصه، وعليه أن يرفع القرار وصورة ضبطه وأوراق المعاملة إلى محكمة التمييز؛ للفصل في ذلك، وما تقرره يلزم العمل به، ويعلم القاضي الخصوم بذلك.

ب - إذا كان التدافع بين محكمة وجهة قضائية أخرى فيطبق بشأنه مقتضى المادتين (28 - 29) من نظام القضاء الصادر عام 1395هـ.

ج - إذا كان التدافع بين المحكمة وكتابة العدل، أو بين القاضي وكاتب

العدل فترفع المعاملة لوزارة العدل للبت فيه. وما يتم التوجيه به يعتبر منهياً للتدافع.

3/74 - إذا حصل تدافع بين دوائر محكمة التمييز أو بين قضاتها فيفصل فيه رئيس محكمة التمييز، وما يقرره يلزم العمل به.

الحكم بعدم الاختصاص:

إذا قدم إلى المحكمة دفع بعدم الاختصاص فإنها تبحث الدفع لتفصل فيه سواء فصل في الدفع على استقلال أو ضم الدفع إلى الموضوع م (2/73).

ومضمون النص أنه إذا قدم على المحكمة دفع بعدم الاختصاص فإنها تفحصه لتحكم فيه أولاً حتى إذا قبلته وقضت بعدم اختصاصها انتهت بذلك الخصومة المرفوعة أمامها. وأما إذا رفضت المحكمة الدفع فإنها تحكم باختصاصها وتتدرج بعد ذلك إلى النظر في موضوع الخصومة والحكم فيها، ويعتبر هذا تنفيذاً فورياً للحكم الصادر بالاختصاص، وهو من الأحكام التي لا يجوز الاعتراض عليها م (175) إلا بعد الفصل في الموضوع باعتباره حكماً صادراً قبل الفصل في الموضوع وغير منه للخصومة، ويجوز للمحكمة أن تضم الدفع بعدم الاختصاص إلى الموضوع لتفصل فيهما بحكم واحد بعد سماع المرافعة في الموضوع لأنه قد يقتضي الفصل في الدفع التعرض إلى الموضوع وتحديده، وبيان مداه، وينبغي على المحكمة أن تنبه الخصوم إلى ضمها الدفع إلى الموضوع وتمكين الخصوم من إبداء دفاعهم في الموضوع حتى ما إذا رفضت الدفع بعدم الاختصاص يتم النظر في الدفاع الموجه إلى الموضوع وإذا تلتزم هذا النظر فتكون قد أخلت بحق الدفاع المكفول للخصوم لخلو الدعوى من الدفاع في الموضوع.

الأمر بالإحالة:

وفق صحيح المادة إذا حكمت المحكمة بعدم اختصاصها، تأمر بإحالة الدعوى بحالتها إلى المحكمة المختصة، وذلك سواء كان عدم اختصاصها

نوعياً، محلياً، قيمياً. وتحكم المحكمة بالإحالة بناء على طلب الخصم، فقد يدفع أحد الخصوم بعدم الاختصاص والإحالة للمحكمة المختصة كما يكون للمحكمة أن تأمر من تلقاء نفسها إذا حكمت بعدم اختصاصها بالإحالة وذلك في حالة عدم الاختصاص النوعي.

والحكم الذي يصدر بالإحالة لا يلزم المحكمة التي أحيلت عليها الدعوى فيحق لها أن تحكم بعدم اختصاصها أيضاً، ولكن لا يحق لها ذلك في حالة ما إذا كان عدم الاختصاص والإحالة راجعاً سببه إلى عدم الاختصاص المحلي وكان مبديه المدعى عليه ولم يبد أمام المحكمة المحال إليها الدعوى الدفع بعدم الاختصاص المحلي في وقته. أما دون الاختصاص المحلي، ورفضت المحكمة المحال إليها الدعوى الإحالة إليها فقد تكفلت اللائحة التنفيذية في الفقرة (أ) - إذا كان التدافع بين قضاة المحكمة الواحدة، أو بين رئيس المحكمة وأحد قضاتها، أو بين محكمتين تابعتين لجهة قضائية واحدة، فعلى من أحيلت إليه أولاً ثم أعيدت إليه ثانياً ولم يقتنع باختصاصه بها أن يصدر قراراً بصرف النظر بعدم اختصاصه وعليه أن يرفع القرار وصورة ضبطه وأوراق المعاملة إلى محكمة التمييز؛ للفصل في ذلك وما تقرره يلزم العمل به، ويعلم القاضي الخصوم بذلك.

الفقرة (ب) من اللائحة التنفيذية:

إذا كان التدافع بين محكمة وجهة قضائية أخرى فيطبق بشأنه مقتضى المادتين (28 - 29) القاضي الخصوم بذلك.

المادة 28 إذا دفعت قضية مرفوعة أمام المحكمة بدفع يثير نزاعاً تختص بالفصل فيه جهة قضاء أخرى وجب على المحكمة إذا رأت ضرورة الفصل في الدفع قبل الحكم في موضوع الدعوى أن توقفها وتحدد للخصم الموجه إليه الدفع ميعاداً يستصدر فيه حكماً نهائياً من الجهة المختصة. فإن لم تر لزوماً لذلك أغفلت موضوع الدفع وحكمت في موضوع الدعوى. وإذا قصر الخصم في استصدار حكم نهائي في الدفع في المدة المحددة كان

للمحكمة أن تفصل في الدعوى بحالتها.

المادة 29 - إذا رفعت دعوى من موضوع واحد أمام إحدى المحاكم الخاضعة لهذا النظام وأمام أية جهة أخرى تختص بالفصل في بعض المنازعات ولم تتخل إحداهما عن نظرها أو تخلتا كلتاهما، يرفع طلب تعيين الجهة المختصة إلى لجنة تنازع الاختصاص التي تؤلف من ثلاثة أعضاء عضوين من أعضاء مجلس القضاء الأعلى (المتفرغين) يختارهما مجلس القضاء الأعلى ويكون أقدمهما رئيساً. والثالث رئيس الجهة الأخرى أومن ينيبه كما تختص هذه اللجنة بالفصل في النزاع الذي يقوم بشأن تنفيذ حكمين نهائيين متناقضين صادراً أحدهما من إحدى المحاكم الخاضعة لهذا النظام والآخر من الجهة الأخرى.

أحكام محكمة النقض:

صيرورة الحكم الصادر بعدم الاختصاص والإحالة انتهائياً حائزاً لقوة الأمر المقضي. وجوب تقيد المحكمة المحال إليها به وامتناعها والخصوم عن معاودة الجدل فيه ولو كان قد خالف صحيح القانون.

جلسة 1997/7/1 الطعن رقم 192 لسنة 63 قضائية أحوال شخصية

على أنه كلما حكمت المحكمة في الأحوال المتقدمة بالإحالة كان عليها أن تحدد للخصوم الجلسة التي يحضرون فيها أمام المحكمة التي أحيلت إليها الدعوى وعلى قلم الكتاب إخبار الغائبين من الخصوم بذلك بكتاب مسجل مصحوب بعلم الوصول ومفاد ذلك أنه إذا قضت المحكمة بالإحالة فعليها أن تحدد للخصوم الجلسة التي يحضرون فيها أمام المحكمة التي أحيلت إليها الدعوى ويعتبر الطلاق بقرار الإحالة إعلاناً للخصوم الذين حضروا إحدى الجلسات أو قدموا مذكرة بدفاعهم ما لم يكن قد انقطع تسلسل الجلسات لأي سبب بعد حضورهم أو تقديم المذكرة فعندئذ على قلم الكتاب

إعلان الخصم الغائب بقرار الإحالة بكتاب مسجل بعلم الوصول. لما كان ذلك وكان الثابت بمحضر جلسة 1987/10/11 في الدعوى رقم 616 لسنة 1984 الأقصر الابتدائية أن وكيل المطعون ضدهم من الثالث للأخير مثل المدعين بتلك الجلسة وصدر قرار الإحالة في حضوره وحدد للدعوى جلسة 1987/11/22 أمام محكمة الإحالة ثم تأجلت لجلسة 1987/12/20 وحضر وكيل المدعين هاتين الجلستين ثم تخلف عن الحضور في جلسة 1988/1/3 فقررت المحكمة الشطب ومن ثم فإنه لا يلزم قلم الكتاب بإخطار المدعين بالجلسة التي أحيلت إليها الدعوى لحضورهم وقت صدور القرار ومثولهم أمام المحكمة المحال عليها الدعوى فإذا أقام الحكم المطعون فيه قضائه بإلغاء الحكم استناداً إلى أنه لم يتم إخطار المستأنفين المطعون ضدهم من الثالث للأخيرة بقرار الإحالة يكون قد خالف القانون ويستوجب نقضه.

الفصل الثاني
الإدخـــال والتدخـل

المادة الخامسة والسبعون

للخصم أن يطلب من المحكمة أن تدخل في الدعوى من كان يصح اختصامه فيها عند رفعها وتتبع في اختصامه الأوضاع المعتادة في التكليف بالحضور. وتحكم المحكمة في موضوع طلب الإدخال والدعوى الأصلية بحكم واحد كلما أمكن ذلك. وإلا فصلت المحكمة في موضوع طلب الإدخال بعد الحكم في الدعوى الأصلية.

1/75 - طلب الإدخال من أي من المتداعيين يكون كتابة أو مشافهة أثناء الجلسة وفق المادة (77).

2/75 - يقصد بمن يصح اختصامه في القضية عند رفعها من يصح كونه مدعياً أو مدعى عليه ابتداء ويشترط أن يكون هناك ارتباط بين طلبه والدعوى الأصلية.

3/75 - لا يقبل طلب الإدخال بعد قفل باب المرافعة وفق المادة (77).

4/75 - إذا أجلت المحكمة الفصل في موضوع طلب الإدخال بعد الحكم في الدعوى الأصلية فيكون الحكم فيه من قبل ناظر الدعوى الأصلية، أو خلفه.

الإدخال بمعرفة الخصوم:

يحق لأطراف الخصومة الأصلية توجيه طلب إلى المحكمة بإدخال خصم جديد في الدعوى والحكمة وذلك رغبة من المنظم في أن يمنح المتداعيين في الدعوى وسيلة مختصرة وسريعة يمكن عن طريقها اختصام شخص كان في استطاعتهم أن يرفعوا الدعوى عليه بالطريق العادي من أول الأمر.

شروط الإدخال بمعرفة المتداعين وآثاره:

(أ) أن يكون الخصم المراد إدخاله في الدعوى ممن كان يصح اختصامه فيها عند رفعها وبمفهوم المخالفة لا يجوز أن يجبر على الدخول في الدعوى إلا من كان في الإمكان اختصامه عند رفع الدعوى ليقضي ضده بثبوت الحق المتنازع فيه.

(ب) المرافعة فيها، يجوز الإدخال في أية حال تكون عليها الدعوى وإلى حين إقفال باب المرافعة فيها، إذ بإقفال باب المرافعة في الدعوى لا يصح التقدم بأي طلب جديد، ولا يجوز الإدخال أمام محكمة التمييز وذلك بكونها محكمة اعتراض على الأحكام، إذ لا يجوز إدخال من لم يكن خصماً في الحكم المعترض عليه م (174).

(ج) ألا يكون ممثلاً في الدعوى الخصم الذي تم طلب إدخاله في الدعوى، لأن بتمثيله في الدعوى يكون الحكم حجة عليه وينعدم المبرر لإدخاله.

(د) أن يتوافر الارتباط بين طلب الإدخال والدعوى الأصلية - م (2/75) لائحة تنفيذية - كأن يكون الحكم الذي يصدر في الدعوى الأصلية مساس بمصلحة الخصم المدخل.

(هـ) وأن يكون الغرض من طلب الإدخال إمكان التمسك بالحكم الذي يصدر في الدعوى ضد من تم إدخاله.

(و) يتبع في الإدخال بمعرفة المتداعيين بالإجراءات المعتادة بصحيفة تبلغ للخصوم قبل يوم الجلسة، أو بطلب يقدم شفاهةً، م (77).

(ز) تختص المحكمة المختصة بنظر الدعوى الأصلية بنظر طلب الإدخال مع مراعاة قواعد الاختصاص، وذلك وفق ما أوضحته اللائحة التنفيذية المادة (4/76): «إذا لم يمكن للمحكمة الجزئية الحكم في القضية إلا بإدخال طرف ثالث لا تختص بنظر الدعوى ضده اختصاصاً نوعياً فعليها إحالة الدعوى الأصلية وطلب الإدخال إلى المحكمة العامة».

(ح) أن يتم تبليغ الخصم المدخل وفقاً لقواعد التبليغ، مع سريان قواعد الغياب عليه.

(ي) ويترتب على الإدخال أن يصبح المدخل خصماً في الدعوى الأصلية، ويتعين عليه أن يحضر ويبدي دفاعه فيها وأن يتابع سيرها، فإذا لم يحضر تابعت الدعوى جلساتها، وحكمت المحكمة فيها، ويحق له الاعتراض على الحكم وفقاً لقواعد الاعتراض على الأحكام لكونه خصما في الدعوى.

(ك) وفقاً لما أوضحته اللائحة التنفيذية م (4/75) إذا أجلت المحكمة الفصل في موضوع طلب الإدخال.............. الخ.

كيفية التدخل ووقته والحكم فيه:

يتم التدخل إما كتابة بموجب صحيفة إدخال تعلن للخصم المدخل قبل يوم الجلسة وذلك في المواعيد وبالأوضاع المقررة في أوراق التكليف بالحضور مع إضافة موضوع الدعوى، وإما أن يقدم المتدخل طلبه شفاهةً في الجلسة أثناء انعقادها، م (1/75) لائحة تنفيذية، ويجوز إبداء طلب الإدخال في أي وقت تكون عليها الدعوى لحين إقفال باب المرافعة فيها، ولا يقبل بعد إقفال باب المرافعة في الدعوى إلا إذا أعيد فتح باب المرافعة لأي سبب من الأسباب يسترد المتداعيين حريتهم في طلب الإدخال ويتم الحكم في موضوع طلب الإدخال مع الحكم في الدعوى الأصلية، وأما الفصل فيه بعد الحكم في الدعوى الأصلية.

أحكام محكمة النقض:

متى أدخل الخصم الجديد في الدعوى اعتبر طرفاً فيها وكان عليه أن يحضر ليبدي دفاعه وأن يتابع سيرها وأن يطعن في الحكم الصادر فيها بالطرق المقررة لذلك كما يكون للخصوم الأصليين الطعن في الحكم الذي قد يصدر لصالحه.

جلسة 1956/6/21 السنة 7 ص 751

مناط تحديد الخصم. توجيه الطلبات إليه في الدعوى. إدخال شخص ما في الدعوى لإلزامه بتقديم محرر تحت يده يعتبر من إجراءات الإثبات ولا يعتبر المدخل رغم ذلك خصماً بالمعنى الصحيح.

جلسة 1995/7/3 الطعن رقم 1419 لسنة 55 قضائية

ولما كان مناط تحديد الخصم هو توجيه الطلبات إليه في الدعوى، وكان إدخال شخص ما في الدعوى لإلزامه بتقديم محرر تحت يده يعتبر بمثابة إجراء من إجراءات الإثبات المؤيدة إلى إيجاد حل للنزاع ولا يؤدي إلى اعتبار المدخل طرفاً في الخصومة إنما يبقى رغم ذلك من الغير بالنسبة لها ولا يعتبر خصماً بالمعنى الصحيح.

وكان اختصام الغير في الدعوى لا يتحقق إلا باتباع الإجراءات المعتادة لرفع الدعوى قبل يوم الجلسة المحددة لنظرها مع مراعاة مواعيد الحضور.

ولما كان الثابت بالأوراق أن المطعون ضدها الأولى رفعت الدعوى ابتداء ضد المدعون ضدها الثانية طالبة الحكم عليها بالتعويض عن العجز في البضاعة المنقولة وأدخلت الطاعنة في الدعوى لتقدم ما تحت يدها من مستندات تثبت مسئولية المطعون ضدها الثانية ثم تقدمت في فترة حجز الدعوى للحكم بمذكرة طلبت فيها بصفة احتياطية الحكم على الطاعنة بذات الطلبات التي رفعت بها الدعوى باعتبارها الناقلة والمسئولة عن تعويض العجز

في البضاعة المنقولة فقبلت محكمة أول درجة ذلك رغم تمسك الطاعنة بعدم جواز اختصاصها على هذا النحو وانتهت المحكمة في أسباب حكمها إلى اعتبار الطاعنة هي الناقلة والمسئولة عن العجز في البضاعة ثم قضت بعدم اختصاصها ولائياً بنظر الدعوى وإحالتها إلى هيئات التحكيم، فإن المحكمة تكون قد فصلت في دعوى لم ترفع إليها بالطريق الذي رسمه القانون وكان يتعين عليها أن تقضي من تلقاء نفسها بعدم قبول الدعوى لتعلق إجراءات التقاضي بالنظام العام وإذا أيد الحكم المطعون فيه الحكم الابتدائي مخالفاً هذا النظر فإنه يكون قد خالف القانون بما يستوجب نقضه دون حاجة لبحث باقي أسباب الطعن.

جلسة 1985/1/14 الطعن رقم 1922 لسنة 50 قضائية

إدخال خصم جديد في الدعوى. عدم اتباع الإجراءات المعتادة في إدخاله. عدم قبوله. جواز التمسك بذلك في أية حالة كانت عليها الدعوى ولو لأول مرة أمام محكمة النقض لتعلقها بالنظام العام.

جلسة 1997/5/15 الطعن رقم 4513 لسنة 66 قضائية

وكان المطعون ضدهم الأوائل المضرورون حين رأوا تعديل دعواهم أمام محكمة أول درجة باختصام الطاعن بصفته (شركة التأمين المؤمن لديها) قد كتفوا - على ما هو ثابت في الأوراق - بإثبات طلباتهم في محضر جلسة دون الالتزام باتباع الطريق الذي رسمته المـادة............، وكان من المقرر أنه يشترط لكي ينتج الإجراء أثره أن يكون قد تم وفقاً للقانون الأمر الذي لم يتوافر لإجراء إدخال الطاعن بصفته في الدعوى، بما ينبني عليه عدم صحة اختصامه أمام محكمة أول درجة وبالتالي فإنه لا يعد خصما مدخلاً في الدعوى في هذه المرحلة من التقاضي.

جلسة 1998/3/19 الطعن رقم 10922 لسنة 66 قضائية

المادة السادسة والسبعون

للمحكمة من تلقاء نفسها أن تأمر بإدخال من ترى إدخاله في الحالات الآتية:

أ - من تربطه بأحد الخصوم رابطة تضامن أو حق أو التزام لا يقبل التجزئة.

ب - الوارث مع المدعي أو المدعى عليه، أو الشريك على الشيوع لأي منهما إذا كانت الدعوى متعلقة بالتركة في الحالة الأولى، أو الشيوع في الحالة الثانية.

ج - من قد يضار بقيام الدعوى أو بالحكم فيها إذا بدت للمحكمة دلائل جدية على التواطؤ أو الغش، أو التقصير، من جانب الخصوم.

وتعين المحكمة ميعاداً لحضور من تأمر بإدخاله، وتتبع الأوضاع المعتادة في التكليف بالحضور.

1/76 - لناظر الدعوى أن يأمر بإدخال من يرى في إدخاله مصلحة وإظهاراً للحقيقة.

2/76 - إذا رأى ناظر الدعوى إدخال من يقيم خارج ولايته المكانية، فله أن يستخلف محكمة مقر إقامته.

3/76 - ليس للمحكمة الجزئية إدخال من تكون الدعوى ضده خارج اختصاصها النوعي.

4/76 - إذا لم يمكن للمحكمة الجزئية الحكم في القضية إلا بإدخال طرف ثالث لا تختص بنظر الدعوى ضده اختصاصاً نوعياً فعليها إحالة الدعوى الأصلية وطلب الإدخال إلى المحكمة العامة.

5/76 - للمحكمة إبعاد من رأت إدخاله، ولمن أبعدته المحكمة طلب التدخل، كما للخصم طلب إدخاله.

6/76 - إذا أقيمت دعوى على شخص بعين تحت يده ثم ادعى بيعه العين بعد تبليغه بإقامة الدعوى كلف بإحضار المشتري فإن صادقه المشتري حل محله في الدعوى، واستمر القاضي في نظر القضية ولو كان المشتري يقيم في بلد آخر.

7/76 - إذا توجه الحكم في قضية ضد بيت مال المسلمين، فللمحكمة إدخال مندوب من قبل وزارة المالية والاقتصاد الوطني للدفاع عن بيت المال، حسب التعليمات المنظمة لذلك، ورفع الحكم إلى محكمة التمييز.

8/76 - إذا كان المبلغ المدعى به محفوظاً لدى بيت مال المحكمة وتوجه الحكم به، فللمحكمة إدخال مأمور بيت مال المحكمة والحكم عليه، ورفع الحكم إلى محكمة التمييز إلا ما استثني من الفقرتين (أ- ب) من المادة (179).

الإدخال بمعرفة المحكمة:

يتحقق الإدخال هنا بناء على أمر من المحكمة، أي من تلقاء نفسها وفقاً للحالات الواردة في الفقرات (أ، ب، ج).

حالات الإدخال بمعرفة المحكمة:

(أ) من تربطه بأحد الخصوم رابطة تضامن أو حق أو التزام لا يقبل التجزئة.

مثال ذلك: اختصام بقية المدينين المتضامنين عند اختصام أحدهم أو اختصام الكفيل المتضامن. اختصام بقية أصحاب الحقوق غير القابلة للتجزئة عند قيام الدعوى ضد أحدهم بهذا الحق. ولقد قضت المحاكم في المملكة بتضامن المدعى عليهما في القضية لأن البنك جعل المسئولية عليهما وأعطى كل واحدٍ منهما مفتاحاً لا تفتح الخزنه إلا بهما جميعاً ومن هم متضامنين لا يبرآن إلا بتسليم كامل المبلغ معاً أو من أحدهما وذلك في الواقعة محل الحكم التالي ذكره:

الحمد لله والصلاة والسلام على نبينا محمد وعلى آله وصحبه وبعد:

فقد اطلع مجلس القضاء الأعلى بهيئته الدائمة على الأوراق المتعلقة بالسجين .... والمعادة رفق كتاب فضيلة رئيس المحكمة الكبرى بخميس مشيط رقم 890 في 1421/1/24هـ وسبق للمجلس أن درس صك الحكم الصادر فيها برقم 4/198/ في 1417/7/16هـ من فضيلة القاضي بمحكمة خميس مشيط الشيخ عبد الواحد القحطاني فوجد يتضمن دعوى وكيل رئيس مجلس إدارة البنك .... ضد ...... و .... قائلاً إن المذكورين كانا يعملان في البنك قسم الحوالات السريعة وقاما باختلاس مبلغ قدره مليون وسبعمائة وخمسة وستون ألفاً وتسعمائة ريال من صندوق البنك الذي مفاتيحه معهما وطلب الحكم عليهما بإعادة ما اختلساه.

وقد أجاب .... بأن ما ذكره المدعي وكالة في دعواه صحيح من حيث عملي في البنك كما صادق بأن المبلغ المذكور بدعوى المدعي وكالة كان في خزنة البنك ومفاتيحها إحداهما معه والآخر مع .... وقال عندما يرسل مبلغاً لمؤسسة النقد أسلم المفتاح الذي معي بصفته مدير الفرع والمفتاح الذي معي بصفته مدير الفرع والمفتاح الذي معي ومعه لا تفتح الخزنة إلا بهما جميعاً فإذا كان هو الذي سحب من الخزنة فأنا لا أعلم عنه شيئاً ولم أختلس شيئاً وأجاب المدعى عليه .... بمصادقته على وجود المبلغ في صندوق البنك الذي يفتح بمفتاحين أحدهما معه والآخر مع زميله .... وقال عندما أخذت إجازة سلمت المفتاح الآخر لزميلي وعندما أخبرت بوجود نقص في الخزنة سافرت إلى مصر خوفاً من تشويه سمعتي ولم أختلس شيئاً من المبلغ المدعى به.

وبسؤال .... هل استلم مفتاح الخزنة من زميله أثناء مغادرته عمله أجاب بأنه لا صحة لما ذكر وبطلب البينة من .... التي تثبت تسليمه مفتاح الخزنة لزميله قال ليس لدي بينة فعرض عليه يمين .... فامتنع من قبول يمينه مع استعداد .... بأداء اليمين.

واطلع القاضي على إقرار .... بالملف جاء فيه أنه مكَّن زميله من رقمه السري الخاص به مفتوحاً ليتمكن من سحب المبلغ الذي سيوصله للمؤسسة وأنه يقر بتصرفه بفتح الخزنة لوحده وإن ما حدث من اختلاس هو نتيجة إهمال منه ومن زميله وهما المسئولان عن ذلك ومصدق من قاضي المحكمة المستعجلة.

وبعرضه على .... صادق عليه وقال صدر مني بالإكراه ولا بينة له على ذلك كما اطلع القاضي على إقرار .... بتمكين زميله بترك رقمه السري مفتوحاً ليتمكن من فتح الخزنة بإرسال (الكاش) إلى المؤسسة وكذلك أقوم أنا بفتح الخزنة أثناء غيابه لأنه ترك له رقمه السري مفتوح والتعليمات لا تسمح بذلك وأن ما حدث من اختلاس نتيجة إهمال ويتحمل مسؤولية إهمال ومصدق من قاضي المحكمة المستعجلة وبعرضه على .... اعترف به إلا أنه مكره عليه ولا بينة له على ذلك.

وبناء على الدعوى وإنكار المدعى عليهما اختلاس المبلغ المدعى به من صندوق البنك الذي بعهدتهما ولأنه جاء في إقراراهما المصدقين شرعاً بأن ما حصل من اختلاس للمبلغ كان بسبب إهمالهما ولوجود قرائن تدل على إدانتهما لا سيما سفر .... خارج المملكة في المدة من تاريخ 10/24 إلى 1416/10/27هـ وهي المدة التي اكتشف فيها اختلاس المبلغ ولقوله صلى الله عليه وسلم (على اليد ما أخذت حتى تؤديه) فقد ألزم القاضي المدعى عليهما بدفع المدعى به مناصفة وبهذا حكم وبرفعه لمحكمة التمييز لوحظ عليه بأن .... كتب بخط يده اعترافه باختلاس المبلغ وعلى القاضي التقصي وسماع البيانات.

فرصد القاضي الاعتراف وهو يتضمن إقرار .... أنه أخذ المبلغ وسافر به وقال في آخره أرجو أن يكون هذا الاعتراف مقنع ومرض لكم لأسلم من تهديدكم وتعذيبكم لأنني تعذبت بما فيه الكفاية وأريد السجن في أسرع وقت. أ.هـ

وعرض القاضي الاعتراف عليه فقال اعترفت بعد التهديد والتعذيب والظلم ولا بينة له على ذلك كما اطلع على المحضر المثبت لفتح الخزنة ووجود النقص وحضر للقاضي شاهدان شهدا بموجبه لذا ثبت لدى القاضي باعتراف .... والذي ادعى التعذيب عليه ولم يثبت ذلك كما ثبت لديه بشهادة الشاهدين ممن حضرا فتح الخزنة بأن المبلغ الناقص بعد مطابقته على سجلات المدعى عليهما هو المبلغ المدعى به لذا ألزم المدعى عليه .... بدفع المبلغ المذكور لصندوق البنك وعدل عن حكمه على .... بمشاركته للمدعى عليه وحكم بإخلاء سبيله .

وبرفعه لمحكمة التمييز صدق بالأكثرية برقم 1/4/44 في 1419/1/16هـ فتشكي المحكوم عليه فجرى إحالة المعاملة للمجلس فأصدر قراره رقم 3/429 في 1420/8/9هـ المتضمن أنه لوحظ ما يلي أولاً: المدعى عليهما معترفان في الصك أن المبلغ كان في خزنة البنك ومفتاحها لديهما وحدهما ثانياً: الاعتراف المنسوب للمدعى عليه .... المرصود في الصك صرح في آخره أنه اعترف به ليسلم من التهديد والتعذيب وإنه تعذب ما فيه الكفاية ومثل هذا الاعتراف إذا ثبت الإكراه لا يبنى عليه حكم ثالثاً: اعترف المدعى عليهما أن المتعين أنه لا يتم فتح الخزانة إلا بمفتاحين معهما وبحضورهما معاً واعترفا بأنهما فرطا في ذلك فيكون كل واحد منهما مخالفاً بفتحة الخزانة وحده ولذا فإن كل واحد منهما يتعلق به حق البنك لأن كل واحد منهما يصح أن يقال عنه إنه سلط الآخر على الصندوق فيتحملان مجتمعين ومستقلين ما نقص من مال.

لذا فإن مجلس القضاء الأعلى بهيئته الدائمة يقرر إعادة المعاملة لفضيلة القاضي لمراجعة حكمه وتأمل ما ذكر وتقرير ما يلزم شرعاً على ضوء ما ذكر وباطلاع فضيلته ألحق في الصك أنه تأمل فيما أجراه وأنه لوجاهة ما جاء بقرار المجلس ولأن اعتراف المدعى عليه .... بأخذ المبلغ والسفر به

وصرفه خلال يومين حجة قاصرة على نفسه لا تنفي التهمة عن المدعى عليه .... وتواطئه معه في هذه الجريمة ولما جاء بإفادة المدعى عليه .... بأنه لم يعترف إلا بعد التهديد والتعذيب وليس لديه بينة على ذلك.

لذا قرر العدول عن حكمه بإخلاء سبيل المدعى عليه ...... والرجوع إلى حكمه السابق بإلزام المدعى عليهما بدفع كامل المبلغ المدعى به وقدره مليون وسبعمائة وأربعة وستون ألفاً مناصفة بينهما للبنك وبهذا حكم فلم يقنع المدعى عليهما وأعاد المعاملة للمجلس فأصدر قراره رقم 33/111 في 1421/2/9هـ المتضمن أنه بتأمل ما تقدم وما ألحقه القاضي أخيراً بإلزام المدعى عليهما بدفع المبلغ مناصفة ونظراً لأن البنك جعل المسئولية عليهما وأعطى كل واحد منهما مفتاحاً لا تفتح الخزنة إلا بهما جميعاً وما حصل بعملهما جميعاً والمناصفة بالمسؤولية كما قرره القاضي تجعل كل واحد منهما مستقلاً والأمر خلاف ذلك.

وقرر المجلس إعادة المعاملة لفضيلة ناظر القضية لملاحظة ما ذكر لأنهما بمنزلة المتضامنيين لا يبرأ أحدهما غلا بتسليم كامل المبلغ منهما معاً أو من أحدهما وباطلاع فضيلته ألحق في الصك رجوعه عن حكمه السابق وألزم المدعى عليهما بدفع المبلغ المذكور للبنك متضامنين لا يبرأ أحدهما إلا بتسليم كامل المبلغ معاً أو من أحدهما وألحق ما ذكر بضبط الصك وسجله وإعادة المعاملة للمجلس حسبما مر في أول هذا القرار وبتأمل ما تقدم وما ألحقه القاضي أخيراً فإن مجلس القضاء الأعلى بهيئته الدائمة يقرر أنه لم يظهر له ما يعتد به على رجوعه عن حكمه السابق كما يقرر الموافقة على حكمه الأخير، والله الموفق وصلى الله على محمد.

(ب) الوارث مع المدعي أو المدعى عليه، وذلك إذا كانت الدعوى متعلقة بالتركة.

مثال ذلك اختصام بقية الورثة في دعوى ترفع ضد أحدهم وتكون

ناشئة عن التزامات المورث.

والشريك على الشيوع للمدعي أو المدعى عليه إذا كانت الدعوى متعلقة بالشيوع القائم بينهما. مثال اختصام بقية الملاك على الشيوع في دعوى إنهاء الشيوع.

(ج) من قد يضار بقيام الدعوى أو بالحكم فيها إذا بدت للمحكمة دلائل جديدة على التواطؤ أو الغش أو التقصير من جانب الخصوم.

ومن الصور التي قد يضار فيها الغير من قيام الدعوى أو من الحكم فيها ويجوز معها إدخال هذا الغير اختصام المدين المحجوز على ماله في الدعوى التي يرفعها الحاجز بالمنازعة في تقرير المحجوز لديه، اختصام الدائن المرتهن في دعوى ترفع بملكية العقار المرهون، اختصام الدائن المرتهن لجزء من عقار على الشيوع في دعوى ترفع بطلب قسمة هذا العقار.

وإذا أمرت المحكمة بإدخال خصم في الدعوى، حددت ميعاداً لحضور، مع تكليف المتداعيين بتنفيذ قرار الإدخال، وهذا يعني أنه يتعين على المحكمة القيام بتأجيل الدعوى إلى أجل تحدده لحضور الخصم مع مراعاة مواعيد الحضور.

ومن الأهمية بمكان وفقاً لما أوضحته اللائحة التنفيذية م (5/76) «للمحكمة إبعاد من رأت إدخاله» يحق لها العدول عن قرار الإدخال بوساطتها إذا تبين لها عدم جدوى الإدخال، وإن كان يحق لأطراف التداعي إدخال، كما يحق لمن أُبعد طلب التدخل اختيارياً.

أحكام محكمة النقض:

إذا تبين للمحكمة أن الفصل في الدعوى لا يحتمل إلا حلاً واحداً ووجوب إدخال آخرين في الدعوى يربطهم بأحد الخصوم حق أو التزام لا يقبل التجزئة وجب على المحكمة استعمال سلطتها. بأن تأمر الطرف الذي

372

تقرر أن الإدخال في صالحه بالقيام بإجراءات الإدخال.

جلسة 1996/6/11 الطعن رقم 1685 لسنة 60 قضائية

متى كان يبين من الحكم المطعون فيه أن المطعون ضدها الأولى لم توجه طلبات إلى المطعون ضده الثاني ولم يقض له أو عليه بشيء وقضى الحكم بإخراجه من الدعوى بلا مصاريف فإن اختصامه في الطعن لم يكن له محل ويكون الطعن غير مقبول بالنسبة له.

جلسة 1974/5/25 سنة 25 ص 935

الخصومة في الطعن أمام محكمة النقض لا تكون إلا بين من كانوا خصوماً في النزاع الذي فصل فيه بالحكم المطعون فيه. وإذ كان الثابت أنه لم يطلب من محكمة أول درجة الحكم على المطعون ضدهما التاسع والعاشر بشيء، وقضت تلك المحكمة بإخراجهما من الدعوى. وأمام محكمة ثاني درجة لم يطلب المستأنف سوى الحكم في مواجهتهما، ثم لم تقض تلك المحكمة لهما أو عليهما بشيء، وبالتالي فإنهما ليسا من الخصوم الحقيقيين في الدعوى الصادر فيهما الحكم المطعون فيه واختصامهما في الطعن يكون في غير محله.

جلسة 1974/12/30 سنة 25 ص 1507

لا يجوز أن يختصم أمام محكمة النقض من لم يكن خصماً في النزاع الذي فصل فيه ولا يكفي لاعتباره كذلك أن يكون مختصماً أمام محكمة أول درجة. وإذا كان الثابت أن محكمة الاستئناف قد قضت بحكم سابق على الحكم المطعون فيه، ببطلان الاستئناف بالنسبة للمطعون عليه الثالث، وبذلك لم يعد خصماً في النزاع الذي فصل فيه الحكم المطعون فيه فإن الطعن بالنقض يكون غير مقبول بالنسبة له.

جلسة 1969/1/30 سنة 20 ص 193

المادة السابعة والسبعون

يجوز لكل ذي مصلحة أن يتدخل في الدعوى منضماً لأحد الخصوم أو طالباً الحكم لنفسه بطلب مرتبط بالدعوى، ويكون التدخل بصحيفة تبلغ للخصوم قبل يوم الجلسة، أو بطلب يقدم شفاهةً في الجلسة في حضورهم، ويثبت في محضرها ولا يقبل التدخل بعد إقفال باب المرافعة.

1/77 - يرجع في تقدير مصلحة المتدخل إلى نظر القاضي.

2/77 - للمتدخل سائر الحقوق التي لأطراف الدعوى الأصلية.

3/77 - يشترط لتدخل ذي المصلحة طالباً الحكم لنفسه أن يكون هناك ارتباط بين طلبه والدعوى الأصلية.

4/77 - إذا كان التدخل مكتوباً فلا يلزم التقيد بالمدد المنصوص عليها في إجراءات التبليغ، بل يكفي ولو قبل يوم من الجلسة.

التدخل:

إن الغرض الذي ابتغاه المنظم من إجازة إجراء التدخل - وهو اختيارياً - من تمكين الأشخاص الخارجين عن الخصومة من أن يتدخلوا تأييداً لأحد أطراف الخصومة وهو ما يمكن أن يطلق عليه التدخل الانضمامي، وأما أن يتدخلوا طالبين الحكم لأنفسهم في مواجهة الخصوم، فهو ما يمكن أن يطلق عليه التدخل الهجومي.

أولاً: التدخل الانضمامي:

ويتحقق عندما يتدخل الشخص الخارج عن الخصومة في الدعوى تأييداً لأحد أطراف التداعي بقصد بتأييد دفاعه في مواجهة خصمه.

مثال ذلك: تدخل الضامن في الدعوى بين مضمونه والغير ليعينه على كسبها فيتخلص من التزامه بالضمان.

ثانياً: التدخل الهجومي أو الاختصاصي:

ويتحقق عندما يكون دافع الشخص على التدخل هو مصلحته الخاصة ضد أطراف التداعي بطلبه الحكم لنفسه وإن ارتبط بالدعوى المنظورة أمام المحكمة.

مثال ذلك: تدخل الشخص الذي يطالب بملكية عين متنازع فيها بين طرفي الخصومة.

طبيعة التدخل:

يعتبر التدخل طلباً عارضاً بالنسبة للدعوى الأصلية لكون اشتراط المادة أن يكون طلب المتدخل مرتبط بالدعوى الأصلية ويترتب على ذلك:

أولاً: لا يقبل طلب التدخل في الدعوى الأصلية بعد إقفال باب المرافعة فيها م(158).

ثانياً: أن يكون طلب التدخل مرتبط بالدعوى الأصلية، وإن كان يتحقق في التدخل الانضمامي بتأييد طلبات أحد أطراف التداعي، ويتحقق أيضاً في التدخل الهجومي من توافر الارتباط بينه وبين الدعوى الأصلية م (3/77) لائحة تنفيذية، ويتم تقدير توافر الارتباط من عدمه بوساطة القاضي.

ثالثاً: تنظر محكمة الدعوى الأصلية طلب التدخل وتفصل فيه وفق صحيح النظام مع مراعاة قواعد الاختصاص النوعي، فإذا قدم طلب التدخل وأصبح بوجوده المحكمة غير مختصة نوعياً بالدعوى تعين على المحكمة الحكم بعدم الاختصاص النوعي والإحالة للمحكمة المختصة وفق ما أوضحته اللائحة التنفيذية (6/78) تعين إحالة الدعوى للمحكمة.

شروط التدخل في الدعوى:

أولاً: الشروط العامة:

يشترط في طالب التدخل أن يتوفر لديه المصلحة والصفة والأهلية

لكون طلبه معتبراً أصلياً بالنسبة له، وبذلك إذا فقد طالب التدخل أحد الشروط السابقة يحق الدفع بعدم قبول تدخله م (72) لانعدام المصلحة أو الصفة أو الأهلية.

ثانياً: الشروط الخاصة:

(أ) أن يكون طلب التدخل - في التدخل الهجومي - مرتبط بالدعوى الأصلية وفق ما أوضحته اللائحة التنفيذية م (3/77) «يشترط لتدخل ذي المصلحة طالباً الحكم لنفسه أن يكون هناك ارتباط بين طلبه والدعوى الأصلية» ويرجع في تقدير توافر الارتباط من عدمه للقاضي.

(ب) ألا يكون طالب التدخل خصماً في الدعوى الأصلية أو ممثلاً فيها فلا يجوز لأحد أطراف التداعي التدخل فيها بصفة أخرى.

(ج) تتبع طلب التدخل مصير الدعوى الأصلية وهو إن كان متحقق في التدخل الانضمامي، إلا أنه يحتاج إلى تحديد في خصوص التدخل الهجومي.

يتحقق التدخل الهجومي بصورتين أولهما بصحيفة تبلغ للخصوم قبل يوم الجلسة، وثانيهما بطلب يقدم شفاهةً في الجلسة في حضورهم ويثبت في محضرها، وفي حالة عدم حضور أحد أطراف التداعي فيكون طلب التدخل في مواجهته وفقاً لما أوردنا في أولاً [1] لكن نفترض أن الدعوى الأصلية قد انقضت بين أطراف التداعي بأي سبب من أسباب انقضاء الدعوى.

ففي الحالة الأولى تفصل فيه المحكمة كدعوى عادية منظورة أمامها وفق الإجراءات أما في الحالة الثانية فيبقى ببقاء الدعوى الأصلية ويزول بزوالها.

وهذا ما أوضحته اللائحة التنفيذية م (1/78) «إذا قدم الطلب

---

(1)   فتحي والي. المرجع السابق: فقرة 208: 330.

العارض وفق الإجراءات المعتادة لرفع الدعوى صار بذلك دعوى مستقلة يلزم الحكم فيها، ولا يرد بالحكم في الدعوى الأصلية، بخلاف ما لو قدم مشافهة في الجلسة بحضور الخصوم فيكون تابعاً للدعوى، يبقى ببقائها ويزول بزوالها».

إجـراءات التـدخل:

يتم التدخل إما بصحيفة تبلغ للخصوم في الدعوى الأصلية قبل يوم الجلسة دون التقيد بمواعيد التبليغ وذلك وفق ما أوضحته اللائحة التنفيذية م (4/77) «إذا كان التدخل مكتوباً فلا يلزم التقيد بالمدد المنصوص عليها في إجراءات التبليغ، بل يكفي ولو قبل يوم من الجلسة». وإما أن يقدم المتدخل طلبه شفاهةً في الجلسة أثناء انعقادها وفي حضور خصمه ويثبت في محضرها، فإذا كان أحد الخصوم غائباً تعين إعلانه بصحيفة التدخل.

ويتم إبداء طلب التدخل في أي حالة تكون عليها الدعوى طالما تم قبل إقفال باب المرافعة فلو حجزت الدعوى للحكم ثم أعيد فتح باب المرافعة لأي سبب من الأسباب أمكن في ذلك تقديم طلب التدخل وفقاً للطرق النظامية.

تفصل المحكمة في موضوع طلب التدخل حسبما أوضحته اللائحة التنفيذية م (4/75) «إذا أجلت المحكمة الفصل في موضوع طلب الإدخال بعد الحكم في الدعوى الأصلية فيكون الحكم فيه من قبل ناظر الدعوى الأصلية أو خلفه».

ويتحدد ميعاد الاعتراض على الحكم الصادر بشأن طلب التدخل حسبما إذا صدر مع الحكم في الدعوى الأصلية فمن تاريخ؟ يبدأ ميعاد الاعتراض، إما إذا صدر الحكم في طلب لتدخل بعد صدور الحكم في الدعوى الأصلية فمن هذا التاريخ يبدأ ميعاد الاعتراض عليه وفقاً لقواعد الاعتراض على الأحكام.

آثار قبول التدخل:

(1) إذا كانت الدعوى الأصلية منظورة أمام المحكمة العامة أصبحت

مختصة بنظر طلب التدخل وذلك وفق ما أوضحته اللائحة التنفيذية م(6/78) «فعليها النظر والفصل فيه». أما إذا كان التدخل أمام المحكمة الجزئية فإنها تصبح مختصة بنظره بشرط ألا يكون خارج عن اختصاصها النوعي م(4/76) «إذ لم يمكن للمحكمة الجزئية الحكم في القضية إلا بإدخال طرف ثالث لا تختص بنظر الدعوى ضده اختصاصاً نوعياً فعليها إحالة الدعوى الأصلية وطلب الإدخال إلى المحكمة العامة».

فإذا قررت المحكمة إحالة الدعوى بحالتها م (6/11) لائحة تنفيذية بنصها: «في جميع الأحوال التي تستدعي إحالة المعاملة - قبل الحكم فيها - يكتفى في ذلك بخطاب من ناظر القضية»، ففي هذه الحالة لا يقبل الاعتراض على قرار الإحالة وفق صريح نص المادة (173) لكون قرر الإحالة لا يصطبغ بصبغة الأحكام. أما إذا صدر حكم بعدم الاختصاص والإحالة فمن حق الخصوم الاعتراض على الحكم في حدود شرعية المادة (175).

ولا يقبل الدفع بعدم الاختصاص المحلي من قبل المتدخل هجومياً، وإذا كان تدخله انضمامياً للمدعي في طلبات فلا يقبل منه الدفع بعدم الاختصاص المحلي، أما إذا كان تدخله للانضمام للمدعى عليه في طلباته فيجوز له التمسك بالدفع بعدم الاختصاص المحلي ما لم يكن قد سقط الحق في إبدائه وفقاً لحكم المادة (71).

(2) إذا كان التدخل انضمامياً لأحد أطراف التداعي، فلا يملك المتدخل إلا التمسك بأوجه الدفاع التي يحق أن يتمسك بها الخصم الأصلي في الدعوى، وعليه فالمتدخل ملزم أن يواجه الخصومة حسبما وصلت إليه، فلا يحق له التمسك بدفع قد سقط الحق في إبدائه أثناء نظر الدعوى وبعد تدخله في الدعوى. ويجوز للخصم المتدخل انضمامياً إبداء الطلب العارض إن توافر مقتضاه وذلك حسبما إذا كان تدخله انضمامياً للمدعي أم للمدعى عليه.

أما إذا كان تدخله هجومياً في الدعوى جاز له التمسك بكافة أوجه

الدفاع التي تعينه على كسب الدعوى لصالحه، ويحق له إبداء الطلبات العارضة المرتبطة بالدعوى الأصلية لكونه خصماً في الدعوى لصالحه، ويحق له إبداء الطلبات العارضة المرتبطة بالدعوى الأصلية لكونه خصماً في الدعوى وهذا ما أوضحته اللائحة التنفيذية م (3/77): «يشترط لتدخل ذي المصلحة طالباً الحكم لنفسه أن يكون هناك ارتباط بين طلبه والدعوى الأصلية».

(3) إذا كان التدخل في الدعوى: إما أن يكون انضمامياً أو هجوميا، وبقبول التدخل أصبح المتدخل خصما في الدعوى.

اشكالية: تثور الإشكالية عندما يتدخل الشخص الخارج عن الخصومة سواء أكان انضمامياً أم هجومياً بعد إجراءات الإثبات في الدعوى كندب خبير وأودع تقريره في الدعوى قبل إبداء التدخل بنوعيه.

نرى إذا كان التدخل انضمامياً فهذا لا يؤثر على سير الدعوى ولا يحق للمتدخل طلب اللجوء إلى إجراء من إجراءات الإثبات ثم اتخاذه قبل تدخله في الدعوى انضمامياً كطلب ندب خبير لمرة أخرى.

أما إذا كان التدخل هجومياً فيحق للمتدخل طلب اللجوء إلى إجراءات الإثبات مرة أخرى بعد تدخله لأن طلبه معتبراً طلباً أصلياً في الخصومة.

(4) يرتبط مصير طلب التدخل بمصير الدعوى الأصلية فإذا كانت المحكمة غير مختصة بنظرها أصبحت بالتالي غير مختصة بنظر طلب التدخل، ويسري هذا الحكم إذا تعرضت الخصومة لعدم القبول.

مسألة: إذ تعرضت الخصومة للترك أو الصلح فما تأثير هذا التدخل بنوعيه. إذا كان التدخل انضمامياً وأثبت الخصم المتدخل أن الترك أو الصلح تم بطريق التواطؤ إضراراً بحقوق، لم يؤثر هذا الترك أو الصلح على طلب التدخل ويتفق هذا الرأي وفق ما أوضحته اللائحة التنفيذية م(3/67) «إذا ثبت للقاضي أن الاتفاق المقدم من الخصوم فيه كذب أو احتيال فيرد الاتفاق وفق ما تقتضيه المادة (4)».

أما إذا كان التدخل هجومياً فيبقى طلب التدخل دون أن يتأثر بما تم في الدعوى الأصلية وتفصل المحكمة على ضوء ذلك.

(5) الحكم الصادر بالنسبة لطلب التدخل الانضمامي والهجومي:

ينبغي التفرقة بين الحكم الصادر في التدخل الانضمامي فيقتصر على قبول التدخل أو رفضه، أما بالنسبة للحكم الصادر في الموضوع فيقتصر على موضوع الدعوى الأصلية. أما بالنسبة للحكم الصادر في التدخل الهجومي فالمحكمة تفصل في موضوعه إلى جانب موضوع الدعوى الأصلية.

أحكام محكمة النقض:

التدخل في الدعوى المبني على إدعاء المتدخل ملكيته العقار موضوع النزاع وطلبه رفض الدعوى استناداً لذلك. هو في حقيقته وحسب مرماه تدخل هجومي وإن لم يطلب المتدخل صراحة الحكم له بالملكية لاعتبارها مطلوبة ضمناً. وصف المتدخل أمام محكمة أول درجة هذا التدخل خطأ بأنه انضمامي. القضاء بقبول التدخل بوصفه الخطأ شكلاً وبرفض الدعوى استئناف المتدخل هذا الحكم. اعتبار تدخله بتكييفه الصحيح معروضاً على محكمة الاستئناف إعمالاً للأثر الناقل للاستئناف. طلب المتدخل تصحيح وصف ندخله إلى أنه تدخل هجومي. القضاء بعدم قبول هذا الطلب تأسيساً على أنه طلب من المتدخل للتدخل الهجومي لأول مرة الاستئناف. خطأ.

جلسة 1996/6/13 الطعن رقم 10187 لسنة 64 قضائية

التدخل الأصلي والتدخل الهجومي. العبرة في وصف نوع التدخل هي بحقيقة تكييفه القانوني. تمسك طالبة التدخل في دعوى صحة التعاقد بملكيتها للأطيان المبيعة تدخل اختصامي. عدم جواز الحكم بصحة التعاقد أو قبول الصلح بشأنه قبل الفصل في موضوع طلب التدخل.

جلسة 1992/2/23 الطعن رقم 2152 لسنة 51 قضائية

التدخل الانضمامي. قبوله لا يطرح على المحكمة طلباً خاصاً بالمتدخل لتقضي فيه بل يظل عملها مقصوراً على الفصل في الموضوع الأصلي المردد بين طرفي الدعوى.

جلسة 1992/7/30 الطعن رقم 698 لسنة 57 قضائية

التدخل في الدعوى. صيرورة المتدخل سواء كان للاختصام أو الانضمام طرفاً في الدعوى. الحكم الصادر فيها حجة له أو عليه.

جلسة 1992/7/30 الطعن رقم 315 لسنة 59 قضائية

المتدخل هجومياً في مركز المدعي بالنسبة لما يبديه من طلبات. للمدعى عليه أن يقدم ما يشاء من الطلبات العارضة عليها.

جلسة 1987/12/29 سنة 38 المكتب الفني جـ2 ص 1200

التدخل الانضمامي. نطاقه. رفض المحكمة طلب التدخل والقضاء في الموضوع. أثره. عدم قبول الطعن فيه من طالب التدخل. علة ذلك. حقه في الطعن فيه من طالب التدخل. علة ذلك. حقه في الطعن ينصرف إلى مسألة التدخل باعتباره محكوماً عليه فيها.

جلسة 1983/11/6 الطعن رقم 408 لسنة 50 قضائية

الحكم بإلحاق عقد الصلح بمحضر الجلسة. التدخل بطلب الحكم بما هو مرتبط بالدعوى. القضاء بقبول التدخل ورفض طلبات المتدخل والصلح بين طرفي الدعوى الأصلية.

اعتباره حكماً حائزاً لقوة الأمر المقضي بالنسبة لجميع أطرافه ومن بينهم المتدخل. جواز الطعن فيه من أيهم.

جلسة 1984/5/1 الطعن رقم 1925 لسنة 49 قضائية

العبرة في اعتبار التدخل هجومياً، أو انضمامياً إنما يكون بحقيقة

تكييفه القانوني لا بتكييف الخصوم له.

جلسة 1977/4/26 الطعن رقم 717 لسنة 43 قضائية

تمسك المتدخلة في دعوى صحة التعاقد بطلب رفض الدعوى لبطلان عقد البيع يعد
تدخلاً اختصامياً تطلب به المتدخلة لنفسها حقاً ذاتياً مرتبطاً بالدعوى الأصلية ويتعين على
المحكمة ألا تقضي بصحة التعاقد أو تقبل الصلح بشأنه إلا بعد الفصل في طلب التدخل رفضاً
أو قبولاً اعتباراً بأن هذا البحث هو مما يدخل في صميم الدعوى المطروحة.

جلسة 1975/12/12 سنة 26 ص 364

متى كانت محكمة أول درجة قد قضت في الشق الأول من الدعوى - بشأن صحة
ونفاذ عقد البيع - بإلحاق عقد الصلح بمحضر الجلسة وفي الشق الثاني - بشأن طلب التدخل
- بعدم قبول التدخل أخذاً بتخلف شرط الصفة والمصلحة في المؤسسة المتدخلة فإن محكمة
أول درجة تكون قد استنفدت ولايتها في النزاع القائم وقالت كلمتها في موضوع الدعوى
بشقيها وقضت بإلغاء حكم محكمة أول درجة وبقبول تدخل المؤسسة، فإنه يتعين عليها ألا
تقف عند هذا الحد بل تمضي في الفصل في موضوع طلب التدخل وتحقيق دفاع الخصوم في
الدعوى الأصلية ودفاع المتدخلة بشأنها.

جلسة 1975/12/12 سنة 26 ص 364

الفصل الثالث

الطلبات العارضة

المادة الثامنة والسبعون

تقدم الطلبات العارضة من المدعي أو المدعى عليه بصحيفة تبلغ للخصوم قبل يوم الجلسة، أو بطلب يقدم شفاهةً في الجلسة في حضور الخصم، ويثبت في محضرها، ولا تقبل الطلبات العارضة بعد إقفال باب المرافعة.

1/78 - إذا قدم الطلب العارض وفق الإجراءات المعتادة لرفع الدعوى صار بذلك دعوى مستقلة يلزم الحكم فيها، ولا يرد بالحكم في الدعوى الأصلية، بخلاف ما لو قدم مشافهة في الجلسة بحضور الخصوم فيكون تابعاً للدعوى، يبقى ببقائها ويزول بزوالها.

2/78 - لكل من الخصمين تقديم الطلبات العارضة قبل قفل باب المرافعة. ويعود هذا الحق لهما متى أعيد النظر في القضية بملحوظة من محكمة التمييز، أو مجلس القضاء الأعلى، أو بعد فتح باب المرافعة من القاضي نفسه بعد اطلاعه على ما يستدعي ذلك من لوائح المعارضة.

3/78 - لأي من الخصمين توجيه الطلب العارض للمحكمة في مواجهة الخصم الأصلي أو المتدخل بنفسه أو من أدخله الخصم الآخر أو من

أدخلته المحكمة.

4/78 - يشترط لقبول الطلب العارض أن يكون مرتبطاً بالدعوى الأصلية في الموضوع أو السبب.

5/78 - لا يكون الطلب العارض مقبولاً إذا اختلف مع الدعوى الأصلية في موضوعها وسببها معاً ، ومع ذلك فيلزم المحكمة الفصل بعدم قبوله، ثم السير في نظر الدعوى الأصلية.

6/78 - إذا قدم الطلب العارض للمحكمة العامة وهو ليس من اختصاصها مع اتصاله بالدعوى الأصلية القائمة في موضوعها أو سببها، فعليها النظر والفصل فيه، بخلاف المحكمة الجزئية فليس لها نظر أي طلب عارض لا يدخل في حدود اختصاصها وإذا لم يمكن الفصل في الدعوى الأصلية دون الطلب العارض تعين إحالة الدعوى للمحكمة العامة.

7/78 - يجوز تعدد الطلبات العارضة.

8/78 - تقدير قبول الطلب العارض ووجود الارتباط بينه وبين الدعوى الأصلية من اختصاص ناظر القضية وفي حال عدم قبوله فيسبب الحكم.

9/78 - الحكم برفض الطلب العارض خاضع لتعليمات التمييز.

10/78 - الحكم في موضوع الطلب العارض يمنع من إقامة دعوى مستقلة به، وإذا كان الحكم في الطلب العارض برفضه لعدم ارتباطه بالدعوى الأصلية فللخصم إقامته بدعوى مستقلة، لدى ناظر القضية الأصلية.

تعرضنا في هذا الباب لنظرية الدفوع الموجهة إلى موضوع النزاع والتي حددت مرماه صحيفة الدعوى من تحديد للخصوم - أطراف التداعي - وما يقدمه المدعى من طلبات وعسى ما يقدمه من طلبات أخرى. وما يقوم به المدعى عليه من تقديم دفاعه ودفوعه وهذا الأداء قد يتطور إلى أداء هجومي متمثل في تقديم الطلبات العارضة ضد باقي الخصوم.

ثم استعرضنا الإدخال والتدخل من جانب الغير سواء أكان الإدخال بناء على طلب أحد الخصوم أم بأمر من المحكمة، أعقب ذلك التدخل بنوعيه الانضمامي لأحد أطراف التداعي أو اختصامي (هجومي) بطلب المتدخل الحكم لنفسه.

الطلبات العارضة:

إن أصعب ما يواجه الباحث هو تحديد ماهية الإجراء المراد تعريفه ولكن سنتجه إلى تحديد ماهية الطلب عن طريق الوقت الذي يتم إبدائه فيه وتحديد مبديه. فالطلب العارض هو ما يطلبه أحد أطراف التداعي بعد تقديم الطلب الأصلي والذي تحتويه صحيفة الدعوى في مواجهة أطراف الخصومة.

والطلب العارض:

قد يبديه المدعي ويهدف منه تعديل موضوع أو سبب الدعوى م(79).

وقد يبديه المدعى عليه وهو يهدف إلى الحكم به على المدعي م(80).

وما يبديه أيهما من الطلبات الوقتية م (2/233) لائحة تنفيذية بنصها: «يجوز رفع الطلب المستعجل مع الدعوى الأصلية بصحيفة واحدة. كما يجوز إبداؤه طلباً عارضاً من الخصوم أثناء نظر الدعوى، أو يقدم مشافهة في الجلسة بحضور الخصم».

وما يوجهه الغير إلى الخصوم (التدخل) أو ما يوجهه الخصوم إلى الغير (الإدخال). وهي بتلك الكيفية منازعات موضوعية يتصور قيامها بذاتها وإمكان رفعها إلى القضاء بطريقة أصلية، ولكن قصد من تقريرها عبر الطلب العارض من الاقتصاد في الوقت والنفقات، وتفادي احتمال ظهور تناقض الأحكام، وتأثيره في سير العدالة.

الأصل أن تتحدد الخصومة في ضوء صحيفة الدعوى م (39/و) بنصها:

«موضوع الدعوى، وما يطلبه المدعي وأسانيده» وبهذا التحديد أراد المنظم أن يحدد نطاق الخصومة من أول الأمر. فيحدد المدعي طلبه ويعلم المدعى عليه ما هو مدعى به عليه، وبذلك يستطيع المدعى عليه من تحديد دفاعه على وجه ثابت يأمن به المفاجأة بضرورة تغيير أو تعديل دفاعه نتيجة قيام المدعي بتعديل طلباته أو تغييرها وفقاً لرغبته.

وترجع أهمية ثبات الطلبات أمام القاضي على نحو يطمئنه إلى ثبات حدود الدعوى دون أن تكون عرضة للتعديل بالزيادة أو بالنقصان، وتأثير عدم ثبات الدعوى في مواجهة المدعى عليه من عدم ثبات دفاعه، وتأثير ذلك على القاضي من زيادة احتمال خطأ القاضي نتيجة تذبذب الدعوى والدفاع على نحو يؤثر على مصالح الخصوم ويضر بسير العدالة.

يضاف إلى ما سبق بأن تبقى الخصومة في مواجهة من نشأت بينهم بداءة فلا يكون للمدعي أن يدخل في الدعوى من لم يختصمه في صحيفة الدعوى، وألا تضم الدعوى خصماً لم يرد المدعي اختصامه في الدعوى ويفرض عليه في الدعوى بإدخاله من قبل المدعى عليه، ولا أن تفرض المحكمة على شخص خارج عن الخصومة على إدخاله في الدعوى رغماً عن إرادته كما في حالة إدخال المحكمة خصماً في الدعوى وفقاً لحكم المادة (76)، وتدخل الغير في الدعوى لم يرد المدعي اختصامه فيها.

ورغم تلك الاعتبارات السابقة إلا أن الاعتبارات التي قدرها المنظم ورأى معها أن يمكّن الخصوم من تعديل موضوع الخصومة بالزيادة أو بالنقصان، وأن يمكن لهم من اختصام الغير في الدعوى وأن يمكن المحكمة إدخال من ترى إدخاله إذا رأت وجهاً لذلك، كما أجاز النظام أن يتدخل صاحب المصلحة من الغير في الدعوى سواء أكان تدخله انضمامياً لأحد الخصوم أم اختصامياً (هجومي) طالباً الحكم لنفسه مرتبط بطلب الدعوى الأصلية.

ورغم الاعتبارات السابقة التي دفعت المنظم إلى إمكانية اتساع نطاق الخصومة إلا أنه سعى إلى ضبط الاعتبارات على نحو لا يؤدي إلى ضياع

معالم الدعوى الأصلية، مع الحفاظ على عدم تسلسل المنازعات الناشئة عن الخصومة الأصلية وجمعها في صعيد واحد.

ضوابط الطلب العارض:

(أ) أن تتوافر الصلة بين الطلب العارض بالطلب الأصلي في الدعوى فإذا كانت منبتة الصلة بالطلب الأصلي فلا يجمعهما خصومة واحدة م (4/78) بنصها: «يشترط لقبول الطلب العارض أن يكون مرتبطاً بالدعوى الأصلية في الموضوع أو السبب».

(ب) تحديد النظام الطلبات العارضة التي يجوز ابداءها من قبل المدعي أو المدعى عليه.

(ج) إخضاع الطلب العارض في تقديره لناظر القضية وبما يمثله من دور إيجابي لناظر القضية فلا يقف دوره إلى دور سلبي معتمداً على ما يقدمه الخصوم من طلبات.

وهذا ما أوضحته اللائحة التنفيذية م (8/78): «تقدير قبول الطلب العارض ووجوده الارتباط بينه وبين الدعوى الأصلية من اختصاص ناظر القضية وفي حال عدم قبوله فيسبب الحكم».

(د) اشتراط تقديم الطلب العارض قبل إقفال باب المرافعة حتى لا يتخذ كوسيلة لتعطيل الفصل في الدعوى إذ بإقفال المرافعة تكون الدعوى قد تهيأت للحكم فيها.

وهذا ما أوضحته اللائحة التنفيذية م (2/78) لكل من الخصمين تقديم الطلبات العارضة قبل إقفال باب المرافعة. ويعود هذا الحق لهما متى أعيد النظر في القضية بملحوظة من محكمة التمييز، أو مجلس القضاء الأعلى أو بعد فتح باب المرافعة من القاضي نفسه بعد اطلاعه على ما يستدعي ذلك من لوائح المعارضة.

(هـ) تيسير الإجراءات في إبداء الطلب العارض نظراً لتقديمه في خصومة قائمة دون احتياج إلى تعقيد في إجراءاته وذلك من خلال النص على تقديمه بصحيفة تبلغ للخصوم قبل يوم الجلسة أو بطلب يقدم شفاهةً في الجلسة في حضور الخصم، ويثبت في محضرها وبتلك الضوابط التي وضعت لتحديد الإجراءات التي يتعين على أطراف التداعي الالتزام بها ومواجهة ما يثار أثناء نظر الدعوى وبمناسبتها ليتمكن كل خصم من مواجهة ما يطرأ على الدعوى أثناء نظرها.

أحكام محكمة النقض:

الطلب العارض. جواز تناوله بالتغيير أو بالزيادة أو بالإضافة لذات النزاع من جهة موضوعه مع بقاء السبب أو تغيير السبب مع بقاء الموضوع. إبداء الخصم طلباً عارضاً شفاهةً في حضور الخصم أو في مذكرة سلمت إلى وكيله أو بالإجراءات المعتادة لرفع الدعوى اعتباره معروضاً على محكمة الموضوع. أثره. وجوب الفصل فيه.

جلسة 1991/2/6 الطعن رقم 1112 لسنة 55 قضائية

تعديل الطلبات في الدعوى. مناطه. اطلاع الخصم عليها وعلمه بها.

جلسة 1997/1/22 الطعن رقم 6834 لسنة 62 قضائية

تعديل المدعي طلباته في الدعوى. القضاء له بطلباته الأصلية. خطأ في القانون.

جلسة 1995/11/30 الطعن رقم 865 لسنة 61 قضائية

صور الطلبات العارضة التي يصح تقديمها في الدعوى حددها المشرع على سبيل الحصر. أثره. تعلق قبول أو عدم قبول الطلب العارض بالنظام العام.

جلسة 1995/11/30 الطعن رقم 865 لسنة 61 قضائية

للخصوم أن يعدلوا طلباتهم أثناء نظر الدعوى وكذلك أثناء حجزها للحكم في مذكرتهم متى كانت المحكمة قد رخصت في تقديم مذكرات في أجل معين ولما ينته هذا الأجل وكان الخصم المقدمة ضده الطلبات قد اطلع عليها وعلم بها إذ لا يمتنع على الخصوم تعديل الطلبات إلا بعد قفل باب المرافعة وهو لا يعد مقفولا في حالة الترخيص بتقديم مذكرات في فترة حجز القضية للحكم إلا بعد انتهاء الأجل الذي حددته المحكمة لتقديم المذكرات.

جلسة 1988/2/5 الطعن رقم 1769 لسنة 53 قضائية

رفع الطلب العارض بالإجراءات المعتادة لرفع الدعوى. أثر ذلك. استقلاله بكيانه عن الخصومة الأصلية وعدم تأثره بما يطرأ عليها من أمور وما قد يلحق بها من بطلان متى استوفت شروط قبوله وكانت المحكمة مختصة به من كل الوجوه.

جلسة 1983/5/31 الطعن رقم 2819 لسنة 52 قضائية

تقدير وجود الطلبات العارضة المقدمة في الدعوى والطلبات الأصلية فيها من سلطة محكمة الموضوع فإن رأت في حدود سلطتها التقديرية عدم وجود ارتباط بين هذه الطلبات العارضة وبين الطلبات الأصلية وكان ما خلصت إليه سائغاً فلا تثريب عليها إن هي التفتت عن الرد على دفاع الطاعن المتصل بطلباته العارضة.

جلسة 1984/4/30 طعن رقم 686 لسنة 50 قضائية

قبول الطلب العارض. شرطه. أن يقدم إلى المحكمة بالإجراءات المعتادة لرفع الدعوى قبل الجلسة أو بطلب يقدم شفاهةً في الجلسة في حضور الخصوم ويثبت في محضرها. عدم قيام قلم الكتاب بقيد هذا الطلب في السجل الخاص. لا أثر له.

جلسة 1986/5/7 الطعن رقم 2499 لسنة 52 قضائية

يجوز للمحكمة أن تفصل في الطلب العارض وحده أولاً إذا كان طلباً تخفظياً أو مستعجلا لأنها إن هي أرجأت الفصل فيه إلى حين الفصل في الموضوع يصبح الفصل فيه غير ذي محل.

جلسة 1969/6/12 سنة 20 المكتب الفني ص 957

إذا أبدى الخصم طلباً عارضاً في الجلسة ثم أضاف إليه في صحيفة إعلانه طلباً آخر فإن العبرة بما ورد بصحيفة الإعلان.

جلسة 1989/12/14 الطعن رقم 1250 لسنة 54 قضائية

المادة التاسعة والسبعون

للمدعي أن يقدم من الطلبات العارضة ما يأتي:

أ - ما يتضمن تصحيح الطلب الأصلي، أو تعديل موضوعه لمواجهة ظروف طرأت أو تبينت بعد رفع الدعوى.

ب - ما يكون مكملاً للطلب الأصلي، أو مترتباً عليه، أو متصلاً به اتصالاً لا يقبل التجزئة.

ج - ما يتضمن إضافة أو تغييراً في سبب الدعوى مع إبقاء موضوع الطلب الأصلي على حاله.

د - طلب الأمر بإجراء تحفظي أو وقتي.

هـ - ما تأذن المحكمة بتقديمه مما يكون مرتبطاً بالطلب الأصلي.

1/79 - الطلب الأصلي هو: ما ينص عليه المدعى في صحيفة دعواه.

2/79 - على المدعى أن يوضح ارتباط الطلب العارض مع موضوع الدعوى الأصلية أو سببها.

3/79 - إذا تبين لأحد الخصمين من أقوال خصمه أو الشهود أو تقدير الخبراء ونحوهم ما يؤيد دعواه بسبب آخر غير السبب الذي ذكره فله إضافته

بطلب عارض وله تعديل سبب استحقاقه في الموضوع وله تعديل موضوع الطلب الأصلي للسبب الذي حدده في دعواه الأصلية.

4/79 - إذا طالب المدعي ببيان قدر استحقاقه من شئ، فظهر له قدره أثناء المرافعة فله تعديل موضوع دعواه بالمطالبة بتسليمه ذلك الاستحقاق.

5/79 - إذا طالب المدعي بتسليم العين وظهر له تلفها ونحوه فله تصحيح دعواه بالمطالبة بثمنها أو بدلها.

6/79 - إذا طالب المدعي بمنع التعرض للحيازة وقبل الحكم فيها شرع المدعى عليه في بناء أو زرع ونحوهما فللمدعي تعديل دعواه إلى طلب وقف الأعمال الجديدة أو إلى طلب رد الحيازة.

7/79 - إذا طالب المشتري بتسليم العين وتأخر الحكم في ذلك فله تعديل دعواه إلى طلب الفسخ لفوات الغرض بالتأخير.

8/79 - إذا كانت الدعوى موجهة ضد عدد من الأشخاص فللمدعي تقديم طلب عارض باستثناء أحدهم من الدعوى إذا كانت التجزئة ممكنة.

9/79 - إذا ادعى بطلب دين فتبين له أن المدعى عليه قد مات فللمدعي تصحيح دعواه بمطالبة ورثة المدعى عليه.

10/79 - إذا ظهر للمدعي أن ما يستحقه أقل مما ذكره في صحيفة دعواه فله طلب الاقتصار عليه وتعديل طلبه الأصلي.

11/79 - إذا خالف الطلب العارض ما جاء في صحيفة الدعوى الأصلية مخالفة ظاهرة تعين رفضه كأن يطالب بإنفاذ عقد بيع ثم يطلب إلغاءه لاستحقاقه المبيع بالإحياء.

12/79 - إذا طالب المدعي بأجرة ومضى على نظر الدعوى مدة يستحق فيها أجرة جاز له ضمها إلى الأجرة المطلوبة في الدعوى الأصلية باعتبار ذلك تكميلاً للطلب الأصلي.

13/79 - إذا طالب المدعي بملكية عقار في يد غيره، ثم قدم طلباً عارضاً بأجرة المدة الماضية على واضح اليد، جاز له ذلك لترتب الطلب العارض على الطلب الأصلي، وكذا لو كان الطلب العارض بإزالة الإحداث في العقار أو إعادته إلى ما كان عليه.

14/79 - إذا تقدم المدعي بدعوى إبطال الحجز عليه بحق غرمائه، ثم قدم طلباً عارضاً يطلب فيه إبراء ذمته من الديون، فيقبل ذلك لكون الأمرين متصلين اتصالاً لا يقبل التجزئة فالحكم في أي منهما يتضمن الآخر.

15/79 - إذا أذنت المحكمة بتقديم طلب عارض، لا علاقة له بالدعوى الأصلية في السبب أو الموضوع ولم يتبين لها ذلك إلا بعد النظر فيه، تعين رفضه وعدم قبوله، ولا يمنع ذلك من تقديمه في دعوى مستقلة.

16/79 - إذا تقدم وارث بطلب إبطال وصية مورثة ثم طلب تسليمه نصيبه منها من المدعى عليه جاز له ذلك لارتباطها ارتباطاً لا يقبل التجزئة.

الطلبات العارضة من المدعي:

انطلاقاً من المبدأ العام بكون صحيفة الدعوى تحدد الإطار العام للخصومة من خلال الطلبات الأصلية المقدم فيها، ولاعتبارات قدرها المنظم أجاز تقديم الطلبات العارضة بغرض تعديل الطلبات الأصلية سواء تناول التعديل موضوع الخصومة بالزيادة أو النقصان أو الإضافة.

وقت وكيفية إبداء الطلب العارض:

يتم ابداء الطلب العارض من قبل المدعي قبل إقفال باب المرافعة، وذلك من خلال ما نصت عليه المادة (78) صحيفة تبلغ للخصوم قبل يوم الجلسة أو بطلب يقدم شفاهةً في الجلسة في حضور الخصم ويثبت في محضرها فإذا كان الخصم غائباً وجب أن يتم تبليغ بصحيفة الطلب العارض لاشتراط المنظم أن يتم الإبداء في حضور الخصم.

المحكمة المختصة بنظر الطلبات العارضة:

ينبغي لتقديم الطلبات العارضة بأن تقدم وفق صحيح النظام لمحكمة مختصة نوعياً. فإذا كانت المحكمة المنظور أمامها الطلبات الأصلية مختصة نوعيا بها، وقدمت الطلبات العارضة المرتبطة بالطلبات الأصلية ارتباطاً لا يقبل التجزئة ولكن المحكمة أصبحت غير مختصة نوعياً بنظر الدعوى بتلك الكيفية.

فإن كان ذلك أمام المحكمة الجزئية تعين على المحكمة إحالة الدعوى للمحكمة المختصة (المحكمة العامة)، أما إذا تحقق ذلك أمام المحكمة العامة تعين عليها الفصل في الدعوى برمتها وهذا ما ذهبت إليه اللائحة التنفيذية م (6/78): «إذا قدم الطلب العارض للمحكمة العامة وهو ليس من اختصاصها مع اتصاله بالدعوى الأصلية القائمة في موضوعها أو سببها، فعليها النظر والفصل فيه، بخلاف المحكمة الجزئية فليس لها نظر أي طلب عارض لا يدخل في حدود اختصاصها وإذا لم يمكن الفصل في الدعوى الأصلية دون الطلب العارض تعين إحالة الدعوى للمحكمة العامة».

موضوع الطلبات العارضة:

يشترط لقبول الطلبات العارضة المقدمة من قبل المدعي أن تكون متعلقة بموضوع الدعوى الأصلية من حيث الأساس، وأن يكون مستنداً لذات الحق المتنازع فيه، فإذا انتفت العلاقة بين الطلبات العارضة وموضوع الدعوى قضت المحكمة برفض الطلبات. وهذا ما أوضحته اللائحة التنفيذية م(9/78) «الحكم برفض الطلب العارض».

فإذا كان موضوع الطلب الأصلي المطالبة بقرض وتم إبداء طلب عارض بتخلية عقار فانتفى الارتباط بين الطلب العارض بموضوع الدعوى الأصلية، فلو سمح المنظم للمدعي تقديم طلبات منبتة الصلة بموضوع الدعوى لانتفت الغاية التي سعى إليها النظام من إجازة الطلبات العارضة.

أما إذا توافر الارتباط بين الطلبات العارضة وموضوع الدعوى الأصلية فلا ضير على المدعى عليه إذا قدمها المدعي بصفة عارضة لأن صحيفة الدعوى قد تناولت أساس النزاع بتحديد نطاق الخصومة.

أما فيما يتعلق بسبب الطلب العارض فلا يلزم أن يكون مستنداً لذات السبب الذي يستند الطلب الأصلي. فلا ضير من أن يتقدم المدعي بطلب عارض يغاير الطلب الأصلي من ناحية سببه. وذلك وفق ما أوضحته اللائحة التنفيذية للمادة (3/79) بعبارة «ما يؤيد دعواه بسبب آخر غير السبب الذي ذكره فله إضافته بطلب عارض» ويستفاد من هذا إلى إمكان تعديل السبب في الطلب الأصلي إذا توافر مقتضاه، وعليه فإن الغاية من إجازة الطلب العارض هو الاقتصاد في الوقت، وعدم تكرار الدعاوى بنفس الموضوع من نفس الخصوم ويثبت للمدعي الحق في أن يعدل سبب دعواه أو يستبدله أو يضيف إليه سببا آخر أثناء الخصومة. كأن يطالب المدعي بملكية العقار بناء على عقد شراء (السبب) فلو أن يغير السبب مستنداً للميراث أو الوصية فاختلاف السبب لا يمنع من قيام الارتباط بينهما مع اتفاق موضوع الطلبين وأطرافهما.

وهذا ما أوضحته اللائحة التنفيذية للمادة (2/79) «على المدعي أن يوضح ارتباط الطلب العارض مع موضوع الدعوى الأصلية أو سببها».

كذلك أجاز النظام أن للمدعي بالتقدم بطلب عارض يتضمن تغييراً في موضوع الدعوى والتغيير قد يأتي نتيجة تصحيح الطلب الأصلي أو تعديله بما يتفق مع مستندات المدعي ووسائل إثباته أو أقوال شهود أو تقرير الخبراء.

وعليه يثبت للمدعي تعديل موضوع الدعوى بالنزول بطلب أقل ولكنه يدخل ضمن الطلب الأصلي. وهذا ما أوضحته اللائحة التنفيذية للمادة (10/79) «إذا ظهر للمدعي أن ما يستحقه أقل مما ذكره في صحيفة دعواه فله طلب الاقتصار عليه وتعديل طلبه الأصلي».

ويثبت له التعديل بالزيادة ويتحقق ذلك من خلال الارتفاع إلى طلب أكبر يدخل ضمن الطلب الأصلي متى كان الطلبان مستندين إلى نفس السبب وبين الخصوم أنفسهم وهذا ما أوضحته اللائحة التنفيذية للمادة (13/79) «إذا طالب المدعي بملكية في يد غيره، ثم قدم طلباً عارضاً بأجرة المدة الماضية على واضع اليد».

كذلك يقبل من المدعي التقدم بطلب عارض إذا كان الغرض منه هو تكملة موضوع الدعوى. وهذا ما أوضحته اللائحة التنفيذية للمادة (12/79) «إذا طالب المدعي بأجرة ومضى على نظر الدعوى مدة يستحق فيها أجرة جاز له ضمها إلى الأجرة المطلوبة في الدعوى الأصلية باعتبار ذلك تكميلاً للطلب الأصلي».

ويستفاد مما سبق اشتراط النظام توافر الارتباط بين الطلب العارض بالطلب الأصلي ويبنى على تحديد صور الطلبات العارضة التي يصح للمدعي تقديمها، وما تأذن به المحكمة من الطلبات العارضة ممن يكون مرتبطاً بالطلب الأصلي. ويعتبر حكم هذه الفقرة الأخيرة تعميماً بعد التخصيص. وعليه لا يحق للمدعي تقديم طلبات خارج الطلبات العارضة السابق الإشارة إليها.

وللمحكمة رفض ما يقدم من المدعي من طلبات خارج الحالات الواردة في المادة. إذ هي المنوط بها قبول أو رفض الطلب في حالة خروجه عن مقتضى المادة.

وهذا ما أوضحته اللائحة التنفيذية للمادة (8/78) بنصها: «تقدير قبول الطلب العارض ووجود الارتباط بينه وبين الدعوى الأصلية من اختصاص ناظر القضية وفي حال عدم قبوله فيسبب الحكم».

سلطة الإذن:

وفق ما أشارت إليه الفقرة (هـ) من المادة تفيد بأن القاضي هو صاحب السلطة في الإذن أو عدم الإذن في تقديم الطلبات العارضة خارج ما ورد

بالتخصيص في الفقرات السابقة. ولا يؤثر في سلطة القاضي رضا المدعى عليه أو عدم اعتراضه على تقديمها. ويجب على القاضي أن يراقب توافر شروط قبول الطلبات العارضة من حيث كونها تصحح الطلب الأصلي، أو تعديل موضوعه، أو ما يكون مكملاً للطلب الأصلي، أو ما يتضمن إضافة أو تغييراً في سبب الدعوى، أو طلب الأمر بإجراء تحفظي أو وقتي.

وإذا نازع المدعى عليه في الطلبات العارضة المقدمة من المدعي في كونها غير مستوفاة للشروط النظامية أو رأت المحكمة من تلقاء نفسها بعدم توافر الارتباط بين الطلبات العارضة والدعوى الأصلية، فقد تكفلت المادة (10/78) لائحة تنفيذية ببيان الحكم «إذا كان الحكم في الطلب العارض برفضه لعدم ارتباطه بالدعوى الأصلية».

أحكام محكمة النقض:

إذا كانت المحكمة قد قررت أن للمشتري عند تأخر البائع في التسليم الخيار بين طلب التنفيذ العيني أو طلب فسخ البيع مع التضمينات في الحالتين كما أن له لو رفع دعواه بطلب التسليم أن يعدل عنه إلى طلب الفسخ وليس في رفع الدعوى بأي من هذين الطلبين نزولاً عن الطلب الآخر فإن هذا الذي قررته المحكمة هو صحيح في القانون.

جلسة 1952/12/25 المكتب الفني السنة الرابعة ص 233

الطلب العارض الذي يقبل من المدعى بغير إذن من المحكمة هو الطلب الذي يتناول بالتغيير أو بالزيادة أو بالإضافة ذات النزاع من جهة موضوعة مع بقاء السبب على حاله أو تغيير السبب مع بقاء الموضوع كما هو أما إذا اختلف الطلب عن الطلب الأصلي في موضوعه وفي سببه معاً فإنه لا يقبل إبداؤه من المدعى في صورة طلب عارض ولا يستثنى من ذلك إلا ما تأذن المحكمة بتقديمه من الطلبات مما يكون مرتبطاً بالطلب الأصلي. فإذا كان الحكم المطعون فيه قد انتهى بحق إلى أن الطلب الاحتياطي المقدم من مورث

الطاعن بتثبت ملكيته على أساس تملكه بطريق الاستيلاء. يعتبر دعوى متميزة لها كيانها الخاص ومستقلة تمام الاستقلال عن الطلب الأصلي الخاص بصحة التعاقد وأنه يختلف عنه في موضوعه وفي سببه وفي خصومه فإن هذا الطلب الاحتياطي لا يجوز تقديمه في صورة طلب عارض وإذا انتهى الحكم إلى عدم قبول الطلب الاحتياطي آنف الذكر فإنه لا يكون قد خالف القانون.

جلسة 1997/1/9 الطعن رقم 1834 لسنة 66 قضائية

طلب إخلاء العين المؤجرة استناداً إلى إخلال المستأجر بالتزامه بالوفاء بالأجرة ينسحب ضمناً إلى الفسخ للتلازم بينهما.

جلسة 1963/6/20 المكتب الفني السنة الرابعة ص 896

اختلاف الطلب العارض عن الطلب الأصلي موضوعاً وسبباً. عدم جواز إبدائه من المدعى في صورة طلب عارض عدا ما تأذن به المحكمة مما يكون مرتبطاً بالطلب الأصلي. تقدير توافر الارتباط من سلطة محكمة الموضوع. مؤدى ذلك. جواز ذلك. جواز تعديل المدعى طلبه من صحة ونفاذ عقد البيع إلى طلب تثبيت ملكيته للقدر المبيع بناء على إذن المحكمة.

جلسة 1988/12/25 الطعن رقم 1309 لسنة 56 قضائية

الطلب العارض. جواز تناوله بالتغيير أو بالزيادة أو بالإضافة إلى ذات النزاع من جهة موضوعه مع بقاء السبب أو تغيير السبب مع بقاء الموضوع. إبداء الخصم طلباً عارضاً شفاهةً في حضور خصمه أو في مذكرة سلمت إليه أو إلى وكيله أو بالإجراءات المعتادة لرفع الدعوى. اعتباره معروضاً على محكمة الموضوع. أثره. وجوب الفصل فيه.

جلسة 1991/2/6 السنة 42 العدد الأول ص 435

إذا كانت دعوى المطعون ضدهما قد أقيمت ابتداء بطلب الحكم بإلزام الطاعنتين الثانية والثالثة بتسليم العين محل التداعي وذلك في مواجهة

الطاعن الأول تأسيساً على أن المطعون ضدهما اشتريا هذه العين من هاتين الطاعنتين بعقد بيع تم شهره برقم .... إلا أن الأخيرتين سهلتا للطاعن الأول وضع يده على العين واغتصباها بما تكون معه الدعوى في حقيقتها مقامة أصلا بطلب إلزام الطاعنتين جميعاً بتسليم العين محل التداعي على سببين أولهما: عقد البيع بالنسبة للطاعنتين الثانية والثالثة باعتباره يرتب التزاما عليهما بتسليم العين المبيعة وثانيهما: العمل غير المشروع المتمثل في فعل الغصب بالنسبة للطاعن الأول وهو ما يجعل الأخير خصماً حقيقياً في الدعوى بصرف النظر عن كونه قد اختصم فيها للحكم في مواجهته. وكان المطعون ضدهما قد عدلا طلباتهما في الدعوى إلى إلزام الطاعنين بتسليمهما العين محل التداعي وطرد الطاعن الأول منها وإزالة ما أقامه عليها من مبان وكان طلب الطرد الموجه إلى الطاعن يعتبر مكملاً للطلب التسليم الذي أقيمت به الدعوى عليه ابتداء ويقوم على ذات السبب الذي بني عليه هذا الطلب وهو فعل الغصب المكون للعمل غير المشروع، كما أن طلب إزالة المباني الموجه إليه هو من توابع طلب التسليم لكونه مترتباً عليه فإن تعديل المطعون ضدهما لطلباتهما على النحو المشار إليه يكون من قبيل الطلبات العارضة التي أجاز المشرع للمدعي تقديمها أثناء نظر الدعوى.

وليست بدعوى جديدة تختلف في موضوعها وسببها عما رفعت به الدعوى ابتداء على ما يذهب إليه الطاعنان.

جلسة 1990/11/18 المكتب الفني السنة 41 الجزء الثاني ص 679

صور الطلبات العارضة التي يصح تقديمها في الدعوى حددها المشرع على سبيل الحصر. تعلق قبول أو عدم قبول الطلب العارض بالنظام العام.

جلسة 1995/11/30 الطعن رقم 865 لسنة 61 قضائية

الطلب العارض الذي يقبل من المدعي بغير إذن المحكمة، ماهية الطلب الذي يتناول بالتغيير أو بالزيادة أو بالإضافة ذات النزاع من جهة موضوعه مع

بقاء السبب أو تغيير السبب مع الموضوع. اختلاف الطلب عن الطلب الأصلي في موضوعه وسببه معاً. أثره. عدم قبول إبدائه من المدعى في صورة طلب عارض. الاستثناء ما تأذن به المحكمة من الطلبات مما يكون مرتبطاً بالطلب الأصلي. دعوى منع التعرض. دعوى متميزة لها كيانها الخاص تقوم على الحيازة بصرف النظر عن أساسها ومشروعيتها. لا محل فيها للتعرض لبحث الملكية وفحص مستنداتها. اعتبارها بهذه المثابة مستقلة عن دعوى تثبيت ملكية عقار النزاع والتعويض. مؤداه. عدم جواز تقديم طلب تثبيت ملكية والتعويض في صورة طلب عارض في دعوى منع التعرض. لا يغير من ذلك إضافة طلب منع التعرض إلى الطلب العارض المشار إليه.

جلسة 1995/11/30 الطعن رقم 865 لسنة 61 قضائية

دعوى استرداد الحيازة - التي افتتح المطعون ضدهما الأول والثانية دعواهما بها - لا تتناول غير واقعة الحيازة المادية وتعد بهذه المثابة دعوى متميزة لها كيانها الخاص ومستقلة كل الاستقلال عن طلب المطعون ضدهما المذكورين بطلان عقد الإيجار الصادر إلى الطاعن من الخصوم المدخلين في مرحلة لاحقة من مراحل الدعوى، إذ يختلف عن الطلب الأصلي - دعوى استرداد الحيازة - في موضوعه وفي سببه وفي خصومه ومن ثم لا يجوز تقديمه في صورة طلب عارض.

جلسة 1996/1/5 الطعن رقم 1222 لسنة 60 قضائية

الطلب العارض الذي يقبل من المدعي بغير إذن المحكمة هو الطلب الذي يتناول بالتغير أو بالزيادة أو بالإضافة ذات النزاع من جهة موضوعه مع بقاء السبب أو تغيير السبب مع بقاء الموضوع. اختلاف الطلب عن الطلب الأصلي في موضوعه وسببه معاً. مع عدم جواز إبدائه من المدعي في صورة طلب عارض عدا ما تأذن به المحكمة من الطلبات ما يكون مرتبطا بالطلب الأصلي. «مثال بشأن طلب المدعية أصليا ببطلان عقد زواجهما لعدم قدرة المدعى عليه على معاشرتها جنسياً ثم إبدائها طلب عارض بالتطليق لاستحكام

النفور والفرقة مدة تزيد على ثلاث سنوات».

جلسة 1996/5/13 الطعن رقم 217 لسنة 62 قضائية - أحوال شخصية

سلطة محكمة الموضوع في تحديد الأساس الصحيح للدعوى. عدم اعتباره تغييراً لسببها أو موضوعها. وجوب تقيدها في ذلك بالوقائع المطروحة عليها. حق المدعي في إضافة أو تغيير سبب الدعوى. تعديل الطلبات شفاهة في حضور الخصوم أو في مذكرة تكميلية بتمكين الخصوم من الرد عليها. طرح الخصوم الوقائع طرحاً صحيحاً على قاضي الموضوع. إلزامه بأن ينزل عليها الحكم القانوني الصحيح.

جلسة 1997/5/12 الطعن رقم 1137 لسنة 66 قضائية

المادة الثمانون

للمدعى عليه أن يقدم من الطلبات العارضة ما يأتي:

أ - طلب المقاصة القضائية.

ب - طلب الحكم له بتعويض عن ضرر لحقه من الدعوى الأصلية، أو من إجراء فيها.

ج - أي طلب يترتب على إجابته ألا يحكم للمدعي بطلباته كلها أو بعضها، أو أن يحكم له بها مقيدة بقيد لمصلحة المدعى عليه.

د - أي طلب يكون متصلاً بالدعوى الأصلية اتصالاً لا يقبل التجزئة.

هـ - ما تأذن المحكمة بتقديمه مما يكون مرتبطاً بالدعوى الأصلية.

1/80 - للمدعى عليه المطالبة بالتعويض عن الضرر الذي لحقه من الدعوى ولا يستحقه إلا في حال ثبوت كذبها.

2/80 - للمحكمة قبول أي طلب عارض تأذن بتقديمه مما لا يكون

400

متفقاً مع موضوع الدعوى أو سببها لكن له ارتباط بهما كما لو طالب المدعي أجيره بكشف حساب فطالب الأجير بأجرته أو نحو ذلك.

3/80 - يشترط لطلب المقاصة القضائية الآتي:

أ - أن يكون لكل من طرفي المقاصة دين للآخر في ذمته لا لغيره ولا في ذمة من هو نائب عنه.

ب - أن يكون الدينان متماثلين جنساً وصفه.

ج - أن يكون الدينان متساويين حلولاً وتأجيلاً فلا يقاص دين حال بمؤجل.

4/80 - لا يشترط في المقاصة القضائية ثبوت دين المدعى عليه عند نظر الدعوى بل ينظر القاضي في ثبوته خلال نظر الدعوى ثم يجري المقاصة بعد ثبوته.

5/80 - إذا تراضى الخصمان على المقاصة فيما في ذمتيهما مما لا تنطبق عليه شروط طلب المقاصة فمرد ذلك إلى القاضي.

6/80 - إذا طلب المدعي تصحيح عقد شراء وتسليم المبيع فللمدعى عليه أن يقدم من الطلبات العارضة ما يقتضي عدم إجابة طلبه.

7/80 - إذا كانت الدعوى الأصلية تشتمل على عدة طلبات فللمدعى عليه أن يقدم طلباً عارضاً يقتضي عدم إجابة تلك الطلبات كلها كما لو طلب المدعى عليه الحكم ببطلان عقد شراء يطالب المدعي بتصحيحه وتسليم العين وأجرة المثل عن المدة اللاحقة للعقد. وله طلب ما يقتضي عدم إجابة بعض طلبات المدعي كما لو طلب الحكم ببطلان أحد العقدين موضوع الدعوى.

وله طلب ما يقتضي إجابة طلب المدعى مقيداً لمصلحة المدعى عليه كما لو طلب الحكم له بصحة رهن العين المدعى بملكيتها لديه حتى سداد الذي له بذمة المدعي.

8/80 - للمدعى عليه أن يتقدم بطلب عارض كطلب المدعي في دعواه الأصلية كما لو ادعى عليه برفع يده عن العين وإثبات امتلاك المدعي لها فرد المدعى عليه بطلب إثبات امتلاكه للعين المدعى بها وذلك لكون الطلب العارض يتصل بالدعوى الأصلية اتصالاً لا يقبل التجزئة.

9/80 - إذا طالب المدعي بتسليم باقي ثمن مبيع فقدم المدعى عليه طلباً عارضاً بتسليمه المبيع، قُبل طلبه لارتباطه بالدعوى الأصلية.

الطلبات العارضة من المدعى عليه:

قد يلتزم المدعى عليه في الدعوى المقاصة ضده جانب الدفاع قاصراً جهده على ذلك، بغرض رد دعوى المدعي سواء أكان رداً دائماً (الحكم الصادر في الموضوع) أو رداً مؤقتاً (الحكم الصادر في الشكل) دون أن يطلب لنفسه شيئاً، لكن المنظم أجاز للمدعى عليه أن يطور أدائه من الدفاع إلى مرحلة تقديم الطلبات العارضة في مواجهة الخصوم م (3/78) لائحة تنفيذية.

مزايا إجازة تقديم الطلبات العارضة من قبل المدعى عليه:

1 - يسمح بتوحيد الجهة ناظرة الدعوى، وتوفير الوقت بدلاً من الالتجاء إلى الإحالة للارتباط وما تثيره من صعوبات بين المحاكم م (2/74 - أ) لائحة تنفيذية.

2 - منع تعارض الأحكام وما يؤديه من صعوبات م (28-29) من نظام القضاء.

3 - اقتضاء كل ذي حقٍ حقه من أطراف التداعي في وقت واحد.

قيام المدعى عليه بالتمسك بالمقاصة القضائية في مواجهة الدعوى المقامة ضده بإلزامه بمبلغ الدين فيتم اقتضاء كل خصم دينه في دعوى واحدة.

نتائج تقديم الطلبات العارضة:

1 - عدم التقيد بالإجراءات والأشكال المتبعة في رفع الدعاوى أمام القضاء.

2 - تجاوز قواعد الاختصاص بنظر المحاكم العامة لطلبات تختص بها بحسب الأصل المحاكم الجزئية وإن كان العكس غير جائز.

3 - اتساع نطاق الخصومة بإلزام المحاكم أن تنظر في طلبات جديدة لم تكن موضوعاً للدعوى الأصلية.

المحكمة المختصة بنظر الطلبات العارضة:

يتم تقديم الطلبات العارضة أمام المحكمة المنظورة أمامها الدعوى الأصلية وفق صحيح النظام فلا تنظر المحكمة الجزئية الطلب العارض إذا كان في نظرها مخالفة لقواعد الاختصاص ولم يمكن الفصل في الدعوى الأصلية دون الطلب العارض تعين على المحكمة الإلتزام بصريح المادة (6/78) لائحة تنفيذية «إحالة الدعوى للمحكمة العامة».

أما إذا تم تقديم الطلبات العارضة أمام المحكمة العامة وهو بحسب الأصل ليس من اختصاصها مع اتصاله بالدعوى الأصلية فأوضحت اللائحة التنفيذية للمادة (6/78) «فعليها النظر والفصل فيه».

مسألة: هل يجوز للمدعي أن يرد بطلب عارض على الطلب العارض المقدم من المدعى عليه.

لا يجوز للمدعي أن يرد بطلب عارض على الطلب العارض المقدم ضده إذ لو سمح بذلك لأصبحت الخصومة بلا نهاية ولطال أمد النزاع.

فلو رجعنا إلى الحالات الواردة في المادة (79) لوجدنا أنها تتعرض إلى الطلبات العارضة الخاصة بالطلب الأصلي، ولا تملك المحكمة ناظرة الدعوى سلطة تقديرية في ذلك بالإذن للمدعي بتقديم طلبات عارضة رداً على طلبات

المدعى عليه العارضة وذلك لاشتراط الفقرة (79/هـ) «مما يكون مرتبطا بالطلب الأصلي» ولا يكون لقبول أو عدم اعتراض المدعى عليه بتقديم المدعى طلباً عارضاً رداً على طلبه العارض أثر في الخصومة.

إبداء الطلب العارض:

يتم تقديم الطلب العارض من المدعى عليه إلى المحكمة في أي حالة تكون عليها حتى إقفال باب المرافعة وحتى في حالة إعادة الدعوى للمرافعة يحق له ذلك وهذا ما أوضحته اللائحة التنفيذية للمادة (2/78) «كل من الخصمين تقديم الطلبات العارضة قبل إقفال باب المرافعة. ويعود هذا الحق لهما متى أعيد النظر في القضية بملحوظة من محكمة التمييز أو مجلس القضاء الاعلى أو بعد فتح باب المرافعة من القاضي نفسه بعد اطلاعه على ما يستدعي ذلك من لوائح المعارضة».

وهو إما أن يتم إبداءه - م (78) - بموجب صحيفة تبلغ للخصوم قبل يوم الجلسة أو بطلب يقدم شفاهةً في الجلسة في حضور الخصم ويثبت في محضرها.

ومن الأهمية بمكان أن نذكر أن قبول الطلب العارض وتقدير ارتباطه بالدعوى الأصلية من سلطة المحكمة ناظرة الدعوى، وإن كانت خاضعة في ذلك لتعليمات التمييز. وهذا ما أوضحته اللائحة التنفيذية للمادة (8/78): «تقدير قبول الطلب العارض ووجود الارتباط بينه وبين الدعوى الأصلية من اختصاص ناظر القضية وفي حال عدم قبوله فيسبب الحكم». ويتعين على المحكمة التحقق من كون الطلب العارض المقدم من المدعى عليه وفقاً للحالات الواردة في الفقرات (أ،ب،ج،د) من المادة (80).

أما بشأن ما ورد في الفقرة (هـ) فهو يعتبر تعميماً بعد التخصيص الذي ورد في الفقرات السابقة وهذا ما أوضحته المادة (2/80) لائحة تنفيذية بنصها: «للمحكمة قبول أي طلب عارض تأذن بتقديمه مما لا يكون متفقاً

مع موضوع الدعوى أو سببها لكن له ارتباط بهما ....ألخ».

أحكام محكمة النقض:

المقاصة القضائية لا تكون إلا بدعوى أصلية أو في صورة طلب عارض رداً على دعوى الخصم.

جلسة 1984/4/12 الطعن رقم 1153 لسنة 50 قضائية

استخلاص طلب المقاصة القضائية من قبيل فهم الواقع في الدعوى دخوله في سلطة قاضي الموضوع الذي له تقدير كل من الدينين ومدى المنازعة فيه وأثرها عليه.

جلسة 1986/2/5 الطعن رقم 966 لسنة 52 قضائية

المتدخل هجومياً في مركز المدعي بالنسبة لما يبديه من طلبات. أثر ذلك. للمدعى عليه أن يقدم ما شاء من الطلبات العارضة.

جلسة 1987/12/29 الطعن رقم 1406 لسنة 54 قضائية

قبول الطلب العارض. شرطه. قيام الخصومة الأصلي

جلسة 1985/12/17 الطعن رقم 235 لسنة 55 قضائية

صور الطلبات العارضة التي يصح تقديمها في الدعوى حددها المشرع على سبيل الحصر. أثره. تعلق قبول أو عدم قبول الطلب العارض بالنظام العام.

جلسة 1995/11/30 الطعن رقم 865 لسنة 61 قضائية

طلب المدعى عليه رفض الدعوى استناداً إلى انفساخ العقد إعمالاً للشرط الفاسخ الصريح. دفع موضوعي في الدعوى وليس طلباً عارضاً.

جلسة 1982/5/23 الطعن رقم 1423 لسنة 48 قضائية

تقدير وجود الارتباط بين الطلبات العارضة المقدمة في الدعوى والطلبات الأصلية من سلطة محكمة الموضوع. شرطه. أن يكون ما خلصت إليه في خصوصه سائغاً.

جلسة 1984/4/30 الطعن رقم 686 لسنة 50 قضائية

متى كان المطعون ضده قد أسس طلب الريع على أن الطاعن قد وضع يده على الأطيان محل النزاع واستولى بغير حق على ثمارها ودفع الطاعن الدعوى بأن المطعون ضده عند تسلمه تلك الأطيان قد استلم محاصيل منفصلة ناتجة منها وزراعة قائمة عليها وطلب خصم قيمة تلك المحاصيل ونفقات هذه الزراعة من الريع المطالب به وكان هذا الدفاع من الطاعن ينطوي على دفع منه بتنفيذ جزء من التزامه تنفيذاً عينياً وبعدم جواز الحكم بتعويض نقدي عما تم تنفيذه بهذا الطريق، فإنه كان يتعين على محكمة الاستئناف أن تبحث هذا الدفع وتقول كلمتها فيه لأنه دفاع في ذات موضوع الدعوى منتج فيها وقد تخلت عن بحثه تأسيساً على أنه لم يقدم في صورة طلب عارض مع عدم لزوم ذلك وعلى أن ثمن المحصولات ونفقات الزراعة اللتين تسلمهما المطعون ضده ليس تكليفاً على الريع، ويكون قد خالف القانون بما يستوجب نقض حكمها المطعون فيه.

جلسة 1967/12/14 سنة 18 ص 1878

يشترط لإجراء المقاصة القضائية - وعلى ما جرى به قضاء وهذه المحكمة - أن ترفع بطلبها دعوى أصلية أو أن تطلب في صورة طلب عارض يقدمه المدعي رداً على دعوى خصمه الأصلية ويشترط لقبول الطلب العارض. أن يقدم إلى المحكمة بصحيفة تعلن للخصم قبل يوم الجلسة أو يبدي شفاهةً في الجلسة في حضور الخصم ويثبت في محضرها وإذا كان الثابت أن الطاعن قد تمسك بإجراء هذه المقاصة في صورة دفع لدعوى المطعون عليه، ولم يطلبها بطلب عارض فلا على الحكم المطعون فيه إن هو أغفل الرد على هذا الدفع.

جلسة 1976/5/5 الطعن رقم 313 سنة 42 قضائية

للمدعى عليه. أن يقدم من الطلبات العارضة أي طلب يترتب على إجابته ألا يحكم للمدعي بطلباته كلها أو بعضها أو أن يحكم له بها مقيدة بقيد لمصلحة المدعى عليه. فإذا طرحت على المحكمة طلبات عارضة تعين عليها أن تحكم في موضوعها. لما كان ذلك وكان الطلب الذي وجهته الطاعنة إلى المطعون ضدها التالية - على ما أورده الحكم المطعون فيه بشأنه - ينطوي على طلب الحكم لها دون المطعون ضده الأول بإلزام شركة التأمين بأن تدفع لها المبلغ الذي قدره الخبير تعويضاً عن الأضرار التي أصابت السيارة بسبب الحادث وكان هذا - الطلب منها يعتبر دفاعاً في الدعوى الأصلية التي أقامها المطعون ضده الأول طالباً إلزامها مع شركة التأمين بالتضامن فيما بينهما بدفع التعويض المطلوب، ويرمي إلى تفادي الحكم بطلبات المطعون ضده الأول فإن هذا الطلب يدخل في نطاق الطلبات العارضة. وكانت الشركة الطاعنة قدمت بطلبها إلى المحكمة. فإن الحكم المطعون فيه إذا قضى بعدم قبول طلب الشركة الطاعنة بمقولة أنه ليس من الطلبات العارضة يكون قد أخطأ في تطبيق القانون بما يوجب نقضه جزئياً في هذا الخصوص.

جلسة 1980/5/19 سنة 31 العدد الثاني ص 1424

المادة الحادية والثمانون

تحكم المحكمة في موضوع الطلبات العارضة مع الدعوى الأصلية كلما أمكن ذلك، وإلا استبقت الطلب العارض للحكم فيه بعد تحقيقه.

1/81 - إذا أبقت المحكمة الطلب العارض للحكم فيه بعد تحقيقه فيكون النظر فيه من اختصاص ناظر الدعوى الأصلية أو خلفه.

الفصل في الطلبات العارضة:

الطلبات التي يقدمها المدعي كطلبات عارضة على نوعين:

1 - النوع الأول: الذي لا يمكن الفصل فيه إلا بعد الفصل في موضوع الدعوى الأصلي. وهذا ما أوضحته المادة (13/79) لائحة تنفيذية بنصها:

«إذا طالب المدعي بملكية عقار في يد غيره، ثم قدم طلباً عارضاً بأجرة المدة الماضية على واضع اليد».

فالطلب الأصلي المطالبة بملكية العقار، والطلب العارض بأجرة المدة الماضية، وبهذا لا يمكن الفصل في الطلب العارض إلا بعد الفصل في الطلب الأصلي وهو الملكية فإذا ثبتت فصلت المحكمة بعد ذلك في الطلب العارض والمتمثل في الأجرة.

والأصل أن تحكم المحكمة في موضوع الطلب العارض مع الدعوى الأصلية كلما أمكن ذلك.

2 - النوع الثاني: ما يقدمه المدعي من طلبات وقتية مستعجلة وهو ما ورد في المادة (79) فقرة (د) - «طلب الأمر بإجراء تحفظي أو وقتي».

إبداء طلب عارض بمنع التعرض للحيازة إذا كان موضوع الدعوى الأصلية المنازعة على ملكية العقار، وكذا طلب تعيين حارس على الأموال موضوع النزاع الأصلي المادة (234) فقرة ب، هـ.

فالأصل أن تفصل المحكمة في الطلبات العارضة قبل البت في موضوع الدعوى الأصلية لكونها طلبات مستعجلة وبإرجاء الفصل فيها بعد الحكم في الموضوع تكون الغاية منها قد انتفت منها.

ولكن إذا كان موضوع الدعوى مهيئاً للحكم فيه فإنه يتعين على المحكمة أن تفصل في الدعوى الأصلية وفي الطلب العارض في وقت واحد.

والحكم في الطلب العارض المقدم من المدعي أو المدعى عليه خاضع لتعليمات التمييز، المادة (9/78) لائحة تنفيذية.

الباب السابع

وقف الخصومة وانقطاعها وتركها

الفصل الأول

وقف الخصومة

المادة الثانية والثمانون

يجوز وقف الدعوى بناء على اتفاق الخصوم على عدم السير فيها مدة لا تزيد على ستة أشهر من تاريخ إقرار المحكمة اتفاقهم، ولا يكون لهذا الوقف أثر في أي ميعاد حتمي قد حدده النظام لإجراء ما. وإذا لم يعاود الخصوم السير في الدعوى في العشرة الأيام التالية لنهاية الأجل عد المدعي تاركاً دعواه.

1/82 - عند موافقة المحكمة على وقف الدعوى يجب تدوين الاتفاق في الضبط مع إفهام الخصوم بمضمون المادة.

2/82 - إذا طلب أحد الخصوم السير في الدعوى قبل انتهاء المدة المتفق عليها فله ذلك بموافقة خصمه، أو إذا رأى ناظر الدعوى أن لا مصلحة في الوقف.

3/82 - يجوز للقاضي العدول عن وقف الدعوى واستئناف النظر فيها في أي وقت إذا ظهر له ما يقتضي ذلك، كمخالفة الوقف للمصلحة العامة.

4/82 - يجوز وقف الدعوى أكثر من مرة حسب الشروط المنصوص عليها في هذه المادة ما لم يترتب على ذلك ضرر على طرف آخر.

5/82 - يقصد بالميعاد الحتمي: كل ميعاد حدده النظام ورتب على عدم مراعاته جزاءً إجرائياً، فالقرار بوقف الدعوى الأصلية لا يؤثر على ميعاد الاعتراض على الأحكام الصادرة في الأمور المستعجلة، أو الصادرة في جزء من الدعوى قبل قرار الوقف.

6/82 - إذا صادف آخر يوم من المهلة المحددة بعشرة أيام عطلة رسمية فإن الأجل يمتد إلى أول يوم عمل بعدها وفق المادة (23).

7/82 - تارك الدعوى في هذه المادة يطبق عليه مقتضى المادة (53).

8/82 - (تسري أحكام شطب الدعوى ووقفها ونحوها على الإنهاءات إلا إذا تضمنت خصومة) [1].

وقف الخصومة:

ويقصد به تعطيل السير [2] في الدعوى فترة من الزمن مع بقائها منتجة لآثارها. والوقف يتم لأسباب لا علاقة لها بمركز الخصوم أو صفاتهم، وهو ما يميزه عن الانقطاع الذي يحدث لأسباب تتعلق بحالة أو صفات الخصوم، وكما ورد في المادة (84) «ينقطع بوفاة أحد الخصوم ....الخ».

أولاً: وقف الخصومة اتفاقاً:

وهو إحدى الحالات الواردة على وقف الدعوى بناء على اتفاق الخصوم لمدة لا تزيد على ستة أشهر من تاريخ إقرار المحكمة اتفاقهم، وقد يرجع سبب الاتفاق على إرجاء النظر في الدعوى إلى تحقيق مشروع صلح أو غرض آخر يتفق وصحيح النظام.

---

(1)   وهذه الفقرة معدلة على تلك المادة بما استحدث من تعديلات مقترحة على اللائحة التنفيذية لنظام المرافعات الشرعية لتكون معيار الخصومة بالمعنى الوارد في النظام هي معيار ونطاق تطبيق أحكام الشطب أو الوقف.

(2)   الأنصاري حسن النيداني. مبدأ وحدة الخصومة ونطاقه في قانون المرافعات، طبعة 1998، فقرة 174: 258.

والاتفاق على وقف الخصومة قد يتم بموافقة الخصوم أنفسهم أو بوساطة وكلائهم[1] وهو من الإجراءات التي لا تحتاج إلى تفويض خاص وذلك حسبما ورد في المادة (49).

والاتفاق على وقف الخصومة لا يؤثر في أي ميعاد حتمي[2] يكون النظام قد حدده، وهذا ما أوضحته اللائحة التنفيذية م (5/82) «يقصد بالميعاد الحتمي: كل ميعاد حدده النظام ورتب على عدم مراعاته جزاءً إجرائياً، فالقرار بوقف الدعوى الأصلية لا يؤثر على ميعاد الاعتراض على الأحكام الصادرة في الأمور المستعجلة أو الصادرة في جزء قبل قرار الوقف». على أنه إذا تعدد الخصوم وجب اتفاقهم جميعا سواء أكان مدعون أم مدعى عليهم وذلك أخذاً بإطلاق نص المادة «اتفاق الخصوم» حتى لا تتفكك أوصال الخصومة مما يؤثر على سير العدالة وفق صحيح النظام.

تعجيل الدعوى من الوقف الاتفاقي:

ونعني بالتعجيل هو الطلب الذي يقدم للمحكمة بمعرفة أحد الخصوم لتستأنف الدعوى سيرتها الأولى قبل الوقف، وذلك في العشرة أيام التالية على انقضاء الميعاد المحدد للوقف سواء أكان ستة أشهر أم أقل.

مسألة: إذا تعدد المدعون ولم يعجل الدعوى سوى البعض دون الآخرين إذا كان موضوع الدعوى مما يقبل التجزئة وعجل البعض الدعوى من الوقف دون الآخرين فتستأنف سيرتها بالنسبة لمن عجلها دون البعض الآخر.

أما إذا كان موضوع الدعوى مما لا يقبل التجزئة وعجل بعض المدعيين دون الباقيين نرى: أن تكلف المحكمة الخصم الذي عجل بإعلان باقي المدعيين فتسري الخصومة في مواجهتهم جميعاً وبذلك نتفادى كون الحكم حضوري

---

(1) وجدى راغب. مبادئ الخصومة المدنية، دار الفكر العربي، الطبعة الأولى 1978: 332.

(2) محمد نصر الدين كامل. عوارض الخصومة، منشأة المعارف، طبعة 1990، فقرة 22: 131.

في مواجهة خصوم وغيابي في مواجهة خصوم آخرين.

ومن الأهمية أن نشير:

أولاً: أن مدة الوقف الاتفاقي وهي المدة القصوى ولا يجوز الاتفاق على زيادة تلك المدة وذلك من خلال عبارة النص «لا تزيد» وفي حالة المخالفة فإن نص المادة (6) هو الأولى بالتطبيق في هذا الشأن.

وعليه إذا قدمت أكثر من مرة بطلب الوقف الاتفاقي فينبغي مراعاة أن تكون المدد في مجموعها لا تزيد على ستة أشهر وإلا أصبح الوقف أداة لتأخير الفصل في الدعاوى ذلك أن دور القضاء الفصل في النزاع وليس دار لإبقاء القضايا دون الفصل فيها.

ثانياً: وليس هناك ما يمنع أحد الخصوم من أن يعجل الدعوى قبل انقضاء مدة الوقف باعتبار أن الفصل في الخصومات هو الأولى بالإسراع فيه، وقد أجاز المنظم للخصوم الاتفاق على وقف السير في الدعوى من أجل تحقيق مشروع صلح أو غرض آخر يتفق وصحيح النظام.

وعلى ذلك يكون لأحد الخصوم أن يطلب السير في الخصومة قبل انقضاء المدة المتفق عليها إما بالاتفاق مع خصمه أو بعرض الأمر على ناظر الدعوى للموافقة على التعجيل قبل الميعاد.

جزاء الإخلال بميعاد التعجيل:

لم يكتف المنظم بتحديد المدة التي يتم الاتفاق على وقف الدعوى بكونها ألا تزيد على ستة أشهر بل أضاف ذلك بأن يتم التعجيل «إذا لم يعاود الخصوم السير في الدعوى في العشرة الأيام» إذا اعتبر النظام أن انقضاء تلك الفترة اعتبر المدعي تاركاً لدعواه وفقاً لحكم المادة (53) [1] وذلك الجزاء حتى لا يسيء الخصم ما أجازه النظام على نحو يعطل الفصل في القضايا.

(1) عبد الله بن محمد بن سعد آل خنين. المرجع السابق: 195.

مسألة: هل يجوز الاعتراض على القرار الصادر من المحكمة بوقف الدعوى.

القرار الصادر من المحكمة بوقف الدعوى وإنما هو ثمرة الاتفاق بين الخصوم على وقف الدعوى فترة من الوقت في الأصل لا تتجاوز ستة أشهر وعليه لا يحق الاعتراض عليه في ضوء ذلك.

وأما إذا تقرر وقف الدعوى خلافاً لما نص عليه النظام سواء أكان في وجوب اتفاق الخصوم كافة أو زيادة المدة عن ستة أشهر فيكون لصاحب المصلحة - المادة (4) - الاعتراض على الحكم بوقف الدعوى دون انتظار الفصل في الموضوع وفقاً لحكم المادة (174).

أحكام محكمة النقض:

جواز تعجيل الدعوى قبل انتهاء الأجل المتفق عليه ولو اعترض الطرف الآخر.

جلسة 1976/6/28 الطعن رقم 223 لسنة 45 قضائية

الاتفاق على وقف الخصومة كما يصح أن يكون بين الخصوم أنفسهم يصح أيضاً أن يكون بين وكلائهم وهم المحامون الحاضرون عنهم إذ أنه من إجراءات التقاضي. ولا يدخل في عداد الحالات التي استلزمت. الحصول على تفويض خاص بها.

جلسة 1955/3/17 مجموعة 25 سنة الجزء الأول ص 630 قاعدة 54

إن الشارع رخص للخصوم في أن يتفقوا على وقف السير في الدعوى لمدة لا تزيد على ستة أشهر من تاريخ إقرار المحكمة لهذا الاتفاق أياً كان سببه وأوجب تعجيلها خلال الثمانية أيام التالية لانقضاء هذه المدة ورتب

على عدم تعجيلها في هذا الميعاد اعتبار المدعي تاركاً دعواه والمستأنف تاركاً استئنافه.

جلسة 1962/1/31 الطعن رقم 257 لسنة 27 قضائية

تعجيل الدعوى بعد وقفها يتطلب إتخاذ إجراءين جوهريين هما تحديد جلسة جديدة لنظرها حتى تستأنف القضية سيرها أمام المحكمة وإعلان الخصم بهذه الجلسة وبشرط أن يتم الإعلان قبل انتهاء ميعاد الثمانية أيام.

جلسة 1978/6/28 الطعن رقم 223 لسنة 45 قضائية

رخص الشارع للخصوم. في أن يتفقوا على وقف السير في الدعوى لمدة لا تزيد على ستة شهور من تاريخ إقرار المحكمة بهذا الاتفاق أياً كان سببه وأوجب تعجيلها خلال الثمانية أيام التالية لانقضاء هذه المدة ورتب على عدم تعجيلها في الميعاد اعتبار المدعي تاركاً دعواه والمستأنف تاركاً استئنافه.

جلسة 1979/6/5 الطعن رقم 411 لسنة 47 قضائية

المادة الثالثة والثمانون

إذا رأت المحكمة تعليق حكمها في موضوع الدعوى على الفصل في مسألة أخرى يتوقف عليها الحكم فتأمر بوقف الدعوى، وبمجرد زوال سبب التوقف يكون للخصوم طلب السير في الدعوى.

1/83 - يقصد بالتعليق: وقف السير في الدعوى وقفاً مؤقتاً لتعلق الحكم فيها على الفصل في قضية مرتبطة بها، سواء أكانت القضية المرتبطة لدى القاضي نفسه، أم لدى غيره.

2/83 - إذا أمر القاضي بوقف الدعوى حسب هذه المادة، أو رفض طلب الخصوم وقفها فيصدر قراراً بذلك، ويعامل من لم يقنع بموجب تعليمات التمييز.

بادئ ذي بدء ينبغي التفرقة بين الوقف بقوة النظام والذي لا يتمتع فيه

416

القاضي بسلطة تقديرية إذا ما قام سبب الإيقاف وهو ما ورد في المادة (31) من نظام القضاء: «يترتب على رفع الطلب إلى اللجنة المشار إليها في المادة (29) وقف السير في الدعوى المقدم بشأنها الطلب ..... الخ». وبين الوقف التعليقي.

الوقف التعليقي:

بخلاف ما أورده المنظم على سبيل الحتم بإيقاف الدعوى سواء أكان وجوباً أم جوازاً يكون للمحكمة أن تأمر بوقف الدعوى المنظورة أمامها كلما رأت تعليق حكمها في موضوعها على الفصل في مسألة أخرى يتوقف عليها الحكم.

وهو ما أوضحته اللائحة التنفيذية في نصها: «يقصد بالتعليق: وقف السير في الدعوى وقفاً مؤقتاً لتعلق الحكم فيها على الفصل في قضية مرتبطة بها سواء أكانت القضية المرتبطة لدى القاضي نفسه، أم لدى غيره».

ومن الأهمية بمكان أن نوضح المقصود بعبارة «لدى غيره» وللإيضاح لابد من التعرض للمادة (28) من نظام القضاء في نصها:

«إذا دفعت قضية مرفوعة أمام المحكمة بدفع يثير نزاعاً تختص بالفصل فيه جهة قضاء أخرى وجب على المحكمة إذا رأت ضرورة الفصل في الدفع قبل الحكم في موضوع الدعوى أن توقفها وتحدد للخصم الموجه إليه الدفع ميعاداً يستصدر فيه حكماً نهائياً من الجهة المختصة. فإذا لم تر لزوماً لذلك أغفلت موضوع الدفع وحكمت في موضوع الدعوى وإذا قصر الخصم في استصدار حكم نهائي في الدفع في المدة المحددة كان للمحكمة أن تفصل في الدعوى بحالتها».

وعليه فالمقصود «لدى غيره» أي لدى محكمة تتبع نفس الجهة القضائية التابع لها المحكمة مصدرة التعليق، ذلك أنه إذا كانت تتبع نفس الجهة القضائية لأصبح المنظم يكرر نصوصاً في الأنظمة وهو ما يرتفع عنه المنظم. أما إذا ما

أثير دفع أمام المحكمة بالوقف لحين الفصل في مسألة أولية تختص بها جهة قضائية أخرى فإن نص المادة (28) من نظام القضاء هي واجبة التطبيق.

ونشير إلى أنه لا يجوز للمحكمة الفصل في الدعوى المنظورة أمامها قبل الفصل في القضية الأخرى ونرى أنه لا يشترط أن يكون الارتباط وفق ما أوضحنا في موضعه، ولكن ما يشترط هو أن يكون الفصل في القضية الأخرى ضرورياً للفصل في الدعوى المطلوب إيقافها. والدليل على ذلك ما جاءت به المادة بعبارة «الفصل في مسألة أخرى يتوقف عليها الحكم».

بالإضافة إلى ما سبق فإنه لا محل لوقف الدعوى إذا كان المسألة المتخذة كأساس الوقف معروضة على المحكمة من خلال أوراق الدعوى، وتملك المحكمة بسلطتها الفصل فيها وعليه لا يكون هناك موجب لوقف الدعوى، ويتعين عليها أن تمضي في نظر الدعوى.

وقد نصت المادة: «بمجرد زوال سبب التوقف يكون للخصوم طلب السير في الدعوى» وعليه يتعين مراعاة قواعد التعجيل السابق الإشارة إليها في المادة السابقة من معاودة سير الدعوى بعد زوال سبب الوقف تأسيساً على أن نصوص الأنظمة وحدة متكاملة تكمل بعضها البعض بوصفها منظومة إجرائية.

أما بالنسبة للاعتراض على أمر القاضي بالوقف من عدمه فيخضع لتعليمات التمييز وهذا ما أوضحته اللائحة التنفيذية في المادة (2/83) «إذا أمر القاضي بوقف حسب هذه المادة، أو رفض طلب الخصوم وقفها فيصدر قراراً بذلك، ويعامل من لم يقنع بموجب تعليمات التمييز».

أحكام محكمة النقض:

يشترط في حالة الوقف. أن تدفع الدعوى بدفع يثير مسألة أوليه يكون الفصل فيها لازماً للحكم في الدعوى.

جلسة 1968/3/5 المكتب الفني سنة 19 ص 510

إذا كان يبين من الحكم المطعون فيه أن المحكمة رأت أن دعوى الحساب التي رفعها الطاعن على مورث المطعون عليها تخرج عن نطاقها الدعوى الحالية مما لا محل معه لوقفها حتى يفصل في تلك الدعوى لأن سند مورث المطعون عليها في دعواه الحالية هو ما قام بدفعه عن الطاعن بصفته ضامناً متضامناً له في الديون المستحقة عليه للبنوك وهي أسباب سائغة تبرر رفض طلب الوقف لما كان ذلك فإن النعي على الحكم- بأن المحكمة لم توقف الدعوى الحالية حتى يتم الفصل في دعوى الحساب- يكون في غير محله.

جلسة 1975/2/4 الطعن رقم 27 لسنة 40 قضائية ص 323

إن تعليق أمر البت في الدعوى على إجراء آخر ترى المحكمة ضرورة اتخاذه أو استيفاؤه ووقف الفصل فيها لهذا السبب حتى يتخذ هذا الإجراء أو يتم بجعل حكم الوقف الصادر في هذا الشأن حكماً قطعياً فيما تضمنه من عدم جواز الفصل في الدعوى قبل تنفيذ مقتضاه ويتعين على المحكمة احترامه وعدم معاودة النظر في هذا الموضوع دون أن يقدم لها الدليل على تنفيذ ذلك الحكم.

جلسة 1974/4/17 سنة 35 ص 698

على المحكمة أن تعرض لتصفية كل نزاع يقوم على أن عنصر من عناصر الدعوى يتوقف الحكم فيها على الفصل فيه وليس لها أن توقف الدعوى حتى يفصل في ذلك النزاع في دعوى أخرى.

جلسة 1954/12/16 سنة 6 ص 315

لما كان لمحكمة الموضوع السلطة التامة في فهم الواقع والموازنة بين حجج الخصوم وأوجه دفاعهم فإن لها تقدير جدية أو جدوى طلب الخصم ضم قضية إلى أخرى معروضتين عليها أو طلب وقف أحداهما ريثما يفصل في الأخرى لتجيب هذا الطلب أو ترفضه، كما أنها ليست ملزمة بتعقب حجج الخصوم لترد على كل منها على استقلال وحسبها أن تقيم قضاءها على

419

أسباب تكفي لحمله.

جلسة 1984/1/26 الطعن رقم 673 لسنة 49 قضائية

يجب على محكمة الموضوع أن تعرض لتصفية كل نزاع يقوم على أي عنصر من عناصر الدعوى يتوقف الفصل فيها على الفصل فيه وليس لها أن توقف الدعوى حتى يفصل في ذلك النزاع في دعوى أخرى طالما كان هذا النزاع داخلاً في اختصاصها، فإذا دفع الخصم دعوى الريع بأنه تملك العقار الشائع - كما هو الشأن في الدعوى الماثلة - تعين على المحكمة أن تفصل فيه لدخوله في صميم الدعوى لأن الحكم بما هو مطلوب من ريع يتوقف على التحقق من سلامة أو عدم سلامة هذا الدفاع ولا يلزم طرحه على المحكمة في صورة طلب عارض أو وقف الدعوى حتى ترفع دعوى جديدة بشأنه.

جلسة 1994/3/7 سنة 45 الجزء الثاني ص 1546

إن تعليق أمر البت في الدعوى على إجراء آخر ترى المحكمة ضرورة اتخاذه أو استيفائه ووقف الفصل فيها لهذا السبب حتى يتخذ هذا الإجراء أو يتم يجعل حكم الوقف الصادر في هذا الشأن حكماً قطعياً فيما تضمنه من عدم جواز الفصل في موضوع الدعوى قبل تنفيذ مقتضاه ويتعين على المحكمة احترامه وعدم معاودة النظر في هذا الموضوع دون أن يقدم لها الدليل على تنفيذ ذلك الحكم.

جلسة 1957/11/28 الطعن رقم 19 لسنة 26 قضائية

الفصل الثاني

انقطـاع الخصومـة

المادة الرابعة والثمانون

ما لم تكن الدعوى قد تهيأت للحكم في موضوعها فإن سير الخصومة ينقطع بوفاة أحد الخصوم، أو بفقده أهلية الخصومة، أو بزوال صفة النيابة عمن كان يباشر الخصومة عنه، على أن سير الخصومة لا ينقطع بانتهاء الوكالة، وللمحكمة أن تمنح أجلاً مناسباً للموكل إذا كان قد بادر فعين وكيلاً جديداً خلال الخمسة عشر يوماً من انتهاء الوكالة الأولى، أما إذا تهيأت الدعوى للحكم فلا تنقطع الخصومة، وعلى المحكمة الحكم فيها.

1/84 - انقطاع الخصومة بحصول الوفاة أو بفقد الأهلية يعتبر من تاريخ حصوله لا من تاريخ علم المحكمة بذلك.

2/84 - تبقى المعاملة لدى القاضي عند قيام سبب الانقطاع مدة شهر فإن لم يراجع أحد الخصوم فتعاد إلى الجهة التي وردت منها.

3/84 - إذا حكم القاضي في الدعوى المتهيئة للحكم بعد وفاة أحد الخصوم، فتجري على الحكم تعليمات التمييز.

4/84 - إذا لم يحضر الخصم الذي حل محل من قام به سبب الانقطاع بعد إبلاغه بالحكم لإبداء القناعة من عدمها أو تعذر إبلاغه ومضت المدة

المقررة للاعتراض فيرفع الحكم لمحكمة التمييز بدون لائحة اعتراض.

5/84 - إذا تعدد الخصوم وقام سبب الانقطاع بأحدهم فإن الدعوى تستمر في حق الباقين ما لم يكن موضوع الدعوى غير قابل للتجزئة فتنقطع الخصومة في حق الجميع.

ماهية انقطاع الخصومة:

وقف السير في الدعوى مؤقتاً لفقدانها أحد أركانها - المتمثل في الجانب الشخصي - بسبب من الأسباب الواردة على سبيل الحصر والمتمثلة في الوفاة أو فقد أهلية الخصومة أو بزوال صفة النيابة عمن كان يباشر الخصومة عنه وباستيفاء الإجراء على الوجه النظامي تعود الدعوى إلى سيرتها الأولى.

وإذا كان وقف الخصومة وانقطاعها يتفقان في وقف السير في الدعوى، إلا أنهما يختلفان في كون الوقف لا يتعرض لمركز الخصوم أو صفاتهم، بينما الانقطاع يتعرض لأهلية الخصوم أو صفاتهم.

أسباب انقطاع الخصومة:

يتحقق الانقطاع بأحد الأسباب الواردة في متن المادة على سبيل الحصر:

(1) وفاة أحد الخصوم:

ووفق ما أوضحته اللائحة التنفيذية م (1/84) «انقطاع الخصومة بحصول الوفاة...... الخ».

وبالتالي وفاة وكيل الخصم في الدعوى لا يؤثر في سير الدعوى وفي تلك الحالة أجاز المنظم بمنح الخصم أجلاً مناسباً للموكل إذا كان قد بادر فعين وكيلاً جديداً خلال الخمسة عشر يوماً من انتهاء الوكالة.

وإذا كان نظام المرافعات قد عالج من خلال نص المادة حالة وفاة

422

الوكيل، إلا أن نفس الغاية تتحقق في حالة ما إذا عزل الموكل الوكيل وفقاً لحكم المادة (27) من نظام المحاماة بنصها: «للموكل أن يعزل محاميه، وعليه أن يدفع كامل الأتعاب المتفق عليها إذا ثبت أن العزل بسبب غير مشروع، ما لم تر المحكمة المختصة بنظر القضية غير ذلك بالنسبة للعزل وكامل الأتعاب» اللائحة التنفيذية م (1/27) «على الموكل إذا عزل محاميه إبلاغه بخطاب مسجل مصحوب بعلم الوصول، وكذا بإبلاغ الجهة ناظرة القضية بذلك، ولا يحق له الإعلان في أي وسيلة إعلامية إلا بعد موافقة الإدارة».

م (2/27) «النظر في سبب عزل المحامي يكون من قبل القاضي المختص بنظر قضية الأتعاب».

(2) فقد أحد الخصوم أهلية الخصومة:

أهلية الاختصام: تتوافر هذه الأهلية لدى كل إنسان حي وكذلك لكل شخص معنوي ذات شخصية نظامية، يستوي أن يكون الخصم وطنياً أم أجنبياً. وإلى جانب الأهلية ينبغي أن تتوافر إلى جانبها الأهلية الإجرائية وهي صلاحية الخصم للقيام بعمل إجرائي في الخصومة، وهي تتوافر لدى كل من بلغ سن الرشد. ويتحقق فقد أهلية الخصومة في أحوال الحجز بالنسبة للخصم.

(3) زوال صفة النيابة عمن كان يباشر الخصومة عنه:

ويتحقق زوال صفة النيابة بعزل الناظر على الوقف إذا كان خصماً في الدعوى بتلك الصفة يضاف إلى ذلك تغيير الوصي بوصي آخر.

مسألة: تأثير تغيير الممثل النظامي للشركة على سير الخصومة.

لا يترتب على تغيير الممثل النظامي انقطاع سير الخصومة، وكل ما يلزم في تلك الحالة تصحيح شكل الدعوى بإعلان الخصم للممثل النظامي الجديد.

مسألة: فيما يتعلق بالأجهزة الحكومية في تغيير رؤسائها أو من ينوب عنهم.

فلا تأثير على سير الخصومة، ذلك لأن شخصيتهم ليس لها تأثير على سير الدعوى.

أحكام محكمة النقض:

انقطاع سير الخصومة بوفاة أحد الخصوم. وقوعه بحكم القانون دون توقف على علم الخصم الآخر بحصول الوفاة أو صدور حكم بذلك. انتهاء الخصوم من دفاعهم الختامي حقيقة أو حكمها قبل الوفاة. جواز الحكم في الدعوى.

انقطاع سير الخصومة. بطلان كل إجراء يتم خلال فترة الانقطاع بما في ذلك الحكم الذي يصدر في الدعوى.

جلسة 1997/4/9 الطعن رقم 6727 لسنة 65 قضائية

الخصومة لا تنعقد إلا بين الأحياء. ثبوت أن أحد المطعون عليهم قد توفي قبل رفع الطعن بالنقض. اعتبار الخصومة في الطعن بالنسبة له منعدمة.

جلسة 1996/11/13 الطعن رقم 2508 لسنة 60 قضائية

تغيير ممثل الشخص الاعتباري ليس له أثر في سير الدعوى.

جلسة 1979/12/26 الطعن رقم 615 لسنة 46 قضائية

إن مجرد وفاة الخصم أو فقده أهلية الخصومة يترتب عليه لذاته انقطاع سير الخصومة أما بلوغ الخصم سن الرشد فإنه لا يؤدي بذاته إلى انقطاع سير الخصومة وإنما يحصل هذا الانقطاع بسبب ما يترتب على البلوغ من زوال صفة من كان يباشر الخصومة عن القاصر. لما كان ما تقدم وكان الواقع في الدعوى أن المطعون عليها الأولى اختصمت المطعون عليه

الثاني أمام محكمة أول درجة عن نفسه.

وبصفته ولياً طبيعياً على أولاده القصر ومن بينهم الطاعن الأول الذي بلغ سن الرشد أثناء نظر الدعوى أمام المحكمة الابتدائية وإذ لم ينبه المطعون عليه الثاني أو الطاعن الأول - بعد بلوغه سن الرشد - المحكمة إلى التغيير الذي طرأ على حالة هذا الأخير وحتى صدور الحكم في الدعوى فإن تمثيل المطعون عليه الثاني لابنه الطاعن الأول في الدعوى يكون بقبوله ورضائه ويبقى هذا التمثيل منتجاً لكل آثاره القانونية ويكون الحكم الصادر في الدعوى كما لو كان القاصر مختصماً بشخصه بعد بلوغه حتى لو تغيب ممثله عن حضور كل جلسات الدعوى طالما كان اختصامه فيها صحيحاً.

جلسة 1993/11/28 الطعن رقم 2306 لسنة 59 قضائية

يترتب على وفاة أحد الخصوم قبل أن تتهيأ الدعوى للحكم قي موضوعه انقطاع سير الخصومة بقوة القانون بغير حاجة لصدور حكم به ودون توقف على علم الخصم الآخر بحصول هذه الوفاة وينتج عن ذلك بطلان كافة الإجراءات التي تتخذ في الدعوى بعد تاريخ قيام سبب الانقطاع بما فيها ما قد يصدر من حكم في الدعوى وأن الدعوى لا تعتبر مهيأة للحكم إلا بفوات المواعيد المحددة لإيداع المذكرات.

جلسة 1992/5/21 الطعن رقم 1074 لسنة 57 قضائية

إدماج الشركة في غيرها بما لازمة انقضاء شخصية الشركة المندمجة وخلافة الشركة الدامجة لها خلافة عامة يترتب عليه انقطاع سير الخصومة بالنسبة إلى الشركة المندمجة.

جلسة 1980/1/7 الطعن رقم 295 لسنة 46 قضائية

للشركة شخصية اعتبارية مستقلة عن شخصية ممثلها. تتغير ممثل الشركة. لا أثر له في سير الدعوى.

جلسة 1979/12/26 الطعن رقم 1977 لسنة 46 قضائية

وفاة أحد الخصوم يترتب عليه انقطاع سير الخصومة بحكم القانون ومقتضى ذلك أن الانقطاع يقع كنتيجة حتمية للوفاة وبغير حاجة لصدور حكم به ودون توقف على علم الخصم الآخر بحصول هذه الوفاة.

جلسة 1977/5/10 الطعن رقم 724 لسنة 42 قضائية

إن مجرد وفاة الخصم أو فقد أهلية الخصومة يترتب عليه لذاته انقطاع سير الخصومة أما بلوغ الخصم سن الرشد فإنه لا يؤدي إلى انقطاع سير الخصومة وإنما يحصل هذا الانقطاع بسبب ما يترتب على البلوغ من زوال صفة من كان يباشر الخصومة عن القاصر ومتى كان الثابت أن الطاعن قد اختصم اختصاماً صحيحاً في الاستئناف ممثلاً في والده باعتباره ولياً شرعياً عليه فإن الاستئناف يكون قد رفع صحيحاً ويعتبر الطاعن عالماً به فإذا بلغ سن الرشد أثناء سير الاستئناف ولم ينبه هو ولا والده المحكمة إلى التغيير الذي طرأ على حالته وترك والده المحكمة إلى التغيير الذي طرأ على حالته وترك والده يحضر عنه بعد بلوغ إلى أن صدر الحكم في الاستئناف فإن حضور هذا الوالد يكون في هذه الحالة بقبول الابن ورضائه فتظل صفة الوالد قائمة في تمثيل ابنه في الخصومة بعد بلوغه سن الرشد وبالتالي ينتج هذا التمثيل كل آثاره القانونية ولا ينقطع به سير الخصومة لأنه إنما ينقطع بزوال صفة النائب في تمثيل الأصيل وهي لم تزل في هذه الحالة بل تغيرت فقط فبعد أن كانت نيابة عنه قانونية أصبحت اتفاقية.

جلسة 1977/6/28 الطعن رقم 381 لسنة 43 قضائية

حجز الدعوى للحكم دون مرافعة بالجلسة مع التصريح بتقديم مذكرات. تقديم المستأنف عليه مذكرة في الميعاد أثبت بها وفاة المستأنف في ذات يوم الجلسة. انقطاع سير الخصومة بقوة القانون.

جلسة 1976/12/26 سنة 27 ص 1809

المادة الخامسة والثمانون

تعد الدعوى مهيأة للحكم في موضوعها إذا أبدى الخصوم أقوالهم وطلباتهم الختامية في جلسة المرافعة قبل وجود سبب الانقطاع.

1/85 - يجب أن تكون الأقوال الختامية المقدمة قد تناولت جميع موضوع الدعوى من تقديم جميع الطلبات والدفوع والبيانات وأن تكون مرصودة في الضبط سواء أكانت شفوية أم مذكرات كتابية ولم يبق لدى الخصوم ما يرغبون تقديمه، بحيث قفل باب المرافعة.

تهيئة الدعوى للحكم:

وتعني أن تكون الدعوى صالحة للفصل في موضوعها، من خلال إبداء الخصوم لكافة طلباتهم وأقوالهم الختامية ودفاعهم ودفوعهم في جلسة المرافعة، بعد تحقيق الدعوى على نحو نظامي يكفل لكل خصم حقه في الدفاع، بشرط أن يتم ما سبق ذكره قبل الوفاة أو فقد أهلية الخصومة أو زوال الصفة، جاز للمحكمة ألا تقطع سير الخصومة وأن تقضي فيها على موجب الأقوال والطلبات الختامية المقدمة إليها قبل الوفاة أو فقد أهلية الخصومة أو زوال الصفة.

أحكام محكمة النقض:

الأصل هو انقطاع سير الخصومة حتماً بوفاة أحد الخصوم وأنه ليس لمحكمة سلطة تقديرية في ذلك غاية الأمر إذا كان الخصوم قد فرغوا قبل قيام هذا العارض من إبداء دفاعهم الختامي في الدعوى حقيقة أو حكماً بالمرافعة الشفوية أو بالكتابة أو بإتاحة الفرصة لهم في ذلك، فإن انقطاع سير الخصومة عندئذ يكون غير مجد لانتفاء مصلحة الخصوم منه ويكون من المصلحة حسم النزاع قضاء ولذلك أجاز القانون للمحكمة في هذه الحالة إصدار حكمها في الدعوى. لما كان ذلك وكان الثابت من مدونات الحكم المطعون فيه أن المستأنف عليه - مورث الطاعن - لم يبد أمام محكمة

الاستئناف دفاعاً وأن المستأنف طلب إلى المحكمة من بعد حجز القضية للحكم إعادتها إلى المرافعة لوفاة خصمه وانقطاع سير الخصومة تبعاً لذلك وكان الحكم لم يجاوز في رده على هذا الطلب قوله أن المحكمة لا ترى إجابته بعد أن تهيأت الدعوى للحكم دون أن يبين العناصر الواقعية التي استمد منها وصف الدعوى ذلك ليسوغ السير في الخصومة والفصل فيها حتى تتمكن محكمة النقض من أعمال رقابتها عليه. فإنه يكون قاصر البيان قصوراً يبطله.

جلسة 1980/2/9 الطعن رقم 288 لسنة 46 قضائية

إذا حجزت القضية للحكم مع التصريح بتقديم مذكرات في ميعاد معين فإن باب المرافعة يعد مقفولاً بانتهاء الأجل الذي حددته المحكمة للخصم ليقدم مذكرته فيه لأنه يقفل إذا انتهت المرافعة فعلا شفوية كانت أو كتابية.

جلسة 1981/12/9 طعن رقم 1217 لسنة 47 قضائية

إذا كانت الوفاة قد حدثت قبل الجلسة التي قررت فيها المحكمة تأجيل الدعوى للإعلان من لم يحضر الخصوم دون أن ينبهها أحد إلى وفاة أحد الخصوم وفي الجلسة المحددة حضر ابن المتوفي وقدم شهادة بوفاة والده وطلب الحكم بانقطاع الخصومة ولكن المحكمة قررت حجز الدعوى للحكم مع مذكرات فإن حكمها لا يقع باطلاً إذ أن الخصومة وإن كانت قد انقطعت بالوفاة إلا أنها استأنفت سيرها بحضور ابن المتوفي.

جلسة 1975/11/8 سنة 26 ص 1414

الدعوى تعتبر مهيأة للحكم أمام محكمة النقض بعد استيفاء جميع الإجراءات من إيداع المذكرات وتبادلها بين الطرفين. وفاة الطاعن بعد ذلك لا أثر له.

جلسة 1973/6/27 سنة 24 ص 981

إذا كان الثابت من مطالعة الأوراق أنه بالجلسة الأولى المحددة لنظر

الاستئناف طلب الحاضران عن طرفي الخصومة حجز الدعوى للحكم مع التصريح بمذكرات فقررت المحكمة حجز الدعوى للحكم ومذكرات في عشرة أيام وقبل انقضاء هذا الأجل تقدمت الشركة المطعون ضدها بمذكرة إلى المحكمة وأوردت بها أن المستأنفة قد توفيت وكان يبين من ذلك أن الخصوم لم يبدوا أقوالهم وطلباتهم الختامية في جلسة المرافعة الشفوية وقت الوفاة ولا يعد باب المرافعة الكتابية مقفولاً أمامهم بعد أن رخصت المحكمة لهم بتقديم مذكرات في فترة حجز القضية إلا بعد انتهاء الأجل الذي حددته المحكمة لتقديم المذكرات خلاله وبذلك لا تكون الدعوى قد تهيأت للحكم في موضوعها وتكون الخصومة فيها قد انقطع سيرها بقوة القانون كنتيجة حتمية للوفاة الحاصلة خلال ذلك الأجل.

جلسة 1976/12/26 رقم 481 لسنة 41 قضائية

انتهاء الخصوم من دفاعهم الختامي الحقيقي أو حكماً قبل الوفاة. جوازاً الحكم في الدعوى.

جلسة 1997/4/9 الطعن رقم 6727 لسنة 65 قضائية

المادة السادسة والثمانون

يترتب على انقطاع الخصومة وقف جميع مواعيد المرافعات التي كانت جارية في حق الخصوم، وبطلان جميع الإجراءات التي تحصل أثناء الانقطاع.

1/86 - الانقطاع لا يؤثر على الإجراءات السابقة له.

2/86 - لا يجوز للقاضي الحكم في القضية أثناء الانقطاع، وإذا حكم فيكون حكمه باطلاً.

يترتب على انقطاع سير الخصومة أولا: وقف جميع المواعيد النظامية، ثانياً بطلان الإجراءات المتخذة من وقت توافر سبب الانقطاع أي من تاريخ

حصوله م (1/84).

أولاً: وقف مواعيد المرافعات:

يترتب على توافر أحد أسباب الانقطاع والمتمثلة في وفاة أحد الخصوم، فقد أهلية الخصومة، زوال صفة النيابة عمن كان يباشر الخصومة عنه. وعليه فمن الوقت الذي حدث فيه أحد الأسباب السابقة هو الوقت المعتبر في انقطاع سير الخصومة، وهو ما أوضحته اللائحة التنفيذية للمادة (1/84) بنصها «انقطاع الخصومة بحصول الوفاة أو بفقد الأهلية يعتبر من تاريخ حصوله لا من تاريخ علم المحكمة بذلك».

وعليه تقف جميع مواعيد المرافعات التي كانت جارية في حق الخصوم ولا يجري ما بقى منها إلا بعد زوال أسباب الانقطاع.

ثانياً: بطلان جميع الإجراءات التي تحدث أثناء الانقطاع:

جاءت اللائحة التنفيذية للمادة (1/84) «انقطاع الخصومة بحصول الوفاة أو بفقد الأهلية يعتبر من تاريخ حصوله لا من تاريخ علم المحكمة بذلك».

ويعني هذا أن المنظم قد اعتد في تقرير البطلان من وقت سبب الانقطاع مرتباً جزاءاً إجرائياً وهو البطلان الذي يصيب إجراءات الدعوى - سواء أكانت إجراءات الخصومة، إجراءات الإثبات - وهذا البطلان لا يجوز أن تقضي به المحكمة من تلقاء نفسها ويتم التمسك به من قبل من شرع لمصلحته م (4)، ويحق له التنازل عنه صراحةً أو ضمناً وهذا ما أوضحته اللائحة التنفيذي للمادة (2/87): «إذا حصل الانقطاع قبل الجلسة المحددة لنظر القضية وحضر وارث المتوفي أو من يقوم مقام من فقد الأهلية أو من زالت عنه صفة النيابة وباشر الدعوى في الجلسة المحددة، فإن الدعوى لا تنقطع بذلك».

أما إذا صدر حكم في الدعوى مع قيام سبب الانقطاع وقع باطلاً.

وهذا ما أوضحته اللائحة التنفيذية للمادة (2/86): «وإذا حكم فيكون حكمه باطلاً». وفي ضوء ذلك يتم التمسك بالبطلان من خلال طرق الاعتراض على الأحكام وفقاً لحكم المادة (173).

مسألة إذا رفع المدعي دعواه وفقاً لحكم المادة (39) وتوفي المدعى عليه قبل إعلانه، فهنا لا تملك المحكمة أن تقضي بانقطاع سير الخصومة لأنها لم تنعقد ويكون للمدعي طلب تصحيح شكل الدعوى باختصام الورثة.

أحكام محكمة النقض:

انقطاع سير الخصومة. وقوعه بقوة القانون بوفاة أحد الخصوم فيها. بطلان الإجراءات التي تتم أثناء انقطاعها. صدور الحكم الاستئنافي دون إعلان الطاعن الثاني بالخصومة بعد وفاة مورثه وقبل أن تتهيأ للفصل فيها. بطلان الكم بما يوجب نقضه بالنسبة للطاعنين للارتباط القائم بين مركزيهما.

جلسة 1988/12/27 الطعن رقم 17 لسنة 56 قضائية

انقطاع سير الخصومة. بطلان كل إجراء يتم في فترة الانقطاع بما في ذلك الحكم الذي يصدر في الدعوى بطلاناً نسبياً.

البطلان الناشئ عن عدم إعلان تعجيل الخصومة بعد انقطاعها لجميع ورثة المتوفي حتى تستأنف سيرها. بطلان نسبي. لا يجوز لغير الورثة التمسك به.

جلسة 1998/1/10 الطعن رقم 4194 لسنة 61 قضائية

إذا توفي أحد الخصوم أو زالت صفة من ينوب في مباشرة الخصومة عن أحد طرفيها انقطاع سيرها بحكم القانون دون حاجة إلى صدور حكم بذلك ودون توقف على علم الخصم الآخر بحصول الوفاة. ولا يجوز اتخاذ أي إجراء من إجراءات الخصومة في فترة الانقطاع وقبل أن تستأنف الدعوى

سيرها بالطريق الذي رسمه القانون، وكل إجراء يتم في تلك الفترة يقع باطلاً بما في ذلك الحكم الذي صدر في الدعوى.

جلسة 1996/1/8 الطعن رقم 4129 لسنة 62 قضائية

بطلان كافة الإجراءات التي تمت في فترة انقطاع سير الخصومة بطلان نسبي.

جلسة 1997/3/6 الطعن رقم 2286 لسنة 63 قضائية

انقطاع سير الخصومة. وقوعه بقوة القانون متى تحقق سببه بعد بدئها. حصوله قبل ذلك. انعدام الخصومة.

جلسة 1988/6/29 الطعن رقم 1471 لسنة 54 قضائية

إذا كان الثابت الطاعن وهو الذي شرع الانقطاع لحمايته قد حضر بالجلسة - بعد وفاة والده أحد المستأنف عليهم - وقررت محكمة الاستئناف بهذه الجلسة حجز القضية للحكم وصرحت بتبادل المذكرات خلال شهر ومن ثم فقد انتفت مصلحته في التمسك بالبطلان الذي يدعيه. هذا البطلان نسبي.

جلسة 1976/6/14 سنة 27 ص 1354

زوال صفة ممثل المدعى عليه أثناء سير الدعوى. اختصام صاحب الصفة الجديدة. لا محل للقضاء بانقطاع سير الخصومة.

جلسة 1980/5/4 الطعن رقم 1859 لسنة 49 قضائية

إذا صدر حكم على خصم توفي أثناء سير الدعوى ولم توقف الإجراءات لوفاته كان لورثته - إذا أرادوا التمسك ببطلان الإجراءات - أن يطعنوا على الحكم بالطرق التي رسمها القانون لا بدعوى بطلان مبتدأه .

جلسة 1956/4/19 سنة 7 ص 528

الأصل في صحة انعقاد الخصومة أن يكون طرفاها أهلاً للتقاضي وإلا قام مقامهم من يمثلهم قانوناً ومن واجب الخصم أن يراقب ما يطرأ على خصمه من وفاة أو تغير في الصفة أو الحالة حتى تأخذ الخصومة مجراها القانوني الصحيح. وإذ كان الثابت من بيانات الحكم المطعون فيه أن الطاعنة علمت يقيناً بقصر بعض خصومها وصفة من يمثلهم قانوناً ولم تتخذ أي إجراء لتصحيح الوضع في الدعوى بتوجيهها إلى هؤلاء القصر في شخص الوصي عليهم فإنهم يكونون غير ممثلين في هذه الخصومة تمثيلاً صحيحاً.

جلسة 1963/6/19 سنة 14 ص 823

لما كان من المقرر في قضاء هذه المحكمة أن بطلان الإجراءات التي تتم بعد قيام سبب انقطاع سير الخصومة أو المترتب على عدم إعلان الخصم بحكم التحقيق أو بقرار إعادة الدعوى إلى المرافعة هو بطلان نسبي قرره القانون لصالح من شرع الانقطاع لحمايتهم أو البطلان لصالحهم ومن ثم لا يجوز لغيرهم التمسك به.

جلسة 1981/11/19 الطعن رقم 529 لسنة 43 قضائية

إذا قام سبب من أسباب انقطاع الخصومة وتوافرت شروطه انقطعت الخصومة عند آخر إجراء حصل قبل قيام سبب الانقطاع لا يجوز اتخاذ أي إجراء من إجراءات الخصومة في فترة الانقطاع وقبل أن تستأنف الدعوى سيرها بالطريق الذي رسمه القانون وكل إجراءاً يتم في تلك الفترة يقع باطلاً بما في ذلك الحكم الذي يصدر في الدعوى إلا أن البطلان - على ما جرى به قضاء هذه المحكمة - بطلان نسبي قرره القانون مصلحة من شرع الوقف أو الانقطاع لحمايته وهم خلفاء المتوفي أو من يقومون مقام من فقد أهليته أو تغيرت صفته.

جلسة 1976/12/26 الطعن رقم 481 لسنة 41 قضائية

المادة السابعة والثمانون

يستأنف السير في الدعوى بناء على طلب أحد الخصوم بتكليف يبلغ حسب الأصول إلى من يخلف من قام به سبب الانقطاع، أو إلى الخصم الآخر، وكذلك يستأنف السير في الدعوى إذا حضر الجلسة المحددة للنظر بها خلف من قام به سبب الانقطاع.

1/87 - يستأنف القاضي نظر الدعوى من حيث انتهت إليه بعد تلاوة ما تم ضبطه على الخصوم.

2/87 - إذا حصل الانقطاع قبل الجلسة المحددة لنظر القضية وحضر وارث المتوفى أو من يقوم مقام من فقد الأهلية أو من زالت عنه صفة النيابة وباشر الدعوى في الجلسة المحددة، فإن الدعوى لا تنقطع بذلك.

استئناف السير في الدعوى:

اتبع المنظم في تنظيم استئناف السير في الدعوى طريقين أولهما: التبليغ إلى من يخلف من قام به سبب الانقطاع، وثانيهما: إذا حضر الجلسة المحددة للنظر بها خلف من قام به سبب الانقطاع.

أولاً: التبليغ إلى من يخلف من قام به سبب الانقطاع:

وهو إحدى الطرق لاستئناف السير في الدعوى بتوجيه التبليغ حسب الأصول المرعية في قواعد التبليغ - الواردة في الباب الأول - إلى من يقوم مقام الخصم الذي توفي أو فقد أهلية الخصومة أو زالت صفة النيابة عمن كان يباشر الخصومة عنه.

وتستأنف الدعوى سيرها من الإجراء الذي وقفت عنده قبل قيام سبب الانقطاع وباكتمال الشكل النظامي للخصومة تتصل الإجراءات السابقة باللاحقة وتسير الخصومة في إطارها النظامي وتفصل المحكمة في الدعوى على أساس هذه الإجراءات مجتمعة.

ثانياً: حضور الجلسة:

أباح المنظم إلى جانب اتباع قواعد التبليغ لتستأنف الدعوى سيرها بعد قيام سبب الانقطاع حضور ورثة الخصم أو من قام مقام من فقد أهليته أو زالت صفته في الجلسة المحددة لنظر الدعوى وباشر السير فيها. وتتحقق هذه الصورة في حالة ما إذا كانت الدعوى مؤجلة وقام سبب من أسباب الانقطاع لدى أحد الخصوم وكان خلفاء الخصم على علم بتاريخ الجلسة المؤجلة إليها وحضروا في تلك الجلسة فهذا الحضور يغني عن اتباع قواعد التبليغ.

أحكام محكمة النقض:

بلوغ القاصر سن الرشد أثناء سير الدعوى. استمرار وصية في تمثيله دون تنبيه المحكمة اعتبار نيابة الوصي عنه بعد البلوغ اتفاقية بعد أن تكن قانونية. عدم قبول تمسك القاصر بعدم صحة تمثيله لأول مرة أمام محكمة النقض.

جلسة 1973/12/26 سنة 24 ص 1312

تعجيل الدعوى بعد انقطاع سير الخصومة. إقامة المدعين دعوى أخرى بذات الطلبات ضد نفس الخصوم ودون إشارة إلى الدعوى السابقة. لا يعد تعجيلاً لها.

جلسة 1980/1/31 اطعن رقم 1451 لسنة 48 قضائية

إن الدعوى تستأنف سيرها بصحيفة تعلن إلى من يقوم مقام الخصم الذي توفي أو فقد أهليته للخصومة أو زالت صفته بناء على طلب الطرف الآخر أو بصحيفة تعلن إلى هذا الطرف بناء على طلب أولئك، ولا يؤثر في صحة الإعلان عدم نظر الدعوى في الجلسة المحددة.

جلسة 1980/4/3 سنة 31 الجزء الأول ص 1027

بلوغ القاصر سن الرشد أثناء سير الدعوى. استمرار والدهم في

تمثيلهم دون تنبيه المحكمة. قيام صفته في تمثيلهم بعد البلوغ باعتبار أن نيابته عنهم اتفاقية بعد أن كانت قانونية. صحة اختصامه كممثل لهم في الاستئناف.

جلسة 1970/1/13 سنة 21 ص 70

لئن كان ضم دعويين تختلفان سبباً وموضوعاً إلى بعضهما تسهيلاً للإجراءات لا يترتب عليه إدماج إحداهما في الأخرى بحيث تفقد كل منهما استقلالها إلا أن الأمر يختلف إذا كان الخصوم متحدين في الدعويين وكان موضوع الطلب في إحدى القضيتين المضمومتين هو بذاته موضوع الطلب في القضية الأخرى فإنهما تندمجان وتفقد كل منهما استقلالها ويكون تحريك إحداهما بعد انقطاع سير الخصومة فيها شاملاً للقضيتين.

جلسة 1978/3/29 الطعن رقم 377 لسنة 45 قضائية

إذا كانت الخصومة في الدعوى لا تقوم إلا بين أشخاص موجودين على قيد الحياة فإن رفعت الدعوى على متوفي كانت معدومة لا ترتب أثراً ولا يصححها أي إجراء لاحق. وكان الثابت أن الطاعنين قد اختصموا في دعواهم مورث المطعون ضدهم عدا الأول الذي تبين أنه كان قد توفي قبل إيداع صحيفة الدعوى قلم الكتاب فإن الخصومة في الدعوى تكون معدومة بالنسبة له ولا يترتب على إيداع صحيفتها أي أثر ولو كان الطاعنون يجهلون وفاته إذ كان يتعين عليهم مراقبة ما يطرأ على خصومهم من وفاة قبل اختصامهم وتعجيل الطاعنين للدعوى واختصامهم للورثة فيها مما يعد عديم الأثر لوروده على غير محل وليس من شأنه تصحيح الخصومة المعدومة.

جلسة 1983/3/17 الطعن رقم 1606 لسنة 49 قضائية

إغفال اختصام أحد ورثة الخصم عند تعجيل الدعوى بعد انقطاع سير الخصومة. عدم جواز تمسك غيره من الورثة ببطلان الإجراءات.

جلسة 1988/12/21 الطعن رقم 477 لسنة 54 قضائية

الفصل الثالث

ترك الخصومة

المادة الثامنة والثمانون

يجوز للمدعي ترك الخصومة بتبليغ يوجهه لخصمه، أو تقرير منه لدى الكاتب المختص بالمحكمة، أو بيان صريح في مذكرة موقع عليها منه، أو من وكيله، مع اطلاع خصمه عليها، أو بإبداء الطلب شفوياً في الجلسة واثباته في ضبطها، ولا يتم الترك بعد إبداء المدعى عليه دفوعه إلا بموافقة المحكمة.

1/88 - ترك الخصومة هو: تنازل المدعي عن دعواه القائمة أمام المحكمة مع احتفاظه بالحق المدعى به بحيث يجوز له تجديد المطالبة به في أي وقت.

2/88 - لا يتم ترك الخصومة إلا بعد إشعار المحكمة وإبلاغ المدعى عليه.

3/88 - الكاتب المختص: هو الكاتب في مكتب المواعيد وعليه إبلاغ المدعى عليه بترك المدعي للخصومة عن طريق المحضرين.

4/88 - إذا تعدد المدعون وكانت الدعوى قابلة للتجزئة في موضوعها

جاز لبعضهم تركها وتظل قائمة في حق الباقين، وكذا إذا تعدد المدعى عليهم جاز للمدعي تركها عن بعضهم إذا كانت الدعوى قابلة للتجزئة.

5/88 - يدون طلب المدعي ترك دعواه في دفتر الضبط ثم تعاد المعاملة للجهة الواردة منها.

6/88 - لا يجوز ترك الخصومة من الوكيل ما لم يكن مفوضاً تفويضاً خاصاً في الوكالة وفق المادة (49).

ماهيـة تـرك الخصومـة:

جاءت اللائحة التنفيذية بتحديد المقصود بترك الخصومة (1/88) «تنازل المدعي عن دعواه القائمة أمام المحكمة مع احتفاظه بالحق المدعى به بحيث يجوز له تجديد المطالبة به في أي وقت» وهذا يفترض أن الخصومة منعقدة بين أطراف التداعي وهي لا تكون كذلك إلا باتباع قواعد التبليغ، فما قبل ذلك لا تكون الخصومة منعقدة، أثر ذلك لا يحق للمدعي اللجوء لتلك القاعدة، وإن كان يحق له اللجوء إلى شطب الدعوى وفقاً لحكـم المادة (53).

يضاف إلى ما سبق لا تتوافر حالة الترك إذا صدر حكم في الدعوى. إذ في تلك الحالة نكون أمام تنازل عن حكم وما يستتبع من أثار تجاه الحق الثابت فيه.

مسألة: ما إذا كان الترك يتناول تنازل المدعي عن دعواه القائمة ؟ فهل يملك التنازل عن إجراء من إجراءات المرافعات صراحةً أو ضمناً ؟.

إذا كان المنظم أباح للمدعي أن يتنازل عن الدعوى برمتها فمن باب أولى من يملك الكل يملك الجزء، وعندئذ يعتبر هذا التنازل جزئياً عن هذا الإجراء.

الغـرض مـن التـرك:

قد يكون من مصلحة المدعي ترك الخصومة [1] ليدرأ الحكم بعدم الاختصاص في حالة ما إذا رفعت الدعوى لمحكمة غير مختصة، وتوفيراً للوقت برفعها أمام المحكمة المختصة ودرءاً لطلب الإحالة، إذا كانت بينة المدعى غير كافية في الدعوى، ويخشى من عدم منحه الأجل اللازم لاستكمال بينته، مما يعرضه لرد دعواه، وتأثير ذلك من عدم طرح النزاع مرة أخرى على القضاء احتراماً لمبدأ حجية الأحكام.

وقد يتعجل المدعي في رفع دعواه مستنداً لحق لم يحل أجله أو معلقاً على شرط [2] - فاسخاً أو واقفاً - لم يتحقق بعد.

الخصـم الـذي يملك تـرك الخصومـة:

صاحب الادعاء في الطلب الأصلي أو العارض هو من يملك الترك، وبمعنى أدق المدعي والمتدخل في الخصومة لهما الحق في ترك الخصومة ليرفعاها بطريقة أصلية أمام المحكمة المختصة. وكما يحق لهما أن يتركا الدعوى يحق لهما أن يتركا إجراءات أو أكثر وفقاً لمبدأ التنازل الجزئي عن الإجراء. وللوكيل أن يترك الخصومة إذا كانت الوكالة تبيح له ذلك، وهو ما أوضحته اللائحة التنفيذية للمادة (6/88) «لا يجوز ترك الخصومة من الوكيل ما لم يكن مفوضاً تفويضاً خاصاً في الوكالة وفق المادة (49)».

طـرق تـرك الخصومـة:

حدد المنظم لطالب الوسائل التي من خلالها يباشر ترك الخصومة.

تبليغ يوجهه لخصمه.

---

(1)   أحمد أبو الوفا.انقضاء الخصومة بغير حكم، مطبعة دار نشر الثقافة، الطبعة الأولى 1951، فقرة 112: 122.

(2)   محمد نصر الدين كامل، المرجع السابق، فقرة 135: 360.

تقرير منه لدى الكاتب المختص بالمحكمة.

بيان صريح في مذكرة موقع عليها منه، أو من وكيله، مع اطلاع خصمه عليها.

إبداء الطلب شفوياً في الجلسة وإثباته في ضبطها.

ولكي يحدث الترك أثره في انقضاء الخصومة لابد من أن يكون صريحاً وجازماً، وهذا ما أوضحته اللائحة التنفيذية للمادة (2/88) «لا يتم ترك الخصومة إلا بعد إشعار المحكمة وإبلاغ المدعى عليه».

مدى حرية الخصم في ترك الخصومة

لم يحدد المنظم ميعادا لإبداء طلب الترك، وعلى ذلك يكون مقبولاً طالما كان باب المرافعة مفتوحاً ولم تحجز الدعوى للحكم، يضاف، ذلك عدم اشتراك موافقة المدعى عليه على الترك، وإن كان النظام قد قيد حرية المدعي في الترك حتى يؤدي أثره في انقضاء الخصومة بضرورة موافقة المحكمة على الترك في حالة إبداء المدعى عليه لدفوعه قبل الترك. أما قبل إبداء الدفوع فلا يشترط موافقة المحكمة على الترك.

أحكام محكمة النقض:

لم يستلزم الشارع شكلاً معيناً للمذكرات التي يقدمها الخصوم في الدعوى، أو يحدد طريقاً معيناً لتقديمها إلى المحكمة، وإنما أوجب أن تكون موقعة من التارك أو وكيله، وأن يكون بيان الترك فيها صريحاً لا غموض فيه، وأن يطلع عليها الخصم وهو ما توافر في الإقرار الصادر من الطاعن.

جلسة 1976/11/24 الطعن رقم 32 لسنة 45 قضائية

يكون ترك الخصومة بإعلان من التارك لخصمه على يد محضر أو بيان صريح في مذكرة موقعة من التارك أو من وكيله مع اطلاع خصمه عليها أو بإبدائه شفوياً بالجلسة وإثباته في المحضر، فقد جاء النص عاماً ولم

يخصصه المشرع بنوع معين من الدعاوى.

جلسة 1980/12/9 الطعن رقم 42 لسنة 49 قضائية

لا يجوز أن يكون ترك الخصومة مقروناً بأي تحفظ بل يجب أن يكون خالياً من أية شروط تهدف إلى تمسك التارك بصحة الخصومة أو بأي أثر من الآثار المترتبة على قيامها.

جلسة 1976/11/24 الطعن رقم 32 لسنة 45 قضائية

ترك الخصومة. وجوب أن يتم الترك بالطريق القانوني.

جلسة 1978/4/6 الطعن رقم 90 لسنة 35 قضائية

إذا كان الثابت من الأوراق أن المدعين تنازلوا أمام محكمة الدرجة الأولى عن اختصام شركة وقضت المحكمة بإثبات هذا التنازل فإن هذه الشركة تكون قد خرجت عن الخصومة.

جلسة 1975/1/19 سنة 26 ص 206

ترك الخصومة. شرطه. ألا يكون مقروناً بأي شرط أو تحفظ من شأنه تمسك التارك بالخصومة أو بآثارها.

جلسة 1982/11/14 الطعن رقم 266 لسنة 43 قضائية

عدم تقديم الطاعن دليلاً على تنازله عن الطعن كان نتيجة إكراه. عدم الاعتداد برجوعه فيه.

جلسة 1972/5/22 سنة 24 ص 807

ترك الخصومة بعد فوات ميعاد الطعن. تضمنه نزولاً من الطاعن عن حقه في الطعن. تحقق آثاره بمجرد حصوله دون حاجة إلى قبول الخصم الآخر. عدم جواز الرجوع فيه. وجوب القضاء بإثبات الترك.

جلسة 1997/6/15 الطعن رقم 2227 لسنة 64 قضائية

ترك الخصومة بعد فوات ميعاد الطعن. تضمنه نزولاً من الطاعن عن حقه في الطعن. تحقق آثاره بمجرد حصوله دون حاجة إلى قبول الخصم الآخر. عدم جواز الرجوع في هذه الترك.

جلسة 1977/6/19 اطعن رقم 6842 لسنة 65 قضائية

إقرار الطاعنين المصدق عليه المقدم إلى المحكمة والمتضمن تركهما الخصومة في الطعن قيامه مقام المذكرة الموقع عليها منهما التي يجوز إبداء ترك الخصومة ببيان صريح فيها.

جلسة 1996/1/18 الطعن رقم 168 لسنة 61 قضائية

المادة التاسعة والثمانون

يترتب على الترك إلغاء جميع إجراءات الخصومة بما في ذلك صحيفة الدعوى، ولكن لا يمس ذلك الترك الحق المدعى به.

1/89 - إذا أقام المدعى دعواه بعد تركها فتحال لناظرها إن كان موجوداً في المحكمة وإلا لخلفه، وتحسب له إحالة.

2/89 - لا يترتب على ترك الدعوى إلغاء ما دون من الضبط في أدلة، وعلى ناظر القضية الرجوع إليها عند الاقتضاء.

آثار ترك الخصومة:

يترتب على ترك الخصومة بكونه تنازلاً من قبل المدعي إنهاءاً لإجراءات الخصومة دون المساس بأصل الحق المرفوعة به الدعوى، أي أن الحكم بترك الخصومة يعني محو إجراءات الخصومة، بما في ذلك صحيفة افتتاح الدعوى وإعادة الخصوم إلى الحالة التي كانوا عليها قبل رفع الدعوى، ويترتب على محو إجراءات الخصومة سقوط ما صدر في الدعوى من أحكام متعلقة بإجراءات الإثبات، أو أحكام وقتية ما دامت لم تشتمل على قضاء قطعي في شق منها. فإن هذا الشق تلحقه حصانة الأحكام القطعية، فلا يؤدي ترك

الخصومة إلى المساس به. بل يبقى قائماً محتفظاً بحجيته.

وللمدعي الرجوع في مباشرة الخصومة اللجوء إلى رفع دعوى جديدة، خلافاً للدعوى محل الترك، دون الحاجة إلى موافقة المدعى عليه.

تأثير الترك على الحكم في المعارضة:

المادة (58) يكون للمحكوم عليه غياباً خلال المدة المقررة في هذا النظام المعارضة في الحكم لدى المحكمة التي أصدرته، ويجوز له أن يطلب من المحكمة الحكم على وجه السرعة بوقف نفاذ الحكم مؤقتاً. ويوقف نفاذ الحكم الغيابي إذا صدر حكم من المحكمة يوقف نفاذه أو صدر حكم منها معارض للحكم الغيابي يقضي بإلغائه.

ويقتصر أثر الترك في المعارضة على زوال قضية المعارضة، ويبقى الحكم الغيابي قائماً ما دام قطعياً. ويترتب على ذلك أنه يجوز للمدعي ترك الخصومة في المعارضة وأن يجددها بعد ذلك إذا كان ميعاد المعارضة ما زال ممتداً. ويسري ما سبق على طرق الاعتراض على الأحكام من ترك الخصومة في الطعن بالتمييز، والتماس بإعادة النظر ويبقى الحكم المعترض عليه قائماً ما دام قطعياً ويترتب على ذلك أنه يجوز للمعترض ترك الخصومة في الاعتراض، وأن يجددها بعد ذلك. وإذا كان ميعاد الاعتراض ما زال ممتداً. ولا يكون للترك أثر إلا بالنسبة للخصم الذي تنازل عن الإجراءات، والخصم الذي حصل التنازل بالنسبة له وتبقى الدعوى قائمة بالنسبة لبقية الخصوم الأصليين والمتدخلين في الخصومة. وإذا تعدد المدعون جاز أن يحصل الترك من بعضهم دون البعض الآخر ما دام موضوعها قابلاً للتجزئة، كما أنه من الجائز إذا تعدد المدعى عليهم أن يحصل الترك بالنسبة لبعضهم دون البعض الآخر ما دام موضوعها قابلاً للتجزئة.

وهذا ما أوضحته اللائحة التنفيذية للمادة (4/88): «إذا تعدد المدعون وكانت الدعوى قابلة للتجزئة في موضوعها جاز لبعضهم تركها وتظل قائمة

في حق الباقين، وكذا إذا تعدد المدعى عليهم جاز للمدعي تركها عن بعضهم إذا كانت الدعوى قابلة للتجزئة».

أحكام محكمة النقض:

متى كانت الدعوى قد رفعت ضد الشركة بصفتها وكيلة عن ملاك السفينة وبصفتها وكيلة عن ربان السفينة فإن ترك الخصومة بالنسبة إلى ملاك السفينة لا يزيل الدعوى بالنسبة إلى ربان السفينة.

جلسة 1985/1/14 الطعن رقم 1922 لسنة 20 قضائية

ترك الخصومة. زوال الآثار التي تترتب على رفعها بالنسبة للخصوم الذين أنهى المدعي الخصومة قبلهم دون المساس بأصل الحق المرفوعة به الدعوى.

جلسة 1985/1/14 الطعن رقم 188 لسنة 50 قضائية

ترك الخصومة في دعوى. إلغاء جميع إجراءاتها وزوال الأثر المترتب على رفعها في قطع التقادم.

جلسة 1997/7/13 الطعن رقم 2881 لسنة 63 قضائية

ترك الخصومة. التنازل عن الخصومة دون حكم في موضوعها. إلغاء إجراءات الخصومة مع بقاء الحق الموضوعي على حاله.

جلسة 1996/5/16 الطعن رقم 1871 لسنة 65 قضائية

ترك الخصومة قبل أحد الخصوم في الدعوى. عدم جواز اختصامه في الطعن بالنقض.

جلسة 1982/11/18 الطعن رقم 1099 لسنة 48 قضائية

اختصام المطعون ضده الشركة الطاعنة وشركة التأمين الأهلية. فقصره الخصومة على الثانية. ترك الخصومة بالنسبة للأولى واعتبارها خارجة عن

نطاق الخصومة. زوال أثر رفع الدعوى في قطع التقادم قبلها. إعادة إدخالها في الدعوى. اعتبار الدعوى مرفوعة في مواجهتها من تاريخ الإدخال. قضاء الحكم المطعون فيه برفض الدفع بالتقادم المبدي فيها على مقولة أن الخصومة ظلت قائمة قبلها وأن الترك لم ينتج أثره. خطأ.

جلسة 1997/5/28 الطعن رقم 3075 لسنة 65 قضائية

ترك الخصومة. إلغاء جميع إجراءاتها بما في ذلك صحيفة الدعوى. اعتبار من تنازل المدعي عن مخاصمته خارجاً من نطاق الخصومة. زوال أثر رفع الدعوى في قطع التقادم. تحقق آثاره بمجرد إبدائه دون توقف على صدور حكم به.

جلسة 1997/5/28 الطعن رقم 3075 لسنة 65 قضائية

إثبات تنازل المدعي عن اختصام أحد المدعى عليهم أمام محكمة الدرجة الأولى. اعتباره خارجا عن الخصومة. اختصامه من بعد في الاستئناف دون أن يقضى له أو عليه بشيء. عدم قبول اختصامه في الطعن بالنقض.

جلسة 1975/1/19 سنة 26 ص 206

ترك الخصومة. لا يمس أصل الحق المرفوعة عليه الدعوى فلا يعتبر إبراء للمدعى عليه من الحق.

جلسة 1961/3/16 سنة 12 ص 234

الباب الثامن

تنحي القضاة وردهم عن الحكم

المادة التسعون

يكون القاضي ممنوعاً من نظر الدعوى وسماعها ولو لم يطلب ذلك أحد الخصوم في الأحوال الآتية:

أ - إذا كان زوجاً لأحد الخصوم أو كان قريباً أو صهراً له إلى الدرجة الرابعة.

ب - إذا كان له أو لزوجته خصومة قائمة مع أحد الخصوم في الدعوى أو مع زوجته.

ج - إذا كان وكيلاً لأحد الخصوم، أو وصياً، أو قيماً عليه، أو مظنونة وراثته له، أو كان زوجاً لوصي أحد الخصوم أو القيم عليه، أو كانت له صلة قرابة أو مصاهرة إلى الدرجة الرابعة بهذا الوصي أو القيم.

د - إذا كان له أو لزوجته أو لأحد أقاربه أو أصهاره على عمود النسب أو لمن يكون هو وكيلاً عنه أو وصياً أو قيماً عليه، مصلحة في الدعوى القائمة.

هـ - إذا كان قد أفتى أو ترافع عن أحد الخصوم في الدعوى أو كتب فيها ولو كان ذلك قبل اشتغاله بالقضاء، أو كان قد سبق له نظرها قاضياً أو خبيراً أو محكماً، أو كان قد أدى شهادة فيها، أو باشر إجراء من إجراءات التحقيق فيها.

1/90 - المنع في هذه المادة يشمل: المحاكم العامة والجزئية، ومحكمة التمييز، ومجلس القضاء الأعلى.

2/90 - القرابة والأصهار حتى الدرجة الرابعة هم المذكورون في الفقرة الأولى من لائحة المادة الثامنة.

3/90 - الخصومة مع القاضي أو زوجته لا تمنع من نظر الدعوى إلا إن كانت الخصومة قائمة قبل إحالتها إليه أما ما تم الحكم فيها أو أنشئت بعد البدء في نظر الدعوى فلا يمنعه من النظر.

4/90 - قيام الخصومة يبدأ من إيداع صحيفة الدعوى في المحكمة لدى مكتب المواعيد حتى اكتساب الحكم القطعية.

5/90 - المعتبر في كون الوكالة أو الوصاية أو القوامة مانعة هو كونها قائمة وقت إقامة الدعوى، ولا ينظر إلى مضمونها.

6/90 - الخصم المظنونة وراثته هو من كان القاضي غير وارث له حال قيام الدعوى لوجود حاجب يحجبه، بحيث إذا زال هذا الحاجب ورثه.

7/90 - إذا كان الوكيل قريباً أو صهراً للقاضي حتى الدرجة الرابعة لم تقبل وكالته، ولزم الموكل إبداله، أو حضوره بنفسه.

8/90 - إذا كان الناظر على الوقف، أو الوصي، أو الولي، قريباً أو صهراً للقاضي- حتى الدرجة الرابعة- فتحال لقاضٍ آخر.

9/90 - الفتوى التي تمنع القاضي من نظر الدعوى هي: ما كانت محررة في القضية نفسها.

10/90 - يمنع القاضي من نظر القضية إذا كتب فيها لائحة دعوى أو جواباً أو اعتراضاً أو استشارة ونحوها مما فيه مصلحة لأحد المتخاصمين.

11/90 - الأحكام المستعجلة التي يخشى معها فوات الوقت هي أحكام مؤقتة لا تمنع من أصدرها من أن يحكم في أصل القضية.

12/90 - لا يشترط لقيام علاقة المصاهرة أن تكون رابطة الزوجية قائمة.

13/90 - إذا كان القاضي قريباً أو صهراً للخصمين معاً فيكون ممنوعاً من نظر الدعوى.

14/90 - المقصود بسبق نظر القاضي للدعوى: إذا حكم فيها ثم انتقل

إلى محكمة أخرى فلا ينظرها [1].

قال الله تعالى: {يا داود إنا جعلناك خليفة في الأرض فاحكم بين الناس بالحق ولا تتبع الهوى فيضلك عن سبيل الله} (ص 26).

أسباب عدم الصلاحية:

أراد المنظم أن تبتعد أحكام القضاء عن الميل ومظنة التحيز لتصبح موضع الطمأنينة والاحترام، ولذلك حدد الحالات التي تمنع القاضي من نظر وسماع دعوى بعينها ولو لم يرده أحد الخصوم.

لتصبح بذلك الأحكام موضع طمأنينة واحترام الكافة. ويتبين من الحالات التي وردت في المادة أنها تفيد قيام علاقة شخصية بالدعوى المطروحة على القاضي أو بأحد الخصوم أو الخصمين معاً.

أحكام محكمة النقض:

طلب إلغاء وقف النفاذ هو طلب وقتي تابع للطلب الأصلي وحكم محكمة الاستئناف فيه لا تأثير له مطلقاً على استئناف الموضوع. ولا يمنع المحكمة التي أصدرته من الفصل في استئناف الموضوع ولا يمنع المحكمة التي أصدرته من الفصل في استئناف الموضوع.

وعلى ذلك فلا محل للقول بأن رئيس الهيئة التي أصدرت الحكم في الاستئناف الوصفي أبدى رأيه في موضوع الدعوى.

جلسة 1957/1/10 سنة 8 ص 45

المصاهرة التي تجعل القاضي غير صالح لنظر الدعوى هي التي تكون في النطاق الذي يمتد إلى الدرجة الرابعة.

جلسة 1966/12/20 سنة 17 ص 1955

---

[1]   وأضيف إلى هذا البند بنداً آخر بناء على التعديلات الأخيرة هو (فيما عدا حجج الاستحكام لا تسري أحكام التنحية للقاضي على الإنهاءات إلا إذا تضمنت خصومة).

اشتراك القاضي الذي أصدر الحكم الابتدائي في الدائرة الاستئنافية التي نظرت الاستئناف المقام عنه وفصلت فيه. بطلان الحكم.

جلسة 1978/1/17 الطعن رقم 920 لسنة 44 قضائية

افتاء القاضي أو ترافعه أو سبق نظره الدعوى كقاضي أو خبير أو محكم. أسباب عدم صلاحيته لنظر الدعوى. شرطه. أداء القاضي لعمل يجعل له رأياً فيها أو معلومات شخصية.

جلسة 1992/3/15 الطعن رقم 3499 لسنة 61 قضائية

إذا كان قد أفتى أو ترافع عن أحد الخصوم في الدعوى أو كتب فيها ولو كان ذلك قبل اشتغاله بالقضاء أو كان قد سبق له نظرها قاضياً أو خبيراً أو محكماً أو كان قد أدى الشهادة فيها. يدل - وعلى ما جرى به قضاء هذه المحكمة - على أن المعول عليه في إبداء الرأي الموجب لعدم صلاحية القاضي افتاء كان أو مرافعة أو قضاء أو شهادة هو أن يقوم القاضي بعمل يجعل له رأياً في الدعوى أو معلومات شخصية - تتعارض مع ما يشترط فيه من خلو الذهن عن موضوع الدعوى حتى يستطيع أن يزن حجج الخصوم وزناً مجرداً، مخافة أن يثبت برأيه الذي يكشف عنه عمله المتقدم حتى ولو خالف مجرى العدالة وضنا بأحكام القضاء من أن يعلق بها استرابة من جهة شخص القاضي لدواعٍ يذعن لها عادة أغلب البشر.

جلسة 1989/5/14 سنة 40 العدد الثاني ص 280

إن مناط منع القاضي من سماع الدعوى وعدم صلاحيته للفصل فيها متى سبق له نظرها قاضياً - وبطلان حكمه في هذه الحالة - أن يكون قد قام في النزاع بعمل يجعل له رأيا في الدعوى أو معلومات شخصية تتعارض مع ما يشترط فيه من خلو الذهن عن موضوعها حتى يستطيع أن يزن حجج الخصوم وزناً مجرداً مخافة أن يثبت برأيه الذي يشف عن عمله المتقدم حتى ولو خالف مجرى العدالة وأخذا بأن إظهار الرأي قد يدعو إلى التزامه - ولو

في نتيجته - مما يتنافى مع ما ينبغي أن يتوافر له من حرية العدول عنه وذلك ضناً بأحكام القضاء من أن تعلق بها استرابة من جهة شخص القاضي لدواع يذعن لها عادة أغلب الحق فإذا استوجب الفصل في الدعوى الإدلاء بالرأي في مسائل أو حجج أو أسانيد عرض لها القاضي لدى فصله في خصومة سابقة وأبدى رأياً فيها فإنه يكون غير صالح لنظر الدعوى وممنوعاً من سماعها وإلا كان حكمه باطلاً، لما كان ذلك وكان البين من الحكم الصادر في الدعويين. الذي كان تحت نظر محكمة الموضوع واستأنفته الطاعنة ولم يفصل في استئنافها حتى صدر الحكم المطعون فيه - أن السيد رئيس الدائرة التي قضت فيهما بعدم ثبوت ملكية الطاعنة لعقار النزاع هو نفسه عضو يمين الدائرة التي أصدرت الحكم المطعون فيه وكان ملكية الطاعنة لهذا العقار هي التي يقوم عليها دفاعها في الدعاوى الثلاث، فإنه يكون ممنوعاً من سماع الدعوى الأخيرة ويستتبع اشتراكه في إصدار الحكم فيها بطلان هذا الحكم. وهو ما يوجب نقضه لهذا السبب دون حاجة لبحث باقي أوجه الطعن.

جلسة 1989/6/20 سنة 40 الجزء الثاني ص 633

عدم صلاحية القاضي لنظر دعوى سبق له نظرها. ما يشترط في القاضي من خلو ذهنه عن موضوع الدعوى حتى يزن حجج الخصوم وزناً مجرداً. إبداء القاضي رأياً في القضية المطروحة عليه. سبب لعدم صلاحيته لنظرها.

جلسة 1991/3/14 الطعن رقم 2046 لسنة 54 قضائية

نظر القاضي للدعوى أمام محكمة الدرجة الأولى واشتراكه في إصدار حكم فيها. عدم صلاحيته لنظرها أمام محكمة الاستئناف. جواز التمسك لأول مرة أمام محكمة النقض متى كانت عناصره مطروحة على محكمة الموضوع.

جلسة 1983/12/20 الطعن رقم 351 لسنة 53 قضائية

يتعين لقيام سبب عدم الصلاحية بالقاضي أن تكون ثمة خصومة قد نشأت بينه أو بين زوجته وبين أحد الخصوم في الدعوى قبل قيام الدعوى وأن تظل قائمة إلى حين طرحها وكان من المقرر أن المحامي لا يعتبر طرفاً في الخصومة التي وكل فيها لأن طرف الخصومة هو الخصم الذي يمثله المحامي لما كان ذلك وكان الثابت من الصورة الرسمية لمحضر جلسة دعوى الرد أن المطعون ضده الثاني كان وكيلاً عن طالب الرد في تلك الدعوى ومن ثم فإنه لا يعتبر خصماً فيها ولا يقوم به سبب من أسباب عدم صلاحية رئيس الدائرة التي نظرت النزاع الماثل.

جلسة 1983/6/21 الطعن رقم 610 لسنة 50 قضائية

المعول عليه في إبداء الرأي الموجب لعدم صلاحية القاضي افتاء كان أو مرافعة أو قضاء أو شهادة هو أن يقوم القاضي بعمل يجعل له رأياً في الدعوى أو معلومات شخصية تتعارض مع ما يشترط فيه خلو الذهن عن موضوع الدعوى حتى يستطيع أن يزن حجج الخصوم وزناً مجرداً مخافة أن يثبت برأيه الذي يشف عنه عمله المتقدم حتى ولو خالف مجرى العدالة وضناً بأحكام القضاء من أن يعلق بها استرابة من جهة شخص القاضي لدواع يذعن لها عادة أغلب الخلق ولما كان نظر القاضي دعوى الطاعة لا يمنعه من نظر دعوى التطليق للضرر لاختلاف كل من الدعويين عن الآخر فلا يكون هناك سبب لعدم الصلاحية.

جلسة 1979/3/14 سنة 30 العدد الأول ص 798

افتاء القاضي أو ترافعه أو سبق نظر الدعوى كقاضي أو خبير أو محكم. أسباب لعدم صلاحيته لنظر الدعوى إصداره حكم فيها بطلان الحكم.

جلسة 1979/4/11 الطعن رقم 721 لسنة 48 قضائية

اشتراك القاضي في إصدار الحكم الابتدائي الذي قضى برفض الدفع

بعدم جواز الطعن بالتزوير. عدم صلاحيته لنظر استئناف الحكم الصادر في الموضوع.

جلسة 1979/5/28 الطعن رقم 1152 لسنة 47 قضائية

المقرر في قضاء هذه المحكمة أن أسباب عدم صلاحية القاضي والحالات التي يجوز فيها رده عن نظر الدعوى قد وردت. على سبيل الحصر ولا يجوز التوسع فيها أو القياس عليها. فإن هذا يدل على أن القاضي يكون غير صالح لنظر الدعوى متى كان قد سبق له أن أصدر فيها حكماً فاصلاً أو حكماً فرعياً قطعياً في جزء منها أو اتخذ فيها إجراء أو قراراً يشف عن إبداء رأيه أو وجهة نظره فيها يتعارض مع ما يشترط في التقاضي من خلو الذهن عن موضوع الدعوى ليستطيع أن يزن حجج الخصوم وزناً محايداً.

جلسة 1994/3/9 سنة 45 الجزء الأول ص 476

المادة الحادية والتسعون

يقع باطلاً عمل القاضي أو قضاؤه في الأحوال المتقدمة في المادة التسعين ولو تم باتفاق الخصوم، وإذا وقع هذا البطلان في حكم مؤيد من محكمة التمييز جاز للخصم أن يطلب منها إلغاء الحكم وإعادة نظر الطعن أمام قاضٍ آخر.

1/91 - الأحوال الواردة في المادة (90) تمنع القاضي من نظر الدعوى في جميع مراحلها سواء أكان ناظراً لها أم مستخلفاً وسواء أعلم القاضي والخصم بذلك أم لم يعلما.

2/91 - إذا تقدم الخصم بطعن مما جاء في المادة (90) إلى محكمة التمييز في حكم مؤيد منها فعليها أن تكتب بذلك إلى حاكم القضية ليقرر ما يظهر له في ذلك.

3/91 - إذا قرر القاضي صحة الطعن فعليه الرجوع عما أجراه وإلا

نقضت محكمة التمييز حكمه.

4/91 - إذا قرر القاضي عدم صحة الطعن فتفصل محكمة التمييز في ذلك.

5/91 - المقصود بإعادة نظر الطعن هو: إعادة نظر الدعوى من جديد لدى قاض آخر بعد نقضها من محكمة التمييز، وفق المادة (188)

بطلان العمل القضائي:

رتب المنظم جزاء البطلان للعمل القضائي، وما يترتب على ذلك من آثار تتعلق بالدعوى سواء القرارات الصادرة فيها، أو الإجراءات المتعلقة بسير الدعوى. وهو بطلان بنص لا يجوز الاتفاق على مخالفته، أو تصحيحه. ويسري هذا البطلان ولو كان الحكم مؤيداً من محكمة التمييز، وهو استثناء على القاعدة العامة المتمثلة في عدم الاعتراض على الأحكام الصادرة من محكمة التمييز.

أحكام محكمة النقض:

الأحكام الصادرة من محكمة النقض باته لا سبيل للطعن عليها بأي طريق. لا يستثنى من ذلك إلا حالة الطعن بالبطلان الصادر من محكمة النقض لقيام سبب من أسباب عدم الصلاحية بأحد القضاة الذي أصدروه.

جلسة 1996/2/25 الطعن رقم 940 لسنة 61 قضائية

أحكام محكمة النقض. عدم جواز الطعن فيها. بطلان الحكم إذا قام بأحد القضاة الذين أصدروه سبب من أسباب عدم الصلاحية. سبيله. تقديم طلب بذلك إلى محكمة النقض.

جلسة 1992/3/15 الطعن رقم 3499 لسنة 61 قضائية

مرحلة النقض هي خاتمة المطاف في مراحل التقاضي وأحكامها باته ولا سبيل إلى الطعن فيها وإن المشرع اغتنى عن النص على منع الطعن في

أحكام محكمة النقض بسائر طرق الطعن عادية أو غير عادية لعدم إمكان تصور الطعن بها على أحكام هذه المحكمة ولم يستثن المشرع من ذلك الأصل إلا من جواز الطعن ببطلان الحكم الصادر من محكمة النقض إذا بأحد القضاة الذين أصدروه سبب من أسباب عدم الصلاحية. وذلك زيادة في الاصطيان والتحوط لسمعة القضاة. لما كان ما تقدم وكان الطالب لا يستند في دعواه إلى سبب يندرج ضمن أسباب عدم الصلاحية المنصوص عليها على سبيل التحديد والحصر.

فإن دعواه تكون غير مقبولة.

جلسة 1980/3/31 سنة 31 ص 1003

إذا خلت أوراق الدعوى مما يدل على أن رئيس الدائرة التي أصدرت الحكم المطعون فيه قد أفصح عن عدم صلاحيته شخصياً لنظر الدعوى بالجلستين اللتين أحيلت فيهما الدعوى إلى دائرة أخرى بل أنه يبين من مطالعة محاضر جلسات محكمة الاستئناف أن إحالة القضية إلى دائرة أخرى كانت لمانع أحد أعضاء الدائرة وكان عدم زوال هذا المانع هو السبب في إحالتها للمرة الثانية ولما تغير عضو الدائرة الأصلية بعد إعادة الدعوى إليها استمر السيد رئيس الدائرة في نظرها حتى صدر الحكم فيها مما يدل على أن ذلك المانع لم يكن قائماً لدى الأخير، فإن النعي على الحكم بالبطلان لوجود مانع لدى رئيس الدائرة يكون غير صحيح.

جلسة 1975/6/11 الطعن رقم 26 ص 1180

الطعن في الأحكام بدعوى البطلان الأصلية غير جائز ولم يخرج الشارع عن هذا الأصل إلا بقدر ما خوله لمحكمة النقض من حق إعادة النظر في الدعاوى التي أصدرت هي فيها حكماً.

جلسة 1960/4/26 سنة 11 ص 380

أحكام النقض لا يجوز تعييبها بأي وجه من الوجوه وهي واجبة الاحترام

فيما خلصت إليه أخطأت أم أصابت وكان ما ينعاه الطاعن على الحكم الصادر من محكمة النقض من أنه تضمن العدول عن مبادئ قانونية قررتها أحكام سابقة دون إحالة على الهيئة العامة خلافاً لما يقضي به قانون السلطة القضائية أو أن من حقه طلب سحب الحكم لارتكازه أساساً على بطلان صحيفة الطعن تبعاً لعدم التوقيع عليها من محام مقرر أمام محكمة النقض لا تندرج ضمن أسباب عدم الصلاحية المنصوص عليها تحديداً وحصراً.

جلسة 1977/2/2 الطعن رقم 770 لسنة 44 قضائية

المادة الثانية والتسعون

يجوز رد القاضي لأحد الأسباب الآتية:

أ - إذا كان له أو لزوجته دعوى مماثلة للدعوى التي ينظرها.

ب - إذا حدث له أو لزوجته خصومة مع أحد الخصوم أو مع زوجته بعد قيام الدعوى المنظورة أمام القاضي، ما لم تكن هذه الدعوى قد أقيمت بقصد رده عن نظر الدعوى المنظورة أمامه.

ج - إذا كان لمطلقته التي له منها ولد، أو لأحد أقاربه، أو أصهاره إلى الدرجة الرابعة خصومة قائمة أمام القضاء مع أحد الخصوم في الدعوى، أو مع زوجته، ما لم تكن هذه الخصومة قد أقيمت أمام القاضي بقصد رده.

د - إذا كان أحد الخصوم خادماً له، أو كان القاضي قد اعتاد مؤاكلة أحد الخصوم أو مساكنته، أو كان قد تلقى منه هدية قبيل رفع الدعوى أو بعده.

هـ - إذا كان بينه وبين أحد الخصوم عداوة أو مودة يرجح معها عدم استطاعته الحكم بدون تحيز.

1/92 - رد القاضي هو: تنحيه من تلقاء نفسه، أو تنحيته بناء على طلب الخصم عن نظر الدعوى والحكم فيها لسبب من أسباب الرد المذكورة

في هذه المادة.

2/92 - اتفاق الخصوم على نظر الدعوى أو استمرار نظرها مع وجود سبب من أسباب الرد المذكورة في هذه المادة يسقط حقهم في طلب الرد.

3/92 - يقبل طلب الرد المنصوص عليه في هذه المادة في جميع مراحل الدعوى حال العلم به وإلا سقط الحق فيه ولا يؤثر شطب الدعوى أو ترك الخصومة أو إيقافها على طلب الرد متى ما أعيد نظرها.

4/92 - يقصد بالتماثل في الدعوى اتحادهما في الموضوع والسبب مما يترتب عليه معرفة الحكم في إحداها، من معرفة الحكم في الأخرى.

5/92 - الخادم هو: الأجير الخاص لدى القاضي.

6/92 - المؤاكلة: تتحقق بالجلوس على مائدة الخصم مرات متتالية.

7/92 - المساكنة: سكن القاضي مع أحد الخصوم أو العكس في بيت واحد غالب الوقت أو بصفة دائمة، بأجر أو بدونه.

8/92 - العداوة هي: ما نشأ عن أمر دنيوي مما فيه تعرض للنفس، أو العرض أو الولد، أو المال، ويرجع في تقديرها عند الاختلاف إلى ناظر الرد وهو رئيس المحكمة أو رئيس المحاكم.

9/92 - يترتب على طلب الرد وقف الدعوى المنظورة حتى يفصل في طلب الرد.

أسباب الرد:

جاءت المادة بالحالات التي يجوز رد القاضي فيها على سبيل الحصر على التفصيل الآتي:

(أ) إذا كان له أو لزوجته دعوى مماثلة للدعوى التي ينظرها.

وبذلك أراد المنظم أن يبتعد بالقاضي بالفصل في الدعوى التي ينظرها إذا كان له دعوى، خشية من أن يتخذها سابقة للحكم في الدعوى المنظورة أمامه، متخذاً من مصلحته أساساً لإهداء مصلحة الخصم. والتي ينظرها تفيد قيام الدعوى أمامه بالفعل، أي إذا لم يرفع النزاع أمام القاضي لم يتوافر مقتضى الرد. أما التماثل فقد أوضحته اللائحة التنفيذية للمادة (4/92) «يقصد بالتماثل في الدعوى اتحادهما في الموضوع والسبب مما يترتب عليه معرفة الحكم في إحداها، من معرفة الحكم في الأخرى».

(ب) إذا حدث له أو لزوجته خصومة مع أحد الخصوم أو مع زوجته بعد قيام الدعوى المنظورة أمام القاضي ما لم تكن هذه الدعوى قد أقيمت بقصد رده عن نظر الدعوى المنظورة أمامه.

أراد المنظم بهذا السبب أن ينأى بالقاضي عن الحقد والتشفي بسبب قيام الخصومة، ومما يؤدي إلى الانحراف بسير العدالة، مما يؤثر على سلامة الحكم في الدعوى. ويتعين أن تكون الدعوى قد جدت بعد قيام الدعوى المطروحة على القاضي. وتحديد كون الدعوى قد أقيمت بقصد رده عن نظر الدعوى المنظورة أمامه، من إطلاقات ناظر طلب الرد إذ هو المنوط به الفصل في طلب الرد في ضوء المعطيات الماثلة أمامه، وبحثه لمدى جدية الدعوى الجديدة أو ملاءمة الظروف التي أقيمت فيها، ومدى تعلقها أو اتصالها بالدعوى المطروحة على القاضي المطلوب رده، وقد اشترط المنظم ذلك حتى لا يتوصل طالب الرد بتلك الوسيلة في تنحية القاضي.

كما لا يعتبر تقديم طلب الرد خصومة، ولا يحرم القاضي في الاستمرار في نظر الدعوى في حالة ما إذا لم تقبل أسباب الرد، وهو ما أوضحته اللائحة التنفيذية للمادة (4/96): «إذا لم يظهر لرئيس المحكمة أو رئيس المحاكم ما يوجب تنحية القاضي عن نظر الدعوى فيكتب له بنظرها وعليه الالتزام بذلك».

(ج) إذا كان لمطلقته التي له منها ولد أو لأحد أقاربه، أو أصهاره إلى الدرجة الرابعة خصومة قائمة أمام القضاء مع أحد الخصوم في الدعوى، أو

مع زوجته ما لم تكن هذه الخصومة قد أقيمت أمام القاضي بقصد رده.

أباحت المادة جواز رد القاضي في تلك الحالة، لما قد يكون بين القاضي ومطلقته من صلة بسبب ما بينهما من ولد قد يخشى معها ألا تتحقق العدالة. وقد جعل النظام من قيام صلة القرابة أو المصاهرة سبباً للرد. ذلك لأن كلاهما قد يكون مصدر للرد أو للبعض وكلا العاطفتين من شأنهما أن يخرجا القاضي عن حيدته ويتحقق بذلك سبب الرد.

(د) إذا كان أحد الخصوم خادماً له، أو كان القاضي قد اعتاد مؤاكلة أحد الخصوم أو مساكنته أو كان قد تلقى منه هدية قبيل رفع الدعوى أو بعده.

تدل تلك الفقرة على أن رابطة السيد أو المؤاكل أو المساكن قد لا تضمن الحكم بغير تحيز في خصومة قائمة بين خادمه أو مؤاكله بين الغير.

كما يدخل في أسباب الرد تلقي القاضي لهدية بطريقة مباشرة أو غير مباشرة وسواء قدمت قبل رفع الدعوى أو بعده.

وتتحقق الطريقة المباشرة في تقديم الهدية لشخص القاضي من أحد الخصوم، أم بطريقة غير مباشرة بتقديم الهدية لشخص من أقارب القاضي المقيمين معه، وبها يتحقق الرد للاتحاد في العلة، وسواء أكانت الهدية مقدمة بطريقة مباشرة أم غير مباشرة يتوافر معها سبب الرد. ذلك لأن تقديم الهدايا يمس بسمعة القاضي ويؤثر على حيدته ويدعوه إلى التحيز والجور على الحقوق، وهو ما ينبغي أن يرتفع عنه القاضي.

(هـ) إذا كان بينه وبين أحد الخصوم عداوة أو مودة يرجح معها عدم استطاعته الحكم بدون تحيز.

قد لاحظ المنظم أنه قد تكون هناك صور للعداوة والمودة لا يمكن حصرها ولا توقعها فرأى أن يعمم بعد التخصيص، ليترك لناظر طلب الرد حرية تقدير أسباب الرد المختلفة ويتناول صوراً لا تدخل ضمن الصور

السابقة وبهذه الصيغة واستناداً إلى هذا السبب العام يمكن رد القاضي لعداوة شخصية بينه وبين أحد الخصوم، ولو لم تنشأ عنها قضية أو نزاع، أو لمودة متينة ولو لم تنشأ من زوجية أو قرابة أو مصاهرة أو مؤاكلة.

أحكام محكمة النقض:

أسباب رد القاضي. ورودها على سبيل الحصر. رفض القاضي قبول مذكرة طالب الرد والمستندات المرفقة بها بعد انتهاء الجلسة وانصراف الخصوم. لا يندرج ضمن هذه الأسباب.

جلسة 1991/2/7 الطعن رقم 3042 لسنة 60 قضائية

تنحي القاضي عن نظر الدعوى. لا يكون إلا عند رده من أحد الخصوم بسبب من الأسباب المنصوص عليها في القانون إلا إذا كان هو قد رأى أنه لا يستطيع الحكم في الدعوى بغير ميل. وكانت الطاعنة لم تتخذ الطريق القانوني لرد رئيس الدائرة التي أصدرت الحكم المطعون فيه وكان رئيس الدائرة من جهة أخرى لم ير سبباً لتنحيه عن نظر الدعوى فإنه لا يجوز للطاعنة- حتى ولو كان هناك ما يقتضي عدم اشتراك رئيس الدائرة في الحكم- أن تطعن لدى محكمة النقض ببطلان الحكم ويكون النعي بهذا السبب في غير محله.

جلسة 1983/1/31 الطعن رقم 170 لسنة 48 قضائية

تنحية القاضي عن نظر الدعوى لسبب من الأسباب المنصوص عليها. منها رابطة المودة بأحد الخصوم متى كان يرجح معها عدم استطاعته الحكم بغير ميل - إنما يكون بطلب رده عن نظر الدعوى أو بأن يكون القاضي قد استشعر الحرج من نظرها لأي سبب ورأت هيئة المحكمة أو رئيسها إقراره على التنحي وتقدير مبلغ هذا التأثير متروك لضمير القاضي نفسه.

جلسة 1966/1/20 سنة 17 ص 1955

إذا كان الثابت من إطلاع النيابة على الطلب رقم .... رجال القضاء المقدم من الطالب أنه قد فصل فيه من دائرة أخرى لم يكن المستشار المطلوب رده عضواً فيها ولم يعد هناك محل لنظر طلب الرد للبحث في تنحيه عن نظر موضوع الطعن المذكور بعد أن تحقق تلك الغاية التي هدف إليها طالب الرد وأصبح طلب الرد لا يعول عليه بأي فائدة فإنه يتعين القضاء بانتهاء الخصومة.

جلسة 1991/10/31 طلب الرد رقم 1 لسنة 61 قضائية

جواز رد القاضي عن نظر الدعوى إذا كان له ولزوجته دعوى مماثلة للدعوى التي ينظرها أو إذ حدت لأحدهما خصومة مع أحد الخصوم مشروط بأن تكون الخصومة سابقة على رفع الدعوى المطلوب رده فيها وأن تستمر إلى حين طرحها على القاضي وهو ما لا يتوافر في دعوى المخاصمة التي تقام بعد رفع الدعوى بقصد رد القاضي عن نظر الدعوى المطروحة عليها.

جلسة 1994/3/9 الطعن رقم 1939 لسنة 59 قضائية

المادة الثالثة والتسعون

لا يجوز للقاضي الامتناع من القضاء في قضية معروضة عليه إلا إذا كان ممنوعاً من نظر الدعوى أو قام به سبب الرد، وعليه أن يخبر مرجعه المباشر للإذن له بالتنحي ويثبت هذا كله في محضر خاص يحفظ في المحكمة.

1/93 - إذا وافق المرجع المباشر على تنحية القاضي فيحرر المرجع محضراً بذلك ويحفظه في ملف خاصاً لديه ويحيل المعاملة إلى قاض آخر. وإذا لم يوافق على التنحية فيوجه القاضي بنظر القضية وعلى القاضي الالتزام بذلك.

2/93 - المحكمة التي ليس بها رئيس، وليست مربوطة بمحكمة فيها رئاسة محاكم فيفصل في طلب الرد رئيس أقرب محكمة إليها في المنطقة نفسها.

3/93 - إذا كانت القضية مضبوطة فيدون القاضي ملخص محضر التنحي في ضبط القضية دون إصدار قرار بذلك.

4/93 - محاضر قبول التنحي والرد تحفظ في ملف خاص بالمحكمة - لدى المرجع الذي قرر التنحي - ولا ترفق بالمعاملة.

5/93 - مع مراعاة ما ورد في الفقرة (3) من لائحة المادة (252) إذا لم يكن في المحكمة سوى قاض واحد، وكان ممنوعاً من نظر الدعوى وسماعها، أو رد عن نظرها، فتحال إلى أقرب محكمة في المنطقة.

امتناع القاضي عن الحكم:

جاءت المادة (26) في نظام القضاء بنصها تختص المحاكم بالفصل في كافة المنازعات والجرائم .... الخ.

وعليه لا يجوز للقاضي الامتناع عن الفصل في دعوى معروضة عليه إلا إذا كان:

1 - ممنوعاً من نظرها وقد تكفلت المادة التسعون ببيان الأحوال التي يكون القاضي ممنوعاً من نظر الدعوى وسماعها ولو لم يطلب ذلك أحد الخصوم وهي على البيان الآتي:

أ - إذا كان زوجاً لأحد الخصوم أو كان قريباً أو صهراً له إلى الدرجة الرابعة.

ب - إذا كان له أو لزوجته خصومة قائمة مع أحد الخصوم في الدعوى أو مع زوجته.

ج - إذا كان وكيلاً لأحد الخصوم، أو وصياً، أو قيماً عليه، أو مظنونة وراثته له، أو كان زوجا لوصي أحد الخصوم أو القيم عليه أو كانت له صلة قرابة أو مصاهرة إلى الدرجة الرابعة بهذا الوصي أو القيم.

د - إذا كان له أو لزوجته أو لأحد أقاربه أو أصهار على عمود النسب.

أو لمن يكون هو وكيلا عنه أو وصيا أو قيما عليه، مصلحة في الدعوى القائمة.

هـ - إذا كان قد أفتى أو ترافع عن أحد الخصوم في الدعوى أو كتب فيها ولو كان ذلك قبل اشتغاله بالقضاء، أو كان قد سبق له نظرها قاضياً أو خبيراً أو محكماً، أو كان قد أدى شهادة فيها أو باشر إجراء من إجراءات التحقيق فيها.

2 - توافر سبب من أسباب الرد المنصوص عليها في المادة الثانية والتسعون.

يجوز رد القاضي لأحد الأسباب الآتية:

أ - إذا كان له أو لزوجته دعوى مماثلة للدعوى التي ينظرها.

ب - إذا حدث له أو لزوجته خصومة مع أحد الخصوم أو مع زوجته بعد قيام الدعوى المنظورة أمام القاضي، ما لم تكن هذه الدعوى قد أقيمت بقصد رده عن نظر الدعوى المنظورة أمامه.

ج - إذا كان لمطلقته التي له منها أو لأحد أقاربه أو أصهاره إلى الدرجة الرابعة خصومة قائمة أمام القضاء مع أحد الخصوم في الدعوى، أو مع زوجته ما لم تكن هذه الخصومة قد أقيمت أمام القاضي بقصد رده.

د - إذا كان أحد الخصوم خادما له. أو كان القاضي قد اعتاد مؤاكلة أحد الخصوم أو مساكنته، أو كان قد تلقى منه هدية قبيل رفع الدعوى أو بعده.

هـ - إذا كان بينه وبين أحد الخصوم عداوة أو مودة يرجح معها عدم استطاعته الحكم بدون تحيز.

الإذن:

اشترط المنظم ضرورة الإذن قبل تنحي القاضي عن نظر الدعوى

المطروحة، إذا ما توافرت إحدى الحالات الواردة في المادة (90) ليدرأ عن القاضي كثرة الالتجاء من جانب الخصوم إلى إجراءات الرد وما فيها من مساس بسمعة القاضي، وتأثير ذلك على الثقة العامة في القضاء، ولهذا أوجب النظام على القاضي أن يخبر مرجعه للإذن له بالتنحي. وسواء أذن أم لم يأذن له مرجعه فإن قراره لا يجوز الاعتراض عليه سواء أكان من قبل القاضي أم من الخصوم وذلك لكونه قراراً داخلياً لا يتمتع بوصف الحكم حتى يتم الاعتراض عليه، وهذا ما أوضحته اللائحة التنفيذية للمادة 1/93): «وإذا لم يوافق على التنحية فيوجه القاضي بنظر القضية وعلى القاضي الالتزام بذلك».

ويستمر القاضي في نظر الدعوى بعد رفض طلب التنحي ولا يكون أمام الخصوم إلا الالتجاء إلى المادة (92) برد القاضي إذا توافر سبب من أسبابه ذلك. لأن مجال الرد يختلف عن التنحي، فكلٍ منهما له مجاله.

ومن الأهمية أن نشير أنه إذا قدم طلب الرد وفق الإجراءات النظامية، فلا يتأثر بسبق رفض طلب التنحي. وترتيباً على ذلك توقف الدعوى المنظورة حتى يفصل في طلب الرد من قبل رئيس المحكمة أو رئيس المحاكم وفقاً لحكم المادة (96).

أحكام محكمة النقض:

إن تنحى القاضي عند نظر الدعوى لا يكون إلا عند رده من أحد الخصوم بسبب من الأسباب المنصوص عليها في القانون أو إلا إذا كان هو قد رأى أنه يستطيع الحكم في الدعوى بغير ميل. فإذا كان الخصم لم يتخذ الطريق القانوني للرد، وكان القاضي من جهته لم ير سبباً لتنحيه فلا يجوز - حتى ولو كان هناك ما يقتضي ألا يشترك القاضي في الحكم - أن يطعن لدى محكمة النقض ببطلان الحكم.

جلسة 1941/4/24 مجموعة النقض في 25 سنة الجزء الأول ص

675 قاعدة رقم 1

تنحي القاضي عن نظر الدعوى من تلقاء نفسه. ما يستشعره وجد أنه دون رقيب عليه في ذلك ومن ثم فلا جناح على محكمة الموضوع إذا مضت في نظر الدعوى بعد إذ لم يقم في حقها سبب من أسباب عدم الصلاحية ولم يتخذ الطاعن إجراءات الرد في مواجهة أحد أعضائها أو يستشعر أحدهم حرجاً في نظرها.

جلسة 1980/6/18 سنة 31 الجزء الثاني ص 1791

المادة الرابعة والتسعون

إذا قام بالقاضي سبب للرد ولم يتنح جاز للخصم طلب رده، فإن لم يكن سبب الرد من الأسباب المنصوص عليها في المادة الثانية والتسعين وجب تقديم طلب الرد قبل تقديم أي دفع أو دفاع في القضية وإلا سقط الحق فيه، ومع ذلك يجوز طلب الرد إذا حدثت أسبابه بعد ذلك، أو إذا أثبت طالب الرد أنه لا يعلم بها.

1/94 - لا يقبل طلب الرد بعد قفل باب المرافعة، ومن باب أولى بعد صدور الحكم.

2/94 - إذا تبلغ المدعى عليه لشخصه بموعد الجلسة ولم يحضر وحكم عليه فلا حق له في طلب الرد ويبقى له حقه في الاعتراض على الحكم.

ميعاد تقديم طلب الرد:

يتم تقديم طلب الرد قبل تقديم أي دفع أو دفاع في القضية، وإلا سقط حق طالب الرد في التقدم بهذا الطلب. وبذلك يمتنع على القاضي سواء أكان ناظراً لها أم مستخلفاً من نظر الدعوى.

ويتضح من سياق نص المادة أن المنظم أراد أن يكون طالب الرد على علم بقيام سبب الرد بالقاضي الذي يطلب رده قبل إبداء أي دفع أو دفاع. أو قبل

مباشرة القاضي لعمله في الدعوى، وذلك حتى لا يسئ الخصوم استخدام الرد كأداة لإقصاء القاضي من الحكم في الدعوى.

ومن الأهمية الإشارة إلى أنه لا يقبل طلب الرد متى ثبت أن طالبه قد علم به بعد الجلسة الأولى التي نظرت فيها الدعوى، ولكنه حضر في الجلسة التالية للعلم وأبدى دفعاً أو دفاعاً في الدعوى، ثم بعد ذلك وفي جلسة تالية عمد إلى التقدم بطلب رد القاضي عن الحكم. ذلك لأن الحكمة من تحديد الوقت الذي يتم فيه إبداء الطلب هو رغبة المنظم في أن يدفع طالب الرد إلى المبادرة بالتقدم بهذا الطلب بمجرد علمه به، أو بمجرد قيام سببه. وإذا كان ذلك تالياً للبدء في نظر الدعوى فلا يصح والحال كذلك أن يكون العلم المتأخر أو قيام سبب الرد بعد البدء في نظر الدعوى، سبباً في إضاعة الغاية التي قصد النظام إلى تحقيقها أو سبباً في إعفاء طالب الرد من التقيد بالمواعيد والأوضاع التي نص عليها المنظم رعاية لمصلحة عامة.

وقد جاء في حيثيات حكم محكمة النقض:

خصومة رد القاضي ذات طبيعة خاصة يتعين فيها على طالب الرد أن يقدم طلبه قبل إبداء أي دفع أو دفاع في الخصومة الأصلية التي يطالب رد القاضي عن نظرها والفصل فيها ما لم تكن الأسباب قبله واستطاع أن يثبت أنه لم يعلم بها إلا عند تقديم الطلب فإذا لم يتحقق أي من هذين الاستثناءين وجب إعمال جزاء سقوط الحق في طلب الرد وتقدير توافرهما من المسائل الموضوعية التي تخضع لسلطة قاضي الموضوع يستقيها من الواقع المطروح دون رقابة من محكمة النقض متى أقام قضاءه على أسباب سائغة تكفي لحمله.

جلسة 1989/1/19 الطعن رقم 1389 لسنة 53 قضائية

أحكام محكمة النقض:

إن القانون رسم طريقاً معيناً يسلكه الخصم إذا قام بالقاضي سبب من أسباب الرد وذلك بالتقرير بالرد في قلم كتاب المحكمة لما كان ما تقدم

وكان البين من الأوراق أن الطاعنين لم يتبعوا الإجراء التي رسمها القانون في هؤلاء الخصوم وكان لا يغني عن ذلك التقدم بطلب لإعادة الدعوى إلى المرافعة لإحالتها إلى دائرة أخرى.

جلسة 1992/1/26 الطعن رقم 2259 لسنة 51 قضائية

إذا قام سبب من أسباب الرد غير أسباب عدم الصلاحية فإن القانون رسم للمتهم طريقاً معيناً يسلكه في مثل هذه الحالة أثناء نظر الدعوى أمام محكمة الموضوع فإن لم يفعل فليس له أن يثير ذلك لأول مرة أمام محكمة النقض.

جلسة 1960/5/17 السنة 11 ص 477

إن المشرع رسم طريقاً معيناً لرفع طلب رد القضاة وتطلب في شأنه إجراءات محددة فأوجب أن يحصل بتقرير في قلم كتاب المحكمة وأن يحمل التقرير توقيع الطالب بنفسه أو توقيع وكيل مفوض عنه بتوكيل خاص وأن يكون التقرير مشتملاً على أسباب الرد مرافقاً له ما يسانده من أوراق ومصاحباً له أيضا إيداع الكفالة ولقد استهدف المشرع من وضع هذه القيود في إجراءات رفع طلب رد القضاة تحقيق الصالح العام لكي يحول دون إسراف الخصوم في استعمال الحق في هذا الطلب لأسباب غير جدية أو الاساءة في استعماله وصولاً إلى تعويق في الدعوى المنظورة أمام المحكمة أو بغية إقصاء القاضي بغير مسوغ مشروع عن نظرها الأمر الذي يوجب القضاء بعدم قبول الطلب إن تخلف أي من هذه الإجراءات والتي من بينها إجراء إيداع الكفالة لما كان ذلك وكان الثابت من الأوراق أن طالب الرد لم يودع الكفالة المنصوص عليها في المادة آنفة الذكر وقد أقر بذلك أمام المحكمة وكان لا يعفيه من هذا الإجراء قوله أنه معفى من أداء الرسوم عن الطلبات المقدمة منه تطبيقاً لنص المادة 84 من القانون رقم 46 لسنة 1972 في شأن السلطة القضائية ذلك بأن الرسوم التي قصد المشرع عدم تحصيلها إعمالاً لذلك النص هي رسوم الطلبات المبينة بنص المادة 83 من هذا القانون دون سواها أي الطلبات

التي يقدمها رجال القضاء أو النيابة العامة إلى دائرة المواد المدنية والتجارية بمحكمة النقض بأي شأن من شئونهم فلا ينصرف مدلول الإعفاء من رسوم هذه الطلبات إلى الكفالة التي أوجبها المشرع في المادة 153 من قانون المرافعات إذا ما سلك رجال القضاء والنيابة العامة سبيل طلب رد مستشاري محكمة النقض المطروحة أمامهم تلك الطلبات لما كان ما تقدم فإن الطلب يغدو غير مقبول.

جلسة 1990/6/14 السنة 41 الجزء الثاني ص 3061

المادة الخامسة والتسعون

يحصل الرد بتقرير في إدارة المحكمة يوقعه طالب الرد نفسه، أو وكيله المفوض فيه بتوكيل خاص ويرفق التوكيل بالتقرير، ويجب أن يشتمل تقرير الرد على أسبابه وأن يرفق به ما يوجد من الأوراق المؤيدة له، وعلى طالب الرد أن يودع عند التقرير ألف ريال تؤول للخزينة العامة إذا رفض طلب الرد.

1/95 - يقوم طالب الرد بإيداع ألف ريال في صندوق المحكمة وعلى إدارة المحكمة ألا تقيد أي طلب بالرد إلا بعد إرفاق إشعار بالإيداع.

2/95 - لا يعاد المبلغ المودع لطالب الرد إلا بعد ثبوته، أو تنازله عن طلب الرد قبل النظر فيه.

3/95 - إذا رفض رئيس المحكمة أو رئيس المحاكم طلب الرد أصدر أمراً بذلك وبمصادرة المبلغ المودع لصالح الخزينة العامة.

مقدم طلب الرد:

يقدم طلب الرد من الخصم بنفسه أو بوساطة وكيله الخاص، سواء أكان من المدعي أو المدعى عليه أو المتدخل، وإذا كان طلب الرد قدم بوساطة الوكيل الخاص، تعين عليه إرفاق سند وكالته الخاص بالتقرير والإشعار الذي يفيد سداد مبلغ الألف ريال لدى صندوق المحكمة. وترتيباً على ذلك فإن

عدم سداد المبلغ المنوه عنه يعتبر الطلب غير مقبول لفقدانه أحد المفترضات الأساسية لنظر رئيس المحكمة أو رئيس المحاكم لطلب الرد.

ولكن هناك أسباباً للرد تجعل بطبيعتها طلبه غير جائز إلا من أحد الخصوم دون الآخر، فلا يجوز طلب الرد من الخصم الذي قدم هدية وفقاً للفقرة (د) من المادة (92) «قد تلقى هدية» أو مواكلة أو مساكنة القاضي، لأن الرد في هذه الحالات مقصود به حماية الخصم الآخر من آثار تلك الصلة.

من الذي يصح طلب رده:

يجوز توجيه طلب الرد إلى أي قاضي بصرف النظر عن نوع المحكمة التي تبعها، وذلك لأن نص المادة (92) «يجوز رد القاضي» جاءت الكلمة عامة فتتسع لتشمل كل من يطلب منه إصدار حكم في القضية، أو الاشتراك في إصداره.

إدارة محكمة / ....

تقرير بطلب رد

محكمة ....

في القضية رقم .... جلسة   /   / 14هـ

لاتخاذ إجراءات الرد

والمرفوعة/ .... المدعي

ضــــــد

.... المدعى عليه

أنه في يوم   الموافق   /   / 14هـ

حضر أمامي أنا / .... بإدارة المحكمة ....

الأستاذ / .... المحامي بصفته وكيلاً عن /................ طالب الرد،

بموجب سند الوكالة الخاص ....

ومفاده توكيله برد السادة / (1) رئيس وأعضاء الدائرة (   )

(2) رئيس الدائرة   (   )

(3) أحد أعضاء الدائرة   (   )

في الدعوى رقم .... والمحدد لنظرها جلسة   /   / 14هـ

أسباب الرد

الوقائع

أقام المدعى دعواه أمام المحكمة ...... طالباً ..... وبتاريخ / / 14 هـ فوجئ المدعى بأنه يوجد دعوى منظورة أمام المحكمة لزوجة الأستاذ / .... وهذه الدعوى تماثل الدعوى الخاصة بي فهما متحدان في الموضوع والسبب مما يترتب عليه معرفة الحكم في إحداها من معرفة الحكم في الأخرى، ووفق المادة 4/92 مرافعات شرعية (لائحة تنفيذية) وعلى إثر ذلك حضر المدعى في جلسة اليوم وطلب رد المحكمة لهذا السبب ووفق للمواد 92، 94، 95، 96 مرافعات شرعية وتأجلت القضية لجلسة   /   / 14هـ لاتخاذ إجراءات الرد تم توجه الوكيل إلى إدارة المحكمة واتخذ إجراءات طلب الرد في نفس جلسة اليوم، وإدارة المحكمة كلفت الوكيل المفوض الخاص بأن يودع ألف ريال تؤول للخزينة العامة، إذا رفض الطلب وقام الوكيل الخاص بإيداع ألف ريال في صندوق المحكمة وفق المادة (95) وأرفق الوكيل الخاص في التقرير صورة ضوئية من (المستندات الدالة على سبب الرد إن وجدت).

فلهـذه الأسبـاب

يلتمس المدعي الطلبات المشروعة وهي :

أولاً: قبول طلب الرد شكلاً في حدود شرعية المادة (4/92) من اللائحة التنفيذية.

ثانياً: بإنفاذ صحيح النظام.

وكيـل الطـالب

الاسـم:

ترخيص رقم:

عنوان المكتب:

تو قيعـه :

تحريراً في / / 14 هـ

المادة السادسة والتسعون

يجب على إدارة المحكمة أن تطلع القاضي فوراً على تقرير طلب الرد، وعلى القاضي خلال الأيام الأربعة التالية لاطلاعه أن يكتب لرئيس المحكمة أو رئيس محاكم المنطقة حسب الأحوال عن وقائع الرد وأسبابه، فإذا لم يكتب عن ذلك في الموعد المحدد، أو كتب مؤيداً أسباب الرد وكانت هذه الأسباب تصلح له بموجب النظام، أو كتب نافياً لها وثبتت في حقه فعلى رئيس المحكمة أو رئيس محاكم المنطقة أن يصدر أمراً بتنحيته عن نظر الدعوى.

1/96 - تبدأ مدة الأيام الأربعة من تاريخ ورود طلب الرد إلى القاضي.

2/96 - لا يسمع رئيس المحكمة أقوال طالب الرد حتى ورود جواب القاضي.

3/96 - إذا نفى القاضي سبب الرد كتابة أو لم يكتب في هذه المدة المحددة فلرئيس المحكمة أو رئيس المحاكم النظر في إثبات طلب الرد وفي حال ثبوته يصدر الرئيس أمراً بالتنحية، ويكون أمر الرئيس منهياً لطلب

الرد ليس للقاضي الاعتراض عليه.

4/96 - إذا لم يظهر لرئيس المحكمة أو رئيس المحاكم ما يوجب تنحية القاضي عن نظر الدعوى فيكتب له بنظرها وعليه الالتزام بذلك.

5/96 - إذا كان المطلوب رده هو رئيس المحكمة فأمر إثبات طلب الرد إلى رئيس المحاكم إن وجد، وإن لم يوجد أو كان المطلوب رده هو رئيس المحاكم أو قام به سبب يمنع نظر الطلب من قبله فأمر إثباته إلى محكمة التمييز.

6/96 - يقوم مساعد رئيس المحكمة أو المحاكم أو المكلف بعملهما مقام الرئيس، بالفصل في طلب الرد عند غيابه أو شغور مكانه.

7/96 - إذا صادف آخر المهلة المذكورة في هذه المادة عطلة رسمية امتد إلى أول يوم عمل بعدها.

الفصل في طلب الرد:

تحقيقاً لمبدأ المجابهة بأسباب الرد في مواجهة القاضي أوجب النظام أن تطلع إدارة المحكمة القاضي على تقرير الرد المقدم ضده وكفالة حقه في الرد على ما قدم ضده. فإذا وجد رئيس المحكمة أن أسباب الرد وجيهة وثابتة وأنها مما تصح نظاماً أن يرد القاضي بسببها تأمر رئاسة المحكمة برد القاضي وتنحيته عن نظر الدعوى. أما إذا رأت المحكمة أن سبب الرد غير مقبول نظاماً أو رأت أنه غير صحيح فتأمر برفض طلب الرد ومصادرة المبلغ المودع لصالح الخزينة العامة، وهذا ما أوضحته اللائحة التنفيذية للمادة (3/95) «إذا رفض رئيس المحكمة أو رئيس المحاكم طلب الرد أصدر أمراً بذلك وبمصادرة المبلغ المودع لصالح الخزينة العامة».

أما في حالة عدم كتابة القاضي عن أسباب الرد المقدمة ضده، ففي هذه الحالة لرئيس المحكمة النظر في إثبات طلب الرد. وفي حال ثبوته يصدر الرئيس أمراً بالتنحية ويكون أمره منهياً لطلب الرد وليس للقاضي الاعتراض عليه.

الفهرس

T0271466

Printed in the United States
By Bookmasters